중도장애 및 최중도중복장애 학생 교육과정

Peter Imray · Viv Hinchcliffe 공저
박경옥 · 채수정 · 구정아 · 임장현 공역

CURRICULA FOR TEACHING CHILDREN AND YOUNG PEOPLE WITH SEVERE OR PROFOUND AND MULTIPLE LEARNING DIFFICULTIES

학지사

Curricula for Teaching Children and Young People with Severe or Profound and Multiple Learning Difficulties

by Peter Imray and Viv Hinchcliffe

역자 서문

최근 교육자와 학부모, 그리고 교육 관련 서비스를 제공하는 전문가들까지 중도중복장애학생에 대한 관심이 지대하다. 수행된 연구도 의사소통, 자립생활, 진로와 직업, 재활운동 등 그 범위가 폭넓고 다양하다. 2011년 특수교육 교육과정 개정부터는 중도중복장애학생을 위한 교육과정의 편성 · 운영에 대한 기준을 마련하여 학생들이 교육에 참여할 수 있도록 돕는 노력을 해 나가기 시작하였으며, 교수 · 학습자료도 각 영역별로 개발하여 보급하고 있다.

하지만 여전히 중도중복장애학생들이 어떤 학생이고 이들이 삶의 목표를 어디에 두어야 하는지, 학령기 동안 이들에게 무엇을, 어떻게 지도해야 할지에 대해 합의를 이루지 못하고 있다.

많은 교사가 국가수준의 교육과정에 접근하는 것이 어려운 학생들에게 어떤 교육내용을 대체하여 제공해야 하는지, 그리고 현재 운영 중인 교육과정과는 어떻게 연계해야 하는지를 묻곤 한다. 신체적인 지원을 해 주어야만 활동에 참여하는 학생들에게는 어떤 방법으로 수업 참여를 이끌어 내야 하는지 그 답을 달라고 요구하는 경우도 있다. 그러면서 한결같이 중도중복장애학생 교육에 대한 교사로서의 역량 부족을 이야기한다. 가끔은, 의도하지 않았으나 학습 활동 중에 소외되어 있는 학생들을 보면 힘겹다는 하소연을 하기도 한다.

그러던 중 특수교육 교육과정 개정 논의가 시작되었다. 중도중복장애학생들의 교육과정에 대한 논의를 시작하였으나, 그간 축적된 연구가 부족하고 전체 학생을 대상으로 한 기본 연구가 체계적으로 이루어지지 않은 상태에서 다시 원점 논의를 하고 있는 우리를 발견하였다. 그런 가운데 영국의 중도장애 및 최중도장애 학생 교육과정에 대해 오랫동안 논의한 이 책의 원서를 접하게 되었는데, 그동안 우리가 모호하게 지칭하던 '중도중복장애'를 원서에서는 '중도장애' 및 '최중도중복장애'로 구분하여 접근하고 있다는 것을 확인하였다. 그리고 중도장애와 최중도중복장애 학생들이 가지는 학습적 요구와 특징을 구분하여 교육 내용과 방법을 차별화하고 있다는 것을 알 수 있었다. 특히 중도장애학생과 최중도중복장애학생은 비장애학생과는 완전히 다르게 배우므로, 이들의 삶의 주기를 고려하고 그들이 필요로 하는 교육내용은 차별화되어야 한다는 철학은 우리에게 많은 성찰의 시간을 갖게끔 하였다. 그리고 중도장애 및 최중도중복장애 학생들에게 적합한 다층적인 교육과정 접근 모델을 제시하였으며, 국가수준 교육과정에 대한 접근성 정도를 고려한 준 교육과정을 마련하여 운영하고 주기적으로 점검하는 체계를 갖추고 있다.

이들은 중도장애나 최중도중복장애 학생들의 교육과정은 분절된 영역의 합이 아닌 각각의 고유한 색과 모양을 지닌 퍼즐 조각이기에 그 조각들이 유기적으로 연계되어야만 큰 걸작의 그림이 완성된다고 일러 주고 있다. 또한 퍼즐들은 광범위하고 균형 잡히게 구성되어야 하며, 개별 학생이 지닌 고유성과 선호도를 고려하여 접근되어야 한다고 말한다. 다른 무엇보다, 또래들로부터 고립되지 않도록 통합된 환경 속에서 고도의 전문성을 지닌 교사들에 의해 양질의 교육환경에서 수업을 받으며 이 세상에서 살아 나갈 역량을 기르는 것이 교육목표가 되어야 함을 강조하고 있다.

저자들은 중도장애 및 최중도중복장애 학생의 교육과정을 매우 실제적으로 제시하고 있다. 거창하지도 않고 복잡하지도 않다. 다만, 이들이 사회 구성원으로 살아가는 데 필요한 권리와 의미를 다할 수 있도록, 그러면서도 삶에서 행복을 누리며 살아가는 방법을 익힐 수 있어야 한다는 철학을 가지고 교육과정을 논의하고 있다. 이제 우리에게도 특수교육을 주는 제공자 입장에서의 논의보다는 특수교육 대상자의 입장에 서서 무엇이 필요한지, 무엇을 원하는지를 찾고 그러한 것들이 이들에게 적절한지를 묻는 과정이 필요하다.

교육 시스템이 우리나라와 달라서 이들의 용어를 옮기는 데 많은 어려움이 있었다. 우리가 서슴없이 쓰는 'disability'를 이들은 'difficulties'라고 칭하였다. 한참을 들여다보면서 어떻게 번역해야 할지 망설였다. 의미를 풀어서 적으면 전달이 안 될 것 같아 '장애'라고 번역을 하였지만 지금 생각하면 다시 '어려움'으로 바꾸고 싶은 마음이 들기도 한다. 용어의 번역은 역자들 간 여러 번의 논의 과정을 통해 이루어졌으나 여전히 어렵고 망설여지는 부분이 있다. 그럼에도 불구하고 번역을 통해 이 책의 원서인 『Curricula for Teaching Children and Young People with Severe or

Profound and Multiple Learning Difficulties』를 국내에 소개하고자 한 이유는 영국의 많은 연구자가 수십 년 동안 중도장애 및 최중도중복장애 학생들의 교육과정에 대해 고민해 왔던 경험을 함께하고 싶었기 때문이다. 그리고 억지로 꿰어 맞춘 옷을 입으라고 강요하던 우리의 교육과정을 다시 한번 들여다보고 중도중복장애학생에게 필요하고, 그들이 원하는 제 옷을 입혀 주고 싶은 마음에서이다.

이 책이 특수교육 현장에서 중도중복장애학생을 지도하는 교사들에게는 학생 교육의 방향성을 제시해 주는 역할을 할 수 있고, 자녀를 지도하는 학부모님들께는 교육의 목적과 가치를 고민하는 기회를 마련해 줄 수 있기를 기대한다.

이러한 역자들의 열정에 응답해 주신 학지사 김진환 사장님을 비롯하여 편집을 맡아 주신 이영봉 편집자님, 그리고 코로나 시국에 Kansas 대학교에서 공부를 하며 짬짬이 내용 점검을 해 준 이예향 선생님과 이병혁 선생님에게 각별히 감사함을 전한다.

2022년 4월

역자 일동

저자 서문

1996년 피터 미틀러(Peter Mittler)는 '교사 훈련을 검토하고 현재 시행 중인 시스템을 검토'하기 위해 영국 교육부(DfE)가 자금을 지원하고 특수교육요구 훈련 컨소시엄(SENTC)에서 진행한 집필 작업에 참여하였다(Mittler, 1996). 그 기관에서 1996년에 나온 간행물의 부록에는 1996년보다 오늘날에 훨씬 더 큰 반향을 불러일으키는 중도장애학생을 가르치는 교사를 위한 20개의 권장 역량이 언급되어 있었다. 왜냐하면 (이 책이 출판될 당시인 2014년에는) 중도장애와 최중도중복장애는 말할 것도 없고, 장애(learning difficulties)에 대해 정식교육을 받은 교사가 거의 없었기 때문이다. 미틀러(1996)는 당시 교사 중 단지 50% 정도가 장애학생 지도 관련 전문 자격증을 소지하고 있었다는 것을 보여 주는 DfE의 조사를 인용했는데, 이 수치가 당시에는 미틀러가 걱정할 만한 정도였지만, 지금은 일반적인 수치라고 볼 수 있다.

이 자료에는 여러 가지 흥미로운 사실이 더 있다. 첫째, 실무자에게는 피터 미틀러(Peter Mittler), 장 베르(Jean Ware), 배리 카펜터(Barry Carpenter), 주디 세바(Judy Sebba), 질 포터(Jill Porter) 및 비브 힌치클리프(Viv Hinchcliffe)와 같은 주요한 중도장애 및 최중도중복장애 전문가가 주위에 있어 그들의 의견을 들을 수 있었다. 둘째, 특수교육요구권고안은 주요 결과에 부록으로 발표되었다. 셋째, 그것들은 실행되지 않았다. 아마도 영국의 모든 교사가 국가수준 교육과정에 따라 동일한 내용을 가르쳤기 때문에 중도장애나 최중도중복장애를 가르치는 교사에 대해 별도의 역량이 필요하지 않았던 것으로 보인다. 차별화에 대한 작업이 필요할 수 있었기에 1997년에 P척도를 개발하였고, 만약 이것이 올바르게 시행되었더라면 모든 것이 괜찮았을 테지만 현재는 그렇다고 보기 어려운 실정이다.

1990년대 이전에는 (중도장애학생을 가르치는) 교사들이 전문 자격을 가질 필요가 없다는 생각이 있었다. 실제로 「교사 훈련 및 특수교육요구에 관한 ACSET(교사 공급 및 교육 자문위원회) 보고서」(1984)는 영국의 중도장애학생과 함께하기를 원하는 교사들의 훈련 전문과정의 운영을 종료시키는 데 중요한 역할을 하였고, 이 모든 초급 교사 훈련(Initial Teacher Training: ITT) 과정은 1995년경에 운영을 종료하였다. 저자 중 힌치클리프는 마지막 남은 훈련기관 중 한 곳에서 중도장애 과정의 리더였으며, 1970년대 후반 영국의 중도장애학생들이 보건당국에 의해 교육 시스템에 처음 들어간 직후 새로운 B.Ed ESN(S)1)에서 훈련을 받은 첫 번째 사람 중 한 명이었다(이전에는 교육 시스템에 포함되지 않았지만 사회교육센터와 병원에 남아 있었다).

ACSET 보고서는 초급 교사 훈련에 대한 일반적인 접근 방식을 지원하였다.

> 일반학교의 모든 학생의 요구를 충족시킬 수 있도록 모든 초급 교사 훈련에서는 학생들을 준비시키는 과정이 필요하다. 이 범위는 때때로 특수교육이 필요하지만 학교 환경의 변화를 경험하지 않은 상당한 수의 아동을 포함하며 이러한 요구를 충족시키는 책임은 선택사항이 아니라 직업의 필수적인 부분이다.
>
> (ACSET, 1984, para 6)

보고서에는 중도장애학생 교육을 위한 전문 교사 훈련이 교육 시스템에 새로 편입된 학생을 수용함으로써 창출한 긍정적인 영향에 대해 언급하고 있기는 하지만, 다음과 같은 내용이 덧붙어 있다.

> 자격을 갖춘 교사 자격으로 이어지는 초급 교사 훈련 과정에서 고도로 전문적이고 매우 제한된 고용 분야의 교사를 양성하는 데 집중하는 것은 매우 부적절하다.
>
> (ACSET, 1984, para 14)

얼마나 잘못된 이야기인가? 1990년대 중반 중도장애와 최중도중복장애 학생의 교육에 있어서 전문 ITT 과정의 폐쇄는 틀림없이 영국 전역의 학교에 부정적인 영향을 끼쳤는데, 이로 인해 중도장애와 최중도중복장애 학생들을 가르칠 수 있는, 잘

1) ESN(S)[Educationally Sub Normal (Severe)]은 교육적 비정상(중도)의 전조였다. 특수교육요구라는 변화하는 용어는 제2장에서 논의한다.

준비된 교사들의 공급은 곧 고갈되었다. 수박 겉핥기식의 대학원 과정을 제외하고 교사는 일반적으로 학교에서 학생을 지도하면서 배워야 했으며, 또한 당시의 정치적·학문적 합의로 인해 더 급진적인 사고에 대한 욕구는 거의 없었다(Hinchcliffe, 1997).

두 저자 모두 1988년 영국 국가수준 교육과정이 처음 도입되었을 때 중도장애 및 최중도중복장애 학생을 가르치는 교사였기 때문에 우리는 상당한 시간 동안 그 교육과정을 활용하였다. 우리는 그것이 나쁜 교육과정 모델이라고 생각한다기보다, 그러한 판단을 내릴 자격이 없을 수도 있지만, 중도장애나 최중도중복장애 학생에게 적합한 모델이 아니며 결코 그런 적도 없다고 말한다. 그럼에도 불구하고 우리는 그 교육과정을 운영해야 했으며 영국 전역의 중도장애와 최중도중복장애 학생을 가르치는 모든 교사와 마찬가지로, 국가수준 교육과정을 조각하고 자르고 성형하고 모양을 만들어야 했다.

이 모든 기간 동안, 특수교사로 종사하고 있거나 특수교사를 시작하려는 교사들 또는 중도장애와 최중도중복장애 학생의 교육 현장에 있는 교사들을 훈련시키는 데 주어진 시간과 에너지가 점점 줄었는데, 이것은 대학의 잘못이라기보다 전문 지식에 대한 우선순위 목록에 있어 중도장애와 최중도중복장애의 위치를 보여 주는 것이었다. 또한 지원인력이 한층 더 중요한 역할을 수행하고 있었기에 우리가 영국의 특수한 요구 부문 전체가 그들 없이는 중단될 것이라고 말하는 것은 과장이 아니었으며, 중도장애와 최중도중복장애 학생들의 교육 기회를 극대화하기 위해 필요한 특수교사를 위한 교육은 대부분 무시되었다. 우리는 이러한 사항을 염두에 두고 중도장애와 최중도중복장애 학생에게 적합할 수 있는 교육학 및 교육과정 모델을 탐구하기 시작하였다. 우리는 이러한 모델들이 단지 학령기 아이들에게만 적합하다고 생각하지 않는다. 어떠한 연령의 학생들에게나 똑같이 적용된다고 믿는다.

우리는 이 책이 잉글랜드, 스코틀랜드, 웨일즈, 북아일랜드로 구성되어 있는 영국 교육부를 중심으로 하고 있으나 앵글로 지역의 교육에 치우치지 않도록 노력하였다. 그러나 이 책의 대부분이 영국의 상황을 중심으로 전개되는 것은 불가피한 것으로 본다. 영국 학자들과 실무자들에게는 지식에 대한 상당히 강한 전통이 있으며, 우리는 당연히 그들의 글에 더 친숙하다. 그럼에도 불구하고 우리는 지식의 공유와 아이디어의 교차 수정이 확장과 도전을 추구하는 역동적인 교육 시스템의 핵심이기 때문에 세계의 다른 지역 전문가들과도 공감하기를 원한다.

이 책은 분명히 구별되지만 상호 관련된 세 부분으로 나뉘어 있다. 제1부인 제1장부터 제4장까지는 이론 영역으로, 중도장애와 최중도중복장애의 정의, 차이, 통합, 평가, 발달 및 개별화의 문제를 다룬다. 제2부인 제5장부터 제9장까지, 제3부인 제10장부터 제15장까지는 각각 중도장애와 최중도중복장애 아동 · 청소년 · 성인의 교육을 위한 광범위하고 균형 잡힌 관련 교육과정 문서의 구성에 무게중심을 두었다. (제16장은 저자가 2021년에 추가적으로 작성한 장임) 우리는 독자가 원하는 대로 이 책을 읽기를 원한다. 특별히 관심이 가는 부분이 있다면 그 부분부터 읽거나 앞뒤를 바꾸어 읽을 수도 있다. 그렇다고 우리가 실제로 앞뒤 없이 책을 쓴 것은 아니다. 우리는 먼저 실용적인 부분을 쓰고 그런 다음에 이론적인 부분을 썼는데, 우리가 이론에 관심이 없었기 때문이 아니라 우리는 둘 다 본질적으로는 실천적인 측면이 강하였으며, 그것들이 어디서 왔는지를 찾는 것이 보다 중요하다고 보았기 때문이다. 또한 그것이 중도장애 및 최중도중복장애 아동, 청소년과 성인을 가르치는 것에서의 근본적인 차이점이었기 때문이다.

교사들, 특히 경험이 많은 교사는 종종 실용적인 이해와 지식을 가지고 있지만 학문적인 지식은 가지고 있지 않을 수 있기 때문에 우리는 가능한 한 많은 참고문헌을 언급하려고 노력하였다. 이것은 경력교사들이 이론적인 것에 대해 소중히 여기지 않기 때문이 아니라, 영국 교육 시스템이 그것을 소중히 여기지 않기 때문이다. 우리는 지식이 그 자체로 좋은 것이라고 믿는다. 왜냐하면 지식은 실무자에게 자신감을 주고, 현재의 관행에 의문을 제기하며, 더 나은 관행을 찾는 건전한 기반을 형성하기 때문이다. 그러나 영국에는 적어도 또 다른 카프카에스크(Kafkaesque) 추론도 있다.

> 학교가 강요되고 잘못 인식되고 비실용적인 정책을 관리하는 데 어려움을 겪고 있다. 학생들을 돕는 데 에너지를 소비하고 스스로 절차를 고안해야 하며 교장과 교사는 이해할 수 없는 당국의 정책에 맞추어 자신의 행동을 정당화해야 한다. 학교는 정부 교육에 대한 책임이 없어야 하지만, 법적 정책에도 불구하고 학교가 어떠한 관행에 대해 책임을 지게 되면, 그것은 학교가 실제로 하고 있는 일이 되어 버린다.
>
> (Blanchard, 1999, p. 19)

다른 나라에서는 그렇지 않을 수도 있지만, 영국에서는 중도장애와 최중도중복장애 학생의 학교 지도자들은 그 학생들의 교육을 성공시켜야 하는 부담감이 있는 동시에, 전반적으로 교과 교육과정 모델과 평가와 진전 모델이 부적절하다는 비판도 함께 받고 있다. 즉, 그들은 그들을 관리 · 감독하는 사람들보다 훨씬 더 많이 알아야 하는 부담스러운 상황에 놓인 것이다. 말하자면 그들이 정부를 교육시키고 있다.

이러한 입장은 중도장애나 최중도중복장애 학생들이 비장애학생들과 완전히 다르게 배운다는 것에 대해 '영국 교육기준청(Office for Standards in Education: Ofsted)'과 같이 교육을 조직하고 모니터링하는 정부 및 공공기관 내에서 진정한 이해가 없기 때문에 나온 것이다. 우리는 중도장애 및 최중도중복장애 학생을 다르게 가르치고 다른 것을 가르칠 수밖에 없다. 그들에게 적합한 교육과정 모델 제공과 관련된 문제들은 시스템의 문제가 아니라, 시스템이 존재함에도 불구하고 불거졌으며, 지적 논쟁이 상당 부분 억제되고 있다는 것이 이 책의 중심 논리이다. 설상가상으로 모든 아동은 흔들림이 있는 것처럼 보이는 연속체에서 학습의 다양한 어려움에 직면한다는 잘못된 가정과 함께, 교육학적 모델들은 어느 분기에서도 거의 강조되지 않았는데, 우리는 이 문제들을 계속 강조해 왔다.

그렇게 함으로써 우리는 의도적으로 최근의 책, 기사, 관점 및 개발에 국한하지 않고 1970년대, 1980년대 및 1990년대로 시간을 거슬러 올라가 많은 부분에서 논의를 확장하고자 하였다. 우리는 이것이 이 책의 약점이라고 생각하지 않는다. 오히려 그것은 중도장애와 최중도중복장애 학생이 따라잡아야 할 것이 많다는 사실을 반영한 것이다.

우리가 놓친 영역에는 특히 ICT(정보통신기술), 중도장애학생들을 위한 체육과정, 자폐증에 관한 특정 영역들이 있다. 누락을 한 데에는 여러 가지 이유가 있다. 특히 스마트폰, 태블릿, 그리고 이와 함께 제공되는 모든 앱의 지속적인 개발과 함께 ICT의 변화 속도는 놀라울 정도로 빨라서 우리가 생각해 왔던 모든 것이 시대에 뒤떨어질 수도 있었을 것이다. 우리는 당신과 당신의 학생들에게 도움이 되는 도구를 사용하는 것이 효과적이라고 믿는다. 어떤 사람들에게는 ICT가 포함되고 어떤 사람들에게는 그렇지 않다. 우리는 교육과정의 촉진자로서 ICT 사용을 더욱 발전시키고자 하는 교사를 격려하고 지원하기 위해 우리가 할 수 있는 모든 일을 해야 하며, 학교에서 제공하는 ICT 도구를 모든 교사가 인지할 수 있도록 해야 한다. PowerPoint®,

Notebook®, Clicker® 등을 사용하여 환상적인 교육자료를 만드는 데 시간을 보내고 이러한 자료들에 매우 관대한 교사 및 기타 실무자가 있으며, 프라이어리 우드 스쿨(Priory Woods School)의 웹사이트(www.priorywoods.middlesborough.sch.uk)와 화이트보드 룸(The Whiteboard Room)의 웹사이트(www.whiteboardroom.org.uk)도 활용할 수 있음을 알려 줄 수 있다.

우리는 학생들이 ICT가 중요한 역할을 하는 세상에서 살아갈 수 있도록 그들을 준비시켜야 하는데, ICT의 '생활 기술'은 우리가 그들에게 제공해야 할 측면이다. 교육자들의 질문은 학생들이 알아야 하고 할 수 있는 일, 그들의 삶을 향상시킬 ICT 제품과 서비스의 책임 있는 소비자가 되기 위해 필요한 것과 관련이 있어야 한다. 그리고 우리는 이 책의 여러 장에서 이러한 문제들 중 일부를 다루었지만, 시간이 지나면서 기술이 변화하고 발전함에 따라 이에 대한 지식을 더 많이 지닌 사람들이 이것을 살찌워야 할 필요가 있다. 책 전체에 ICT의 보조 기술 측면에 대한 수많은 언급이 있는데, 이것은 특히 의사소통과 관련된 부분에서 전통적인 장비나 의사소통 기기에 접근할 수 없는 학생들을 위해 우리가 고려해야 할 부분이기 때문이다.

최중도중복장애학생들을 위한 체육 활동(신체 활동)에 관한 특정 장(chapter)이 없는 것은 이 분야에 대한 전문 지식의 부족에 기인한다. 중도장애와 최중도중복장애 학생들을 위한 무용(댄스)에 대한 언급을 포함하긴 했으나 연구나 다른 문헌 자료가 매우 부족하며, 신체운동(Physical Exercise: PE) 역시 자료가 충분하지 않다. 이 책에서 살펴본 다른 많은 영역과 함께, 이 분야는 특히 더 많은 연구가 필요한 영역이다.

중도장애/자폐스펙트럼장애의 이중진단과 아주 가끔 최중도중복장애/자폐스펙트럼장애의 이중진단이 영국의 특수학교나 통합교육 상황에서 더욱 더 일반적인 현상임에도 불구하고, 이 책에는 자폐스펙트럼장애(Autistic Spectrum Conditions: ASC)를 극히 일부 언급하였다. 자폐스펙트럼장애와 관련된 많은 책과 기사가 있고, 우리는 주로 중도장애와 최중도중복장애 학생들의 교육목표에 관심이 있기 때문이다. 그 아동, 청소년, 성인들에게 중복장애로 자폐스펙트럼장애가 있든 없든 말이다. 가르치는 방법에 변화가 있을 수 있지만, 가르칠 내용을 바꿀 이유는 없어야 한다.

마지막으로, 이 책은 여러분이 이 책을 읽음으로써 가르쳐야 할 것을 발견하게 된다는 점에서 규범적 모델은 아니다. 우리는 교사들을 믿는다. 이들이 학교 지도자, 교사, 지원인력, 치료사, 부모, 보호자, 식사 시간 감독자, 버스 도우미 또는 중도장애와 최중도중복장애 학생들을 정기적으로 접촉하는 어떤 사람이든 말이다. 또한 우리는 이러한 교사들의 전문성을 믿는다. 우리는 교사들이 그들의 역할과 인간으로서 자신에게 동기를 부여하는 것에 기반하여, 그들 스스로 결정할 수 있다고 믿는다. 여러분 중 일부는 이 책에 요약된 몇몇 아이디어와 제안을 받아들일지 모른다. 또 몇몇은 아무것도 받아들이지 않을 수도 있고, 몇몇은 모두 수용할 수도 있다. 교육은 양방향의 발견 과정이며, 발견될 것들은 아직 많이 남아 있다.

Peter Imray · Viv Hinchcliffe

이 책에 대한 소개

『중도장애 및 최중도중복장애 학생 교육과정』은 교육적으로 가장 도전적인 학습 요구를 지닌 학생을 대상으로 하는 별도의 교육학적 접근 방식에 대해 여러 설득력 있는 주장을 제공한다. 또한 이 책은 쉽고 상식적이며 비학문적인 용어로 쓰였으며, 최중도중복장애학생의 학습을 향상시키고 학습 내용을 풍부하게 하기 위해 특별히 고안된, 쉽고 대안적인 교육과정을 제공한다. 각 장마다 다음의 주요 교육과정 영역에서 필요로 하는 지침 및 지원이 제공되고 있으며, 그 내용은 다음과 같다.

- 인지
- 언어, 문해력 및 의사소통
- 수학
- 체육
- 감각
- 창의성
- 돌봄
- 놀이
- 문제해결

이 책은 이와 같은 자료를 포함하여 교육 전문가, 학부모, 학교 관리자, 교사, 지원인력, 치료사 및 중도장애학생 지도와 관련된 모든 사람이 필수적으로 읽어야 할 내용들을 담고 있다.

일러두기(용어 정의)

ADHD(Attention Deficit and Hyperactivity Disorder) 주의력 결핍 과잉행동장애

AISI(Adult Interactive Style Intervention) 상호작용적 중재

ASC(Autistic Spectrum Conditions) 자폐스펙트럼장애

ESBD(sometimes referred to as SEBD or BESD) (Emotional, Social and Behavioural Difficulties) 정서 · 사회 · 행동 장애

ICT(Information and Communications Technology) 정보통신기술

ISE(Individualised Sensory Environment) 개별화된 감각 환경

MAP(Multi-Agency Profile) 관련기관 활용 프로파일

MAPP(Mapping and Assessing Personal Progress) 개인 진전도 계획 및 사정

MLD(Moderate Learning Difficulties) 중등도장애

MSI(Multi-Sensory Impairment) 감각중복장애

NC[(UK) National Curriculum] (영국) 국가수준 교육과정

NT(neuro-typical) 비장애

OT(occupational therapist) 작업치료사

PIMD(Profound Intellectual and Multiple Disabilities) 최중도장애

PMLD(Profound and Multiple Learning Difficulties) 최중도중복장애

P Scales[Pre Level 1 (of the UK National Curriculum)] P척도 [(영국 국가수준 교육과정의) 1단계 이전]

PSHE(Personal, Social and Health Education) 개인 및 사회, 건강 교육

QfL(Quest for Learning) 학습 탐색

RfL(Routes for Learning) 학습 경로

SCRUFFY(targets) [Student-led, Creative, Relevant, Unspecified, Fun For Youngsters] 청소년을 위한 학생주도적, 창의적, 관련성이 있는, 세분화되지 않은, 흥미로운 (목표)

SEN(Special Educational Needs) 특수교육요구

SIB(Self-Injurious Behaviours) 자해 행동

SLD(Severe Learning Difficulties) 중도장애

SMART(targets) [Specific, Measurable, Achievable, Realistic and Time bound] 목표 상세화, 측정 가능성, 성취 가능성, 실행 가능성, 시간 내 가능성

SRE(Sex and Relationships Education) 성 및 관계 교육

TA(Teaching Assistant) 지원인력

TDA(Teacher Development Agency) 교사교육개발기관(우리나라의 경우, 교육개발원)

차례

제1부 교육학적 질문

제8장

제9장

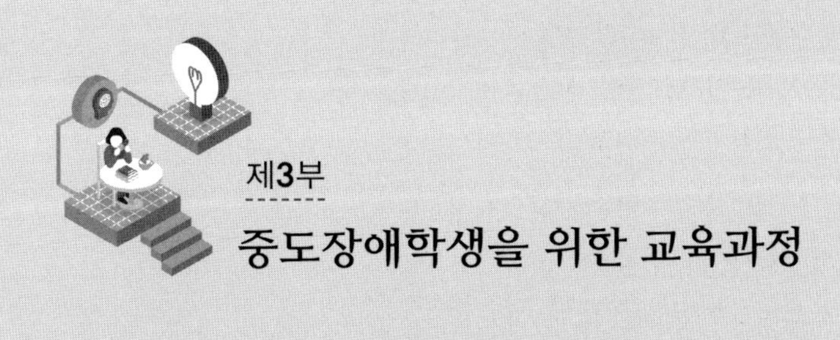

제3부

중도장애학생을 위한 교육과정

제10장

제11장

제1부

교육학적 질문

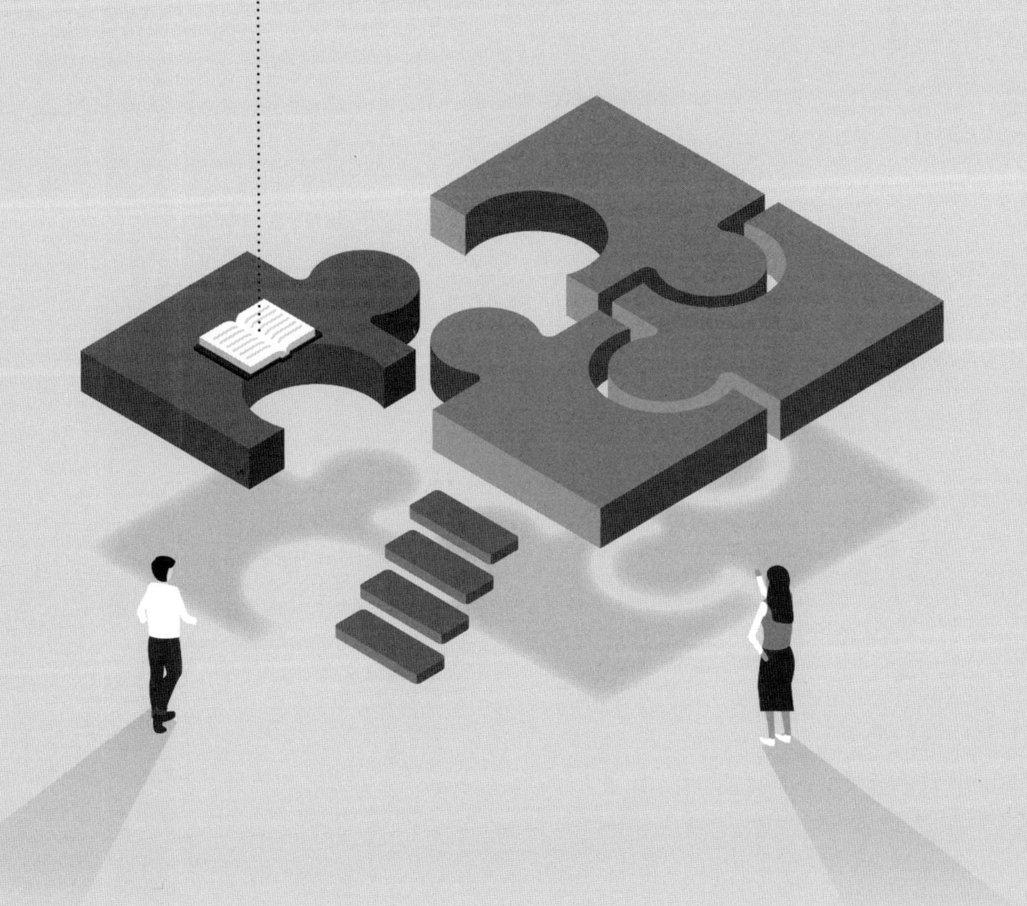

제1장

장면 설정

이 책은 상당한 시간 동안 논쟁이 되어 왔던 논제를 다루고 있지만 이는 비단 영국만의 문제는 아닐 것으로 본다. 왜냐하면 세상 어디든 중도장애(Severe Learning Difficulties: SLD)와 최중도중복장애(Profound and Multiple Learning Difficulties: PMLD) 아동, 청소년 및 성인이 있기 때문이다.

중도장애의 정의

이 두 가지 학습 조건의 정의는 특히 영국을 기반으로 하고 있기 때문에 설명이 필요하다. 하지만 여기서는 간략하게 요점만 제시하고자 한다. 중도장애에 대한 영국의 정의는 대체로 실무자의 관찰을 통해 파악되었다는 특성이 있다. 이들이 파악한 특징을 살펴보면, 중도장애는 의사소통, 추상적인 개념, 집중력 이해, 단기기억에서 장기기억으로 전환의 어려움이 있는 것으로 알려져 있다(Imray, 2005). 레이시(Lacey, 2009)는 학생들이 일반적으로 비효율적이고 느린 정보처리 속도, 일반적인 지식의 부재, 사고와 학습을 위한 잘못된 전략, 일반화 및 문제해결의 어려움이 있음을 지적했다. 이러한 어려움은 감각 · 운동 · 건강 문제의 일반적인 발생률보다 상당히 높은 발생률(Porter, 2005b), 추가적인 자폐스펙트럼장애(ASC) (Jordan, 2001; De Bildt et al., 2005), 그리고 도전적 행동을 수반할 가능성이 평균보다 상당히 높은 것(Emerson, 1995; Harris, 1995; Male, 1996; Allen et al., 2006) 등에 의해 훨씬 더 복잡해질 수도 있다. 흥미롭게도 카펜터(Carpenter, 2010)는 21세기 초부터 장애의 복합성이 증가하고 있다는 점에 주목하고 있으며 이는 최근 영국 특수교육 연간보고서 [UK Special Educational Needs and Disabilities (SEND) Review]에 실린 특수학교 교장들의 리포트를 통해서도 알 수 있다(Ofsted, 2006).

푸지우라(Fujiura, 2003)가 제안한 바와 같이, 정의에 대한 문제는 발달장애인의 수를 파악하는 것을 헛된 노력으로 만들었지만, 우리는 적어도 이 책에서 중도장애와 최중도중복장애에 대해 몇 가지 공통적인 개념을 형성하고, 공통의 이해를 갖고자 한다. 영국 이외의 지역, 특히 미국에서는 중도장애 아동, 청소년 및 성인을 정의하기 위해 IQ 개념 안에서 다른 용어를 사용하는 경향이 있다. 1973년 미국 정신지체협회(American Association of Mental Retardation: AAMR)에서는 정신지체 정의 개정 시 IQ 진단 기준을 85에서 70으로 하향 조정하였다(Grossman, 1973). 그리고 지금까지 그 기준을 변경하지 않고 있다(Schalock et al., 2007). 미국은 최근에서야 정신지체[1]라는 용어를 포기하고 그것을 사용하지 않고 있다. 중도장애에 대한 영국의 정의와 관련하여 보다 정확하게는 중도 지적장애, 의미 있는 인지장애 또는 저빈도 장애라는 개념과 동일시하고 있으며(Porter, 2005b; Stoneman, 2009), 이는 브라우더와 동료들(Browder et al., 2009)이 일반 인구의 최대 1%가 인지장애를 갖는다고 보고한 것을 고려한 내용이다. 이 비율은 일반학교 또는 특수학교에 재학 중인 중도장애, 최중도 및 중복장애로 분류된 학령기 아동 수와 거의 동일하다. 에머슨과 동료들 (Emerson et al., 2010)에 따르면 영국에서 10년 인구 센서스 조사에서 장애출현율에 대한 기록이 없듯이 학령기 학생 수에 대한 명확한 기록이 없다고 지적하였다. 그러나 20만 명 이상의 아동이 학습상의 어려움과 관련된 1차 특수교육대상자로 추정된다고 하였다. 이 중 5명 중 4명은 학습하는 데 어려움이 있으며, 20명 중 1명은 최중

1) 미국정신지체학회(American Association of Mental Retardation: AAMR)는 2010년에 미국지적발달장애학회 (American Association of Intellectual and Developmental Disabilities: AAIDD)로 명칭을 변경하였다.

도중복장애인이다. 미국의 '학습장애(learning disabilities)' 또는 '고빈도 장애(high-incidence disabilities)'라는 용어는 영국의 '중등도장애(moderate learning difficulties)'[2)] 의 정의와 연관되어 있다(Tartaglia et al., 2009).

규준중심 지적 발달(IQ 검사) 프레임워크를 사용하여 다양한 학습상의 어려움 정도를 설명하는 것 자체에 문제가 있기는 하지만, 모든 사람이 공통적이고 유용하게 사용할 수 있는 정의를 내리는 방법을 아는 것 역시 어려운 일이다. 중도장애에 대한 규범적인 용어 정의를 내려 보려는 다양한 시도가 있었다. 특히 일반적인 발달론에 근거하여 인지 기능과 관련한 정의를 내리고자 했다. 비고츠키(Lev Vygotsky)는 아동의 인지 기능을 연령과 연계하여 0~2세는 최중도중복장애로, 2~7세는 중도장애와 연관시킬 수 있다고 하였다(Rieber & Carlton, 1993). 초기 미국의 추정치는 중도장애인의 경우, 평균 7~8세 수준 이상으로 발전하기 어렵다고 한 예셀다이크(Yesseldyke, 1987)의 주장에서 유래된 것이다. 최근 영국의 임레이(Imray, 2005)는 일반적으로 6세 정도의 인지 수준 이하, 또는 상당히 낮은 수준에서 기능한다고 하였다.[3)]

이는 미국의 제안보다 상당히 아래에 있다. 후자의 정의는 1988년 이후 잉글랜드와 웨일즈에서 실행하고 있는 영국 국가수준 교육과정(NC)에 상당한 영향을 미쳤는데, 이 교육과정은 1학년(5~6세)에 시작되며, 비장애아동들의 평균적인 수행 정도인 6세 정도의 영어와 수학으로 레벨 1에서 무난하게 수행해 낼 것으로 예상한다. 2000년 이전에 모든 영국 학교는 법에 따라 모든 자녀가 국가수준 교육과정 내에서 학습하고, 현재 수행 수준을 표시해야 했지만 레벨 1에 도달하지 못한 아동들은 'W(레벨 1에 도달하고자 노력 중이라는 의미)'로 표시하였다. 이로 인해 중도장애와 최중도중복장애 아동(약 절반이 별도의 특수학교에서 교육을 받음)이 나머지 학교 전체 학생과의 상대적인 비교에서 제외된 것에 대한 불만이 제기되었다. 결과적으로 P척도

2) 역주: 이 책에서는 한국의 실정을 고려하여 learning difficulties는 장애로, learning disabilities는 학습장애로 구분하여 제시한다.

3) 임레이(2005)는 최중도중복장애가 있는 것으로 지정된 것이 일반적으로 18개월 이하의 인지 기능보다 낮게 기능하고 있음을 시사한다고 주장하였다. 인지 연령으로 아동, 청소년, 성인을 동일시하는 것에 대해 상당한 제한이 있다. 이는 개인을 아동과 동일시하여 개인을 비하할 수 있고, 이들이 어린아이 취급을 당할 수 있기 때문이다. 이것은 중도장애인 스스로가 세상을 바라보는 방식에 대한 '상식적' 시각을 주려는 의도와 다르다.

(QCA, 2001)가 도입되었으며(P는 레벨 1 이전 단계를 표시함), 레벨 1 이전에 도달할 수 있는 단계인 P척도는 P1에서 P8까지 8개의 레벨을 제공하고 있다. 이들은 나중에 개정되었지만 원칙적으로 동일하게 유지된다(QCA, 2004; QCA, 2009).

현재 중도장애 또는 최중도중복장애를 가지고 있는 학생들은 19세까지의 학교생활을 P8 이하에서 학습하게 된다. 중도장애학생이나 특히 자폐스펙트럼장애 학생의 경우 국가수준 교육과정 레벨 1을 성취할 수 있는 학생이 있을 수는 있지만 이런 경우는 기계적 학습이 가능한 읽기나 수 같은 영역에 해당한다. 즉, 기능적인 측면에서의 습득이 가능할 수 있지만, 이해 정도는 현저히 낮은 수준일 수 있음을 의미한다.

중도장애 정의를 돕기 위한 P척도의 사용

영국의 P척도를 설명하는 것이 필요할 것 같다. 이는 이 책을 읽는 독자에게 개념을 명확하게 안내하는 기회가 될 수 있기 때문이다. 영어는 듣기와 말하기, 읽기, 쓰기로 구분된다. 수학은 수, 도형, 공간 및 측정, 활용 및 적용으로 구분된다. 지면상 '읽기'와 '숫자'에서 P7과 P8만을 제시하고자 한다. 이 설명으로도 P척도의 본질에 대해 알 수 있을 것이다.

영어(읽기)

P7 학생들은 읽기 활동에 관심을 보인다. 예를 들어, 성인이 독서를 중단할 때 이야기의 요소를 예측하여 학생들은 빠진 단어를 채운다. 텍스트의 인쇄 또는 기호와 그림을 구분한다. 예를 들어, 글을 읽을 때 왼쪽에서 오른쪽으로, 텍스트를 따라 위에서 아래로, 페이지 순서대로 읽는 규칙을 이해한다. 그리고 학생들은 이름이 글자로 구성되어 있다는 것을 알고 있다.

P8 학생들은 단어, 기호 및 그림이 의미를 전달한다는 것을 이해한다. 학생들은 자신의 이름을 포함하여 익숙한 단어나 기호의 레퍼토리를 인식하거나 읽는다. 그들은 알파벳 글자의 적어도 절반을 모양, 이름 또는 소리로 인식한다. 소리를 운율, 음절 및 단어나 기호와 연결시킨다.

(QCA, 2009, p. 11)

수학(수)

P7 학생은 계산 활동에서 숫자 이름을 10으로 말하거나 서명하는 것과 같은 10까지의 숫자 계산에 참여한다. 그들은 적어도 5개의 물건, 예를 들어 케이크의 양초, 탑의 벽돌을 셀 수 있다. 그들은 1에서 5까지의 숫자를 인식하고, 각각은 일정한 수 또는 양을 나타내며 [예: 숫자로 표시된 용기에 정확한 수의 물체(1~5)를 넣는 것] 최대 5개까지 올바른 수의 항목을 수집한다. 예를 들어, 학생들은 물이 적은 병을 나타내는 '덜(적은, less)'에 대한 이해를 보여 준다. 실제 상황에서 그들은 많은 물건에 '하나 더(add one)'에 반응한다(예: 여러 개의 연필 중에서 연필 하나는 통에 넣고, 하나 더 꺼내서 접시에 놓아 달라는 요청에 응답한다).

P8 학생들은 수 세기를 할 때 숫자 이름을 말하거나 손짓으로 알려 주는 것과 같은 10을 초과하는 수를 읽는 활동과 결합한다. 예를 들어, 주사위를 사용하여 최대 10개까지 이동시키는 등 게임에서 수를 순서대로 계속해서 증가시킨다. 성인이 처음 두 숫자를 세기 시작할 때 소리 내어 말을 하거나 손짓으로 표현한다. 예를 들어, 학생들은 주어진 개체 집합을 비교하고 어느 것이 더 많거나 적은지, 더 큰 그룹 또는 더 작은 그룹인지를 말할 때 양의 차이를 인식한다. 그들은 1에서 9까지의 숫자를 인식하고 그것들을 일련의 객체들과 관련시킨다. 실제 상황에서 그들은 많은 물체에 '하나를 더한다' 또는 '하나를 뺀다'에 반응한다. 예를 들어, 상자 하나에 3개 이상의 물체를 추가하고 상자에 몇 개가 있는지 말하거나 표시한다. 케이크 판매 시 남은 케이크 수를 표시하거나 손짓으로 표현한다. 대상, 사람 또는 사건의 위치를 설명할 때 서수(첫 번째, 두 번째, 세 번째)를 사용한다. 경주나 경쟁을 한 후 첫 번째, 두 번째 및 세 번째의 순위를 알 수 있다. 학생들은 작은 숫자(최대 10개)를 추정하고, 예를 들어 방에 있는 성인, 휴식 시간에 필요한 컵 같은 것을 계산하여 확인할 수 있는 숫자를 제안하고, 추측한 다음 그룹의 수를 세면서 계산한다.

(QCA, 2009, pp. 21-22)

여기서 흥미로운 점은 P척도가 학생과 학생이 할 수 있는 일에 대한 프레임을 정하거나 '최고의 적합성'을 기반으로 학습하는 과정이라는 점이다. 즉, P7 레벨에 할당된 내용을 모두 또는 대부분 달성하게 되면 다음 레벨인 P8의 내용을 활용할 수 있게 된다. 이 '할 수 있는'의 정의는 '라벨링'과 관련하여 많은 우려를 낳기도 한다(Ho, 2004). 텔지(Terzi, 2010)는 특수교육요구에 대한 본질을 설명할 때 사용하는 '결함'이라는 용어보다는 '역량'이라는 용어를 채택할 것을 요구하기도 하였다. 이후의 장에서 '판별 딜레마'(Norwich, 2008)의 본질에 대해 상세하게 논의하겠지만, P척도는 전적으로 ① 전통적인 발달, ② 학업적 · 지적 기능성이라는 용어를 기반으로 하고 있지만 역량이라는 용어에 기반을 두고 있다고 할 수 있다.

이러한 관점에서 수학, 영어와 함께 영국의 특수학교 교장단에 의해 1998년에 제시된 P척도를 구성한 개인 및 사회, 건강 교육(Personal, Social and Health Education: PSHE)의 경우도 P척도 활용의 유용성에 대해 논의하였다(Ndaji & Tymms, 2009). PSHE는 또한 영국 국가수준 교육과정 내에서 가장 덜 학문적인 과목을 대표할 수 있으므로 중도장애학생에게 더 명확한 학습 성찬의 기회를 제공할 수 있을 것으로 보았다. 다음은 개인 및 사회, 건강 교육(PSHE)과 시민성에 대한 P척도 4~8단계를 제시하고 있다.

개인 및 사회, 건강 교육(PSHE) 및 시민성

P4 학생들은 의사소통의 단일 요소(단어, 몸짓, 표시 또는 기호)를 사용하여 자신의 감정, 요구, 좋아하는 것과 싫어하는 것을 표현한다. 그들은 여러 다른 사람과 동시에 활동한다. 학생들은 친숙한 일상을 따르고 다른 사람들의 도움을 받아 친숙한 작업이나 활동에 참여한다. 그들은 '예'와 '아니요'에 대한 이해를 보여 주고, 칭찬이나 비평에 대해 인식하고 반응한다. 그들은 다른 사람들의 감정에 반응하기 시작한다(예: 자신의 감정을 맞추고 화를 내는 것).

P5 학생들은 2명 또는 3명의 다른 사람들이 참여하거나 일에 참여한다. 그들은 상호작용을 유지하고 약간의 지원으로 소그룹으로 교대로 들어간다. 학생들은 의사소통의 두 요소를 결합하여 느낌, 요구 및 선택을 표현한다. 그들은 '아기에게 무엇이 필요합니까?'와 같이 익숙한 사건이나 경험에 관한 간단한 질문에 적절하게 반응(음성, 몸짓, 기호 또는 서명 사용)함으로써 토론에 참여한다.

P6 학생들은 소그룹에서 다른 사람들에게 반응한다. 예를 들어, 소그룹이 놀이를 하거나 일을 적절하게 교대로 한다. 그들은 친숙한 맥락에서 일상적인 활동을 수행하고 자신의 행동의 결과에 대한 인식을 보여 준다. 예를 들어, 얼굴 표정, 몸짓 또는 목소리 톤을 변화시켜서 다른 사람들에게 관심을 보일 수 있으며, 고민하는 사람들에게 동정심을 나타내며 위로해 줄 수 있다.

P7 학생들은 간단한 문구로 느낌과 아이디어를 전달한다. 그들은 지원을 받아 직접 또는 스스로 선택한 새로운 활동으로 옮긴다. 그들은 목적이 있다. 예를 들어, 다른 학생들이 동일한 장비를 사용하고자 하는 경우 다양한 상황에서 다른 사람들과 그룹 활동을 하고 그들과 협상을 시도한다. 그들은 그들의 행동의 결과에 기초하여 옳고 그름을 판단한다. 예를 들어, 방문객에게 음식을 제공하거나 교실 식물에 물을 주는 것과 같이 다른 사람과 다른 생물의 필요와 느낌에 대한 고려사항을 보여 준다.

P8 학생들은 일대일 상황과 소그룹 또는 대그룹에서 다양한 활동에 참여한다. 그들은 새로운 과제와 스스로 선택한 활동을 선택, 시작 및 마무리한다. 그들은 게임에서 규칙의 필요성을 이해하고 다양한 상황에 참여하는 것에 대한 인식을 보여 준다. 그들은 그룹의 사람들이 함께 일하는 데 도움이 되는 합의된 행동 강령을 이해하고, 예를 들어 슈퍼마켓에서 대기하는 동안 서로 적절하게 행동하도록 서로를 지원한다. 친숙한 상황에서 무엇이 옳고 그른지에 대한 기본적인 이해를 보여 준다. 그들은 필요할 때 도움을 구할 수 있다(예: 옷을 고정하는 데 도움을 구함). 그들은 종종 다른 사람들의 필요와 감정에 민감하며 자신과 다른 사람들에 대한 존중감을 나타낸다. 그들은 생물과 환경을 보살핌과 관심으로 대한다.

(QCA, 2009, p. 33)

최중도중복장애의 정의

최중도중복장애(PMLD)는 에반스와 베르(Evans & Ware, 1987)에 의해 처음으로 제안되었으며, 지적발달의 초기 단계에서 기능하고, 중복으로(그리고 복합적으로) 신체적 · 감각적 장애를 가진, 매우 적은 수의 학습자 그룹에게 적절한 용어로 영국 전역에서 일반적으로 받아들여져 왔다.

혹자는 이 용어에 도전하려 노력해 왔다. 특히 호그는 PIMD(Profound Intellectual and Multiple Disability)로 정의하였는데, 우리는 호그의 이 같은 견해에 공감하지만, 베르는 "교육적 맥락에서 장애와 이들이 겪는 어려움이 중요한 것은 학생의 학습에 미치는 영향"이라고 하였다(Ware, 2005, p. 67). 최중도중복장애(PIMD)라는 용어를 호주(Lyons & Cassebohm, 2012)에서 최중도 지적장애(Most Severe Intellectual Disability: MSID)로 사용하고 있고, 북유럽에서도 상당 부분 이렇게 사용하고 있다. 최중도중복장애학생의 정의는 웨일즈의『학습 경로(Routes for Learning)』(WAG, 2006)나 북아일랜드의『학습탐색(Quest for Learning)』(CCEA, 2006)의 정의를 살펴보아야 한다. 장 베르(Jean Ware)와 베리티 도넬리(Verity Donnelly)의 지도하에 작성된 경로는 이 책에서 지속적으로 언급되며 최중도장애에 입문하는 사람들을 위한 약 60페이지에 해당하는 이 부분은 간결하고 읽기 쉬우며 학문적으로 엄격하여 그 자체로 고려해 볼 만한 비법이다.

PMLD를 위한 학습 경로가 60페이지에 걸쳐 간결하고 학문적으로 엄격하게 쓰여 있다는 것을 감안할 때, 이를 더 줄이는 것은 분명히 이 개요의 범위를 벗어난다. 임레이(2005)가 정의한 최중도중복장애는 전의도적 의사소통을 할 가능성이 높고, 일반적으로 (본의 아니게) 필요하거나/원하는 사람에게만 의사소통하고, 추상적 개념화를 매우 어려워하며, 모방을 통한 학습이 어렵다고 하였다. 또한 다른 사람들에게 (종종 전적으로) 신체적으로 의존하고 원인과 결과에 대한 이해에 한계가 있다고 하였다.

웨일즈의 자격검증, 교육과정 및 평가 기관은 최중도중복장애인들은 적어도 하나 이상 중증의 운동장애, 중증의 감각장애 및/또는 복합적인 건강관리 요구를 가지고 있을 가능성이 있다고 제안했다(QCAA Wales, 2003). 베르(2005)는 비장애학생들이 학습에 어려움이 있는 다른 그룹과 비교하는 것에 대해 신경을 쓰지 않았지만 정보처리 과정에서 열악한 행동 상태, 열악한 행동 속도 등으로 인한 중증의 어려움이 학습에 미치는 영향에 대해서 지적하였다. 게스와 동료들(Guess et al., 1990)은 행동 상태(학습 준비)가 심각하게 손상되어 있다고 하였다. 학교에서 평균 최중도중복장애학생의 절반 미만이 졸음, 고통, 불편함, 산만 등으로 인해 배우기 어려운 상태라고 하였다. 행동률에 대한 평균도 제시하였는데, 베르(1987)에 따르면 자발적 행동은 1분당 다섯 가지 미만의 행동을 보이는데, 비장애아동보다 현저히 적은 수의 행동을 보이는 것으로 나타났다. 최중도중복장애인은 정보를 처리하는 능력이 아주 어린 비장애유아들에 비교될 수 있다고 하였다(Kahn, 1976; Remington, 1996). 이러한 조건은 "학습에 대한 시사점을 찾을 수 있는데, 결국 교수전략에 의해 잠재적으로 영향을 받을 수 있다"는 것이다(Ware, 2005, pp. 69-70).

최중도중복장애라는 용어에 대한 일반적인 이해를 위해, 우리는 있을 수 있는 주요 어려움을 설명하기 위해 단축된 버전의 학습 경로를 차용할 수 있다.『학습 경로』

는 최중도중복장애학생이 학습을 진행하는 과정에서 발현되는 총 43가지의 이정표를 제공하는데, 그중 7가지를 '핵심 이정표'로 분류한다. 이 이정표는 선형적으로 발달하는 것은 아니며, 모든 아동 발달과 관련된 것도 아니다. 다만, 이 이정표는 학교와 학교 이외의 생활 속에서 최중도중복장애학생의 인지적 · 의사소통적 목표에 광범위하게 나타날 가능성이 있다(예: Goldbart, 1994; Brown, 1996).

『학습 경로』의 7가지 핵심 이정표는 다음과 같다(WAG, 2006).

- 자극 인지
- 하나의 자극에 대한 일관성 있는 반응
- 유관 반응
- 유관성 인식
- 대상 영속성
- 두 개 또는 그 이상의 항목 중에서 선택
- 원하는 결과를 달성하기 위한 행동 시작(다양한 상황에서 자율성을 가짐)

영국 독자들은 P척도의 P1에서 P3 척도에 속하는 학생이 최중도중복장애라는 것을 이해하는 데 익숙할 것이다. P3(i) 및 P3(ii)에 대한 정의에서 QCA(2009)를 최중도중복장애라는 용어와 관련된 상위인지 수준을 나타내는 것으로 생각하는 것이 유용하다. 또한 P척도에서 P1~P3은 낮은 수준을 의미한다는 것이 일반적이다. 즉, 이 단계에서는 학습주제를 영역으로 분할하지 않으며, P1(i), P1(ii), P2(i)로 더 세분화하였고, 2001년 P2(ii), P3(i) 및 P3(ii) (QCA, 2001a)로 좀 더 세분화하였다. 이 세분화는 거의 전적으로 학생의 진전도 평가를 통해 도출되었으며, 관련 내용은 제3장에서 상세하게 논의하고 있다.

> P3(i) 학생들은 의도적으로 의사소통을 시작한다. 그들은 눈을 마주치거나, 몸짓 또는 행동을 통해 주의를 구한다. 예를 들어, 주요 개체 또는 사람을 가리키는 이벤트 또는 활동을 요청한다. 그들은 적은 지원으로 공유 활동에 참여한다. 그들은 짧은 기간 동안 집중력을 유지한다. 그들은 점점 더 복잡한 방식으로 자료를 탐구한다. 그들은 흥미를 가지고, 예를 들어 자신의 목소리를 듣는 것과 같은 자신의 행동의 결과를 관찰한다. 그들은 익숙한

일상의 순서를 따르고 적절하게 대응하는 것과 같이 더 오랜 기간 학습된 반응을 기억한다.

P3(ii) 학생들은 새로운 전통적인 의사소통을 사용한다. 그들은 알려진 사람들을 맞이하고 상호작용 및 활동을 시작할 수 있다. 예를 들어, 다른 사람이 상호작용하는 순서로 참여하도록 유도한다. 그들은 점점 더 많은 시간에 걸쳐 배운 반응을 기억할 수 있으며, 예를 들어 익숙한 시에서 소리나 행동을 선점하는 것과 같은 알려진 사건을 예상할 수 있다. 예를 들어, 고개를 끄덕이거나 흔드는 등 행동이나 몸짓으로 옵션과 선택에 응답할 수 있다. 그들은 다른 사람과 공유된 책의 페이지를 넘기는 것과 같이 더 오랫동안 상대방과 이벤트를 적극적으로 탐색한다. 예를 들어, 새로운 활동을 요청하기 위해 성인에게 물건을 가져오는 것과 같이 문제에 대한 잠재적인 해결책을 체계적으로 적용한다.

(QCA, 2009, p. 8)

이 책에서 대다수의 최중도중복장애학생은 (아마도) 앞의 P3(ii) 수준을 달성하지 못할 수 있으며, 그보다 낮은(일반적으로 훨씬 더 낮은) 인지 수준에서 활동할 것이다. 모든 학교생활에 적용되지만 이것은 결코 과학적으로 입증된 정확한 자료가 아니라는 점도 신중하게 볼 필요가 있다. 어떤 학생들은 P1 또는 P2 수준에서의 작업을 하지만 어떤 영역에서는, 예를 들어 개인 및 사회 개발 영역에서는 P3 이상의 작업 수행을 보이는 등 개인 내적인 차이를 들쭉날쭉한 학습 프로파일로 드러내면서 학습에서의 괴리 현상을 보여 주기도 한다(Carpenter, 2010).

중도장애와 최중도중복장애라는 용어는 가치 있는 것일까

뒤에서 논의하겠지만, 중도장애(SLD) 및 최중도중복장애(PMLD)라는 용어는 특정 아동에게 가치 있는 정보를 제공할 수 있는 경우에만 사용된다. 라벨, 그룹화 및 분류는 광범위한 기대 매개 변수를 이해하는 데 도움이 되므로 일반적인 용어로 유용하다. 교사는 자신이 가르치는 사람이 누구인지뿐만 아니라 수업에서의 광범위한 능력을 알고 싶어 할 것이다. 관련 지식은 학습 준비에 도움이 될 수 있고, 올바른 교육 수준에 배치할 수 있고, 학습(가르치는) 잠재력을 나타낼 수 있는 지표로서의 역할을 할 수 있기 때문이다. 비평가들은 이러한 라벨링이 미리 결정된 천장의 역할을

할 수 있기 때문에 잠재적인 가능성도 제한될 수 있다고 주장할 것이다(Hobbs, 1975; Ho, 2004). 이러한 정의가 아동의 특정 지적 또는 신체적 변인만을 제한한다면 왜 이 범위를 벗어나려고 하는가? 어떤 사람들은 라벨링이 분류학적인 절차로서의 '능력주의'라고 이름 붙이려는 시도라고 주장하기도 한다.

> 특정 종류의 자아와 신체(신체적 표준)를 생성하는 신념, 과정 및 관행의 네트워크는 필수적이고 완전한 비장애인으로 투영된다. 그렇다면 장애인은 인간으로서 부족한/모자란 상태이다.
>
> (Campbell, 2001, p. 44)

이 능력주의가 학생을 위한 학교의 경쟁에 따르는 교육의 시장화와 시험 합격 및 높은 학업 성취도 측면에서 가장 잘 정의된 것과 결합되면, 자동적으로 라벨링과 영구적 분리를 포기한 통합교육이 이상적이라는 것에 대해 많은 기대가 더해진다(Runswick-Cole, 2011).

우리는 영국 학교의 시장화를 부정하고 싶지는 않지만(긍정적 이점과 부정적 이점이 있지만) 장애인 차별주의자의 주장은 더 논쟁적이다. 그러한 해석이 존재했을 수도 있지만 (적어도 글을 쓴 시점에서) 장애를 대하는 태도는 변하고 있다. 패럴림픽의 운동 덕분에 이제 훨씬 더 긍정적인 시각으로 장애를 보게 된 것 같다. 장애인이 된다는 것은 '제한된' 또는 '감소된 상태'가 아니라 역경을 극복할 수 있는 기회가 되었다. 장애라는 용어의 라벨링은 동등한 조건에서 경쟁하는 데 있어 더 수준 높은 경쟁의 장을 허용한다. 패럴림픽은 장애가 기적적으로 사라질 것처럼 장애 인식을 거부할 필요가 없음을 역설하고 있다. 패럴림픽은 장애가 다양한 형태로 존재한다고 말한다. 더욱이 이러한 수많은 형태들의 장애를 서로 비교할 필요도 없고 비장애인들과 비교할 수도 없다.

장애인이라고 '라벨링'되는 것은 정의된 라벨링 이상의 것에 대한 성공이 실제로 달성되었을 때만 가능한 '낙인'이다(Minow, 1990; Norwich, 2008). 이 책에서 우리의 주장은 중도장애 및 최중도중복장애인이 비장애아동을 위해 설계된 주류 교육 및 교육과정 내에서 성공을 거의 달성할 수 없으며, 해당 교육과정에 대한 접근이 불가능하다는 점에서 비롯된다. 이는 모든 형평성 정의와 호환된다. 어떤 아동이 어느 정도 성공할 수 있을 것이라는 사실이 이 논쟁을 바꿔 놓지는 못한다. 우리가 이에 대해 논의하는 이유는 모든 사람을 동일하게 대하는 것이 형평성에 맞는 것이라 하는 가정은 잘못되었다고 보기 때문이다. 그것은 맹목성(blindness)으로 나타난다. 그것은 극단적인 선의와 자유주의적 기반에서 비롯된 맹목성이지만 그럼에도 불구하고 맹목성은 마르샤 미노우의 '차이에서 오는 딜레마'(Minow, 1990)와 직접적으로 관련이 있다. 이는 우리가 모든 사람을 똑같이 대하면서 동시에 다르게 대우하려는 욕망에 갇혀 있음을 주장한다. 교육적 측면에서 다른 교육과정으로 교육을 받는 것은 차별적인 것으로 보일 수 있지만, '차별하지 않는다'는 이유로 모든 아동에게 똑같이 해로운 결과를 가져올 수 있는 교육과정을 이수하도록 하는 것이다.

앤 루이스(Ann Lewis)와 브람 노리치(Brahm Norwich)는 특수교육요구, 전문성 제공 및 전문적인 교육의 범주 간의 관계를 조사하였고(Lewis & Norwich, 2000; Norwich & Lewis, 2005), 노리치(2008)는 장애의 범주화가 프로그램의 개발 및 구현과 관련이 있는지 여부를 조사하였다. 노리치는 '고유한' '특별한' '공통적인' 교육적 요구를 구분하는 모델을 개발함으로써 교육에서 오랫동안 지속되어 온 고정관념 모델에서 벗어나 개별적 용어로 개념화하는 데 더욱 초점을 맞추어야 한다고 주장하였다. 이러한 시도는 학습 지원과 더 밀접하게 연관되어 있다. 노리치와 루이스(2005)는 교육학과 교육과정 사이에 차이가 있음을 분명히 하였다.

> 특수교육을 필요로 하는 학생들이 다른 유형의 교수 전략을 필요로 하는지의 여부를 묻는 질문에 대해, 우리는 특수교육을 필요로 하는 학생들이 별도의 교육과정 목표를 필요로 하는지 묻는 것이 아니다. 우리는 특수한 교육적 요구 없이 다른 사람들과 같은 내용을 배우기 위해 뚜렷하게 구분되는 유형의 교육이 필요한지를 묻는 것이다.
>
> (Norwich & Lewis, 2005, p. 7)

따라서 그들은 [그림 1-1]에서 설명하는, 교육학과 관련하여 취할 수 있는 세 가지 대안을 찾아볼 수 있다.

루이스와 노리치(2000)는 학생들이 사용하는 일반적인 전략에 추가적인 전략이 필요한 예외적인 범위의 학생들에 대한 특정 지식이 있을 수 있다는 점을 근거로 교사가 '특별한 또는 일반적이지 않은' 아동들을 지도하기 위해 지식을 별개로 구분하

[그림 1-1] 교육적 입장: 일반적 차이 입장 VS. 개별화된 차이 입장

출처: Norwich & Lewis (2005), p. 3.

는 것이 필요하다고 하였다. 그러나 이것은 특정 지식이 모든 사람에게 해당될 수 있지만 그렇지 않을 수 있다는 점도 고려해야 한다.

이러한 주장은 중도장애나 최중도중복장애 학생을 가르치는 데 필요한 교수 방식, 전략 그리고 완전히 다른 지식에 있어 실제와는 완전히 다른 차이점이 존재한다고 보고 있다. 이 책에서는 "이 특정 지식과 기술이 처음에 필요한 이유가 최중도중복장애학생들이 덜 '특별한' 학생들과는 다르게 배우기 때문"이라는 가정에서 출발한다(Imray & Hinchcliffe, 2012, p. 151). 흥미롭게도, 노리치와 루이스는 이것을 특수교육대상자(special educational needs: SEN) 전체에 적용할 수 있다고 주장하였으나 이것이 그들의 입장에서 가장 큰 약점이라고 생각했다. 1981년 「교육법」 개정 이후 특수교육대상자는 그동안 영국에서 정의한 것들과는 다른 의미를 갖게 되었다. 즉, 특수교육대상자는 전체 학령인구의 약 20%에 대한 정의로, 대다수는 공통적인 교육철학 및 광범위한 교육과정 내에서 기능하는 것이 합리적이라고 생각해 왔다. 영국의 교육 시스템이 교육 사업과 관련하여 상당한 비율(20%)을 차지하고 있고, 이를 고무시키기 위한 능력(또는 무능력)과 관련된 수많은 이유가 존재하지만, 이 책에서는 다루지 않고 있다.

영국에서 특수교육요구 지원을 받을 자격을 갖춘 학령기 아동의 수는 전체 학령기 아동의 약 2.7%인데,[4] 이들은 자동적으로 추가적인 지방정부 기금을 받을 자격을 갖추게 된다. 그러나 현재 특수교육대상자(DfES, 2003)는 다음의 4개 범주, 11개

4) 이 수치는 수년간 2%에서 3% 사이였다(Ofsted, 2010).

의 하위 범주로 구분되고 있어 여러 가지 문제 또한 존재한다.

1. 인지 및 학습 요구
   - 특정학습장애(Specific Learning Difficulty: SpLD)
   - 중등도장애(Moderate Learning Difficulty: MLD)
   - 중도장애(Severe Learning Difficulty: SLD)
   - 최중도중복장애(Profound and Multiple Learning Difficulty: PMLD)

2. 행동적 · 정서적 및 사회적 발달 요구
   - 행동, 정서 및 사회적 장애(Behavioural, Emotional and Social Difficulty: BESD)

3. 의사소통 및 상호작용 요구
   - 말, 언어 및 의사소통 장애(Speech, Language and Communication Needs: SLCN)
   - 자폐스펙트럼장애(Autistic Spectrum Condition: ASC)

4. 감각적 및/또는 신체적 요구
   - 시각장애(Visual Impairment: VI)
   - 청각장애(Hearing Impairment: HI)
   - 다중 감각장애(Multi-Sensory Impairment: MSI)
   - 신체장애(Physical Disability: PD)

그러나 이들 그룹이 서로 비교 가능하며 다수에게 적합한 것은 모두에게 적합해야 한다고 주장하는 것은 설득력이 없다(Lewis & Norwich, 2000; Norwich & Lewis, 2005). (2005년 출판 당시 이용 가능한 연구를 바탕으로) 다양한 저자에게 의견을 요청하여 앞의 모든 범주(그리고 그 이상)를 차별화하려고 시도했지만, 이는 개별 연구자의 의견일 뿐이다. 노리치(2010)는 이러한 의견이 본질적으로는 '정치적'으로 주도되어야 하고, 실제로 정치적으로 해결되어야 한다는 점을 기꺼이 받아들인다. 그리고 노리치와 루이스가 인정했듯이 통합교육적 관점에서 논의하는 사람들은 모두를 위한 공통교육에 중점을 둔 교육을 실현해야 한다고 하며, "사실 공통교육을 채

택하고 여전히 별도의 학교 교육을 주장하는 것은 다소 이상할 것이다."(Norwich & Lewis, 2005, p. 4)라고 주장하고 있다.[5)]

특히 베르(2005)는 최중도중복장애의 정의가 "집단/일반적인 차이 입장"(p. 69)에 놓였다고 생각하겠지만 "강도 높은 극단의 전략의 연속성상에 놓여 있음"(p. 77)을 고려하여 이들에게 필요한 전문화된 교육 기법을 개념화할 수도 있다고 언급한다. 조던(Jordan, 2005)은 자폐성장애학생들의 교육적 접근법에 대해 집단/일반적인 방식과는 차이가 존재한다고 보고 있다. 포터(Porter, 2005b)는 중도장애학생의 경우 다른 집단과 다르게 학습하는지에 대해 신중한 접근을 하고 있으며 어떤 결정을 하는 것을 꺼리고 있다. 그러나 위셔트(Wishart, 2005)는 다운증후군을 가진 사람들을 논하면서 다음의 질문을 하였다. "교육적 연속성은 일련의 과정이지만, 어떤 경우 독특한 교육적 전략이 될 수 있고, 시기와 관련하여 그 독특한 교육적 전략들은 언제 관련을 맺게 되는가?" (Wishart, 2005, p. 91)

이 질문에 대한 노리치와 루이스의 대답은 노리치(2008)와 노리치와 나쉬(2011)가 언급한 것처럼 '독특한 다름'에 대해 확고한 입장을 표명하였다. 이것은 "모두에게 공통적이지만 개인에게 독특한 교육적 요구로 인식될 수 있다"(Norwich & Lewis, 2005)고 정의할 수 있으나 규준집단과는 근본적으로 다른 방식으로 학습하는 집단(또는 그룹)이 존재한다는 개념은 거부한다. 이것이 이 책의 저자들이 취하는 견해이다. 노리치와 루이스의 견해는 규준집단에서 가장 먼 자리에 위치하고 있는 최중도중복장애학생들부터 인지적으로 뛰어난 능력을 가진 것으로 '라벨링된' 학생들까지 '다름의 연속성'이 있다고 생각한다. 이러한 입장은 의심의 여지 없이, 현재 영국의 법적인 교육 시스템 속에 있는 820만 명의 모든 학생의 평가와 진전도를 공통의 척도로 삼아 측정하고자 하는 영국의 시도에서 찾을 수 있다. 이 표는 〈표 1-1〉과 같이 재현하고 있다.

영국 교육부(DfE)가 P척도의 하위 수준에서 GCSE A* 등급의 상위 수준(16세에 비장애학생이 치른 시험의 최고 성취 수준)으로 원활하게 진행할 수 있도록 하려는 의도로 이해할 수 있다. 그러나 논리적이지는 않다. 왜냐하면 그것은 평가와 발전에 대

5) 매슬로(Maslow, 1973)가 욕구의 위계에서 설명한 교육에 대한 욕구는 메리 워녹(Mary Warnock, 2010)이 언급한 '독립, 즐거움, 이해'라는 공통 목표를 모든 학습자가 공유한다고 가정할 수 있다(p. 16).

표 1-1 P척도 점수 및 변환표

학업능력수준	획득 점수
GCSE A*	58
L7 of NC	45
C grade GCSE	40
Level 4 of NC	27
Level 2c of NC	13
Level 1c of NC	7
P8	6
P4	2
P1(i)	0.5

출처: DfE (2009).

한 유일한 기준인 '학력'을 말하고 있기 때문이다. 그러나 학업적인 진보는 정의상 P척도 내에서 일관되게 학습해 온 학생들은 달성하지 못하게 되어 있다는 것이다. 그렇지 않으면 P척도 내에서 일관성 있게 학습하는 것이 어려울 수 있게 된다. 〈표 1-1〉은 학업 능력이 가장 높은 학생이 학교에서 58점을 달성하고, 학업 능력이 가장 낮은 아동(즉, P척도 내에서 지속적으로 학습한 학생)이 달성할 수 있는 (최상의) 점수는 6점이라는 것을 보여 주고 있다. 대부분의 사람은 중도장애인들의 경우 그보다 훨씬 낮은 점수를 얻을 것이라고 보고 있다. 이에 대해 누구도 할 수 있는 일이 없다. 이것은 교수법이 열악하거나 학력이 부족하거나 의지가 부족해서 생긴 결과가 아니며, 학업 성취 여부에 관계없이 모든 학생에게 동일한 학업 평가 시스템을 적용했기 때문에 발생한 일이다. 이것은 오히려 가장 멀리 뛰어 오른 잉어와 앵무새의 비상 거리를 비교하여 측정하는 것과 같다. 왜 그럴까? 그러한 비교는 도움이 되지도, 타당하지도 않으며, 포용적인 사회를 발전시키기 위해 아무런 도움이 되지 못한다. 또한 여기 제시된 표의 내용이 학업적으로 쉽게 성취하기 어려운 사람에게 모욕적인 것은 아닌지 질문을 던져 봐야 한다. 아마도 학업 능력이 떨어지는 이들일수록 이러한 비교에 대해 더욱 모욕적으로 느낄 수 있다.

이 책의 기본 원칙은 중도장애 및 최중도중복장애와 관련하여 가장 강력한 가능성 있는 용어인 '일반적인 위치'에 대해 논의하는 것이다. 이는 일부 교육적 요구가 모두에게 공통적일 수 있다고 인식할 수 있고, 일부는 개인에게 특별히 요구되는 것

이라고 볼 수 있다. 일부는 중도장애학생들에게만, 일부는 최중도중복장애학생들에게 특별히 요구되는 것임을 인식하게 된다. 우리는 최중도중복장애학생들을 위해 '다른 유형의 교수법'을 사용하지 않는 한, 학생들이 의사소통하고, 먹고, 손을 뻗고, 선택하고, 적극적으로 다른 사람들과 효과적으로 소통하는 법을 배울 가능성이 거의 없다고 주장한다. 중도장애학생들을 위해 '뚜렷하게 구분되는 유형의 교수법'을 사용하지 않는 한 사고와 문제해결, 협동놀이, 성적 독립성, 마음이론의 달성, 자기결정의 가치 등을 배우지 못할 가능성이 높다. 모두에게 공통된 교수법을 채택하고 적용하는 것만으로는 충분하지 않는다. 왜냐하면 이러한 기술이 중도장애 아동, 청소년 및 성인에게 모두 적용되는 것은 아니기 때문이다. 이 책은 이들을 위한 이러한 독특한 교수법에 대해 설명하고자 한다.

제2장

차이에서 오는 딜레마

이 책(혹은 장)은 중도장애 및 최중도중복장애 초·중·고등학생을 일반교육에 통합시키는 것에 관한 내용이 아니다. 이는 아주 흥미로운 주제이기는 하지만 이 주제를 완벽하게 다룰 만큼 지면이 할애되지 못하였고, 그런 시도를 하려고 하는 것이 아니다. 하지만 우리는 딜레마에 대한 접근, 즉 현재 학생들의 개별적인 차이에서 오는 딜레마들이 학교 교육과정에 작용하고 있고 이를 다루고 해결할 필요가 있다는 인식을 하고 있기에 이 주제를 다루고자 한다. '차이에서 오는 딜레마'라는 용어는 마르샤 미노우(Martha Minow)가 미국의 법체계에 관한 연구를 진행하며 처음으로 사용하였다. 마르샤 미노우는 "사람을 다르게 대하는 것이 언제 그들의 차이를 두드러지게 하고, 이것으로 인해 언제 그 사람들에게 낙인을 찍히게 하거나 그 사람들의 발전을 저해하게 되는가? 그리고 언제 그 사람들이 지닌 차이에 둔감해져서 다른 사람들과 똑같이 대하는가? 이를 기반으로, 언제 그 사람들에게 낙인을 찍게 하거나 그 사람들의 발전을 저해하게 할 가능성이 높아지는가?"(Minow, 1990, p. 20)라는 질문을 함으로써 딜레마의 의미를 간명하게 설명하였다.

판별 딜레마

미노우와 브라함 노리치(노리치는 우리가 이 장에서 계속 의지하게 될 사람이다)는 이러한 딜레마들은 라벨링에서부터 출발하였는데, 그 라벨링 안에서의 차이는 (표준으로부터의) 일탈 및 낮은 기대, 낮은 가치, 그리고 차이는 궁극적으로 극복할 수 없는 것이라는 필연감 등의 형태로 낙인찍힐 위험성과 직접적으로 연결되어 있다고 주장하고 있다. 즉, 비록 어떤 사람들은 그러한 견해를 지니고 있을 수 있다 하더라도, 특수교육요구 분야에서의 오명이 반드시 그들이 보이는 차이로 인해 사회 전체가 학습에 어려움을 지닌 누군가를 하찮게 보는 직접적인 형태로 나타나는 것은 아니지만, 현재 혹은 미래의 성취에 대한 잠재력을 표준보다는 낮을 것이라고 정형화하는 경우가 더 많다. 예를 들어, 와인버그와 브럼백(Weinberg & Brumback, 1992)은 주의력결핍 과잉행동장애(ADHD) 진단을 받은 어린 학생들의 경우, 자신들이 한 행동에 대한 변명을 할 요량으로 ADHD를 지속적으로 활용할(그리고 어른들은 이를 허용할) 것이라고 암시했다. 어쩌면 우리 모두는 "오, 그 아이는 그걸 할 수 없어. 그 아이는 중도장애아야."라는 말을 우연히 들었을(혹은 우리 자신이 그렇게 생각했을) 수 있고, 그러한 딜레마가 학습된 무기력(Seligman, 1975)이나 학습된 무기력의 가능성을 아주 높일 수 있는 악영향과 전혀 다른 것이 아님을 알 수 있다.

특히 그러한 아동들을 규정하는 조건들이 결손 질문들(그 아동이 무엇을 하지 못하지?)로 일컬어지는 경우, 최중도중복장애, 중도장애, 자폐스펙트럼장애 등 특수교육 내에서 사용되는 용어의 전체적인 속성이 진정 이러한 딜레마를 보여 주는 것이다. 차이는 낙인이나 일탈과 연결되어 있고 동일성은 평등의 전제 조건이다. 만일 우리가 차이에서 오는 딜레마에서 벗어나거나 이를 초월하고자 한다면, 아마도 이러한 전제들이 규명되고 평가되어야 할 것이다(Minow, 1990, p. 50).

다이슨(Dyson, 2001)은 자유민주주의 체제 내에서 "모든 학습자를 본질적으로 동일하고 동등하게 대하려는 의도와 그들을 다르게 대하려는 반대 의도 사이"(p. 25)의 기본적인 모순을 밝혀냈고, 노리치(2008)는 최근 영국에서 이를 강조한 것은 흥미로운 일이라고 언급하였다. 노리치는 다이슨이 "공통성이 정부에 의해 채택되었기 때문에 지배적인 개념이 되었을 것으로 보고, 차이를 강조하는 반발에 대한 해결

책을 찾은 것"(Norwich, 2008, p. 27)이라고 시사하고 있다. 어쩌면 이 책은 그 반발 중 하나를 대표한다.

비록 노리치(2008)가 완벽한 해결책(혹은 열반)이라고 내놓은 개념은 망상이나 '개념적 한계일 수 있다고 하더라도, 딜레마(들)의 해결은 모두 중요한 것이기 때문에 딜레마가 있음을 인식하는 것은 전체 과정의 절반일 뿐이다. 노리치는 요구되는 답이 이러한 해석들이 양립할 수 없다는 것이어야 하므로, 우리는 해석이 다양할 수 있다는 인식이 단지 도전의 일부라는 것을 받아들일 필요가 있다고 주장하고 있다.

호(Ho, 2004)는 계층화와 라벨링을 그만두고 개인의 고유성에 집중해야 한다고 하였고, 텔지(Terzi, 2010)는 장애라는 부정적인 언어에서 벗어나 능력이라는 긍정적인 언어로 이야기하자고 촉구함으로써 한 단계 더 나아가고 있다. 아마르샤 센(Amartya Sen, 2001)의 저서에서 자신의 입장을 정하게 된 텔지는 어떠한 나라에서든 현재의 분류체계는 "능력의 한계라는 면에서 학습의 어려움(learning difficulties)과 장애와의 관계적 정의"(Terzi, 2010, p. 150)로 이끌고 있다고 주장하고 있다. 텔지는 결손보다는 아동의 능력을 이해하는 것이 여러 기관이 지향할 수 있는 중심 주제가 될 수 있고, 이는 생각을 완전히 뒤집어서 한 개인의 긍정적 잠재력에 집중하는 것이 가져다줄 개념에서 오는 이득을 수용하길 원하고 있다. 이는 니콜라스 홉스(Nicholas Hobbs)의 중요한 연구(Hobbs, 1975a, 1975b)에서 라벨링 활용을 통제 수단으로 보고, 다음의 두 가지 중요한 원칙을 설정하고 있다. 첫째, 아동들의 라벨링은 그것이 개인에게 이득을 가져다줄 수 있는 것으로 보일 때에만 정당화될 수 있고, 둘째, 이러한 개인의 요구는 서비스 전달체계의 요구에 우선한다. 홉스는 규정의 개발은 부적절한 체제에 사람들을 억지로 맞추기보다는 아동의 요구에 초점을 맞춰야 한다고 주장하였다.

여기 세 가지가 있다. 첫째, 텔지의 분석은 특수교육요구대상자들을 위한 긍정적인 철학이 생긴 것은 아니지만, 적어도 영국에서는 그리고 해당 기관들이 상당히 잘 협력할 때 아마도 생기게 될 것임을 제안한다. 일반적으로 말해서, 아동에게 최선의 이익을 위해 긍정적인 태도를 갖고 일하려는 욕구가 있고, 자신의 일을 잘하는 사람들은 대부분 항상 긍정적이다. 말을 바꾸어 보면 자신의 일을 잘하지 못하는 사람들에게 긍정적인 태도를 갖는다는 것에 대해 고심하게 만들 수는 있지만, 이것이 이들로 하여금 긍정적인 태도를 조금도 갖게 하지는 않을 것이다.

둘째, 능력이라는 말을 사용하는 것은 필연적으로 매우 개별화되고, 호가 말한 '개인의 고유성'이라는 문구와 상당히 유사한, 동일한 문제들과 맞닥뜨리게 된다. 워녹(2010)이 간결하게 지적한 것처럼 '못된 아이는 다른 아이를 놀린다(항상 놀릴 것이다)', 즉 낙인을 찍고 싶어 하는 사람들은 라벨링이 있든 없든 항상 그럴 것이다. 우리가 지금 '부적응의' '보통 이하인' '지체된' 등의 용어들로 인해 움츠러드는 것은 당연할 것이고, 이러한 단어들은 확실히 그것이 무엇이든 간에 보통보다 못하다는 의미를 전달하겠지만, 우리가 알고 있는 한 '저능아 같은'처럼 운동장에서 들을 수 있는 욕이나 진짜 '특수한 요구' 등의 다른 용어들과 같이, 단순히 상태를 서술하는 단어들이고, 한때 특정한 혹은 일반적인 조건을 나타내는 데 사용되곤 했다.[1] '라벨링 하기(Labelling Cycle)'(Hastings et al., 1993)가 작동하기 시작해서 그러한 용어들이 확실히 오용되었지만, 그러한 단어들 자체는 본질적으로 나쁜 것이 아니다. 여기에서의 요점은 비록 우리가 로레타 텔지가 언급한 능력이라는 말을 채택하고, 예를 들어 어떤 학생이 매일 아침 혼자서 학교에 가는 것에 대해 축하한다고 하더라도, 우리가 "이봐, 너, 혼자 왔네."라며 운동장에서 조롱 섞인 말을 들을 때까지 얼마나 걸릴 것인가이다.

마지막으로, 우리의 일부 인간성은 분류되어야 한다. 그것이 세상을 의미 있게 만들기 위해 우리가 하는 일이다. 그것이 우리의 기본적인 수학적 본능이다. 어떤 사람들이 다른 사람들을 낙인찍는 것을 피하기 위하여 분류하고자 하는 우리의 자연스러운 선호를 부정하는 것은 이해할 수 있고 심지어 칭찬받을 만한 것이지만, 분명히 실패할 것이다. 집단을 혹은 집단 구성원들을 낙인찍거나 낙인찍지 않는 것은 하나의 집단으로 혹은 그 집단의 구성원으로서 그들을 바꾸지 못한다. 누군가 버스를 경주용 차와 비교해서 자동차의 초라한 버전이라고 낙인찍을 수 있지만, 그것이 버스라는 사실을 바꾸지는 못한다. 그러나 우리는 중도장애를 지닌 누군가에 대해 이야기할 때 버스에 대해 사용하는 동일한 방식으로 결손의 용어를 이야기하지 않는다. 버스는 버스가 무엇을 할 수 없는지보다는 무엇을 할 수 있는지에 관하여 설명한다. 버스는 이러한 것들을 하기 위해 설계된 것이다. 인간은 중도장애를 전제로

---

1) '특수교육요구'라는 용어는 특히 라벨(label)의 부정적 의미를 바꾸기 위해 워녹위원회(Warnock Committee: DES, 1978)에 의해 영국에 도입되었고, 그러한 측면에서 '특수한', 원하는 그 무엇을 제공하기 위함이다.

해서 설계된 것이 아니다. 다른 말로 하자면, 우리는 어떤 집단에 대한 평가의 기준을 필요로 하게 되는데, 그러면 우리의 언어 능력으로 중도장애인에 대해 누군가에게 설명할 때 고려해야 할 사항은 무엇인가? 이 아동은 독립적인 인간으로서 기능할 수 있도록 학습할 수 있다. 그렇다. 하지만 다른 모든 아동도 그럴 수 있다. 이 사람은 효과적인 의사소통을 배울 수 있다. 그렇다. 하지만 다른 모든 사람도 그럴 수 있다. '적은/덜(less)'의 관점에서, 긍정적인 시각으로 보려 해도 그것은 여전히 무엇을 못하는지로 비교되고, 이는 계속 부정적 용어로 생각하는 사람들에 의해 계속 부정적으로 인식될 것이다. 현실은 중도장애인이나 최중도중복장애인은 양쪽 영역 모두에서 더 큰 지원을 필요로 할 것이고, 이 집단에 대한 평가 기준은 그들이 겪는 학습의 어려움이 된다.

우리는 일반적인 학습에 대한 의도성에 있어 역량을 참고할 것이고(예를 들어, 영국의 P척도는 전적으로 역량 용어로 작성되었다), 우리는 이 책이 중도장애나 최중도중복장애 학생들의 잠재력을 긍정적으로 축하해 줄 수 있기를 바라지만, 이러한 것들이 우리에게 어떤 아동이 할 수 없는 것을 알려 주지는 않을 것이며 우리가 이를 알고 있다는 것이 아마도 핵심일 것이다. 중도장애를 지닌 누군가의 분명한 특성들 중 하나는 추상적 개념을 이해하는데 큰 어려움이 있고(Imray, 2005), 교사 및 지원 인력들은 반드시 ① 이것이 실질적인 것을 의미한다는 것을 이해하고, ② 가르칠 때 추상적인 것을 사용하지 않아야 한다. 이는 단지 어떤 것이 효과가 있는지 아는 것의 문제가 아니고, 효과가 없는 것 또한 알아야 한다. 중도장애나 최중도중복장애 학생들에게 적용되는 영국 국가수준 교육과정의 상당히 많은 문제점은 학습 양식에 대한 전제가 전적으로 비장애학생의 선형적 발달에 기반을 두고 있기 때문에 발생했지만, 이것이 교정될 수 없다는 것을 알고 있다. 이는 분명히 모두가 동일한 방식으로 배우고 있기 때문에, 학생들은 특정 수준에서 꼼짝을 안 할 것이고, 교사들은 학생들을 움직이게 하기 위한 자동적인 전략들을 하나도 갖고 있지 않다는 것임을 의미한다. 표시 만들기(Mark making)는 쓰기의 단계에 작용하는 완벽하게 수용할 만한 단계이고, 그 수준의 아동들에게 가능한 한 많이 권장되어야 한다. 하지만 단지 몇몇 중도장애아동이 다음 단계에 도달할 수 없기 때문에 15세의 학생들에게 표시하기를 권장한다면 이러한 개념은 터무니없는 일이 될 것이다. 이제 막 읽기를 시작하는 아동들에게 발음중심 교수법(phonics)을 가르치는 것은 그들이 초기 읽기 기술을 전개하는 데 있어 중요한 단계가 된다. 그러나 중도장애아동에게는 이것이 일정 시간 동안 머무르게 되는 쓸모없는 시작점이 될 것이다.

(당신이 뭐라 부르든) 범주화하기 혹은 라벨링 혹은 분류하기에 대한 요점은 그것이 기능적인 활동이라는 것이다. 이는 교사로서의, 지원인력으로서의, 치료사로서의 우리에게 아동이 하는 공부 범위에 관해 알려 주고 있다. 이는 우리에게 우리가 계속해서 평가하고 다시 평가하지 않도록 하는 기반을 제공하고 있다. 이렇게 하는 것은 의미가 있다. 다시, 있는 그대로의 수많은 상식을 가지고 말하는 메리 워녹(Mary Warnock)은 모든 범주를 특수교육요구라고 하는 넓은 상위 개념으로 편입시킴으로써 라벨들을 제한하고 약화시키는 것에서 벗어나기 위해 자신이 작성한 1978년 위원회 결정문에 대해 기술하고 있다. 워녹은 "동시에…… 그것들을 나머지와 같은 것으로 그리고 다른 것으로 만든다. 이는 분명히 불가능한 과제"(Warnock, 2010, p. 125)라고 말하고 있다. 불가피하게 새로운 범주들이 나타났고, 비록 학습상에서의 어려움이 교육적으로 보통 이하인 것보다는 다소 낫다고 하더라도 그것은 여전히 하나의 범주인 것이다. 단어들은 그 의미들에 대한 우리의 이해가 계속해서 변하고 우리가 그 단어들이 의미하기를 원하는 것을 의미할 수 있다. 'gay'는 완전히 긍정적인 것에서 완전히 부정적인 것에 이르기까지 수많은, 서로 다른 상황에서, 수많은 서로 다른 것을 의미하기도 하지만, 원래 그 의미대로 사용되는 일은 흔치 않다. 마찬가지로 'disabled'는 수년 동안 서로 다른 많은 사람에게 서로 다른 많은 것을 의미해 왔지만, 현재 많은 부분 패럴림픽 혹은 장애인 대회(Disability Games) 덕분에 행운의 반전을 경험하고 있는 것으로 보인다. 아마도 '학습'과 '장애(difficulties)'와 같은 특정 단어들을 못 쓰게 하기보다는 더 열심히 쓰게 하는 것이 답일 것이다.

배치 딜레마

판별 딜레마는 문제의 일부일 뿐이다. 우리는 배치와 교육과정의 딜레마 또한 고

---

2) 노리치(2010)는 교육의 제공에 대하여 ① 판별, ② 배치, ③ 교육과정, ④ 참여, ⑤ 관리 등 5가지 영역이 제공

려할 필요가 있다[2](Norwich & Gray, 2007; Norwich, 2008; Norwich, 2010). 교육과정에 대한 우리의 견해는 이 책 전반에 걸쳐 진술되고 있고, 비록 우리가 그 주제를 여기서 다시 진술한다 하더라도 우리는 배치 딜레마를 먼저 살펴볼 것이다. 아무튼 이 두 가지는 불가분하게 연결되어 있다.

노리치와 그레이(Norwich & Gray, 2007) 그리고 노리치(2010)는 이 딜레마에 대한 해결책은 이들이 '유연하게 상호작용하는 제공의 연속체 모형'이라고 부르는 것 안에서, 고도의 통합교육의 입장으로부터 완전한 분리교육에 이르기까지 여러 선택권을 가지고 있는 것으로 보고 있다.[3] 배치 선택권 안에 네 가지 광범위한 입장이 규명되고 있다.

A. 특수학교 및 일반학교와 연계된 학급/수업
B. 동일 학교: 시간제 특수학교/학급
C. 동일 학교 및 학급(다양한 정도의 수업 분리)
D. 동일 학급(다양한 학습 집단: 분리 없음)

통합교육을 지향하는 입장일수록, 선택권 C와 D로 방향을 바꾸는 경우가 더 많으며, 더 분리교육을 지향하는 입장일수록 선택권 A와 B 쪽을 향한다.

이 책이 중도장애 및 최중도중복장애 학생들을 위해 분리된 교육과정과 교수 모형을 단호하게 요청하는 것은 우리를 노리치와 그레이 척도의 방향을 완전히 바꾸는(어쩌면 이는 선택권 α일 것이다) 편에 자동적으로 소속되는 것으로 보일 수 있다. 하지만 비록 타고난 성향이 선택권 A를 선택하게 한다 하더라도, 분리된 그리고 별개의 교수 및 교육과정을 주장하는 것이 자동적으로 분리된, 그리고 별개의 배치를 의미하는 것은 아니다. 그러한 배치 제공이 일반학교에서 일어날 수 없었던 이유

된 연속체 내에서 고려되는 것을 특히 옹호하고 있다. 비록 우리가 특별히 앞에 언급된 3가지만 다루고 있다 하더라도, 나머지 두 가지에 대한 우리의 견해는 암시되어 있는 것으로 간주된다.

3) 노리치와 그레이(2007)가 (분리된) 특수학교에 다니면서 특수교육요구를 가진 것으로 판별된 모든 아동을 위하여 모든 아동이 동일한 학교, 동일한 학급, 동일한 수업에 출석하는 것에 대한 배치 논쟁에서 제시된 완전한 통합과 완전한 분리의 양 극단을 '헛된 이념적 순수성 추구'(Norwich, 2010, p. 104)라고 거부하고 있음을 언급하는 것은 흥미로운 일이다.

는 없고, 대학에서 가르치는 고강도 학과 전공 이상의 것은 자동적으로 분리를 의미할 것이다. 학생들은 여전히 동일한 학교에 있을 수 있고 여전히 사회적으로 섞이며, 여전히 체육 및 예술과 같은 공통 관심 영역들을 가질 수 있으며, 여전히 만나고 상호작용할 수 있는 기회가 있을 것이다. 학생들은 단지 같은 것을 공부하지 않을 뿐이다. "비록 통합이 공동 학습조직에 대한 참여의 측면에서 정의될 수 있다 하더라도, 통합은 통합교육기관(즉, 지역 초등학교)에 참여하는 것으로 정의될 수 있다." (Norwich, 2010, p. 82) 우리는 또래 관계 및 우정이 계발될 수 있는 모든 기회가 제공되도록 보장하기 위해 열심히 일해야 한다. 그리고 이를 수행하기 위해 시간이 필요하다는 인식이 필요하며, 이 시간은 아마 보통 학교에 가는 날에 있어야 할 것이다. 모든 분야의 의지가 필요하고, 얼마간의 확실한 재정 보장이 있어야 하지만 이는 전적으로 가능하다. 어렵지만 가능하다.

가능하지 않은 것은 '시간제 특수학교/학급으로의 배제'인데, 이러한 배치는 최중도중복장애학생들에게 제공되는 실제 교육과정 및 교수가 이들의 비장애 또래들에게 제공되는 교육과정보다 부가적이고 더 낮은 수준의 것을 제공하고 있기 때문이다. 이는 비장애 또래들을 중도장애나 최중도중복장애 학생을 위해 특별히 설계된 교육과정을 이수하게 하고 나서 나머지 시간은 '시간제 특수학급으로 배제'하는 것만큼이나 기이한 일이다. 주류 교육과정이 특수 교육과정보다 우위에 있다는 전제가 왜 용인되는가? (최소한 영국에서) 분명한 것은 통합에 대한 많은 멋진 논의가 있어 왔지만, 중도장애와 최중도중복장애 학생들을 위한 행동은 거의 없었다는 점이다(Male, 2001; Hodkinson, 2012). 통합교육이 효과를 발휘하기 위해서는 모든 이해당사자가 다양성을 존중하면서 다양성에 시간을 주겠다는 진정한 약속이 있어야 한다. "통합교육은 지역 학교들이 지각된 그 어떤 차이, 장애나 기타 사회적 · 정서적 · 문화적 혹은 언어적 차이와 관계없이 모든 아동을 책임진다는 원칙에 근거한다."(Florian, 2008, p. 202)

통합은 모든 교사가 아동의 학습에 대한 책임을 수용하도록 돕는 것과 관련된다. 통합은 다양성에 시간을 주는 것, 개개인의 차이를 존중하는 것 그리고 학습의 성과가 우리 모두에게 다를 수 있음을 받아들이는 것에 있다. 하지만 피터 미틀러(Peter Mittler)가 경고한 것처럼, 우리가 통합에 대해 의미하는 것이 더 많은 최중도중복장애아동을 일반학교에서 교육하는 것이라고 한다면, 통합은 모든 학생에게 보다 잘

접근하고 참여할 수 있게 보장하기 위하여 학교의 문화와 조직 모두를 바꾸지 않는다면 하나의 관념에 지나지 않는 것이다(Mittler, 2000). 우리는 영국 교육 체제에서 지난 25년 동안 이에 대한 증거를 거의 보지 못했다.

통합은 아동들을 일반학교에 배치하는 것을 논의하는 것이 아니다. 통합은 학교를 바꾸어 학교들이 모든 아동의 요구에 더 많이 반응하게 하는 것에 관한 학교의 기존 체제, 교육과정, 조직, 교수, 집단구성, 평가와 가치를 바꾸는 것이다. 교육 체제 내에서 가장 취약한 아동들 중 일부의 최선의 이해를 보호하는 데 대해 이야기할 때 매우 적절한 Mittler의 인용문이 떠오른다.

> 특수교육은 그것이 어디에서 제공되든 장애아동에게 긍정적으로는 차별의 한 가지 형태이다. 특수교육은 장애아동을 위하여 유리한 학생-교사 비율, 특별한 훈련을 받은 교사들, 학급 보조원들, 특별히 개조된 물리적 환경들, 그리고 한 건물에 언어치료사, 물리치료사, 작업치료사, 그리고 때때로 사회복지사와 심리학자 등과 같은 전문가들을 모아 놓는 것 등을 이용할 수 있게 한다. 장애아동들이 일반학교에서 교육받고자 한다면 이러한 긍정적 차별의 요소들이 지켜져야 한다.
>
> (Mittler, 1979, p. 97)

통합은 정신 나간 것처럼 행동하지 않는 것에 대한 것이다. 통합의 실제는 아마도 아동별로, 개개인의 요구를 살피면서 신중하게 충분히 생각되어야 한다. 통합과 참여가 인간의 존엄성과 인권의 향유 및 행사에 있어 핵심이라는 것을 인정하지만, 우리는 많은 일을 해야 하고 그것을 제자리에 놓는 것에 대해 지금까지 우리가 해 왔던 것 이상으로 더 열심히 해야 한다. 다른 나라들은 중도장애 및 최중도중복장애 아동, 청소년 및 성인들의 통합에 대하여 영국보다 더 나은 일을 해 왔다고 느낄 수 있지만, 다시 그에 대한 증거는 거의 없다.

> 소수집단 아동들의 '통합(integration) 대 분리(segregation)'에 대한 끝없는 논쟁과 출판물 동향은 새로운 의제에 의해 추월되어 왔으며, 이 새로운 의제는 인권에 관한 것이고 우리가 우리의 아동들을 위해 원하는 종류의 사회 및 학교에 관한 것이다.
>
> (Mittler, 2000, p. vii)

우리에게 있어, 배려하고 안전한 환경에서 필수적인 다학문적 숙련자들 및 전문가 자원에 직접적으로 접근하여 주류와는 다를 수밖에 없는 개인적 요구를 충족시키기 위한 교육과정 및 교수 목표들을 만들면서, 양질의 교육을 받은 숙련된 특수교육자들과 전문가 자원이 중도장애나 최중도중복장애 아동들을 가르치는 것이 기본적인 인권이라는 점은 분명하다. 만일 그것이 통합 상황에서도 성취될 수 있으면, 훨씬 더 좋을 테지만 본말이 전도될 수 있으니, 여기서 멈추고자 한다.

사이몬즈와 베일리스(Simmons & Bayliss, 2007)는 이에 대하여 중도장애학생들을 위해 지정된 영국의 한 특수학교의 일반학급에 최중도중복장애학생의 통합에 관한 주장하에서 흥미로운 접근 방식을 취하고 있다. 여기서 통합은 '최중도중복장애학생들이 그들의 사회적 그리고 교육적 환경의 접근정도'(p. 20)로 정의된다. 이들의 연구는 최중도중복장애아동들의 교육에 대한 특수학교의 효용성이 입증되지 않았다고 시사하고 있으며, 이들은 영국 남서부 한 특수학교 직원들이 최중도중복장애의 의미에 대한 실질적인 이해가 없는 것 같다는 사실을 지적하고 있다. 이들은 직원들이 신체적으로 더 활동적이고 까다로운 아동들을 '다루는' 동안 최중도중복장애아동들이 계속 고립되는 문화를 언급했다. 교수를 분화시키는 것에 대한 뿌리 깊어 보이는 무능력 또한 존재하고, 대부분의 중도장애아동들을 위한 수업이 1에서 9 사이의 숫자들을 탐색하고 아동들은 숫자가 적힌 팻말 중에서 정확한 숫자들을 확인하는, 한 가지 기본적 계산 능력 수업을 예로 제시하였다. 한 최중도중복장애아동의 지원인력은 "아동을 위한 숫자를 찾고, 해당 숫자 팻말을 아동의 손앞에 놓은 후 해당 아동이 팻말을 들어 교사에게 보여 주는 것을 돕고 있다."(p. 21)

이것이 개별적인 사건일 수 있지만, 사이몬즈와 베일리스는 여러 번의 학급 관찰과 이 학교의 교사들 및 지원인력들과의 면담을 통해 최중도중복장애(PMLD)의 '최중도(profound)' 부분에 대한 몰이해가 학교에 퍼져 있다고 하였다. 이 이해 부족의 기초가 되는 이유에 대한 이들의 결론은 교사들과 지원인력들 모두를 위한 최중도중복장애 분야에서의 훈련 기회가 부족하다는 것이었다. 우리는 분명히 중도장애나 최중도중복장애 모두에 있어 개선된 전문가 훈련에 대한 호소에 공감할 것이다. 적어도 영국에서는 이것이 매우 필요하다. 영국에 사범대학을 도입한 것은 새로운 교사들에게 새로운 지식을 상당부분 지원해 줄 것이라 기대하였지만 아직도 정기적으로 그러한 훈련에 접근하지 못하는 수많은 교사와 지원인력이 있다.

사이몬즈와 베일리스는 특수학교들이 최중도중복장애아동들을 교육할 수 있다는 (검증되지 않은) 전제에 대해 계속해서 도전했고, '상호주관성'[4](Trevarthen & Aitken, 2001) 원칙의 활용을 통하여 통합교육이 더 나을 것이라고 계속 암시했다. 트레바튼(Trevarthen)과 앳킨(Aitken)(2001)은 다음과 같이 인용하고 있다.

> 매우 미성숙하지만 정교한 뇌와 한정적인 인지, 그리고 허약한 신체를 지닌 신생아들조차 다른 사람들이 보여 준 흥미와 감정의 표현적 형태와 리듬을 가지고 복합적으로 의사소통하기 위하여, 즉각적인 생물학적 요구를 위해 부모의 양육을 끌어들이는 본능적인 행동들 이상으로 명확하게 동기를 부여받을 수 있다는 증거. 이 의도적 공통주관성 혹은 초기 심리사회적 상태의 증거는 우리가 인간의 정신 발달을 이해하는 데 기초가 될 것임이 틀림없다.
>
> (p. 3)

아마도 비장애아동들에게 '의도적…… 초기 심리사회적 상태'가 있을 것이지만, (사이몬즈와 베일리스가 한 것처럼) 트레바튼과 앳킨이 (레트증후군과 같은) 특정 증후군을 지닌 아동들은 음악치료와 집중적인 상호작용에 잘 반응한다고 언급하고 있기 때문에 그와 같은 상태가 최중도중복장애 학생들에게도 분명 존재한다는 전제를 만드는 것은 엄청난 비약이며, 모호하게라도 입증된 것은 전혀 없다. 이는 완전 통합 수업을 주장하는 유리한 기초가 되기에는 불충분하다. 그리고 Simmons와 Bayliss가 다음에 제시한 주장에는 또 다른 큰 어려움이 있다.

- 학교는 모두 같지 않다.
- 영국 교육기준청(Ofsted)은 나쁜 학교들 중에서 좋은 학교를 알아볼 능력이 있다고 추정된다. 최근 교육부 조사에서 학교의 지위에 관한 암시는 없었고 따라서 이 학교가 (뛰어난 학교인지는 고사하고) 좋은 학교로 간주될 수 있는지를 판단하기 어렵다.
- 열악한 전문가 교육과 마찬가지인 전문가 훈련의 부족 원리는 일반학교에서도 정확하게 동일한 척도로 적용된다.

---

4) 역주: intersubjectivity는 사람들의 여러 관점 사이에서 서로 관련되거나 교차하는 성질이다.

- 교사들 및 지원인력들은 자신의 수업에서 요구가 많고 말썽을 피우는 아동들에게 지나치게 신경을 쓰느라 최중도중복장애아동과의 귀중한 시간을 보낼 수 없다는 원리는 일반학교에도 동일하게 적용된다.
- 학교는 교육부 그리고 학습과 기술 협의회(Learning and Skills Council)가 중시하기 때문에 선택되었지만, 해당 학교는 "학교의 중도장애와 최중도중복장애 아동들을 위한 '통합' 규정 때문에(즉, 최중도중복장애아동들은 더 이상 최중도중복장애 특정 수업에 배치되지 않는다)"(p. 20) 중시될 뿐이다.

마찬가지로 누군가는 이 학교가 더 이상 최중도중복장애학생들의 교육을 중도장애학생 집단과의 차이라는 측면에서 전문가 지식과 준비를 타당하게 하기 위해 충분할 만큼 중요하게 여기지 않고 있다고 주장할 수 있다. 그러므로 저자들의 기대에 부응하지 못했다는 것은 그리 놀랄 일이 아니다. 최중도중복장애학생과 중도장애학생이 동일한 (통합) 수업에 있을 수 있어야 한다는 엄청난, 그리고 입증되지 않은 전제가 존재한다.

비슷한 맥락으로 포어맨과 동료들(Foreman et al., 2004)은 호주에서 특수학급과 통합학급에서 하루 동안 각각 여덟 쌍의 최중도중복장애학생들의 상대적 행동 상태에 관해 연구하였다. 행동 상태는 의사소통 행동, 활동, 그리고 사회적 집단구성 등을 포함하는 몇몇 상황 지표로, 체계적으로 관찰되고 기록되었다. 대다수의 학생의 행동 상태 관찰을 보면, 두 환경 사이에 두드러진 차이가 없었음에도 불구하고, 이 연구에서 일반(통합)학급에서 관찰된 학생들은 특수학급에서 관찰된 또래들보다 훨씬 더 높은 수준의 의사소통 상호작용을 하고 있었다. 두 환경의 의사소통 상대들 사이에 있었던 상호작용의 빈도에서 차이가 관찰되었다. 이는 두 가지 이유에서 흥미로운 결과이다. 첫째, 비록 행동 상태 사이에 많은 차이가 없었다 하더라도 상호작용의 수준 및 빈도는 주로 통합 환경 또래 상호작용을 통해 더 의미 있는 증가를 나타냈다. 상호작용에서의 이러한 증가는(연구에 참여한 통합학급 또래들의 삶의 질은 말할 것도 없고) 최중도중복장애학생들의 삶의 질에 중요한 이득을 만들어 낼 것(Lyons & Cassebohm, 2011)이라고 가정할 수 있고 이는 박수를 받을 일이다. 학생의 아주 심한 의사소통의 어려움 때문에 상호작용을 위한 기회들이 자연스럽게 제한되어 있을 최중도중복장애아동들에게 양질의 사회적 상호작용 기회와 능력을 확

장해 나가야 한다. 둘째, 하지만 우리는 양과 질이 같다고 가정해서는 안 된다. 또래 상호작용과, 최중도중복장애학생들이 자신의 학습 주기 중 어디에 있는지 인식하고 그 지점에서부터 이들을 나아가게 만드는 능력과 지식을 지닌 최중도중복장애 분야의 고도의 훈련을 받은 숙련된 전문가(교사든, 지원인력이든, 치료사든, 부모 혹은 기타 누구든)와의 상호작용 사이에는 정말 많은 차이가 있다. 포어맨 등(2004)의 연구와 같은 연구들이 종종 최중도중복장애학생들(혹은 그 문제에 대해서라면 중도장애학생들)을 전일제 혹은 시간제 통합 환경에 배치하자는 것을 지지하는 주장을 정당화하는 데 활용된다는 사실은, 최중도중복장애학생들과 중도장애학생들에게 실질적인 교육 기회를 제공할 수 있는 전문가라는 개념이 얼마나 낮은 상태까지 떨어졌는지를 보여 주는 징후이다. 라인하르트와 팰레이(Leinhardt & Pallay, 1982)는 "가장 중요한 쟁점은 환경 그 자체가 아니라 오히려 그 환경에서 일어나는 일이다."(p. 574)라고 강력하게 언급하고 있다. 이들은 계속해서 대부분의 중요한 변수가 대다수의 환경에서 발생할 수 있으므로, 어떤 환경이 효과적인 교수의 실제에 대한 존재를 없애거나 보장하지 않는다고 언급하고 있다.

이러한 생각은 대부분 학습의 어려움(넓게 말해, 영국의 중등도장애에 해당하는)을 지닌 학생들의 학업에 있어서 성공에 대한 맥레스키와 월론(McLeskey & Waldron, 2011)의 문헌연구에서 제시한 다음의 결론이 미국에서 지지되고 있다.

> 모든 장애 초등학생의 요구가 완전통합 학급에서 성공적으로 다루어질 수 있다는 낙관론자들은 대부분 실망했다. 잘 설계된 통합학급은 매우 우수한 일반교육을 제공하고 장애학생들의 많은 요구를 충족시키지만, 바람직한 교육 성과를 달성하기 위해 대다수의 장애 초등학생이 필요로 하는 양질의 집중적인 교수를 제공하는 데 충분히 유연성이 있다는 것은 입증되지 않았다.
>
> (p. 57)

그리고 (본질적으로 도구 교과를 중심으로 또는) 교과 학습이라는 작은 영역에서 요구되는 실제 수준 간의 간극이 너무 커서 분리된 수업에 참여할 수도 없다. 즉, 아동들은 통합되기보다는 분리된 상태로 더 많은 시간을 보내게 되고, 이는 많은 부분 통합 프로그램의 목표를 무산시킨다.

영국에서 수행한 유사한 (더 먼저 나온) 연구에서도 비슷한 결과가 도출되었다. 린세이(Lindsay, 2007)는 다음과 같이 언급하였다.

> 증거는…… 통합의 긍정적인 (교육적) 효과에 대해 분명한 지지를 보여 주지 않는다. 적절한 연구들에서 도출된 증거가 부족하고, 증거가 존재하는 경우에도 아주 조금 긍정적인 쪽으로 기울 뿐이다. 아동들의 권리에 대한 관심으로부터 정책이 나왔다는 주장이 있다. 이제 중요한 과제는 특수교육대상 아동들과 장애아동들을 위한 최적의 교육을 지원하는 매개자와 조정자를 더 철저하게 연구하는 것이고, 그 결과로 이 아동들의 교육을 위해 증거기반 접근 방식을 개발하는 것이다.
>
> (p. 1)

일반학교의 주제로 잠깐 되돌아가면, 몇 가지 주의사항이 있다. 우리는 정기적으로 또래들과 자유롭게 상호작용하는 것으로부터 얻을 수 있는 실질적인 이득(Arthur-Kelly et al., 2008)을 부인하고 싶지 않다. 왜냐하면 여기에 노력과 시간이 투입될 때 모두에게 엄청난 혜택이 있을 수 있기 때문이다. 그러나 우리는 이러한 견해를 낙관적으로만 보지는 않으며, 다시 반향을 불러일으키는 메리 워녹의 간단명료한 의견들은 모두가 짚어 볼 필요가 있다(Warnock, 2010).

통합 학급과 대학에 다니는 지적장애 아동들과 그렇지 않은 아동들 사이에 구축된 단기 혹은 장기 우정 및 또래 관계의 질에 대한 연구는 매우 드물고, 다양한 분야의 선행 연구들도 그 효과성에 대해 특별히 낙관적이지 않다. 웬델보그와 벨로(Wendelborg & Kvello, 2010)는 이 연구물들의 지속성에 의문을 표하고 있다. 카르맨과 차파로(Carman & Chapparo, 2012)는 장애아동들은 집단 관계에서 문제를 경험할 가능성이 높다고 말하고 있다. 로크와 동료들(Locke et al., 2010)은 자폐스펙트럼장애학생들은 주류 환경에서 그들의 비장애 또래들보다 더 높은 정도의 외로움을 경험하고 있다고 주장하고 있다. 던킨과 콘티 램스던(Durkin & Conti-Ramsden, 2007)은 16세 특정 언어장애학생들이 그들의 비장애 또래들보다 우정의 질이 더 열악하다고 지적하고 있다. 이 모든 것이 로스랭 퓰러와 동료들(Rotheram-Fuller et al., 2010)로 하여금 통합이라는 배치를 제공하는 데 있어 그 질을 개선하기 위해 훨씬 더 강도 높게 강조할 필요가 있다는 시사점을 제시하였다.

어쩌면 교육과정의 관점에서 질은 양보다 훨씬 더 중요하다. 따라서 우리는 다른 어떤 주제를 살펴볼 때와 마찬가지로 통합을 주당 얼마만큼의 시간이 주어진 것으로, 그리고 통합 경험 외에 어떤 의도나 목표가 없다는 것을 들여다볼 필요가 있다. 즉, 통합이 목표이다. 통합 시간은 다른 어떤 수업과 마찬가지로 신중하게 계획될 필요가 있고, 비록 특정 목표에 적합하지 않을지라도, 모든 학생을 위한 느슨한 학습 의도인, 본질적인 과정 기반의 활동을 장애아동들과 그들의 비장애 또래들이 함께하는 것에 관해 신중하고 충분하게 생각해 볼 필요가 있다. 그리고 앞서 언급했듯이, 이 모든 것은 시간이 필요하고, 특수학습뿐만 아니라 일반학교에서도 그 시간이 필요하다는 것을 반복해서 언급하고 있다. 만일 우리가 통합이 효과를 발휘하게 만들려면, 학생들, 교사들, 학교 지도자들, 조사기관들, 부모들, 정부, 사회 등 모두로부터 그 시간을 포기한다는 약속이 있어야 한다. 시간 손실의 주요 부담이 중도장애 및 최중도중복장애 아동들의 학습 기회에 부과되는 것으로는 충분치 않으며, 이러한 점이 고려되어야 한다는 것조차 받아들일 수 없는 것이다.

물론 중도장애와 최중도중복장애 아동들의 경우, 이들 주변의 지역사회들 그리고 지역사회들에 사는 사람들과의 통합 경험을 필요로 하기 때문에, 통합 시간은 단지 이들의 비장애 또래들과의 관계를 구축하는 것보다 훨씬 더 많은 일을 할 것이다. 그러나 이러한 많은 일은 여행 훈련하기, 쇼핑하기, 지역의 수영장과 여가 센터에 다니기, 지역 도서관 방문하기 등의 자연스러운 부수 효과로 발생한다. 일반학교의 통합 교육과정에서 자연스럽게 발생하지는 않을 것이다. 이는 열심히 노력해야 할 수 있는 일이다.

교육과정 딜레마

노리치와 그레이(2007)의 교육과정 선택권에 대해 다음과 같이 언급하고 있다.

A. 동일한 일반적 목적, 서로 다른 학습 경로/프로그램, 경로에 있어 서로 다른 수준과 서로 다른(특화된) 교수 접근 방식

B. 동일한 일반적 목적, 동일한 경로/프로그램, 경로에 있어 서로 다른 수준과 서

로 다른 교수 접근 방식

C. 동일한 일반적 목적, 동일한 경로/프로그램, 경로에 있어 유사한 수준과 서로 다른 교수 접근 방식

통합 지향의 입장일수록 교육과정 설계는 더 많이 C로 기울 것이고, 그 반대도 마찬가지이며, 다시 한번 노리치와 그레이는 '양극단'을 비현실적인 것이라 거부하게 될 것이다. 노리치와 그레이(2007) 그리고 노리치(2010)도 '일반적 목적' 혹은 '경로/프로그램'을 정의하지 않았고, 따라서 우리는 그 용어들이 무엇을 의미할 수 있는지에 내하의 경험에 기빈하여 추측을 해야만 한다. '일반적 목적'이라는 용어가 합의될 수 있다고 한다면, 이 책의 일반적인 견해는 앞의 선택권 A에 광범위하게, 그리고 얼마간의 의구심을 가지고 동조하게 될 것이다. 여러 가지를 아우르면서, 광범위하게 여러 관점을 채택하게 된다면, "독립, 향유와 이해"(p. 16)라는 메리 워녹(2010)의 공통 목적들을 합리적인 것으로 가정할 수 있고, 확실히 모든 교육기관이 모든 아동에게 공통적인 것으로 교육과정 및 교수 내에서 더 기꺼이 받아들이려 할 것이다. 그러나 이러한 의구심은 두 가지 깊은 우려와 관련되어 있다.

첫째, 교육과정을 관리하는 정부는 일단 공개적으로 지지되고 있는, 느슨한 일반적 목적에 심한 난색을 표할 것이다. 그것이 영국의 국가수준 교육과정이 우선 채택된 이유임에 거의 틀림이 없다. 왜냐하면 교육 체제에 대한 사람들의 인식은 표로 연결되고 중앙정부는 이를 관리할 필요가 있기 때문이다.

둘째, 중도장애와 최중도중복장애 학생들 모두 분리된 상태에서, 그리고 별개의 교수를 받아야 하는 것은 마땅하고 또 이를 필요로 한다는 것에 대해 우리는 확고한 신념을 가지고 있다. 그리고 국가수준 교육과정이 적용된 25년 동안 교사 그리고 학교 지도사였던 경험에 의해 입증된 것이다. 즉, 베넷(Bennett, 1999)이 언급한 것처럼 결정과 행동이 학습 과정과 직접적으로 연관되기 때문에 교수가 "학습을 촉진하기 위해 교실 상황에 채택된 결정과 행동의 광범위한 단위체"(Norwich & Lewis, 2005, p. 7)로 정의되는 별개의 교수 없이, 단지 서로 다른 경로 및 프로그램(교육과정)을 갖는 것만으로는 충분치 않다. 비장애학생들과 매우 다른 것은 바로 이 학습 과정이다. 최중도중복장애아동들에게 통합 형태의 교육과정은 다음과 같은 이유로 적절하지 않다.

> 이들은 삶의 첫해나 그 즈음에 비장애아동들이 보통 숙지하는 기본적인 학습 기술들을 배운다. 교과는 이러한 기본적인 기술들을 연습할 흥미롭고 도전적인 상황들을 제공할 수 있겠지만, 최중도중복장애학생들이 영어와 수학, 그리고 과학을 학습한다고 제안하는 것은 도움이 안 되는 일이다.
>
> (Lacey, 2011, p. 5)

그리고 물론 비장애아동들은 학교에 들어가기 전에 기본적인 학습 기술들이 아주 자연스럽게 일어나는 것이므로 학습 과정을 거의 생각하지 않는 부모, 형제자매, 그리고 보호자 등의 도움을 받아 기본적인 학습 기술들을 아주 쉽게 숙지하게 된다. 가장 중요한 것은 이 기본적인 학습 기술들은 어떤 실질적인 의미에서든 극히 평범하게 발달하는 아동들에게 가르치는 것이 아니다. 이들은 성장하고 잘 자라도록 격려받고, 허용하며, 인정받는다. 최중도중복장애아동들의 학습 과정은 완전히 다르고 비장애아동의 교사들이 배우는 기술과 피상적인 관계만 갖고 있을 뿐이다.

중도장애아동들도 비슷한 도전을 경험한다. 즉, 이 학생들을 위한 교육이 (종종) 5, 6세 미만의 비장애아동 수준의 발달에 맞춰져 지나치게 단순화하여 구성해야 한다는 전제를 버려야 한다. 교사들과 다른 전문가들이 담당하는 아동들을 '전반적 발달지체(global developmental delay)'로 보는 데 익숙할 것이고, '전반적' 그리고 '발달'이 광범위한 설명으로 적절할 수 있는 반면, '지체'는 완전히 다른 무엇이다. '지체'란 이 집단에 속하는 아동들을 따라잡을 것이라고 가정하고 있지만, 이 아동들은 따라잡지 못할 것이다. 최근 영국은 잘 만들어진, 그리고 매우 유망한 국가 영유아 교육 및 보육 교육과정(Early Years Foundation Stage)[5](3장에서 논의됨)을 채택했지만, 이 교육과정이 조정을 통해서 혹은 조정하지 않고 중도장애아동들에게 적용할 수 있다는 가정은 완전히 잘못된 것이다. 리타 조던이 말한 것처럼, "통합 교육과정은 시작부터 모두에게 해당 교육과정의 적용 가능성에 관한 것이지, 비통합 교육과정을 제외된 집단에게 더 적용할 수 있게 만들기 위한 개정과 확장에 관한 것이 아니다."(Jordan, 2005, p. 117)

---

5) 역주: Early Years Foundation Stage(이하 EYFS)는 출생부터 5세까지의 아동의 학습, 발달 및 보육에 대한 표준으로, 모든 학교와 교육기준청(Ofsted)에 등록된 유아교육 제공자는 보육원, 유치원, 보육원 및 학교 수업을 포함하여 EYFS를 따라야 한다.

결론

우리는 중도장애와 최중도중복장애 아동들 모두 별개의 그리고 분리된 교수를 받을 자격이 있고 그럴 필요가 있음을 소리 높여 주장하고 있다. 이것이 결국 별개의, 그리고 분리된 교육과정을 추진하고 이에 대한 정보를 주는 것에 대해 사과하지 않을 것이다. 우리는 중도장애와 최중도중복장애 아동들이 근본적으로 비장애또래들과는 다른 방식으로 학습한다는 생각에 익숙해져야 하고, 따라서 우리는 근본적으로 다른 방식으로 이들을 가르쳐야 한다.

통합 철학을 지향하는 추진력은 끈질겼고, 토머스와 오핸론(Thomas & O'Hanlon, 2005, p. xi)이 언급한 바와 같이 "올바른 생각을 하는 사람들 모두의 담론은 거의 의무"가 되었으며, 분리된 그리고 별개의 교수 및 교육과정에 대한 '다른' 견해들은 수치스러운 문제로 취급되고 있다.

> 특수교육을 분리 체제로 만드는 것은 부분적으로 장애학생들을 일반학교에서 배제하자는 것이다. 그러므로 특수교육은 이제 하나의 직종을 뒷받침하는 차별 행위에서 유래된 유일한 학문 분야가 되었다.
>
> (Florian, 1998, p. 24)

하지만 이는 우리가 교육의 보편성이라는 기본 전제와 균형을 갖춰야 하고, 이것이 대전제이다.

> 누가 (이름이 잘못 붙여진) 국가수준 교육과정을 그 출석 점검과 시험, 그리고 성적표로 대표하는 약화된 공립 중등학교(Grammar School) 교수요목의 (학교에 다니는 아동들이 한 번도 캠페인을 한 적이 없는) '공통의 권리'가 올바른 정신을 지닌 누군가가 포함되기를 원하는 그 무엇이라고 말하는가?
>
> (Lewis, 2000, p. 202)

모든 아동을 위한 공통의 권리의 의미를 충분히 생각하지 않고 공통 권리 체계의

채택만 하는 것은 옹호할 수 없다. 지금으로서는 리처드 에어드(Richard Aird)의 말로 마무리지어야 할 것 같다.

> 중도장애 및 최중도중복장애 학생들의 특수교육을 계속 혼란스럽게 하기보다는, 어쩌면 (중도장애와 최중도중복장애 아동들, 청소년 그리고 성인들의) 교사들이 진심으로 학생들에게 가르쳐야 할 것을 바탕으로 의미 있는 평가체계를 마련하고, 이 부분과 별개의 국가수준 교육과정의 필요성을 고려할 때인 것 같다. 현재의 국가수준 교육과정은 이들을 위해 교수되는 교육과정의 비교적 작은 부분에 지나지 않지만, DCSF[아동, 학교 및 가족부(Department of Children, Schools and Families)]는 대부분의 중도장애 및 최중도중복장애 전체 교육과정 안에서의 교수와 학습의 질을 평가하는 데는 관심이 부족하다.
>
> (Aird, 2009, p. 12)

제3장

학생 진전 평가

의미 있다고 해서 모두 헤아릴 수 있는 것은 아니며, 헤아릴 수 있다고 해서 모두 의미 있는 것도 아니다.

(Albert Einstein)

학생 진전에 대한 평가가 제공되고 있는 교육과정과 함께 이루어져야 한다는 것에는 의심의 여지가 없다. 교육과정이 적절하고 학생들의 요구를 충족시킨다면, 학생 진전은 명확하고, 성취 가능하며, 정량적으로 측정될 수 있어야 한다. 학생 개개인이 진전을 이루지 못한다면 왜 그런지 알아내고 문제를 바로잡기 위해 적절한 변화를 줄 수 있어야 한다. 계속 발전하고자 애쓰는 학생이 적을지는 모르지만, 모든 학생이 고군분투하고 있는 상황에서 어떤 것은 적절하지 않다고 여겨질 수도 있다. 바로 이는 교육과정이 잘못되었다거나, 평가 시스템이 잘못되었거나, 교수가 잘못되었다거나, 또는 교육과정과 수업 그리고 평가가 불가분의 관계에 있기 때문에 모든 것이 잘못되었을 가능성이 있다.

제1장의 〈표 1-1〉 P척도 점수 및 변환표(DfE, 2009)는 중도장애(최중도중복장애) 학생들이 국가수준 교육과정(NC)을 성취하지 못했고 국가수준 교육과정 내에서 진

전을 이루지 못하고 있다는 것에 대한 충분한 증거이다. 최중도중복장애학생(즉, 국가수준 교육과정 레벨 1 정도 또는 그 이하의 수준의 학업을 수행하는 학생들)은 국가수준 교육과정 내에서 성공하지 못하였고 진전도 이루어 내지 못한다. P척도는 교육과정 이수하기 전, 교육과정 이전 수준에서 일어나는 일을 측정하기 때문에 일부 학생이 P척도 내에서 약간의 진전을 보인다는 것은 받아들여지기 어렵다. 어떤 사람들은 P척도가 영국 국가수준 교육과정의 필수적인 부분이 되었다고 주장하기도 하지만, P척도는 교육과정 자체를 측정하는 것이 아닌데 어떻게 측정한다는 것인가? 그리고 다시 한 번 우리는 그러한 시스템의 형평성에 대한 조던(Jordan)의 매우 적절한 진술을 반복해 본다. "통합 교육과정은 모든 학생에게 적용 가능한 것이지, 소수의 학생에게 맞추기 위해 교수적합화를 확장하기 위한 것이 아니다."(Jordan, 2005, p. 117)

중도장애와 최중도중복장애 학생들의 국가수준 교육과정 내 진전 상황을 평가하기 위해 P척도를 사용하는 것은 오히려 많은 사람에게 길을 묻는 관광객의 오래된 농담과 같다. "음, 여기서부터 시작하지 않았을 거야." "물론 우리가 지금 있기는 하지만, 애초에 여기 오지 말았어야 했어!" 불행하게도, 적어도 중도장애와 최중도중복장애 학생들의 교육과 관련하여, 교육과정 모델의 학령인구의 아주 적은 비율의 학생들에게 맞지 않지만, 교육과정 모델(국가수준 교육과정)의 우수성을 지속적으로 정당화하기 위해서 영국의 교육 시스템은 약간 혼란에 빠져 있는 상태이다.

예를 들어, 영국 교육기준청[1](Ofsted, 2004)에서 출판된 사례를 살펴보자. 대부분 중도장애/최중도중복장애 3~19세 특수교육대상자들을 위한 특수학교와 관련된 내용이다.

> 3년간의 학생 평가 자료를 수집한 결과, 학교 전체의 모든 동일 집단에 대한 쓰기 성취도가 저조하다는 것이 밝혀졌다. 대부분의 학생이 P4~P6 척도 수준 사이에서 학습하는

---

1) 역주: Ofsted(the Office for Standards in Education, Children's Services and Skills)은 교육, 아동 복지와 기술의 국가 기준을 정하는 공식적인 기관이다. Ofsted은 아동과 청소년을 돌보고, 어떤 연령이든, 학습자가 교육과 기술에서 탁월한 성취를 이루도록 평가하고 규제한다. Ofsted의 모든 활동이 서비스 개선을 촉진하고, 사용자의 흥미에 집중한 서비스를 보장하며, 서비스에서 효율적이고 효과적으로 재정이 활용될 수 있도록 노력한다.

동안, 약 20명의 중·고등학생이 P7 수준과 국가수준 교육과정 레벨 1 사이에서 학습하고 있다. 그 이유에 대해서는 학생들이 충분한 시간을 갖지 못해서인지, 교수법이 부적절해서인지, 자원이 부족해서인지, 또는 미세운동 능력이 떨어지는 학생들에 대한 기대치가 높지 않아서인지 즉각적인 답을 주지 못하고 있다.

평가가 실시되었고 새로운 정책과 작업 계획이 작성되었다. ICT(정보통신기술)를 포함하여 연령에 맞는 자원이 제공되었다. 수업계획은 모든 수업에서 글쓰기에 관심을 기울였고 정기적으로 평가하였다. 이러한 계획은 읽기, 쓰기, 말하기 및 듣기의 기술을 일반화하기 위해 주제와 그에 관련된 언어 개발에 대한 접근 방식에 기반을 두고 있다. 그룹화 및 개별 프로파일을 사용하여 진전도를 측정하고 향후 대상을 가려내려 했다.

다음 한 학생이 진행한 진전을 살펴보면, 개별 학생 수준에서 이러한 발달의 영향을 파악해 볼 수 있다. 2000년 2학년 때, 그는 종이에 적힌 글자들이 어떤 의미를 전달하고 있다는 것을 막 이해하기 시작했다. 예를 들어, 그는 그림과 함께 낙서를 할 수 있었다. 2002년 4학년 때, 그는 편지와 기호를 구별하고, 약간의 도움을 받아서 베껴 쓰기를 진행하였으며, 자신의 이름(몇 명의 친구뿐만 아니라)을 읽기 쉽고 의미 있게 쓸 수 있었다. 그의 가장 최근의 평가는 그가 이제 고빈도 단어의 철자를 정확하게 쓸 수 있다는 것을 보여 준다.

(Ofsted, 2004, p. 16)

우리는 이 사례 연구에서처럼, 학생의 학습 진전도를 분석하는 데 긴 시간을 보낸다면, 중요한 많은 질문을 할 수 있을 것이다. P척도는 '학교 전체의 모든 동일 집단(cohort) 대비 미도달'로 간주되는 기준은 무엇인가? 중도장애 및 최중도중복장애 학생과 비장애학생을 위한 특수학교에서 이 정도의 성취가 정상적인 것으로 받아들여질 수 있다는 것은 자동적으로 '기대'가 '충분하지 않다'고 가정하는 것일까? 이 3가지 질문만이 할 수 있을까? 대안적인 질문을 다음과 같이 해 볼 수 있다. 왜 중도장애와 최중도중복장애 학생들은 글쓰기를 어려워하는가? 중도장애와 최중도중복장애 학생을 위한 특수학교에서 성취 확산은 정상적인 것인가? 많은 특수학교에서와 마찬가지로, 학교 전체에 많은 학생이 있고, 한 무리의 학습자가 일회성이 될 수 있고, 그 학교 혹은 그와 유사한 학교의 다른 집단과 비교해 보여지는 것이 반드시 타당하고 정의롭다고 할 수 있을까? 왜 중등과정에는 성취도가 높은 학생들이 있는 것일까? 결국 중도장애학생이 5~6세 수준의 비장애학생들이 습득하는 학습 내용(1단계)까지 도달하는 데 시간이 오래 걸린다는 것을 의미하는 것인가? 학생들이 11세에 3단계(key Stage)에 도달할 때까지 P7과 레벨 1 사이 수준을 성취하기 위해서 글쓰기 기술을 향상시키는 데에만 학교자원을 사용하는 것이 건전한 것인가? 글쓰기 능력을 향상시키는 데 더 많은 시간이 소요되더라도 문해 능력은 학생과 학생이 유창한 독자와 작가가 되는 수준으로 올려야 하는 것일까? 3단계나 4단계(11세, 14세)에 도달할 때쯤 레벨 1을 달성하는 학생들은 글쓰기 기술을 무엇에 사용할 것인가? (1단계에서 나타나는 것, 즉 5~6세 일반 학생 수준) 작문 실력을 나아지게 하기 위해 시간을 많이 들인다고 할 때 작문 능력은 학생이 유창하게 글을 쓸 수 있게 해 주거나, 우리가 고려할 수 있는 어떤 방법으로든 그들이 사회에서 동등한 파트너가 될 수 있을 만큼 능력이 상승될 수 있는 것일까? 일부 학생이 어느 정도 진전을 이룰 수 있다는 사실(앞서 언급한 20명과 앞서 예시한 한 학생)은 중도장애와 최중도중복장애 아동들도 그러한 진전을 이룰 수 있다는 것을 나타내는가? 성취하게 되더라도 성취하는 데 소요되는 시간을 정당화하기에 충분한 진전인가?

정리해서 말하면, 세 가지 질문은 다음과 같다.

1. '미성취'의 배후에 이유(즉각적으로 드러나지 않은 이유)가 있을 것이다. 이것이 중도장애 및 최중도중복장애 아동과 청소년들을 위한 학교라는 사실이었을까?
2. '미도달'을 계속하는 아동들에게 교과를 계속 가르치는 것이 타당하고, 실제로 어떤 경우에는 전혀 성취하지 못하는 것이 타당할까?
3. 소중한 학교 시간을 보다 건설적으로 활용할 수 있는 방안은 무엇이고, 어떻게 가르칠 것인가 그리고 질적 · 양적 측면의 진전도는 어떻게 측정할 것인가?

이러한 많은 사람은 아동들의 내재적인 수용 언어, 표현 언어의 어려움(정보처리, 기억, 주의력, 동기부여 등 학습에 대한 다른 여러 가지 도전과 결합)을 가지고 있다. 비장애학생들에 비해 학습부진으로 이어질 수 있다. 따라서 중도장애와 최중도중복장애를 가진 이 그룹의 소위 학습상의 어려움 문제는 비장애아동, 또래 그룹의 진전 · 발달 · 성취와의 부적절한 비교와 더 관련이 있을 것이다.

"높은 기대는 좋은 진전도를 확보한다는 것이 핵심"(DfE, 2009)이라고 제안하는 것은 당연한 일이지만, 클라우스 웨델(Klaus Wedell)이 1990년대 초에도 관찰한 바와 같이 다음의 내용을 살펴볼 수 있다.

> 평가는…… 단일한 작전으로 성장한 것 같다. 그 결과, 평가는 질문에 대한 답을 얻는 수단에 지나지 않으며, 질문의 의미만으로 정당화된다는 것을 잊기 쉽다.
>
> (Wedell, 1992, p. 161)

이러한 질문은 선형 기반의 학문적 평가체계(P척도 및 Pivats 및 B Squard)[2] 내에서의 진행과 관련이 있는데, 상당수의 전문가가 지속적으로 주장해 온 P척도 및 변형은 중도장애 및 최중도중복장애 아동과 청소년들에게 적합한 평가 및 진전 프레임워크가 아니라고 주장해 왔다(Barber & Goldbart, 1998; Robbins, 2000; Ware, 2003; Hewett, 2006; WAG, 2006; Lacey, 2009; Aird, 2009; Imray, Gasquez Navarro & Bond, 2010; Van Walwyk, 2011; Imray & Hinchcliffe, 2012).

영국 내 다른 학교와는 달리 웨일스 학교는 법적으로 P척도 점수를 보고할 의무가 없었기 때문에, 성취와 평가의 모든 문제를 새롭게 볼 수 있는 자유가 주어졌다. 장 베르와 그의 동료들(Jean Ware, Verity Donnelly, Phil Martin, Wendy Jones, Lynn Alton, and Pauline Loftus)과 카디프에 있는 웨일스 DfE의 자격 및 커리큘럼 그룹의 후원 아래, 웨일스 학교들은 특히 최중도중복장애학생의 평가에 대해 연구했다. 『학습 경로(Routes for Learinig)』(WAG, 2006)라는 평가 지침을 개발하여 공식적

2) Pivats와 B Squard는 중복장애아동 대부분이 진전을 달성하는 데 보이는 어려움을 인식하면서 P척도를 더 작고 선형적인 발달단계로 분해하는 데, P척도를 영국에서 상업적으로 변형시킨 것이다. Pivats는 P척도와 다음 척도 사이에 5개 정도의 '단계'로 세분화시키고 B Squard는 상당히 더 많이 세분화시킨 척도이다.

P scale	P척도는 특수교육요구(SEN)가 있고, 능력이 국가수준 교육과정 레벨 1에 도달하기 어려운 5~14세 아동의 진전도를 평가하고 기록하는 데 활용할 수 있는 기준
Pivats	국가수준 교육과정에 대한 P척도 환산점수체계 국가수준 교육과정인 K1, 2, 3, 4단계의 법정 평가를 보완하고 함께 작업하기 위한 시스템 교육과정 개발, 학교 개선 및 자체 평가를 지원하는 도구로 활용
B Squard	특수교육대상이 국가수준 교육과정에의 접근이 어려운 경우, Connecting Steps(영유아기, 초등학교, 중등학교, 학교 졸업 후)에 따라 학생의 교육성과 평가 및 기록을 추적 관리할 수 있는 소프트웨어

으로 진행되는 진전도 평가 대신 중도장애학생들이 경험하게 되는 중요한 이정표(milestone)를 개발하여 제시하였다. 『학습 경로』 저자들은 이러한 이정표는 본질적으로 발달적 측면의 도구이지만, 학생들이 (동일하게) 적용할 수 있는 경로는 아닐 수 있다고 주장하며, 『학습 경로』에서 '경로'는 또한 아동의 관심, 요구, 능력에 따라 개인적이고 독특할 수 있다고 하였다.

이러한 영국 최초의 체계화된 시도는 국가수준 교육과정 이후 학습에 어려움을 겪고 있는 학생들을 위한 선형적인 발달 모델에서 벗어나는 중요한 결과를 도출해 낼 수 있어야 한다.[3] 즉, (국가수준 교육과정이 지닌 명백한 제약 속에서도) 교육과정에 아동을 맞추기보다는 아동에게 맞는 교육과정을 편성할 수 있어야 한다는 것은 새로운 아이디어는 아니었다. 1996년 「SCAA 보고서」에서 주제 중심 영국 국가수준 교육과정과 최중도중복장애과의 관련성에 대한 우려를 인정하는 최초의 공식적인 시도가 있었는데, 여기에 학생들을 위한 교육계획은 학생의 요구, 관심, 적성 및 성취에 기반하여 시작되어야 한다고 언급했다(SCAA, 1996). QCA(Qualifications Curriculum Authority: 교육과정평가원)과 QCDA(Qualifications and Curriculum Development Agency: 교육과정개발원)이 발행한 후속 지침서에는 국가수준 교육과정이 복합적인 요구와 학습에서의 어려움을 가진 학생들에게 적절한 교육과정 전달체계의 일부분만을 구성하고 있다는 점을 인식하게 되었다(QCA, 2001a, 2004a; QCDA, 2009). 그럼에도 불구하고, 국가수준 교육과정의 지속적인 중심성은 중도중복장애인들을 위한 영국학교가 공식화된 주제기반 교육을 뛰어넘어 최중도중복장애 또는 중복장애 교육과정을 전달할 수 있는 교육 체계를 개발할 수 있다고 느꼈다는 것을 의미한다. 일반적으로 학교와 교사들이 모델에 맞춰 실제로 가르치지 않은 것을 가르친 '척' 하고 있고, 최악의 경우, 일반 초등교육과정을 이수하고 있는 것처럼 명목상으로만 유지하는 사례도 있다는 것이다.

5세까지의 아동들을 위한 국가 영유아 교육 및 보육 교육과정(Early Years Foundation Stage Curriculum: 이하 EYFS 프로그램) (DfE, 2012)은 1차 중도장애 교육과정의 기초로서, 어느 정도 장점이 있는 비장애유아를 위한 보다 사용자 친화적인 교

3) 일부 독자는 북아일랜드판 『학습 경로』인 『학습 탐색(Quest of learning: QfL)』(CCEA, 2006)에 더 친숙할 수 있다. 이 두 가지는 거의 동일하며 『학습 탐색』은 공개적으로 『학습 경로』와의 유사성을 인정한다.

육과정이 되도록 하였다. 그러나 이는 국가수준 교육과정 모형이며 학습에 어려움을 겪고 있는 학생을 염두에 두고 작성된 교육과정이 아니기 때문에 결국 기준으로만 사용할 수 있다는 것이다. 유아 특수교육대상자들을 염두에 두고 작성되지 않았기 때문에 하나의 기초자료 정도로 활용될 수 있다. 그럼에도 불구하고, 국가수준 교육과정 이전 수준의 학습자를 위한 P척도와 같은 선형의 발달적 평가도구가 가지는 부적절한 특성이 발달적으로 나이 어린 아동들에게 공식적으로 인정된다는 것은 흥미로운 일이다.

> (EYFS 프로그램을 이수하는 유아 특수교육대상자들의) 진전도 평가는 선형적으로 이루어지지 않을 수 있다는 점을 인식해야 한다. 더구나 P척도가 EYFS 구조와 관련이 없기 때문에 P척도와 EYFS가 호환되지 않는다는 것에 유념해야 한다. P척도는 나이 어린 아동들에게 적절한 평가나 모니터링 도구는 아니다.
>
> (DfE, 2010, p. 21)

영국 교육부는 "P척도는 일반 유아에게 적절한 평가나 모니터링 도구가 아니다."라고 말하고 있지만, 어린 아동들과 동등한 수준의 장애학생들을 위한 적절한 평가 및 모니터링 도구라고 하고 있어 이는 기이한 일이다. 그리고 다시 한번 영국 교육의 시스템이 스스로 겪었던 엄청난 혼란을 엿볼 수 있다.

1980년대 후반, 중도장애와 최중도중복장애 학생들과 교육 시스템 간의 취약한 관계를 보장하기 위해, 특수교육 연구자들은 특수교육대상자들이 원래의 교육과정 모델에 적합하지 않음에도 불구하고, 모두에게 적용되는 국가수준 교육과정이 지닌 개념을 수용하였다(Rose, 1998; Tilstone, 1999). 많은 사람이 철학적으로, 단일 교육과정 개념에 철학적인 구속력을 느끼고 있었고, 중도장애와 최중도중복장애 학생 중에서 특수교육대상자들을 위해 교육과정 개발 과정에 포함해야 한다는 결정을 하였다(Byers & Rose, 1994; Evans, 1997; Sebba & Sachdev, 1997; Rose, 1998; Florian, 1998).

중도장애와 최중도중복장애 학생을 국가수준 교육과정에 '참여'케 하려는 수많은 시도가 있었다(예: Bovair et al., 1992; Sebba et al., 1993; Rose et al., 1994). 그리고 영국 전역의 모든 특수학교는 가르쳐야 할 것을 명확히 하기 위해 수많은 노력을 기울였다.

사실 중도장애와 최중도중복장애 학생들은 여전히 이 교육 시스템 속에서 계속 실패를 하며 국가수준 교육과정 성취 중이라는 'W'를 입력해야 한다. 이 학생들은 여전히 초기단계로의 '학습하는 중'이라는 것을 보여 주었다. 이러한 상황이 통합교육 시스템에 유익하지 않다는 것을 알게 된 많은 교장과 연구자가 1990년대 후반에 P척도를 고안했다. 이것은 당시 학생들의 진전도를 평가할 계획을 수집하는 것을 목적으로 개발된 것이 아니라(Ndaji & Tymms, 2009), 학생들의 학문 업적 수행 정도가 어느 정도인지를 부모들에게 제시해 주기 위해 마련된 것이라는 점에 주목해야 한다. 그럼에도 불구하고, 이것을 기회로 보고 P척도를 공식적인 평가방법론(QCA, 2001a)으로 통합한 것은 그 이후 모든 아동에게 각 핵심 단계에 대해 두 가지 국가수준 교육과정을 진행할 것을 주장함으로써 문제가 복잡해졌다(DfE, 2010). 이는 중도장애학생들이 장기간 학업 성취에 진전을 보이는 학생들의 실제적인 위협임에도 불구하고(Imray & Hinchcliffe, 2012), 최중도중복장애학생들(최대 10%)에게 생명의 위협을 받는 상태에 놓이게 할 수 있다는 우려도 갖게 되었다. 이 두 단계로 진행되는 시나리오를 보면, P5(중도장애로, 6세 중간 수준 정도)로 평가를 받고 6세 수준의 정규교육 시스템에 입학한 학생이 16세까지 국가수준 교육과정 5단계에 해당하는 졸업시험을 무난하게 통과할 수 있다는 것을 의미한다. 엉망진창이다.

요약하면, 2013년 영국의 상황은 1988년에 중도장애와 최중도중복장애 학생들을 위해 설계되지 않은 교육과정 모델이라고 할 수 있다. 놀랄 것도 없이, 중도장애와 최중도중복장애 학생들은 기초 수준을 성취하지 못했기 때문에, 2001년에는 진전을 보여 주지 못하게 설계된 광범위한 시스템을 진전을 보여 주기 위해 도입했다고 볼 수 있다.

중도장애학생과 최중도중복장애학생들을 위한 세분화되고 분리된 교육 프레임워크의 중요성은 이 책에서 다루는 핵심적인 아이디어이고 전략이다. 목적에 맞지 않는 주류화라는 프레임워크는 주제에 들어맞지 않는 개념으로 무시하게 하는 역할을 하고 있다. 결과적으로, 그것들은 개별화된 감각 환경(Bunning 1996, 1998)처럼 쉽게 잊힐 수 있다. 개별화된 감각 환경에 대한 설명은 9장을 참조한다.

중요한 아이디어와 중재는 공개적으로 시도되고, 검사되고, 형성되고, 변화되고, 통합되고, 논의되어야 한다. 이러한 성찰은 아동을 대상으로 실제적으로 일하는 교사들에게 도출된 질문과 아이디어이고, 이는 교사들과 학생들 모두에게 흥미와 동기를 부여할 수 있다. 학교 지도자들은 단기 목표 미달성에 대한 비난의 위험을 무릅쓰지 말고, 학급의 팀에게 그러한 실험을 진행할 시간을 주면서 자신감을 기를 필요가 있다. 심지어 더 작은 아이디어들도 원래 생각처럼 잘 작동하지 않을 수 있다는 것을 잘 알고 있겠지만 중도장애나 최중도중복장애 학생들을 위한 구체적인 교육적 프레임워크에 대한 생각을 진지하게 하지 않는다면 우리는 이 단계에 머물게 될 것이다.

학습 경로 추가 지침(RfL Additional Guidance)(WAG, 2006)[4]은 광범위하게 인용되고, 지침에 평가의 성격을 직접적으로 언급하고 있지만, 이러한 의견은 교육과정 개발에도 동일하게 적용된다는 점에 주목해야 한다.

> 많은 선형적 또는 위계적 평가는 얼마나 많은 '작은 단계'를 제공하는지와는 관계없이 최중도중복장애학생이 보여 주는 매우 미세한 변화를 감지하지 못할 수 있다. 실제 생활에서 아동의 발달과 학습은 구분되지 않는다.
>
> (p. 2)
>
> 평가는 이러한 요구를 염두에 두지 않고 개발된 기존 프레임워크에 가장 복합적인 요구를 가진 학생의 능력을 맞추기보다는 가장 복잡한 요구를 가진 학습자의 다양한 능력을 부추겨 세운다. 동등한 기회를 제공하는 것은 개인의 요구를 충족시키는 것이다. 모든 사람을 동일한 방식으로 대하는 것은 아니다.
>
> (p. 3)
>
> 현재 체크리스트에서 미리 정해 놓은 작은 단계에 지나치게 의존하면 개별 학생에게 필요한 우선순위가 왜곡되고, 교육과정의 범위 자체가 좁아질 수 있다.
>
> (p. 9)
>
> 교육의 질은 목표에 대한 성취만큼 중요하다. 교사들은 이 과정을 명확히 이해해야 할 뿐만 아니라, 도달해야 할 도착점도 파악해야 한다.
>
> (p. 9)
>
> 학습자가 다소 임의의 주제 범주로 나뉜 단편적인 교육과정을 이해하지 못할 수 있다. 학습 과제는 동기부여를 극대화하고 학습자가 주변 세계를 이해하도록 돕기 위해 적절하

4) 이러한 우려가 중도장애학생들의 교수 · 학습에도 얼마나 밀접하게 들어맞는지도 고려할 가치가 있다.

고 목적적이어야 한다. 교육과정 경험은 조정되지 않은 접근법, 특히 다른 감각 경로를 사용하는 접근법이 학습자에게 의미를 거의 부여하지 않는 다양한 경험으로 이어질 수 있기 때문에 신중하게 중재될 필요가 있다.

(p. 11)

우리의 학생들은 목적에 적합하고 그들의 특수한 요구를 충족시키는 교육과정과 평가 프레임워크에 접근할 수 있다. 만약 그들이 이것을 하지 않는 구조에 포함된다면, 혜택이나 추가로 요구되는 자격은 거의 없다.

(p. 46)

기술 기반 학습

중도장애와 최중도중복장애 학생[5]들을 위한 학습의 본질은 결코 선형적이거나 발달적일 것이라고 보장할 수 없다는 것을 감안할 때(Barber & Goldbart, 1998; Ware, 2003; Imray, 2005; Hewett, 2006; WAG, 2006; Aird, 2009; Lacey, 2009; Carpenter, 2010; Van Walwyk, 2011; Imray & Hinchcliffe, 2012), 교과 주도, 목표 중심, 기술 기반의 교육과정이라는 정향성과 직접적으로 관련 있는 교육 방법론에 상당한 도전이 발생한다. 기술 기반 교육과 학습에서의 특정 기술은 수많은 연습을 통해 습득된다는 것을 인식해야 한다. 여기에는 상당한 도전이 따른다. 축구선수는 페널티 킥을 막아 내기 위해 끊임없이 반복연습을 하며 기술을 연마한다. 숟가락 잡는 연습을 하기 위해 점심 먹을 필요가 없는 것처럼, 축구 경기를 하면서 연습할 필요는 없다. 기술은 일단 습득하거나 부분적으로 습득하게 되면 유사한 상황으로 전이가 이루어질 수 있다. 그러나(그리고 그것은 매우 큰 '그러나'이다) 기술을 일반화시키지 못한 학생은 익힌 기술을 금세 잊게 된다. 디, 로슨, 포터와 로버트슨(Dee, Lawson, Porter & Robertson, 2008)이 지적했듯이, 중도장애학생들은 "다른 청소년들에게는 당연하게 여겨질 수 있는 기술을 습득하고 통합하고 적용하는 데 많은 시간을 할애해야 한다."(p. 29)

5) 이 작가들 중 다수는 최중도중복장애를 가진 사람들에게 특별히 관심을 가졌지만, 우리는 그 전제가 중도장애를 가진 사람들에게 똑같이 적용된다고 주장할 것이다.

학습자가 기술을 습득하는 이유를 알 필요 없이, 많은 시술이 시연되고 연습되고 있다. 중도장애학생은 손을 씻는 기술을 연습하고 연습할 수도 있고, 우리는 행동에 대한 과제분석 접근법을 사용할 수도 있다. 기술의 각 부분이 작은 단계로 나누어 연습하고 각각의 부분이 전체로 합해질 수 있어야 한다.[6] 그래서 학생은 작은 단계의 기술을 모두 습득활 때까지 수도꼭지를 틀고 손에 물을 적시고, 비누를 들어 손에 비누를 문지르는 법을 배운다. 그것들이 하나씩 엮여서 전체가 하나의 기술을 만들게 된다. 이때 학생들이 세균이 무엇인지, 어떻게 퍼지는지, 왜 그것들이 위험한지 이해할 필요가 있는 것은 아니다. 단지 무엇을 해야 하고, 언제 그것을 해야 하는지를 알면 된다. 이것은 우리가 이해하지 않은 채 시행하는 교수 기술을 옹호하고 있음을 의미하지는 않는다. 특히 맥락에서 가르칠 수 있고 학생이 그것의 이유를 이해한다면, 응용 측면에서 어떤 기술이라도 언제나 향상된다. 그러나 우리는 기술을 이해 없이 습득할 수 있으며 때로는 그것이 유용한 교수 기술과 정당한 교수 및 학습 목표가 될 수 있음도 인식한다.

그러나 이러한 기술 기반 학습 접근법을 사용하는 정당성은 최중도중복장애학생들에게 상당히 감소되었고, 채택할 수 있는 유용한 일반적인 규칙은 인지적 어려움의 정도가 클수록 기술 기반 교육이 더 신중해야 한다고 여겨질 수 있다. 이는 학생들이 기술 기반 학습에도 불구하고 단계를 거칠 때마다 동기를 부여할 수 있어야 하기 때문이다. 중도장애학생들에게 '저녁 먹기 전에 손을 씻는 것'처럼, 항상 자연스러운 상황 흐름 속에 있는 과제가 아닐 수 있어서, 교사는 보상을 추가한 교수를 사용할 수 있다. 일부 학생, 특히 자폐증 진단을 추가로 받은 학생들에게는 정상적인 일상의 일부일 때 우발적인 보상 없는 교수 자체만으로 충분할 수 있다. 정의에 의하면 지시는 최중도중복장애학생에게는 불가능할 수 있으며, 보상은 그럴 것 같지 않은 원인과 결과에 대해 세련된 이해를 하는 것에 매우 의존할 것이다.

우리는 특정한 소근육 운동 기술을 연습시키기 위해 숟가락을 잘 잡도록 하는 활동에 최중도중복장애학생들을 참여시킬 수도 있지만, 최중도중복장애학생들이 단

---

6) 후진연쇄(backward chaining: 역체인), 행동형성(shaping: 셰이핑) 및 행동소거(fading: 페이딩)과 같은 다른 행동주의 기술도 특정 기술을 가르치는 데 유용한 기술이지만 이를 요즘에는 수습 교사에게 자주 가르치지 않는다.

지 연습만 하고 있는 것이 아니라 실제 활동 자체에서 참여하도록 하는 철학을 적용하는 것이 정말 중요하다.

기술, 즉 만약 학생이 그 특정한 활동에 동기부여가 되지 않는다면, 우리는 최중도중복장애학생 중 누군가가 어떤 기술도 익힐 수 있을 것이라고 기대하지 않는다. 이 경우, 제1장([그림 1-1])과 학습의 개별화(제4장에서 논의됨)에 설명된, 집단의 일반적 차이 입장은 개별화된 차이 입장을 충족한다. 집단 차이는 다음과 같은 이해와 관련이 있다. ① 최중도중복장애학생들은 쉽게 학습한 내용을 일반화할 수 없을 것이다(모빌을 이동시키기 위해 두꺼운 나무 스위치를 잡고 있는 것은 점심을 먹기 위해 수저를 잘 쥐고 있는 것과 동일할 수 있다). ② 우리는 지시를 사용할 수 없다. ③ 우리는 (미비한) 보상을 사용할 수 없다. 개별화된 차이 입장(학습의 개별화)은 많은 것과 관련이 있지만, 이 경우 특히 개별 학생이 운동 기술을 연습함으로써 어떤 동기를 부여받을 수 있는지에 대한 이해와 관련이 있다. 아마도 그것은 설명이 필요한 장난감일 수도 있고, 모빌을 당기기 위해 나무 스위치를 움켜잡는 것일 수도 있다. 하지만 그것이 무엇이든 간에, 그것은 그 특정한 학생과 직접 마주해서 진행해야 한다.

기술 기반 학습은 보통 SMART[7] 목표를 사용하여 평가되며, 목표는 정해진 시간(한 학기) 내에 달성할 수 있다는 이론에 근거한다. 그러나 중도장애와 최중도중복장애 교육의 세계가 결코 달성되지 않은 버려진 SMART 목표들로 가득 차 있다고 말하는 것은 아마도 사실일 것이다. 더 나쁜 것은, 그것들이 무의미해지거나 학생이 이미 애초에 가지고 있던 기술로 여겨질 때까지 반복적이고 끝없이 다시 쓰이고 격하되는 경우가 많다는 점이다(McNicholas, 2000; Van Walwyk, 2011). 교사들은 또한 각 학습자에게 적합한 목표의 수를 결정하는 딜레마에 직면해 있다. 너무 많은 목표는 녹화한 내용을 다시 돌려보면서 상기하기에 매우 어려워지고 구분된 학습의 실제적 위험 요소를 알게 한다. 이제 우리는 요리를 하고 있고 학생은 4회 팔을 뻗어야 한다고 가정해 보자. 또한 우리는 상호작용하고 있고 학생과 2초 정도 직접적으로 눈을 마주쳐야 한다고 가정해 보자. 기억해야 할 목표가 20~30개 더 있다면, 요리하는 동안이나 상호작용하고 눈을 마주치는 동안 학습자가 손을 뻗는 것 정도는

---

7) SMART는 Specific(구체적인), Measurable(측정 가능한), Achievable(성취 가능한), Realistic(실제적인), Time-bound(시간 제한적인) 목표 설정을 해야 함을 강조한다.

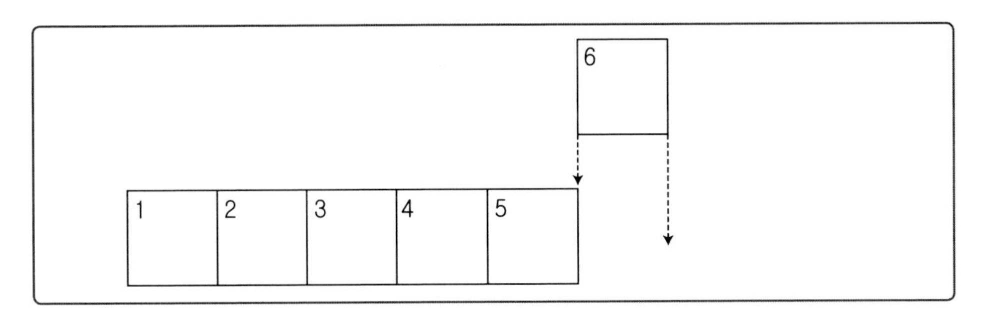

[그림 3-1] 교수의 선형 발달 모델

출처: Hewett (2006).

쉽게 간과될 수 있다. 다른 한편으로, 목표들의 수가 적어질수록 성공에 엄청난 압력을 가하는 경향이 있고, 한 학기에 4, 5, 6개의 목표에만 집중하여 기록하려는 시도로 쉽게 이어진다. 기록자가 미리 설정된 목표에 집중하고 있기 때문에 기록되지 않은 모든 종류의 다른 영역에서 무수한 진전이 있을 수 있다.

다시 말하지만 교육과정과 마찬가지로 이것은 모든 학습자가 주제 기반 학습으로 이익을 얻어야 하므로 모든 학습자가 SMART 목표로부터 이익을 얻어야 한다는 가정과 관련이 있을 수 있다. 성취 가능하고 실제적인 목표는 타당할 수도 있고, 구체적이고 측정 가능하며 시간 제한적인 목표는 타당하지 않을 수도 있다. 데이브 휴잇(Dave Hewett)은 2006년 자신의 논문에서 '가장 중요하고 복잡한 학습'이라는 제목으로 잘 표현했다. 그는 이와 같은 매우 초기의 인지 발달 수준에서 배우는 것은 하나의 기술을 다른 기술에 배치하여 빌딩 블록을 형성하는 것이 아니라, 놀이를 통해 배우는 어린 비장애 유아들의 전체적으로 모든 경험에서 오는 부정적이고 불규칙하며 무작위적 방식이라고 주장한다. 교사들은 유치원 놀이시간에 학생들이 성취해야 할 구체적 목표를 세우지 않는다. 그들은 놀 수 있는 기회, 놀이를 용이하게 하는 도구, 주변의 다른 아동들과 함께 놀 수 있는 기회를 제공한다. 그들은 어려움을 겪을 수 있는 아동들과 함께 사다리와 비계를 만들고 쉽게 마주칠 수 있다. 그들은 어려움을 해결하고 아이들에게 문제해결과 사고 기회를 줄 것이다. 그들은 이 모든 것을 할 것이다. 하지만 그들은 SMART 목표를 설정하지 않을 것이다! 학생들이 학습을 하고 있는지 확인하기 위해서가 아니라, 교사들이 자동으로 가르치고 있다는 사실이 학생들이 학습하고 있다는 것을 보장하는 것처럼, 단기적인 SMART 목표

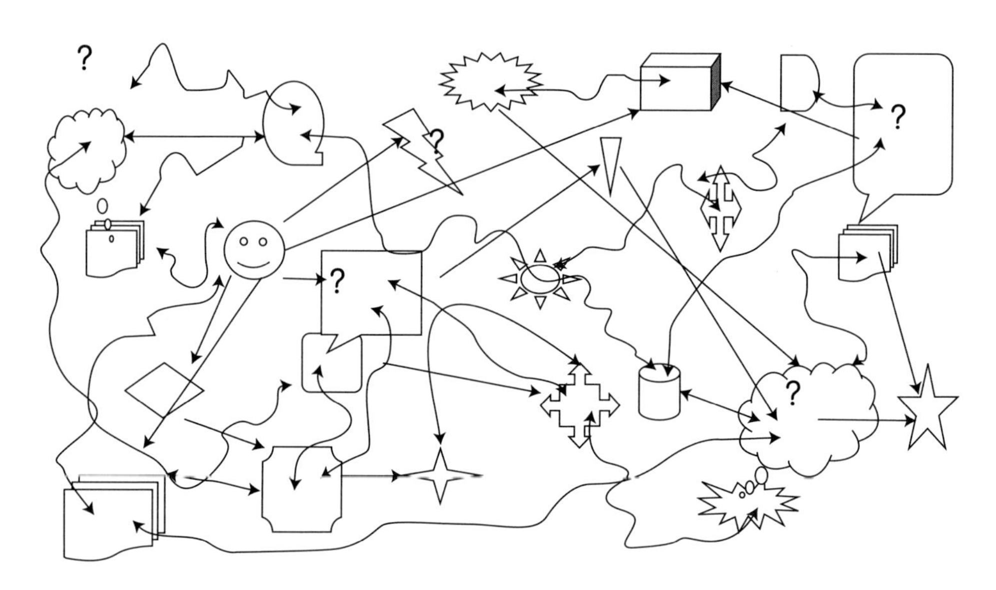

[그림 3-2] 의사소통 학습의 복합성

출처: Hewett (2006).

가 요구된다는 결론을 피하기 어렵다. 그렇지 않다. 학교에서의 전통적인 교수법은 교사가 순서대로 활동을 주도하여 교수와 학습이 [그림 3-1]처럼 보이도록 고도로 구조화되는 경향이 있다.

하지만 아직 의사소통, 지식, 학습의 초기 단계에 있는 아이와 함께 작업할 때, 우리가 그 아이에게 가르치고 싶은 엄청나게 복잡한 것들은 [그림 3-2]와 더 닮았다.

페니 레이시가 SCRUFFY 목표를 옹호하며 언급했듯이, 중도중복장애학생들은 SMART 목표의 불쌍한 대상자라고 하였다(Lacey, 2010).

따라서 이 매우 엄격한 중도장애와 최중도중복장애 학생의 교육적 맥락에서 기술은 학생들이 이해를 기반으로 하지 않을 때 연습하여 습득할 수 있는 것이다.

이런 의미에서 최중도중복장애학생에게 가르치기 적합한 '기술'을 생각하는 것은 매우 어렵다. 왜냐하면 활동 자체에 대한 맥락과 동기부여가 항상 필수적이기 때문이다. 우리는 최중도중복장애학생들에게 중재하기 어렵고 직접적이고 즉각적인 자극 반응을 보장해야 하기 때문에 과제와 동기를 분리할 수 없게 된다. 아주 초기 발달단계의 학생들에게 우리는 동기부여를 할 수 있고 학생이 손을 내밀고 만지도록 장려할 수 있지만, 그들이 그렇게 하기를 원한다고 가정할 수는 없다. 우리는 중도장애학생들에게 '기술'을 가르칠 수 있다. 왜냐하면 우리는 대부분 가르칠 수 있고

간접적인 보상을 도입할 수 있기 때문이다. 그녀가 나무 손잡이를 당겼기 때문에 모빌이 움직인다. 우리가 이것을 전제 조건으로 할 수는 있지만 손을 씻었기 때문에 항상 저녁 식사가 제공되지는 않는다. 따라서 최중도중복장애학생들을 위한 교수 및 학습은 주로 과정(process)을 기반으로 할 것이며 특정 기술에 대한 성공적인 가르침은 항상 맥락 안에서 진행될 필요가 있다.

과정 기반 학습

과정 기반 학습(process-based learning; Burden, 1990; Hinchcliffe, 1994; Collis & Lacey, 1996; Goddard, 1997; Hewett & Nind, 1998; Nind & Hewett, 2001; Hewett, 2006; Imray et al., 2010)은 교육이 목표가 되는 과정으로 정의될 수 있는 전체론적 접근법이다. 학습은 구체적이고 개별화된 목표에 대한 가르침을 통해서가 아니라 전체적으로 이루어지는데, 이는 주로 교사가 개방된 철학을 중심으로 계획을 구성하도록 장려하기 때문이다. 집중적 상호작용(intensive interaction; Nind & Hewett, 1994)은 아마도 과정 기반 교수 · 학습의 가장 좋은 예일 것이다. 여기서 '과제 없음'은 상호과정의 중심에 있다. 상호작용자는 따라가고, 격려받고, 확장하도록 독려된다. 대화 흐름이 세션의 목표가 되도록 만들면서 학습자에게 '조율'하고 의사소통의 순간을 찾는다. 교사는 진전을 이끌어 내기 위해 다양한 전략을 추진하고 시도할 수 있으며, 가장 능숙하고 경험 많은 교사는 이를 달성하기 위해 많은 전략을 가지고 있을 것이지만, 구체적인 목표를 결정하는 것은 교사의 몫이 아니다. 학습자가 상호작용 과정이 어디로 갈지, 학습의 속도와 방향, 따라서 교수의 속도와 방향을 결정할 것이다.

최중도중복장애와 중도장애로 교육과정의 다른 영역에 이 철학을 적용하면 학습을 위한 완전히 새로운 매개 변수가 열리고 결정적으로 통제 요소를 학생에게 제공한다. 최중도중복장애 수업과 중도장애 수업의 두 가지 예를 들어 보자. 학습자의 나이와 학습주제는 그다지 중요하지 않지만, 대략 10세 때 학교생활의 중간에 있으며, 두 그룹 모두 케이크를 굽는 데 관여하고 있다고 가정해 보자. 최중도중복장애학생들을 위한 수업은 그들의 탐구 능력을 향상시키는 수단으로 케이크를 굽는 것과 관련이 있을 것이다. 산출물은 중요하지 않다. 핵심적인 것은 과정이며, 교사들은 모든 학생이 가능한 한 많은 물리적 재료에 접근할 수 있도록 할 것이다.

수업은 음악 단서[예: 셜리 템플(Shirley Temple)의 〈내 수프 속의 동물 크래커(Animal Crackers in My Soup)〉는 어떨까?]와 함께 사물 단서(예: 나무 주걱)를 나눠 주며 시작할지 모른다. 개별 학생의 앉은 자세를 살펴 주고 수업시간에 최대로 많은 탐색을 할 수 있도록 하고, 재료를 쉽게 만질 수 있고 식별할 수 있도록 하며, 흰 밀가루에 눈에 띄도록 흑설탕을 제공하고, 짙은 색 그릇에 밀가루와 버터를, 흰 그릇에 갈색 설탕과 말린 과일을 제시한다. 각각의 재료를 독립적으로 탐구할 수 있는 충분한 시간을 제공한다. 특정 학습자에게 볼 수 있는 기회, 맛보고 만지고 냄새 맡고 들을 수 있는 기회를 갖도록 한다. 재료를 쉬고, 만지고, 맛보고, 냄새를 맡고, 어떤 변화가 일어나는지 살펴볼 필요가 있다. 이 교수법의 기술은 각 학습자가 가능한 한 독립적으로 탐구할 수 있을 만큼 그 과정이 동기부여 하고, 선호하는 재료를 손이 닿지 않는 곳에 배치하여 학습자가 그들에게 접근하기 위해 조금 더 열심히 참여해야 한다는 것을 확실히 하는 것이다. 교사들은 그들이 겪고 있는 과정을 반영할 수도 있고, 아마도 '밀가루…… 부드럽고…… 뽀송뽀송하다'거나 '밀가루…… 버터…… 끈적끈적하다!'와 같은 짧은 언어적 촉진을 제공할 수도 있다. 교사들은 모든 학생이 가능한 한 참여하고 활동하도록 보장하고 참여, 즐거움, 거부 및 일반적인 행동 상태와 비율과 관련된 특정 관심 부분을 기록할 것이다. 물론 이것은 교사와 학생뿐만 아니라 학생과 학생 사이에도 많은 상호작용을 할 수 있는 정말 재미있는 활동이라는 것이 매우 중요하다.

중도장애학생을 위한 수업은 가능한 한 독립적인 활동을 할 수 있도록 하는 목표를 가지고 진행할 것이다. 그 여러 가지 목표 중에서 독립적으로 요리하는 법을 배우는 과정이 있다. 그 과정 안에서 요리의 기본 기술을 확고히 확립하는 것이 핵심이다. 따라서 중도장애학생을 위한 요리 수업은 아마도 요리 기술과 과정들의 조합이 될 것이다. 이 요리 기술들은 학습자의 장기적인 목표(가능한 한 요리 활동에 독립적이게 되는 것)의 기초를 형성할 것이며, 부엌에서 주방도구들을 안전하게 사용하는 방법, 조리법을 따르는 방법, 주전자에 물을 끓이는 방법, 전자레인지 사용 방법, 조리기와 가스레인지 사용 방법, 날카로운 칼로 식재료를 자르는 방법 등과 같은 기본을 다룰 것이다. 그러나 이러한 기술들은 그 자체로 충분하지 않다. 진정한 독립적인 요리사가 되기 위해서는 시행착오를 통해 기꺼이 배우고자 할 필요가 있기 때

문이다. 달걀이 바닥에 떨어져 깨지면 어떻게 될까? 밀가루를 너무 많이 넣으면 케이크는 어떻게 될까? 버터 사는 것을 잊으면 케이크를 어떻게 구울 수 있을까? 오븐 끄는 것을 잊으면 어떻게 될까? 중도장애학생들과 함께 수업할 때 너무 자주 우리가 그들의 문제를 해결하려 든다. 이것은 학생을 독립하게 만드는 것이 아니라 학생을 의존하게 만드는 것이다. 이 중요한 문제는 반드시 다루어져야 하지만 기술을 배우듯이 배울 수는 없다. 이는 학습자 개인에 따라, 교사와의 관계에 따라, 교과 영역에 따라 그 속도가 달라지는 과정이다.

과정 기반 교수의 핵심은 중도장애와 최중도중복장애 학생들이 전체 과정 속에서 배워야 함을 인식해야 한다는 것이다. 일반교육과정으로 운영 중일 때, 수업은 각 교과로 구분된다. 현재 우리는 수학을 배우고 있고, 과학을 배우고 있으며, 영어를 배우고 있다. 학생들은 이러한 구분된 경험을 적용하고 연결해야 하며, 일반 학습자들은 이렇게 수행한다. 과정 기반 교수를 통해 학생들은 과학과 영어, 요리(또는 그림 그리기, 여행 훈련 또는 게임 등) 과정의 자연스러운 부분으로 배운다. 학습은 항상 구체적이고, 맥락 속에서 이루어진다. 일반화를 배우는 동안 추상적인 비맥락적 활동(벽돌 세기)보다는 케이크를 굽는 것에서부터 피자를 만드는 일과 같은 구체적인 맥락 안에서(슈퍼마켓에서 바나나를 세는 것) 활동을 배우게 된다.

과정 기반 교수 · 학습의 성격은 비교적 쉽다는 것을 언뜻 볼 때 알 수 있다. 즉, 구체적이고 개별화된 목표 없이, 움직임 속에 그 과정을 설정하지 않으며(쇼핑이나 여행 훈련이나 드라마나 음악 등), 무슨 일이 일어나는지 살펴본다. 그러나 그것은 ① 중도장애와 최중도중복장애의 본질, ② 가르치는 학생들의 개별적인 강점과 요구, ③ 각 개별 학생에게 동기를 부여하는 것, ④ 모든 학생에게 동기를 부여하는 방법 및 ⑤ 관련된 내재적 위험을 깊이 이해하게 해야 하기 때문에 쉽지 않다. 이것은 고위험 방법론이다. 왜냐하면 달걀이 바닥에 떨어져 부서지면 정확히 어떻게 될까? 교사와 교수팀은 학생의 서투른 태도를 질책하거나, 달걀을 치우고 마법처럼 더 많은 것을 생산하거나, 수업을 포기하거나, 무엇을 할 수 있는지 제안하는 것을 포함하지 않는 집단 전략을 가질 필요가 있다. 해결책을 모색하는 것은 전체 교수팀으로부터 이런 식으로 가르치는 것에 대한 장기적인 헌신을 포함한다. 이것은 하룻밤 사이에 오지 않는다. 또한 모든 교훈은 달걀이 바닥에 엉망진창으로 놓여 있을 때 무엇을 해야 하는지에 관한 것일 수도 있고, 케이크를 구울 시간조차 없을 수도 있다는 것을 의미한다.

과정 기반 교육은 아마도 대부분 전제 조건으로 질서, 구조, 일상 및 확실성을 확립한 다음, 점차적으로 이것을 분해하는 것을 포함할 것이다. 애당초 문제가 있다는 것을 분명히 할 필요가 있고 시행착오를 겪도록 가르칠 필요가 있다. 우리는 첫 번째 해결책이 항상 옳은 것은 아니며, 그것이 옳은 해결책이라고 해도 가장 좋은 해결책은 아닐 수도 있다는 생각에 학생들이 익숙해지도록 할 필요가 있다. 우리는 학생들이 실수가 일어난다는 것에 익숙해져야 한다. 그것이 긍정적이고 자연스러운 과정이며, 우리 모두가 배우는 방법이다. 이 모든 것은 시간이 걸리고 학습 난이도가 클수록 시간이 더 많이 걸리지만 잠재적 보상은 엄청나다. 깊고 의미 있는 학습과 기술을 적용하고 이해를 일반화하는 능력을 가지게 된다.

과정 기반 교육의 가정은 다양하고 이질적인 학습이 이루어질 수 있는 플랫폼을 제공하며, 개별적인 진행은 각 세션, 일주일, 반 학기, 학기 및/또는 학년의 마지막에만 돌이켜 볼 수 있다(Imray et al., 2010). 이러한 회고적 목표 설정은 최중도중복장애 및 중도장애 학생들에게 제공되는 학습 기회를 좁히기 위한 목적 또는 목표 중심 교육의 경향에 의해 정당화된다.

초기 발달 수준의 아동, 청소년 또는 성인은 감기로 콧물을 훌쩍일 때 학습이 이루어진다면 콧물을 닦는 데 필요한 과정, 순서 및 자료를 이해하고 각 활동을 연결할 기회를 많이 가질 수 있다. 최중도중복장애 아동, 청소년 또는 성인은 이야기가 실제로 만들어질 때 이야기의 과정과 순서를 이해하고 연결할 수 있는 기회가 훨씬 더 많으며, 학습자는 이야기에 필수적인 부분이다(Park, 2010; Grove, 2010). 이야기 순서, 이벤트의 기억, 기대, 추적, 대상 영속성, 감정 경험 및 이해, 유관성 반응, 유관성 인식, 또래 및 성인 상호작용, 감각 탐색, 감각 관용 등 모든 종류의 학습이 여기서 이루어질 수 있다. 그러나 이전에 정의된 SMART 목표 중 하나 또는 두 개로 진행 상황을 기록하는 것을 제한하는 것은 기껏해야 학습을 확장할 수 있는 제한된 기회를 만들어 낼 가능성이 있다. 최악의 경우, 목표 주도형 수업은 교사들이 다양한 평가 문서에 의해 정의된 다음 단계로 가르치게 할 것이다. 특히 P척도와 같은 규범적 발달 개념을 매우 작은 단계로 분해해서 그 목표가 개인에게 적합한지 아닌지, 그리고 그 목표가 개인에게 관심 있는 것인지 아닌지 상관하지 않고 목표지향적으로 진행될 것이다. 성취되지 못한 목표는 성취할 동기가 없기 때문이거나 목표가 인

지적으로 또는 물리적으로 성취하기에 너무 도전적이기 때문에 점점 희석되고 무의미한 형태로 무기한 진행될 것이다. 이러한 경향은『학습 경로』와 개인 진전도에 대한 매핑과 평가(MAPP: Mapping and Assessing Personal Progress, 2010)에도 똑같이 적용되며, 따라서 평가와 교육과정을 혼동하지 않는다는 점을 지적하기 위해 큰 노력을 기울이게 된다.『학습 경로』및『MAPP』와 같은 평가 자료는 우리가 나아갈 방향을 제안한다. 교육과정은 우리가 거기에 도달하도록 안내할 것이다. 우리는 교수에 중점을 둔 평가를 해서는 안 된다.

과정 기반 교수 · 학습의 성공에 있어서는 진행 상황을 기록하고 보고하는 것이 절대적으로 중요하며, 수업을 잘 마친 것을 축하하고 구체적인 학생 진도를 기록하며 관심 분야를 파악하여 다음 수업을 알려 주기 위해 학급 전체가 잠시 수업을 중단하도록 한다. 이 중요한 시점에 전체 교수팀(보조교사, 지원인력)은 그들이 보고 들은 것을 반영하여 그 수업을 전체적으로 받아들이지만, 더 중요한 것은 각각의 개별 학습자에 대한 정보를 한 번에 하나씩 듣는 것이다. 더 유능한 학습자는 이 과정에 직접 참여할 수 있고 또 그래야만 하므로, 다음 주에 무엇을 할 것인지에 대한 합의를 통해 자기 성찰과 하나되어 학습 과정을 공유할 수 있다. 교수(중재)는 학생들'에게' 제공된다기보다 학생'과' 함께 진행된다. 교사는 각 학생의 성공, 유지 또는 퇴보를 물리적으로 기록해야 한다. 예를 들어, 학생 A는 교사가 해 주는 약 5초의 이야기 시간 동안 교사를 주시하였고, 본인이 간지럽혀지는 시간이 다가옴에 따라 신이 나서 흥분하였다. 다음번에는 학생 A가 교사를 더 오래 주시할 수 있는지 알 수 있을까? 이야기의 어느 시점에서 그 학생은 관심을 보이기 시작할까? 그 학생은 다음번에 이야기의 다른 부분에 비슷한 관심을 보일 것인가? 그 학생은 다음번에 이야기의 다른 부분에 대해 비슷한 관심을 보일 것인가? 물론 그 학생은 최중도중복장애학생들이 보이는 단절된 학습의 특성을 보여 다음번에는 관심을 하나도 보이지 않을 수 있다. 그러나 우리는 그 학생이 이런 행동을 보일 때 그것을 기록할 준비가 되어 있어야 한다. 목표와 목적의 이 느슨한 의미를 '학습 의도'라고 부를 수 있다. 우리는 어떤 방식으로 진전의 기회를 제공할 것이며, 거기에 도달하려는 것은 우리의 광범위한 의도지만, 우리는 완전히 다른 곳으로 가는 학생의 행보를 대비해야 한다.

기록과 보고는 단순한 비디오 사용만으로도 엄청난 도움을 받을 수 있다. 넓은 각도의 렌즈에 비디오를 설정하고 전체 세션을 위해 실행하도록 하면 교사들이 놓쳤을지도 모르는 모든 종류의 것들을 파악할 수 있다. 이러한 비디오 기록본을 다시 활용하여 팀 회의에 필요한 내용을 제공할 수 있으며, 연간 평가보고서에 적절한 자료로 사용될 수 있다. 어떤 형태이든 다른 것을 찾는 것은 학급 팀의 모든 구성원에게 제2의 본질이 되어야 한다. 수업팀은 녹화를 하면서 기록하는 것에 익숙해져야 하고, 포스트잇 등을 사용해 간단한 메모를 남기는 것(예: '존 쳐다봄 5초')은 간단하고 효과적인 시스템이 될 수 있다. 전체 학급을 볼 수 있는 광각 렌즈가 장착된 고정 및 영구 디지털 카메라가 중도장애 및 최중도중복장애를 가진 학생과 관련된 모든 교실에 필수적인 기본 장비의 일부를 구성한다고 제안할 수 있다. 녹음, 보고 및 평가에 내한 명백한 이점 외에도 교사, 지원인력 및 기타 진문 교육의 필수적인 부분을 형성할 수 있으며 교실 활동 연구 프로젝트에 매우 유용할 수 있다.

P척도는 최중도중복장애와 중도장애 학생들을 위한 합법적인 평가 '포트폴리오'의 일부를 형성할 수 있지만,[8] 이것은 아마도 전체 영역에 걸친 진전의 지표 중 일부만을 형성해야 할 것이고, 학습 능력이 낮을수록 이 비율은 더 작을 것이다. 최중도중복장애학생의 경우, 진전을 증명할 수 있도록『학습 경로』를 적용하는 것에 대한 관심이 높아지고 있다. 예를 들어, 윌로 딘 스쿨(Willow Dene School; Barnes, 2010)의 클레어 반즈(Claire Barnes)와 더 브리지 스쿨(The Bridge School; Bond et al., 2011)의 라나 본드(Lana Bond), 이잔느 반 윅(Izanne Van Wyck)과 디에고 가스크 나바로(Diego Gasquez Navarro)가 보여 준 진전에 대한 기록은 개별 학생들의 학습 경로를 매우 잘 보여 주었다.

이것은 여전히 진행 중인 작업이지만, 각 학습자가 43개의 이정표 중 얼마나 많은 이정표를 달성했는지 나타내는 그래프로 자신의 진행 상황을 보여 주지 않을 이유가 없는 것 같다.『학습 경로』는 선형 발달의 아이디어에 의존하지 않으며 달성된 이정표가 흩어져 있을 수 있다는 것을 반복해야 한다. 그럼에도 불구하고, 예를 들어 학습자가 총 16개의 이정표에서 전년도 말까지 달성된 14개보다 올해 2개의 이

8) 영국의 학교에서 P척도에 대해 국가수준 교육과정 레벨 1 이하 수준의 모든 학생을 평가하는 것이 법적 요구사항이라는 사실이 합법적이라는 것을 의미하지는 않는다. 그럼에도 불구하고 교육과정의 합법성을 보장하는 유용한 도구이다. 만약 학생이 P8을 훨씬 상회하고 국가수준 교육과정 수준 지표에 꾸준히 점수를 매긴다면, 그는 엄격한 중도장애에 대한 교육학보다 학문적으로 더 많이 확장될 필요가 있을 것이고 교육과정에 적용할 수 있을 것이다.

정표를 달성했다는 것을 나타내는 것은 진전의 합법적인 지표이다. 그 진전은 흩어져 있을 수도 있지만 진전이다.

MAPP의 기술 발달의 연속체(Continuum of Skill Development; Sissons, 2010; 다음 참조)을 사용하여 이정표 추가로 세분화하면 각 이정표 내에서 10개의 포인트 마커가 횡측 방향의 진행을 나타낼 수 있으며 430개의 진행 마커를 가질 수 있다. 원래의 PSHE P척도에서 수치를 사용하여 진행 상황을 평가할 수 있는 또 다른 영역으로 ① 주의력, ② 독립 및 조직, ③ 다른 사람들과 상호작용하고 작업하는 능력 영역을 들 수 있다. 많은 학교는 이러한 부분들이 장애학생들에게는 상당한 시간이 소요될 거라고 생각했고, 최중도중복장애학생들의 경우 우리가 그들을 선형적인 발달을 한다고 여기지 않는 한 몇 년 동안 상당한 진전을 보일 수 있다. 그들은 자연스럽게 15개의 하위 영역으로 나뉘며, 다시 말하지만, 학문 과목의 P척도 내에서 일관되게 일하는 많은 학생이 이 분야에서 꽤 높은 점수를 얻을 수 있는 것처럼 보인다. 그래서 마이크 시선스(Mike Sissons)의 기술발달의 연속체는 최중도중복장애 학생을 위한 50개 정도의 잠재적 마커가 있고 중도장애학생을 위한 150개 정도의 마커가 있다고 제시한다.

노스요크셔의 데일스 스쿨(Dales School)의 마이크 시선스는 『MAPP』라는 제목의 중도장애학생들을 위한 효과적인 교수 지침서를 썼다(Sissons, 2010). 구조에 있어 『학습 경로』와 『MAPP』을 구성한 지배적 철학에 대해 상당히 신중한 경의를 표하는데, 이는 학습 목표보다는 '학습 의도'에 대한 관심과 접근 방법이 비선형적이라는 점에서 그러하다. 가장 넓은 수준에서 『MAPP』는 세 가지 주요 범교과 영역으로 구성된다.

의사소통 ‖ 사고력 ‖ 개인적 · 사회적 발달

그런 다음 각 영역은 개별 학습자의 요구에 더 정확하게 초점을 맞추도록 세분된다. 예를 들어, 의사소통의 경우 다음 7가지의 내용으로 나누어 볼 수 있다.

의사소통의 수단: 비상징적 ‖ 의사소통의 수단: 상징적 ‖ 사회적 의사소통 ‖ 필요와 바람에 대한 의사소통 ‖ 정보와 개념 ‖ 읽기 ‖ 쓰기

이 내용들은 더 세분된다. 그래서 이 중 사회적 의사소통은 다음과 같이 나뉜다.

사회적 반응 ‖ 대화 주고받기 ‖ 모방 ‖ 공동관심 ‖ 대화 개시

각 하위 영역 세트는 더 날카로운 초점을 제공하고 학습자의 현재 우선순위를 식별하는 데 도움이 된다.

예를 들어, 〈표 3-1〉에는 수어에 대한 8개의 이정표가 있다.

표 3-1 의사소통 방법: 도구적

수어	
이정표	유의점
• 수어와 수어의 참조물 간의 연결을 이해한다. • 수어를 학습한다. 성인의 도움을 받아 수어의 모양을 물리적으로 형성하도록 한다. • 수어를 모방한다. • 자발적으로 수어를 한다. • 수어를 하기 전에 주의를 끌거나 성인에게 수어를 바로 보여 준다. • 개인적인 상황에 알맞은 수어를 확장한다. • 두 개 이상의 수어를 잇는다. • 연속되는 수어의 의미를 이해한다.	• 학생들이 수어하는 것에 도움을 받고 있다는 것과 단순히 손을 조작하는 것이 아니라는 것을 인식하는 것이 중요하다. • 환경은 서명의 자발적인 사용을 장려하기 위해 수정될 수 있다. 예를 들어, 학생이 좋아하고 선호하는 물건을 눈앞에 제시하지만 닿지 않는 곳에 배치해 둘 수 있다. • 각 수어는 발화의 의미를 더해야 한다. 학생이 요청을 하기 위해 수어를 한다면 '부탁'과 '고맙다'는 수어도 추가적으로 고려해야 할 것이다. 학생이 둘 이상으로 기능하는 수어를 제시하고 요청이 끝날 때 '부탁합니다'와 '감사합니다'라는 태그만 붙이는 경우라도 추가 수어로 간주할 수 있다.

가장 중요하게도, 비록 이정표 진술이 광범위하게 위계적인 순서로 제시되어 있지만, 개개 학생은 모든 내용에 대해 참여할 수 있거나 그들이 순차적으로 그것들을 통과하거나 또는 그들 모두가 같은 시점에서 시작될 것이라는 가정은 없다. 『MAPP』를 사용하여 학습자의 경로는 사다리의 계단 오르기보다는 지도(『학습 경로』에서와 같이)에서 경로를 계획하는 것으로 생각해야 한다. 이 접근법은 개인의 다른 강점과 요구를 인정하고 일부 사람은 주어진 학습 영역에서 다른 사람들보다 훨씬 더 많은 시간을 보내야 한다는 사실에 근거한다. 일부 개인의 경우는 특정 기술이

항상 접근 불가하기 때문에 우회하거나 교체해야 한다. 여행을 계획하는 방식으로 본다면, 사람들은 다른 출발점을 채택할 수 있고 같은 목적지를 향해 여행할 때 다른 유명 관광지를 방문할 수 있다.

제시된 예에서 이정표 내용은 진술되지 않는다. 왜냐하면 그 당시의 개별 학생에게 중요하고 관련성이 있으며 현실적인 기술을 선택해야 하기 때문이다. 그러나 이정표 진술이 체크리스트에 제시되지 않기 때문에 우선순위 영역과 이정표 진술의 정확한 선택은 사전 학습(달성과 성취 포함)에 대한 정확한 평가와 학습자의 강점, 요구, 열망을 고려하여 정보를 제공해야 한다. 또한 『MAPP』 패키지에는 학교가 모든 학생에게 양적 진전 지표를 제공하기 위해 사용할 수 있고, P척도를 활용할 때 경험할 수 있었던 여러 제한점을 보완할 엑셀 스프레드시트도 함께 포함되어 있다.

중도장애학생들의 경우, 『MAPP』 자체는 광범위한 학습을 포함한다. 의사소통의 3가지 넓은 영역[(수학적) 사고 기술과 개인적 · 사회적 기술 발달]에는 220개의 이정표(『학습 경로』와 같이 선형적 발달이라는 함정에 빠지지 않음)와 같은 것이 있으며, 발달의 연속성은 앞서 언급한 촉진뿐만 아니라 유창성, 유지, 일반화 영역에서도 작용한다. 촉진을 사용하는 것만으로도 비선형 모델에서 잠재적인 880단계의 진전을 얻을 수 있다.

『MAPP』를 활용했을 때 중도장애 아동과 청소년들에게 학교생활 전반에 걸쳐 상당한 진전을 이룰 수 있고 교수를 통해 학생들은 학교생활을 더 책임 있게 참여하며 상당한 진전을 나타낸다. [『MAPP』는 이퀄스(Equals)에서 출판되었으며 www.equals.co.uk.에서 구입할 수 있다.]

마지막으로, 중도장애학생들에게 학생들의 진전을 평가하는 적절한 모델을 확보하기 위하여 우리는 이 장에서 앞서 언급한 과정 기반 학습과 기술 기반 학습을 살펴볼 수 있을 것이다. 학생의 진전을 쉽게 계산할 수 있는 것이 아니기 때문에 과정 기반 학습을 공식적으로 (양적으로) 평가하는 것이 바람직한지 실용적인지는 의문이다. 그것은 여러 방향으로 진행되어 다시 시작으로 돌아와 다른 방향으로 진행될 수 있는 하나의 과정이다. 이것은 일반 아이들이 놀 때 배우는 방법이고 어떤 공식적인 의미에서도 측정하지 못할 수 있다. 에리카 브라운(Erica Brown, 1996)의 '성취도 인식 프레임워크'([그림 3-3])와 함께 과정 내의 진행과 상호작용에 대하여 느슨한 언급이 가능할 수 있지만, 학습자들은 의심할 여지 없이 특정(SMART) 목표에만

성취도 인식 프레임워크

1. 거부

학습자는 세션에 참석하지만, 반드시 참석해야 하기 때문에 참석해야 한다. 그들의 사회적 공간에서 다른 사람의 존재에 대한 적극적인 거부감이 있다.

2. 간헐적인 관심

학습자는 그 과정에서 공격성에 대한 뚜렷한 인식 없이 이 활동에 참석한다. 공유된 사회적 분위기를 용인하려는 의지가 충분히 있어 보인다.

3. 변화에 대한 인식

학생은 활동과 관련된 대상, 사람 또는 이벤트에 대해 알아차리거나 잠깐 집중하는 것처럼 보인다. 그러나 전반적으로 자기몰입이 여전히 존재한다.

4. 일관성 있는 집중과 대응

학생은 일관되지는 않지만 무엇인가 일어나고 있는 일에 반응하기 시작한다. 예를 들어, 놀라움이나 즐겁다는 징후를 보여 준다.

5. 활동에의 참여 시도

학습자는 지원 성인에게 지속적이고 일관된 주의를 기울인다. 예를 들어, 눈으로 보고 듣고, 사건을 따라간다.

6. 활동에의 참여

학습자는 전체 기간 동안 세션에 완전히 참여하며 때로는 지속적으로는 아니지만 성인의 주도에 적극적으로 반응한다. 그들은 미소와 웃음을 통해 그 과정을 즐길 것이다.

7. 학생 시작 행동

학습자는 전체 기간 동안 세션에 완전히 참여하며 예상되는 것을 분명히 알고 있다. 그들은 음악과 행동의 순서를 잘 따를 수 있으며 신체적으로 가능한 한 많은 능동적인 움직임을 지속적으로 제공한다.

8. 모방

학습자는 전체 기간 동안 상호작용에 완전히 관여하며 여전히 신체적 지원을 크게 받아들일 것이다. 그러나 학생은 적어도 때때로 움직임 순서를 완료하기 위해 신체적인 촉진이나 지원이 필요하지 않을 것이다.

[그림 3-3] 성취도 인식 프레임워크

국한되지 않음으로써 더 많은 것을 얻을 것이다. 이 프레임워크는 기술 발달의 연속체 형식을 사용하여 80개의 등급(scale)을 기록할 수 있다. 이러한 기록은 일반 교사가 개별 학생들의 문학 작품에 대한 이해를 평가하는 것과 거의 같은 방식으로 작용할 수 있는데, 물론 이는 과정이기도 하다.

'성취도 인식 프레임워크'는 장애학생의 다양한 평가 상황에서 활용되도록 설계되었으며, 특히 과정 기반 교수·학습에서의 진전의 광범위한 지표로 활용될 수 있다.

중도장애학생들을 위한 기술 기반 학습은 물론 양적 측정에 훨씬 더 개방적이다. 이것은 옷 입고 벗기, 세탁, 샤워, 이 닦기, 변기, 식사, 음주, 앉아서 집중하기, 말 차례 주고받기, 적절한 행동, 도로 횡단, 돈 관리, 쇼핑, 요리, 독립적인 생활 기술에 있을 수 있다. 간단한 과제분석을 통해 그러한 기술을 습득하는 것은, 예를 들어 손을 씻는 간단한 기술에서처럼 수백 가지의 '측정'을 제공할 것이다.

1. 세면대에 간다.
2. 수도꼭지를 튼다.
3. 손에 비누를 얹는다.
4. 손을 비빈다.
5. 수돗물에 손을 헹군다.
6. 수도꼭지를 잠근다.
7. 타월/종이타월을 가져가거나 건조기를 켠다.
8. 손을 말린다.
9. 종이타월의 교체/처리를 한다.
10. 세면대에서 나온다.

『MAPP』의 연속성을 통해 이 10개의 '하위 기술' 내에서의 진행 상황을 측정하는 것은 100개의 측정을 제공한다. 그러한 진행의 설명에 깊은 인상을 받을 수 없는 외부 평가자는 무엇일까? 다시 말하지만, 토스트 조각을 만드는 기술도 그러한 작업 분석 접근법에 개방되어 있다. 부엌과 조리도구가 바뀔 수 있지만 절차가 동일하기 때문이다.

1. 토스터를 적절한 곳에 둔다.
2. 전원장치 근처에 토스터를 가까이 둔다.
3. 전원장치에 플러그를 넣는다.
4. 전원장치의 스위치를 켠다.
5. 빵 조각을 찾는다.
6. 빵 한 조각을 집는다.
7. 빵 한 조각을 꺼낸다.
8. 토스터기에 적절한 각도로 놓는다.
9. 미리 설정된 타이머가 적절한지 확인한다.
10. 토스터를 작동시키기 위해 레버를 누른다.
11. 버터를 찾는다.
12. 칼을 찾는다.
13. 버터를 꺼낸다.
14. 접시에 둔다.
15. 접시, 칼, 버터를 고르게 펴 놓은 표면에 놓는다.
16. 토스터에 빵이 다 구워지기를 기다린다.
17. 토스터에 빵이 구워져 올라오면 빵을 꺼낸다.
18. 토스터의 전원을 끈다.
19. 플러그를 뺀다.
20. 구운 빵을 편다.
21. 구운 빵을 반으로 썬다.
22. 구워진 빵을 먹는다.
23. 접시와 칼을 씻는다.
24. 접시와 칼을 말린다.
25. 접시와 칼을 치운다.
26. 토스터를 치운다.
27. 사용된 부엌 표면을 닦는다.

그리고 앞서 언급한 모든 분야에 대해 이 절차를 확장할 때, 우리는 진전을 이루면서 그 진전을 기록하고 있는지 확인할 수 있다.

결론

평가와 진전은 모든 학생을 위한 교육기관에서 일어나는 교수 및 학습의 효과를 입증하는 완벽하게 합법적인 방법이다. 또한 이러한 진행에 대한 정량적 표시를 기대하는 것은 외부 검사 시스템의 정당성을 보장한다. 평가자들은 질적인 진전을 지적하는 수많은 문서와 보고서를 뒤지지 않고도 리더십 팀과 강의의 질을 판단할 수 있다. 우리가 학교의 효율성을 진정으로 반영하기 위해서는 검사가 짧고 예리해야 하며 사전 예고 없이 학교가 발견한 그대로 받아들여야 한다고 믿는다. 또한 특수학교이든 통합학교이든 중도장애와 최중도중복장애 학생들을 위한 교수 질을 평가하는 평가자들이 이러한 분야에서 강한 교수 배경을 가진 중도장애와 최중도중복장애의 전문가여야 한다. 일반적인 '특수한 요구' 배경이나 이해를 갖는 것만으로는 충분하지 않다. 중도장애와 최중도중복장애 아동, 청소년 또는 성인들의 교사는 전문가가 되어야 하며, 따라서 그들은 전문가로부터 평가를 받을 자격이 있다.

그러나 이러한 효과를 평가하기 위해서는 개별적인 학생의 진전이 학생들이 실제로 성취할 수 있는 영역과 직접 관련되어야 한다. 중도장애학생들, 특히 최중도중복장애학생들은 (정의상) 학문적 성공을 이룰 것 같지 않으며, 우리는 단지 다른 모든 사람이 하는 일이 충분한 이유라는 이유만으로 학문적 교육학과 교육과정을 지속하는 것에 도전할 준비가 되어 있어야 한다. 그렇지 않다. 영국 시스템은 비장애학생을 위해 작성된 국가수준 교육과정이 중도장애 및 최중도중복장애 학생들에게 적합하지 않다는 것을 25년 이상 입증해 왔다. 이러한 학생들은 교육과정 시작 이전 단계의 학습에 참여하지 않을 것이다. 최중도중복장애와 중도장애 학생들의 진전은 아마도 기술 기반 또는 과정 기반 학습 내에서 이루어질 것이며, 인지장애 학생일수록 기술 기반 학습 환경에서 잘 하기 어려울 것이라고 말하는 것은 사실일 것이다. 그럼에도 불구하고, 『학습 경로』(최중도중복장애학생들의 경우)와 『MAPP』(중도장애학생들의 경우)와 같은 공식 시스템을 모두 사용하면서도 두 영역에서 평가 방법과 학생의 진전도 평가 방법은 매우 많다. 그렇지만 특히 'MAPP의 기술발달 연속체'와 결합될 때 과정 기반 학습을 위한 '인식의 달성을 위한 체계'와 기술 기반 학습을 위한 과제분석접근 같은 비공식적 시스템을 이용한다.

제**4**장

개별화된 학습과 참여

2004년 당시 데이비드 밀리밴드(학교 기준 국무장관)는 '개별화된 학습'을 영국 정부의 교육 비전의 핵심에 두면서, 그것을 '각 아동의 요구에 대한 건전한 지식에 기초한 고품질의 교육'으로 정의하고 다음과 같이 강조했다.

> 각 아동의 요구에 대한 건전한 지식과 이해에 기초한 고품질의 교육으로 모든 아동에 대한 높은 기대가 있어야 한다. 학생들이 컴퓨터에 혼자 앉아 있는 것은 개별화된 학습이 아니다. 또한 학생들을 제멋대로 하게 남겨 두어 별 기대 없이 지내게 하는 것 역시 아니다.
> (Miliband, 2004, p. 3)

이 책은 개별화된 학습을 지지한다. 최중도중복장애나 중도장애 아동들의 교사들은 그들을 위해 최선을 다하기 위해 개별적인 아동들을 지나칠 만큼 잘 알아야 한다. 그리고 교사들은 정말로 아동들을 참여시킬 수 있는 의미 있는 맥락의 제공을 유도하도록 개인차에 대한 깊은 지식을 가지고 있어야 한다. 물론 거의 10년 전에(그리고 여전히) 개별화된 학습에 대한 영국 정부의 비전은 개별 아동이 어떻게 진행되고 있는지에 대한 강력한 증거를 가지고 있지 않으면 개별적인 학습목표를 설정할 수 없다고 여기는 것이다. 그리고 학습에 대한 철저한 평가 없이는 개별적인 학습목표를 설정할 수 없다고 여기고 있다. 따라서 학습에 대한 평가는 여전히 아동들의 진행 상황을 추적하고 개인에게 가장 적합한 학습 스타일을 찾는 중요한 도구로 평가받고 있다. 이 절차는 누구나 동의하는 내용이다. 중재의 대부분은 매우 정밀하며 아동들의 진보에 대한 강력한 증거 기반을 구축하기를 원한다.

불행하게도, 개별화된 학습이 교육이 아닌 정치적 표현이라면 용서할 수 있다. DCSF 출판물인 『개별화된 학습-실용안내서(Personalised Learning-A practical Guide)』(2009)는 개별화된 교육을 "아동들과 그들의 요구를 우선시하는 것"으로 이야기하고 있고, 어떤 아농도 관심 없이 남겨져서는 안 된다고 하였다. 이 보고서와 그 밖의 많은 시간 동안 '21세기 학교와 시스템이 아동과 청소년들의 요구를 중심으로 설계되고 있다'는 많은 이야기가 오고 갔다. 그러나 이 보고서는 제목에도 불구하고, 아동들의 개별 요구를 충족시키기 위한 학습을 맞춤화하는 것보다 경쟁적인 교육 시장에서 목표 설정을 더 많이 바꾸고, 국가 기준을 초과하는 '개별화된 학습의 교육학'에 관한 것이다. "개별화 교육은 모든 아동과 청소년들이 국가 기준에 도달하거나 그 이상을 달성하고, 그들의 초기 약속을 이행하고 잠재력을 개발할 것을 기대하는 방식으로 구분된다."(DCSF, 2009: Sebba, 2011, p. 206에서 재인용) 그래서 이러한 용어를 사용하는 것은 개별화보다 국가적 차원의 배치를 더 반영하는 것일 수도 있다.

주디 세바(Judy Sebba)는 개별화를 "아동과 청소년들이 자신의 학습과 삶에 대한 통제력을 강화하면서 어떻게 자신의 요구를 충족시킬 수 있는지"에 관한 의미를 담는다고 정의하였지만(Sebba, 2011, p. 206), 계속해서 영국 특수학교에서 자주 언급되는 개별화가 '그들이 하는 일'이라는 견해에 의문을 제기한다. 확실히 많은 특수학교는 그들이 몇 년 동안 개별화된 학습에 친밀하게 관여해 왔다고 주장할 것이다. 특히 최중도중복장애학생들과 함께 말이다(Pollitt & Grant, 2008). 그러나 세바는 개별화와 학습의 개별화 사이의 혼란을 보고 개별화는 통합 그리고 가능한 한 광범위한 참여 개념과 관련이 있다고 주장한다. 영국 중앙 정부의 경우 성취가 관건이지만 (주디 세바처럼) 통합을 중요하게 여기는 사람들에게는 참여가 주요 관건이다. 우리는 그러한 정치적 비방이 도움이 되지 않는다고 제안하고 싶다. 개별화는 비록 그것이 부작용일 수도 있지만, 이전에 장애가 그들을 막았던 만큼 많은 일을 하도록 해야 한다는 의미에 포함시키는 것이 아니다. 학습에서의 개별화는 아동을 교육과정에 적합화하는 것이 아니라 아동에게 맞게 교육과정을 적합화하는 것을 보장하는 것이다.

개별화는 물론 중도장애와 최중도중복장애 학생들에게 복잡하고 복합적인 작업이며, 애봇과 매리어트(Abbot & Marriot, 2012)는 그것이 단순히 학생에게 책임을 전가하는 문제로 볼 수는 없지만 통제에 관한 이슈는 중요한 요소라고 보고 있다.

> 학습 생산성 측면에서 가장 큰 관심사는 자녀, 부모, 가족, 공동체 등 교육 시스템에서 활용 가능한, 아직 활용되지 않은 자원을 동원하는 것에서 비롯된다. 아동들이 자신의 교육에서 국가와 공동 투자자로 자신을 볼 것을 장려하고 있다.
>
> (Leadbeater, 2005, p. 4)

학습자를 학습하게 하고 교사를 설교자가 아닌 촉진자로 보는 이 관점은 '교육학에 대한 이해에 (존재하는) 교사의 전문성(더 이상 정보를 독점하지 않는, 학습자가 자신만의 학습 경로를 찾도록 격려하는 것)이 이 책에서 장려하는 과정 기반 모델이라 할 수 있다. 그리고 멜 에인스코우(Mel Ainscow)가 다음과 같이 잘 요약해 주고 있다.

> 학습은 의미를 만들어 가는 개인적인 과정으로, 각 참여자는 그 공유된 이벤트의 자신 버전을 '구성'하는 활동에 참여한다. 각 학생은 이전의 경험과 관련하여 일어나는 일의 의미를 정의한다. 이런 식으로 개인은 경험을 개별화하고, 그렇게 함으로써 교사의 목적과 이해와 관련이 있을 수도 있고 아닐 수도 있는 형태의 지식을 구축한다.
>
> (Ainscow, 2006, p. 2)

이 책의 저자들이 제시한 개별화 교육의 정의는 아동들에게 정말 중요한 것들을 지도하기 위해 양질의 시간을 보내는 것이다. 아동들에 대해 알게 되면서 생겨나는 것은 아동들의 삶에 영향을 미칠 것들에 초점을 맞추고 있다. 개별화 교육은 덜 중요한 학습 영역의 비중은 줄이고, 가장 중요하다고 판단되는 영역에 집중적인 지원을 하는 것을 말한다. 우리는 이것이 얼마나 대담하게 들리는지 알지만, 가장 복합적인 지원이 필요한 아동들을 위해 우선 학습할 내용을 정해야 할 책임이 있다고 주장하고 있으며, 특히 부모와 다른 전문가들이 서로 협력하고자 할 때, 이를 위한 의사결정은 학교에서 소중하고 제한된 시간을 극대화하여 활용하도록 하는 것이 중요하다.

일반적으로 최중도중복장애아동과 중도장애아동과 같이 가장 복잡한 교육적 요구를 가진 아동들의 경우, 포괄적이고 균형 잡힌 교육과정을 믿지 못한다. 이 책의 저자들은 학교가 모든 아동에게 경험중심 교육과정을 제공할 시간이 없다고 여긴다. 가장 복합적인 문제를 지닌 아동들을 위해 중요한 것들에 초점을 맞춰야 한다. 이것이 일부 아동을 위해 많이 다르고 개별화된 교육과정을 옹호하는 이유이다. 이는 우리가 그렇게 할 수 있을 때 광범위하고 균형 잡히고, 무엇보다도 관련성이 있게 된다. 학습 영역에 있어 우선순위에 대한 결정은 매우 개인적이다. 우리는 개별화의 정도가 학생의 복잡성과 의존성에 달려 있다고 본다. 우리는 개별화의 '수준'보다는 '정도'를 선택했다. 왜냐하면 이것이 다른 아동들과의 질적인 차이를 더 명확하게 보여 주는 이유라고 생각하기 때문이다.

우리는 최중도중복장애아동일 경우, 형태가 구체적이면서 개인의 요구, 신체적 요구, 가족의 요구, 정서적 요구(웰빙과 안전 포함)에 반드시 집중하고 대응하는 협의 범위의 교육과정 영역에서, 전문적인 교수법을 사용하여 고도로 집중적인 개별화된 학습이 필요하다고 생각한다. 다음 절에서 강력한 개별화된 학습을 조직하는 방법에 대해 서술한다.

보다 덜 복합적인 문제를 지닌 아동의 경우 덜 강력한 개별화와 더 넓고 더 추상적이며 더 경험적인 교육과정을 필요로 한다고 제안된다.

[그림 4-1]의 개별화된 학습은 더 복합적인 문제를 지닌 아동부터 덜 복합적인 아동까지의 연속성을 보여 주고 있다. 학습이라는 것은 연속체이고 최중도중복장애아동들이 교육과정의 한쪽 말단 부분에 위치하고 있고 다른 한쪽에 중도장애아동들이 있다고 제안하지 않는다. 연속선에서는 아동들의 능력이 아닌 학생 요구 욕구의 복합성 측면에서 살펴보아야 한다. 중도장애아동의 경우 중도장애와 심각한 자해 행동(SIB)과 같이 매우 복합적인 요구를 가질 수 있다. 중도장애와 자해 행동을 가진 아동을 위한 개별화의 강도는 중도장애만을 가진 다른 아동과 매우 다를 것이며, 학습 경로를 찾기 위해 더 강렬한 개인 학습을 수용해야 하는 연속체의 왼쪽에 놓이게 될 것이다.

[그림 4-2]는 의도적으로 가상적이며, 더 복합적인 요구, 교육과정의 상세화, 그

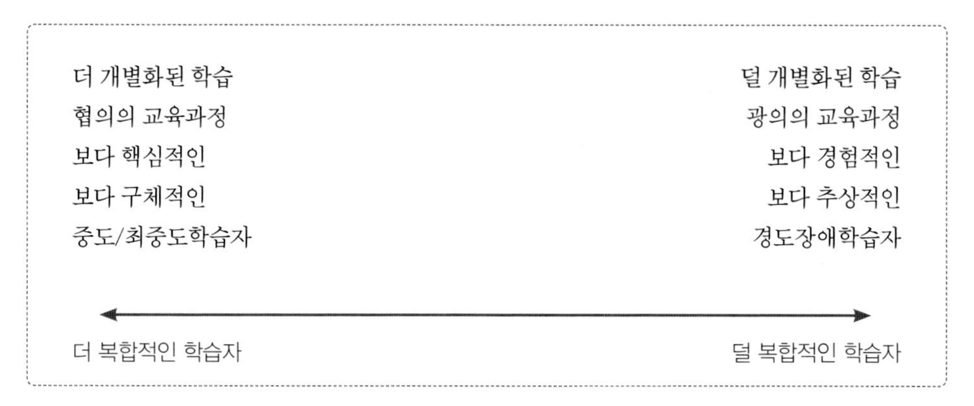

[그림 4-1] 개별화 학습을 위한 연속성의 방향

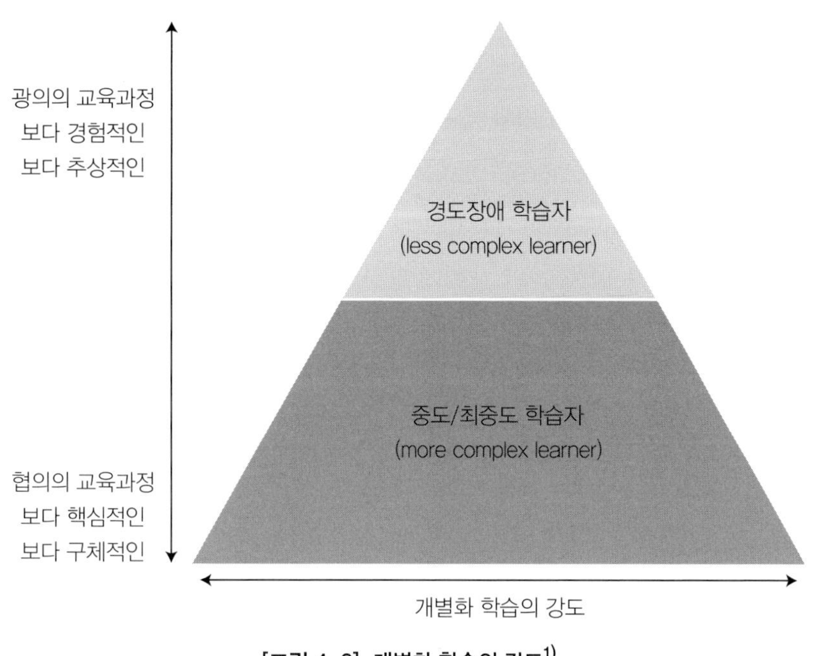

[그림 4-2] 개별화 학습의 강도[1)]

리고 더 복합적인 아동의 요구를 충족시키기 위해 이 교육과정이 얼마나 더 구체적이어야 하는지를 보여 주며 아동들에게 제공하는 개별화의 강도를 증가시키려는 시도를 나타낸다. 우리는 모든 아동이 개별화된 학습으로 이익을 얻는다고 믿지만,

1) 역주: 원서에는 less complex learner, more complex learner로 되어 있는데, 현 특수교육에서 사용하는 용어인 경도장애, 중도/최중도장애 명칭으로 사용한다.

가장 복합적인 요구를 가진 몇몇 아동은 그들의 학습 경로를 알아내고 참여시키기 위해 풍부화한 개별화 수준을 가져야 한다.

참여

우리가 옹호하고 있는 개별화된 학습의 개념, 즉 중도장애와 최중도중복장애 아동들에게 정말 중요한 것들에 시간을 보내고 덜 중요한 학습 영역을 제거하는 것은 아동의 참여 수준과 불가분의 관계에 있다. 아동에게 동기를 부여하고 관여하는 것이 무엇인지 알아내는 것이 개별화된 학습의 핵심이며 참여 척도(Engagement Scales; Carpenter, 2010; Carpenter et al., 2010; Carpenter et al., 2011)의 사용은 각 학생의 참여 수준을 극대화하는 수업팀에 귀중한 통찰력을 제공할 수 있다.

배리 카펜터(Barry Carpenter)와 동료들은 복합적인 학습 부진 및 장애 프로젝트(Complex Learning Difficulties and Disabilities Project: CLDD)에서 영국의 여러 특수학교 및 통합 환경에 있는 아동들의 참여에 관한 연구를 했다. 복합적인 학습 부진 및 장애(CLDD)에 대한 프로젝트의 정의는 다음과 같다.

> 복합적인 학습 부진 및 장애(CLDD) 아동과 청소년은 공존하는 조건을 가지고 있다. 이러한 조건은 겹치고 연동되어 복잡한 프로파일을 생성한다. 복잡한 학습 난이도의 공동 발생과 복합적인 성격은 아동과 청소년들의 독특하게 변화하는 학습 패턴을 인식하는, 개별화된 학습 경로를 필요로 한다. CLDD 아동과 청소년들은 다양한 문제와 계층화된 요구의 조합(예: 정신 건강, 관계, 행동, 신체적, 의학적, 감각적, 의사소통과 인지적 등)을 가지고 있다. 그들은 학습 과정에 효과적으로 참여하고 교실 활동과 더 넓은 공동체에 적극적으로 참여하기 위해 학제 간 입력을 포함할 수 있는 구체적인 지원과 전략이 필요하다. 그들의 성취는 일관성이 없을 수 있으며, 비정형적이거나 고르지 않은 프로파일을 제시한다. 학교 환경에서는 학생이 국가수준 교육과정 및 P척도를 포함하여 모든 교육 수준에서 작업할 수 있다. 이 정의는 또한 초창기와 방과 후 환경에서 학생에게도 적용될 수 있다.
>
> (Carpenter et al., 2011, p. 2)

참여

지속적인 학습은 의미 있는 참여를 통해 발생할 수 있다.
참여의 과정은 이동과 환경(주변 사람, 생각, 자료, 개념 등 포함)을 연결해서 학습과 성취를 할 수 있게 하는 여행이라 할 수 있다.

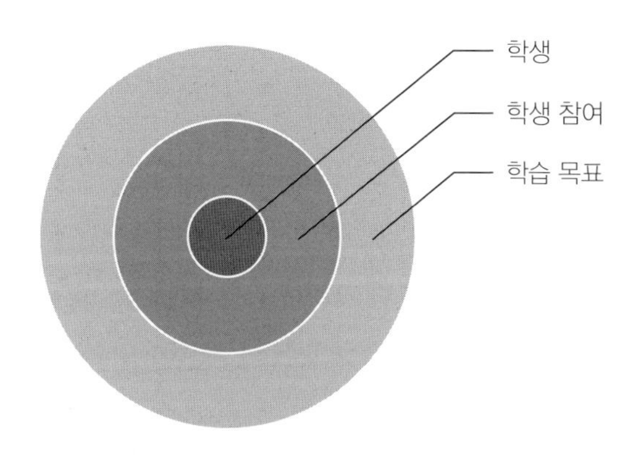

[그림 4-3] 참여

CLDD 연구는 이 대상자들이 어떻게 배우고, 어떻게 참여하며, 교사들이 어떻게 그들의 학습 경로를 개별화하여 학생 참여를 이끌 수 있는지 의문을 제기한다. 이로부터 개발된 추가 질문, 즉 원칙은 무엇이며 교육자들이 가르치기 위한 전략을 개발하도록 이끄는 질문은 무엇인가? [그림 4-3]은 프로젝트의 참여 정의를 보여 준다.

CLDD의 학습 문의 프레임워크는 중도중복장애 아동들을 위한 개별화된 학습 경로를 탐구하고 개발하는 교육자들을 위한 도구로 설계되었다. 교사 토론과 성찰의 과정을 통해 다양한 요구 영역에서의 학습에 대한 유아의 참여를 높이는 데 초점을 맞춘 접근법을 지원하고 있다. 조사연구의 중심은 CLDD 아동을 위한 효과적인 교수 · 학습을 위한 카펜터와 동료들의 연구를 통해 개발된 교실 도구인 '참여 프로파일과 척도(Engagement Profile and Scale)'(Carpenter et al., 2011)이다. '참여 프로파일'의 목적은 학생이 자신의 참여를 어떻게 보여 주는지에 대한 스냅 사진을 제공하는 것이다. 교사가 학생으로서 자녀의 참여에 집중하고 개별화된 학습 경로를 만들어 학생 중심의 성찰을 유도하고, 결과적으로 학습으로 이어질 수 있도록 하는 것으로 묘사된다.

CLDD 프로젝트에 의해 설명된 참여는 다차원적이며 다음을 포함한다.

- 인식
- 호기심
- 조사
- 발견
- 기대
- 지속성
- 개시

이 일곱 가지 지표에 초점을 맞추어 교사들은 "아동들의 호기심을 자극하기 위해 학습 활동을 어떻게 바꿀 수 있을까?" "아동들이 지속되도록 격려하기 위해 이 경험에 대해 무엇을 바꿀 수 있을까?"(Carpenter et al., 2010, p. 5)와 같은 질문을 스스로에게 던질 수 있다.

학생의 참여는 개별화된 학습의 핵심이다. 교사들은 무엇을 가르치고 어떻게 가르치는지에 관심을 기울이고, 학생이 가장 잘 반응하는 학습 경로를 찾으려고 더 깊이 파고든다. 우리에게는 가장 복잡한 요구를 가진 학생들의 삶에 실제로 영향을 미치는 것을 보는 데 충분하지 않은 시간이 소비되는 것 같다. 개별화된 학습은 가장 복잡한 요구를 가진 학생이 앞으로 나아갈 수 있는 유일한 방법이며, 그들 중 많은 아동은 그 목표에 도달하기가 매우 어려울 수 있다. 그들의 시간은 학교에서 소중하고 우리는 그들이 우연히 배울 것 같지 않다는 것을 안다. 실험을 통해 복합적인 요구를 가진 아동들을 위한 개별화된 학습 경로를 찾고 창의적으로 그 내용에 다가가는 것은 교사와 학생 모두에게 흥미진진한 일이다. 그것은 CLDD 프로젝트에서 고무된 것처럼 우리를 행동 연구 분야로 이동시킨다. 우리는 복합적인 요구를 가진 아동들에게 도달하는 가장 좋은 방법이 무엇인지 자문한다.

실제를 기반으로 하는 효과적인 학문적 연구 기반 추론을 실현하는 데 극도의 어려움이 있는 상황에서, 중도장애와 최중도중복장애 학생들을 가르치는 것은 교실 연구 기반과 교실 탐구 기반 작업이 되어야 한다. 특수교육 교사들이 반성하고, 위험을 감수하고, 새로운 것을 시도하도록 격려할 필요가 있다. 우리는 교사가 개인적인 의문을 적용하는 데 있어서 가치를 보기를 원한다. 일에서 얻은 아이디어를 공식화하고, 교수 · 학습을 위한 탐구를 하는 것에 흥미를 느낀다. 실행연구의 중요성과

가치를 보는 것은 교사들에게 동기부여를 한다.

> 특수교육요구를 가진 학생들을 가르치는 방법을 배우는 데는 한계가 없으며 성공적인 가르침에 대한 공식도 없다. 특수학교에서 교수·학습의 질을 높이려면, 학생이 장애를 극복할 수 있는 최선의 방법을 모색하고, 이러한 연구 수행의 장소가 학교라는 점을 기억해야 한다.
>
> (Hinchcliffe, 1997, p. 121)

이는 과거에도 사실이었고, 오늘날도 그렇다.

정말 아동들을 알게 됨

제6장과 제10장에서는 교사들이 학생들을 잘 알 수 있도록 도와주는 유용한 평가 지침서를 안내한다. 예를 들어, 『아동의 일상적인 의사소통 기술의 실용적 프로파일(The Pragmatics Profile of Everyday Communication skill in children)』(Dewart & Summers, 1995)과 '개별화된 감각 환경'(Bunning, 1998)을 구성하기 위해 교사는 학생의 호불호에 대해 관심을 집중할 필요가 있다. 좀 더 기본적인 수준에서, 〈글상자 4-1〉은 교사와 교수팀이 복합적인 요구를 가진 아동들을 위한 학습 영역의 우선순

글상자 4-1 복합성에 대한 교사 질문

- 토론은 수업팀을 가리킨다. 더 복합적인 아동들 중 한 명, 즉 아동을 생각해 보라.
- 도달하기 어려운, 수수께끼 같은, 예측할 수 없는, 어쩌면 헤아릴 수 없는 아동을 어떻게 묘사할 수 있을까?
- 좋은 날에 아동은 어떻게 긴장을 풀까?
- 무엇이 아동을 가장 행복하게 하는가? 아니면 아동이 가장 좋아하는 것은 무엇인가?
- 아동은 어떤 일에 관심을 보이고, 얼마나 오랫동안 집중하며, 집중하면서 참여할 수 있을까?
- 솔직히 말해서, 그리고 대략적인 가이드로서만, 15분짜리 그룹 레슨의 비율은 얼마인가?
- 아동이 신경을 쓰고 있는가?

- 아동이 가장 좋아하지 않는 것은 무엇인가?
- 아동이 가장 잘 배우는 방법은 무엇인가?
- 아동은 언제 집중하고, 집중하던 일에 언제 가장 많이 관여하는가? 아동이 더 집중하도록 돕기 위해 어떤 일을 하는가?
- 아동이 현재 학교에서 어떻게 배우고 있는지에 대해 어떻게 생각하고 느끼는가?
- 학교에서 아동을 돕기 위해 추가되거나 변경되는 것을 보고 싶은 것이 있는가?
- 아동이 가족에게서 배울 수 있는 것들이 있을까?
- 학교 수업 중에 아동이 특별히 눈에 띄는 경험은 무엇인가? 긍정과 부정을 모두 논하라.
- 교육에 대한 당신의 주된 희망은 무엇인가? 단기적이고 중간적인 결과뿐만 아니라 가능한 미래 결과를 생각해 보라.
- 지금까지 아동과 함께했던 가장 행복하거나 가장 좋아하는 순간은 무엇이었는가?

(Hinchcliffe, 2012)

루이스는 6세이다. 루이스는 심각한 시각장애를 동반한 최중도중복장애가 있다. 아기였을 때 유아기 경련을 앓았고 생후 약 9개월이 되었을 무렵부터 이를 줄이기 위한 에필림(Epillim)을 처방받았다. 이 처방이 자극에 대한 그의 반응성에 영향을 주어, 그는 하루 종일 잠을 잤다. 지난 일 년 반 동안 그는 경련 증상을 극적으로 감소시킨 케토 제닉 다이어트를 실시했으며 이제 졸음과 무기력을 유발하지 않는 약을 하룻밤 복용량만 가지고 있다. 루이스는 맞벌이를 하는 부모와 15세인 누나와 함께 살고 있다.

최근 루이스는 주변의 자극에 대해 별다른 반응을 보이지 않았고 손으로 자기자극을 받아 눈을 밀고 입을 탐색하고 눈을 머리 위로 굴리며 종종 입으로 느끼기 위해 자신의 발을 얼굴에 대는 행동을 보이고 있다. 루이스는 촉각적으로 방어적이고 일상생활에서 성인이 만지거나 잡는 것을 종종 꺼려 했다. 루이스는 독립적으로 앉을 수 있지만 아직 서거나 걷지는 않는다.

[그림 4-4] Lewis의 펜 초상화

위를 정하는 것에 대한 결정을 위해 논의할 수 있는 몇 가지 일반적인 질문의 예를 정리하였다.

[그림 4-4]는 어린 최중도중복장애아동인 루이스(Lewis)의 펜 초상화이다. 이것은 이 아동의 '관련기관 활용 프로파일[2](Multi-Agency Profile: MAP)'([그림 4-5] 참조)로, 리버사이드 스쿨 소속 교사인 클레어 찰라예(Clare Chalaye)와 언어치료사인 샬롯 파크하우스(Charlotte Parkhouse)가 작성한 것이다. MAP는 일종의 '의사소통 수첩'(Millar & Aitken, 2003)으로, 다학문적 전문가 팀이 개발한 개별화 학습을 보여 주는 자료이다. 이 프로파일은 학생이 학습한 결과를 보여 주고, 학생과 접촉하는 모든 사람이 학생의 선호도, 의사소통 선호도, 어떻게 학생의 신체 관리를 할 수 있는지 등에 대한 정보를 제공한다. MAP는 CD로 제시되고 정보는 간단하게 제공되며 루이스가 의도적으로 의사소통을 어떻게 배우는지, 착석 방법 등에 대해 비디오 클

2) 역주: 개별 학생에 관한 장애 특성과 정보를 모아둔 것으로 여러 기관에서 학생 지원 시 필요한 경우 정보를 공유할 수 있다.

나의 홈페이지

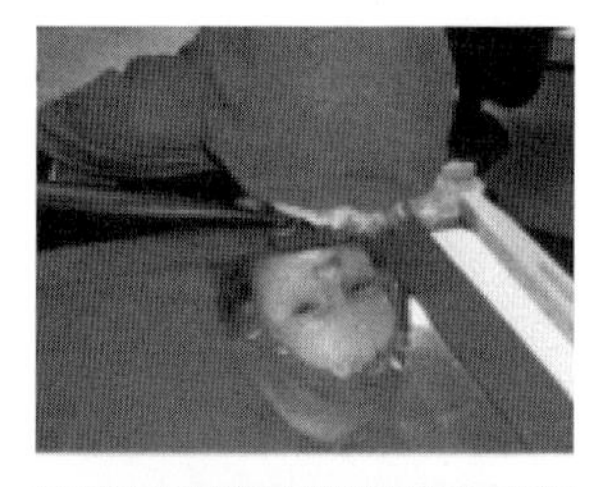

나는 루이스, 6세입니다.
저를 소개합니다.

- 나는?
- 나의 의사소통 방법
- 내가 편하게 앉는 자세와 이동 방법
- 내가 서 있는 자세와 체중 지지 방법
- 내가 좋아하는 자세
- 내가 먹고 마시는 방법
- 내 컨디션이 나쁠 때
- 내가 진짜 좋아하는 것
- 내가 별로 좋아하지 않는 것

(______를 눌러 내용을 확인하세요)

나의 의사소통 방법

- 나는 관심을 끌기 위해 소리를 냅니다. 종종 음료수를 먹고 싶어 소리를 내기도 합니다.
- 진짜 재미있으면 웃습니다.
- 내 앞에 있는 빅맥(BigMack) 스위치를 누르고 여기에서 나타내는 시각적 · 청각적 효과를 좋아합니다.
- 내 관심 영역에 들어온 물건들을 잡거나(비디오 참조) 사람들의 손을 잡습니다.
- 나는 하기 싫거나 계속하고 싶은 땐 머리를 돌리거나 뒤로 기댑니다.
- 나는 요구하기 위해 스위치를 누릅니다.

홈페이지로 돌아가려면
여기를 누르세요.

내가 편하게 앉은 자세와 이동 방법

- 나는 다리와 발에 보조 스트랩을 두르고 앉아 있습니다.
- 나의 골반이 뒤에 정확히 위치하고 내 엉덩이가 바르게 위치하는지 꼭 체크해야 합니다.
- 내 책상 위에는 트레이가 있습니다(사진 참조).
- 이동 시 등을 지지해 줄 수 있는 카시트에 앉습니다(두 번째 사진 참조).

홈페이지로 돌아가려면 여기를 누르세요.

내가 서 있는 자세와 체중 지지 방법

- 나는 매일 아침 서기 보조지지대에 서 있습니다. 이 도구는 내 다리에 힘을 기를 수 있도록 도와주고 변비 예방에도 도움을 줍니다.
- 나는 매일 이동 보조도구인 페이서(pacer)를 이용합니다. 놀이터에 나갈 때도 이 도구를 이용하고 가까운 거리를 갈 때 다리로 밀고 이동합니다.
- 나는 가끔 리프팅 도구인 라이코 호이스트(lyco hoist)의 도움을 받습니다. 이 도구를 타는 것을 좋아하고, 내 발로 피아노 키 패드를 연주하는 것을 좋아합니다(비디오 참조).

홈페이지로 돌아가려면 여기를 누르세요.

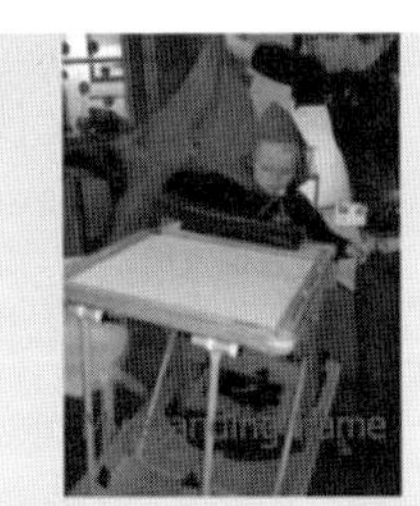

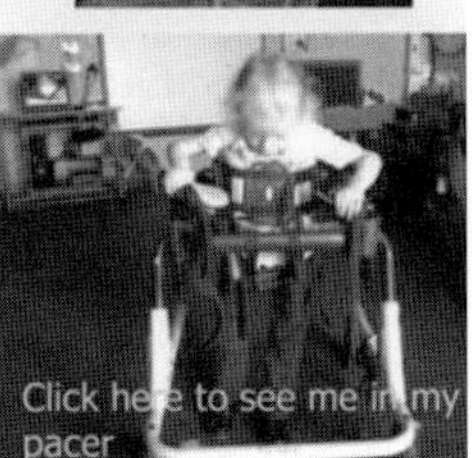

내가 좋아하는 자세

- 나는 유모차를 타고 여러 곳을 방문하는 것을 좋아합니다(사진 참조).
- 나는 바닥에 앉아 장난감 가지고 노는 것을 좋아합니다. 잘 앉아있습니다(사진 참조).
- 나는 수영을 정말 좋아하고 특수 제작된 구명조끼를 입는 것도 좋아합니다(비디오 참조).

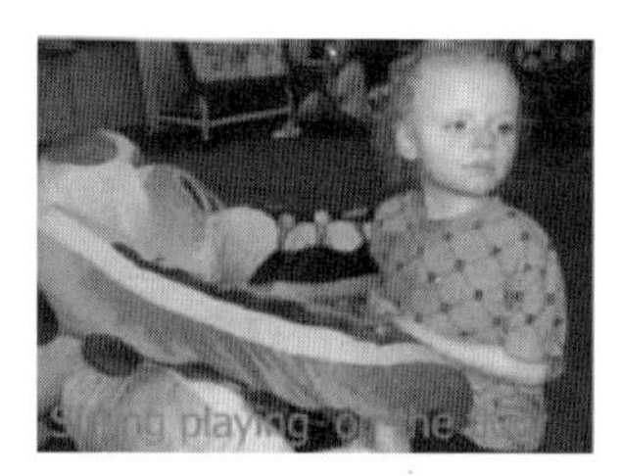

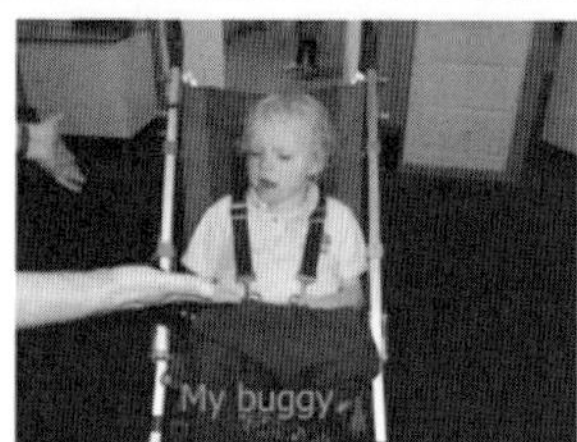

내가 먹고 마시는 방법

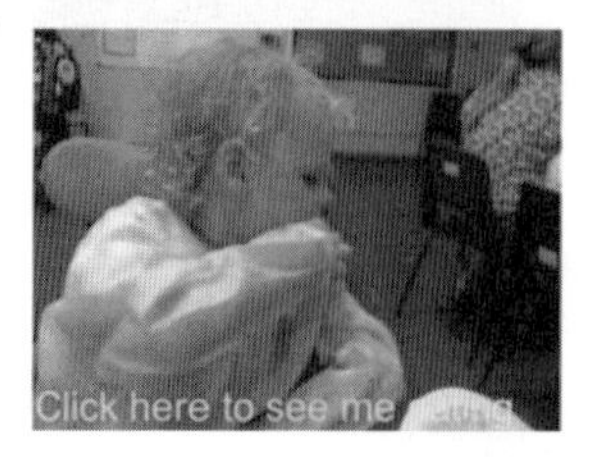

- 나는 케토 다이어트 중입니다. 그래서 특정 음식만 먹을 수 있습니다.
- 엄마는 저를 위해 특수 도시락과 디저트를 매일 만들어서 보내 줍니다.
- 나는 내 자리에 앉아서 식사를 합니다. 내가 먹는 음식들은 매우 부드럽고 스크램블 에그가 종종 들어 있기도 합니다. 내가 식사할 수 있도록 도와주는 분이 있으며(사진 참조) 식사 시간은 5분 정도 걸립니다.
- 식사 후 음료를 마시고 학교에서 몇 잔 더 먹습니다. 혼자서 주스를 마시며 빨대 있는 통에 넣어 마십니다(두 번째 사진 참조).

홈페이지로 돌아가려면 여기를 누르세요.

내가 컨디션이 나쁠 때

- 나는 유모차를 타는 것이나 교실 의자에 앉아 있는 것을 좋아합니다. 그리고 많이 마십니다. 종종 어른들이 나를 보듬어 주는 것에 매우 화가 나고 혼자 있고 싶습니다.
- 내가 힘들 때는 앉아 있거나 빈백(beanbag)에 기대어 있는 것을 좋아합니다. 아마 잠이 들 것입니다.

- 내가 복용하는 약

- 나는 경련과 관련하여 응급약을 처방받았습니다. 그러나 식이조절 이후 오랫동안 일어나지 않았습니다.
- 만일 대발작이 있으면 응급약을 바로 투여해 주세요.
- 내 응급약은 부칼 메다졸람(Buccal Medazolam)이고 경련 발생 5분 안에 투약해 줍니다.
- 약 복용 후 매우 졸립기 때문에 편하게 누워 있을 수 있게 편한 곳에 눕혀 주세요.

홈페이지로 돌아가려면 여기를 누르세요.

내가 진짜 좋아하는 것

- 거울 종
- 악기, 특히 키보드
- 수영
- 친구와 함께 트램펄린하기(비디오 참조)
- 신체적인 접촉하기 전에 말로 인사하기
- 잘 아는 사람들과 간지럼 태우기
- 친구와 돌림의자 타고 놀기(비디오 참조)

홈페이지로 돌아가려면 여기를 누르세요.

내가 별로 좋아하지 않는 것

- 나는 누워 있는 것을 좋아하지 않고, 종종 눕힌 채로 기저귀를 갈게 되면 화가 납니다.
- 만약 혼자 있고 싶을 때는 어른들이 저를 건드리지 말아 주셨으면 좋겠습니다.
- 나는 i-joy(말안장 운동기구) 타는 것을 정말로 싫어합니다(비디오 참조).
- 나는 활동이 재미없으면 울거나 소리를 내거나 내 머리를 뒤로 여러 번 젖힙니다(비디오 참조).

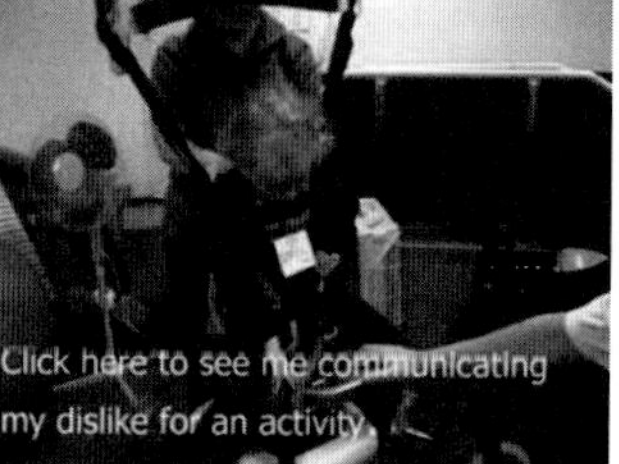

홈페이지로 돌아가려면 여기를 누르세요.

저에게 관심을 보여 주셔서 감사합니다.

By Lewis!!

홈페이지로 돌아가려면 여기를 누르세요.

[그림 4-5] 루이스의 관련기관 활용 프로파일

립을 제공하기도 한다. 비디오 클립은 매우 복합적인 요구를 지닌 학생에 대한 필수적인 정보를 전달하는 가장 좋은 방법이다. 수업시간에 고정 비디오 카메라를 설치하고 학생들의 수업에 참여하는 동안 보이는 원시 반사나 집중도를 평가할 수 있고, 이를 바탕으로 학생이 훈련할 수 있는 유용한 팁을 얻는다. [그림 4-2]를 다시 언급하면, 루이스가 지닌 높은 수준의 복합적 요구를 충족시킬 수 있는 교육과정 개발에 필수적이고, 이를 토대로 높은 수준의 개별화 강도가 요구된다.

개별화된 학습 의도

〈표 4-1〉에 제시된 루이스 교육과정은 세 가지 영역에서 개별화된 학습 의도를 보여 준다. 이 교수법은 형식적 평가에 도움이 되며 시간이 지남에 따라 루이스의 진전에 대한 엄격한 증거 기반의 실제를 구축하게 된다. 루이스는 구획화된 방식으로 배우기 위해 고군분투할 것이기 때문에 그러한 학습 기회는 항상 맥락화되어야 하지만, 루이스가 취할 수 있는 작은 발달단계의 기록은 그의 전반적인 평가와 진행 그림을 구축하는 데 필요하다. 구체적인 SMART 목표는 없지만 루이스와 팀이 작업할 수 있는 학습 의도는 루이스의 관심 및 동기와 직접 관련되어 재시행된다. 학습의 방향은 개별화된다. 어떠한 성취라도 『학습 경로』(WAG, 2006) 평가 프로파일에 대해 기록할 수 있으며, 제3장에서 언급한 바와 같이 시간이 지남에 따라 이 수치는 제시될 수 있다.

표 4-1 루이스의 개별화된 학습 의도

학습 영역	학습 의도 맥락	학습 의도	강조사항	교실 이외에서의 학습 도움
인지	루이스는 종종 특별한 장난감(장난감 피아노)을 잡는다. 이는 루이스가 선호를 보이도록 좋아하는 장난감과 중립적인 학용품을 제공하는 방법으로 선택의 기회를 확장하고자 한다.	두 가지 사물이 제공될 때 내가 선호하는 사물을 지속적으로 선택한다.	1. (나는 내가 좋아하는 장난감과 처음 보는 사물이 주어졌을 때 하나를 선택하도록 한다.) 내가 만일 장난감을 선택하면 이 장난감을 가지고 놀 수 있게 된다. 교사는 내 관심을 끌기 위해 이 장난감을 흔들거나 굴리거나 던질 것이고, 이 장난감을 쳐다보거나 가지고 놀 수 있게 신체적 촉진을 제공한다. 2. 나는 쿠킹 시간이나 미술 시간에 재료를 선택하도록 한다. 이 시간들에 필요한 다양한 재료 중 하나를 선택하도록 한다. 교사는 내가 선택하기 전에 나의 왼쪽과 오른쪽에 이것저것을 두어서 살펴볼 수 있도록 한다. 내가 선택해야 하는 것에 더 강조를 두어서 선택할 수 있도록 한다. 3. 나는 두 개의 빅맥 스위치 중 하나를 선택하게 되는데, 하나는 노래나 시가 녹음되어 있고 다른 하나는 스위치가 꺼져 있다. 나는 두 개의 차이를 파악하고 소리 나는 스위치를 일관성 있게 누를 수 있게 된다.	1. 점심시간에 한 손에 음식과 다른 한 손에 장난감을 들고 그중 하나를 선택하도록 한다. 나는 먹는 것을 좋아하기 때문에 음식을 선택하게 될 것이다. 또한 점심시간에 빵이나 한 숟가락에 담긴 음식 중 하나를 선택하게 할 수 있다. 2. A4 용지 크기로 인쇄된 내가 좋아하는 사물 사진 2개 중 하나를 선택하도록 한다(예: 돼지장난감, 미러벨 장난감, 키보드). 선택하면 내가 요청한 사물을 강화 차원에서 바로 제공해서 요청하는 방법을 잘 학습할 수 있도록 한다.

의사소통	루이스는 현재 사물에 대한 반응을 일관성 있게 보이고 있고, 소리가 나거나 빛이 나는 장난감에 다가가기도 한다. 우리는 루이스가 빅맥 스위치로 일관성 있게 '조금 더'를 표현할 수 있고, 다른 방법으로 일관성 있는 표현을 할 수 있도록 한다.	나는 ① 초콜릿을 하나 더 요청할 때, ② 재미있는 활동을 요청할 때, ③ 신체적 놀이를 요청할 때 스위치를 누르거나 일관성 있는 반응을 한다.	1. 내가 낙하산 게임(parachute game)이나 감각 노래 같은 협동 놀이에 좀 더 참여할 수 있도록 한다. 내 앞에 스위치를 두고 게임 중간중간 동작을 멈춘다. 그리고 내가 스위치를 누르면 동작을 시작하도록 한다. 내가 잘 못하면 신체적 촉진을 제공하여 스위치를 누를 수 있도록 한다. 2. 내가 시 낭송 시간을 선택하고 활용할 수 있도록 하고, 계속 진행하게 하기 위해 '다음으로 더'를 누를 수 있도록 기회를 제공한다. 이 활동은 인과관계를 이해하는 데도 도움이 될 것이다. 3. 나는 주스를 너무 좋아한다. 내 물통에 조금만 남아 있으면 바로 화가 난다. 내 물통에 조금만 주스를 따라 놓고 내 앞에 '조금 더' 스위치를 놓아서, 내가 스위치를 누르면 내 물통에 주스를 따라 준다. 4. 내가 신체적 상호작용이나 탐색을 잘할 수 있게 도와준다. 내가 적절히 반응하는 것을 보이면 추가 기회를 제공해 준다. 그래서 내가 지속적으로 반응하는지 반복해 준다.	1. 간식 시간에 초콜릿을 좋아해서 '조금 더' 스위치를 종종 누른다. 만일 내가 스위치를 누르지 않으면, 초콜릿을 더 주지 않는다. 2. 교실 밖에서는 나의 고유한 요청방법을 보여 줄 수 있는 기회를 제공해 준다. 예를 들어, 만일 내가 그네나 빙글 도는 놀이기구를 타다가 바로 멈추게 되었을 때 반응을 보이면, 바로 한 번 더 태워 주고 내가 보인 반응을 잘 기록해 준다. 3. 만일 내가 간식이 떨어졌는데 빅맥 스위치가 없다면 간식을 더 요구하기 위해 내가 테이블을 살짝 치도록 도와준다. 간식을 더 받으려고 이런 행동을 하게 되면 바로 나를 칭찬해 준다.

의사소통–집중적 상호작용	루이스는 다감각적으로 탐색 활동을 하고 있고 전보다 터치에 덜 민감한 상태이다. 그리고 어른들과의 신체적 접촉도 많이 참아 내는 상황이고 즐기고 있다. 루이스는 그를 둘러싼 세상에 많은 관심을 보이고 있고 가까운 사람들과 가까이 하고자 한다. 우리는 어른들과의 보다 집중적 상호작용을 증진시키고자 한다.	나는 2011년도에 평가받은 결과를 기초로 한 집중적 상호작용 상황이나 놀이시간에 내가 만질 수 있는 범위를 넓히고 내가 다른 사람들과 눈을 맞추거나 공유 상황의 범위를 넓히고자 한다.	1. 나는 어른과 마주 앉아 5분 동안 집중적 상호작용 시간에 참여한다. 이 시간 동안 나의 모든 동작과 내가 낸 소리를 따라 한다. 내가 눈맞춤이나 다가가는 동작을 할 경우 나와의 모든 상호작용에 대한 녹화를 기록한다. 2. 내가 상호작용에 진전을 보이면 쌍으로 활용할 수 있는 사물들(예: 한 쌍의 방울, 흔들이, 바퀴나 종 세트)을 소개시켜 주고, 이런 사물들을 탐색 활용하도록 하고 어른은 이 행동들(예: 흔들기, 떨어뜨리기 등)을 따라 하도록 한다. 3. 내가 테이블 위의 다양한 촉각 활동(예: 옥수수가루, 물, 젤리, 모래 등)을 할 수 있도록 한다. 내 손 위로 물을 부어 막 뭉치도록 하거나 물과 옥수수가루를 섞어 보도록 한다. 나는 활동 시간 동안 어른과 눈을 맞추고 붓거나 옥수수가루와 물을 섞은 것을 집도록 한다. 나는 이 활동을 하는 동안 어른과 눈을 맞추고 주의를 잘 맞추고 의도적으로 활용할 수 있도록 한다.	1. 집에서 2피트 정도 떨어져서 내 앞에 앉아서 내 행동과 내가 내는 모든 소리를 따라 한다. 2. 나는 집에서 여러 감각기관을 탐색할 수 있는 다양한 활동(예: 노를 저어라, 재밌는 라임 놀이)을 너무 좋아한다. 나는 내 손을 들고 이게 재미있다고 생각한다. 3. 내가 학교에서 트램펄린이나 수영, 또는 다양한 신체 활동에 참여할 때, 나에게 친구들이나 어른들과 직접 상호작용할 수 있는 기회를 주면 너무 좋을 것 같다. 여러 다른 활동에 참여하는 것은 어디에 있든 인과관계를 확인할 수 있는 좋은 기회이다.

케어/ PSHE	루이스는 성장하고 변화 중이긴 하지만 현재 관련기관 패스포드[3)]를 작성한 상태이다. 루이스는 잘게 잘라준 음식물을 손에 쥐어 주면 입으로 잘 넣을 수 있다. 앞으로 수저를 사용하여 혼자 식사를 할 수 있도록 한다.	나는 매일 점심에 수저 위에 음식을 올려주면 세 숟가락을 입에 넣는다.	1. 나는 조금 도움을 받아 내 수저를 들고 잘게 잘라 준 음식을 먹을 수 있는 기회를 매일 갖는다. 만일 내가 수저를 쥐기 싫어하면 어른은 내가 서서히 계속 쥐고 있을 수 있게 도와준다. 나는 도움을 받아 숟가락을 들어 올리도록 하고 점점 도움을 줄여 가도록 한다. 내가 수저를 드는 행동에 자신이 생기면 어른은 나 혼자 할 수 있도록 놔두도록 한다. 2. 음료 시간이나 간식 시간에 나는 테이블 위에 놓인 비스킷 조각이나 과일 조각을 입으로 가져갈 수 있도록 한다. 어른은 나에게 지도해 주며 내가 진전을 보이면 그 도움을 서서히 줄여 간다. 3. 나는 소근육을 활용한 활동에 참여한다. 나는 막대나 블럭, 펜, 벨 등을 집어 올리며 다른 탐색 활동에도 참여한다. 나는 감각기관을 활용한 활동들과 옥수수가루나 젤리, 모래 등을 퍼서 나르는 활동을 하도록 한다.	1. 내가 비록 처음에는 신체적 촉진을 조금 받는다 하더라도 혼자 먹는 기술을 늘릴 수 있게 저녁 시간에는 몇 숟가락이라도 혼자 먹을 수 있는 기회를 준다. 2. 내가 손으로 집어서 먹을 수 있도록 한입에 먹을 수 있는 음식들을 준비한다. 그리고 다른 크기로 준비해 주면 내 소근육 기술 증진에 도움이 된다. 3. 적절한 거리에서 중간중간 적절한 시간 간격으로 내 입에 음식을 넣어준다. 이렇게 하면 나는 음식을 가져다가 입에 넣어 먹는 동작 연습을 잘 할 수 있다.

3) 역주: 관련기관 활용 프로파일을 휴대용으로 제작한 것이다.

제2부

최중도중복장애학생을 위한 교육과정

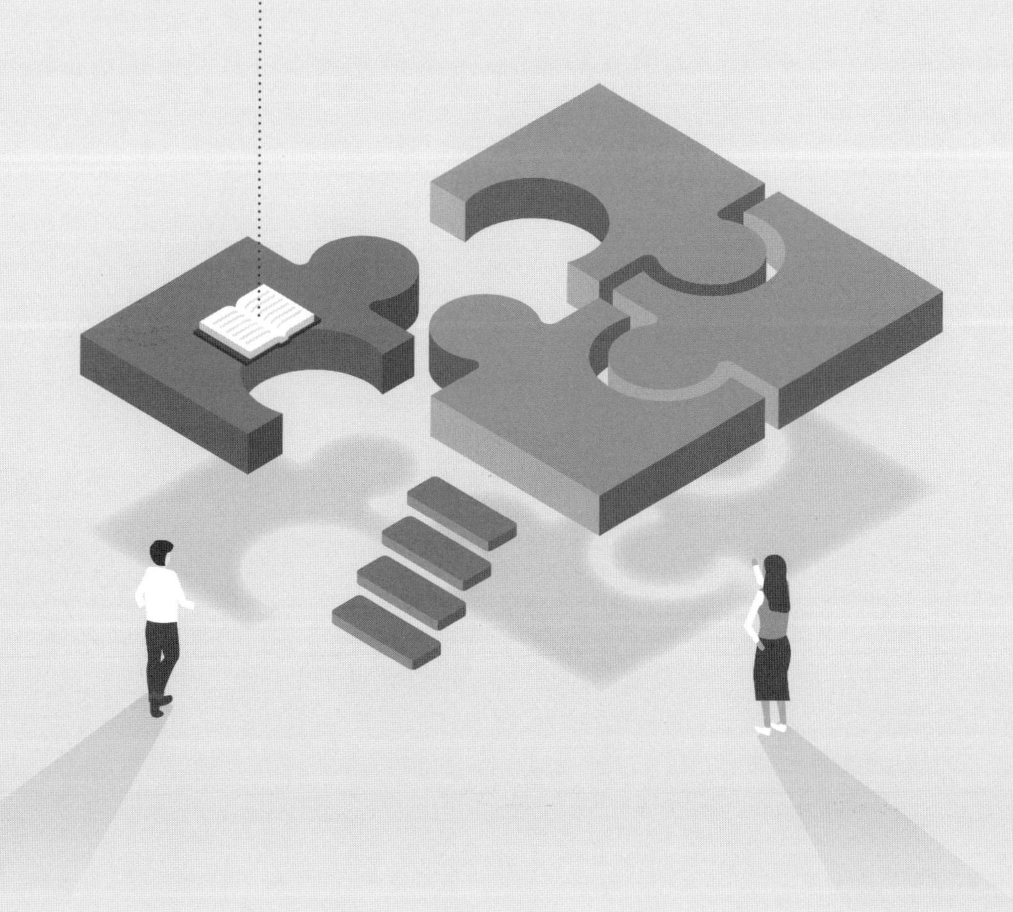

제5장

최중도중복장애학생을 위한 인지 교육과정

인지는 우리가 주변 세계에 대해 다양한 방법으로 얻은 정보를 두뇌가 처리할 수 있는 지식의 형태로 변환하는 것, 이러한 지식을 구조화하여 우리의 행동을 지시하고 알리는 데 사용하는 일련의 과정을 일컫는다. 이때 학습은 경험의 결과로 발생하는 행동의 상대적으로 영구적인 변화를 포함한다.

(Barber & Goldbart, 1998, p. 102)

최중도중복장애 교육과정에서 별도 영역으로서의 인지 교육과정에 대한 논의는 학습과 관련된 모든 문제가 인지와 관련이 있고 학습자의 현재 이해 수준을 고려해야 한다는 점에 대해 의문을 제기해 왔다. 그러나 최중도중복장애의 특성상, 이해 과정을 거치지 않고 특정 기술만 습득할 수 있는 학습 활동들은 거의 없다. 줄리엣 골드바트(Juliet Goldbart)는 의도성(원인과 결과)의 다양한 발달단계를 논의하며 이를 다음과 같이 명확히 규명하였다.

의도성은 의도적인 의사소통(intentional communication)을 발달시켜 나가는 데 있어 매우 중요하다. 이는 우리가 속한 환경에 영향을 미칠 수 있다(의도성)는 사실을 깨닫을 때

> 까지 우리는 같은 환경에 있는 사람들의 구체적인 행동에 영향을 미칠 수 있다(의도적인 의사소통)는 사실을 깨닫지 못하기 때문이다.
>
> (Goldbart, 1994, p. 20)

따라서 이 장에서는 인지 영역의 주의, 지각, 패턴 인식, 학습, 기억, 개념 형성, 사고, 언어 및 지능 등에 대해 논의하고자 한다.

비장애영아의 일반적인 발달단계

인지에 대한 이해는 대부분 피아제의 학습 모델(Piaget, 1952)에서 유래했으며, 우즈그리스와 헌트(Uzgiris & Hunt, 1975), 던스트(Dunst, 1980) 같은 학자들도 피아제 아동 발달의 첫 번째 단계인 감각운동기에 의존하여 연구를 이어 왔다. 감각운동기는 일반적인 발달단계를 따르는 영아의 경우 출생부터 18개월부터 2년까지 지속된다. [그림 5-1]은 우즈그리스와 헌트, 그리고 던스트의 연구를 재구성하여 이 단계를 여러 하위 단계들로 상세 분류하였다.

그러나 해당 표는 몇 달에 걸쳐 점진적으로 발달하는 다양한 신체적 기술들을 포함하고 있어 최중도중복장애아동에게 이 발달 경로를 적용하기에 적절하지 않을 수 있다. 잡기, 들기, 시각적 주의집중, 흔들기, 회전하기 등의 기술은 뇌성마비, 소근육과 대근육 운동장애, 학습장애, 시각장애, 청각장애 아동들에게 어려울 수 있다. 골드바트(Goldbart, 1994: 〈표 5-1〉 참조)는 잠재적인 발달단계의 범위를 넓혀 더 많은 일반적인 행동들을 포착하기 위해 다음과 같이 척도를 수정하였다.

행동	개월	발달의 개요
잡기	2	어른의 손가락이나 원통 막대를 반사적으로 잡음
들기	2	손으로 물건을 15초 동안 잡고 유지함
빨기	2~3	물건을 입에 대거나 빰(손이 아닌 특정 물체)
시각적 탐색	3	몇 초 동안 손에 들고 있는(또는 아기를 위해 고정된 위치에 있는) 물건에 시선을 고정함
치기	4	물건을 탁자나 다른 바닥에 두드리거나 치거나 손으로 때림
흔들기	5	물건을 잡고 흔듦
탐색하기	6	복잡한 형태의 시각적 탐색. 물체가 회전할 때 시선이 고정되며 다른 측면들을 탐색하거나 조작함
복잡화/차별화	7	매끄러운 표면에 떨어뜨리거나, 종이를 구기거나, 천을 문지르거나, 벽돌 탑을 무너뜨리는 등 물건의 특성에 따라 서로 다른 행동을 보임
떨어뜨리기	8	의도적으로 물건을 떨어뜨림. 떨어지는 것을 지켜보고, 어디에 멈추는지 파악하고, 떨어지는 소리를 들음
사회적 기능 인식	10	아기의 행동이 벽돌로 쌓기, 컵으로 마시기, 장난감 자동차 '운전'하기와 같이 사물의 사회적 기능에 대해 인식하고 있음을 행동으로 표현함
보여 주기	14	사회적 상호작용을 유도하기 위해 다른 사람에게 물건을 보여 줌
이름 붙이기	18	사물, 사람 혹은 행동에 '유아용 이름 짓기(예: 밥을 '맘마'라고 하거나 걷는 모습을 보고 종종 걸음 등과 같이 이름을 붙이는 것을 일컬음)'를 함. 이는 물체의 본래 명칭을 충분히 이해하지 못하고 있는 것을 나타냄

[그림 5-1] 감각운동기

출처: Uzgiris & Hunt (1975); Dunst (1980)에서 발췌.

표 5-1 감각운동기의 인지발달

하위 단계	연령	명칭	설명
1	0~6주	반사	주로 반사 운동에 관여된 활동을 함(예: 빨기, 탐색 반사). 일부 선택적 보기. 시각적으로 제시된 물체를 볼 때 활동 수준이 변화됨
2	6주~4개월	1차 순환 반응	유아가 자신의 몸으로 무언가를 하여 기분이 좋아지면 엄지손가락 빨기와 같은 미분화된 행동(예: 보기, 잡기, 입 움직이기 등을 하는 수준)을 반복하게 됨
3	4~8개월	2차 순환 반응	유아가 우연히 외부적인 무언가를 해낸 경우(예: 모빌 돌리기) 동작을 반복하는 법을 배움. 의도성의 첫 번째 단계. 차별화된 도식을 가지고 수행함(예: 찢기, 미끄러짐)
4	8~12개월	2차 도식의 협응	활동을 시작하기 전에 목표를 설정하려는 의도가 완전히 확립됨. 유아는 이전에 관련 없었던 행동을 조정하여 흥미로운 결과를 얻거나 간단한 문제를 해결할 수 있음. 물체의 기능적 사용(예: 컵, 신발)
5	12~18개월	3차 순환 반응	실험을 통해 목적을 달성하는 새로운 방법을 터득함. 내용물과 보관함의 관계 탐색, 물건 보여 주고 건네주기, 역할 놀이를 함
6	18~24개월	사고의 시작	사고 조합을 통해 목적을 달성하는 새로운 방법을 터득함. 인과관계 예측, 순서가 있는 역할 놀이를 함

출처: Goldbart (1994), p. 19.

감각운동기 인지발달 단계(Goldbart, 1994)에 대한 설명

1. 단순 반사 출생부터 6주까지 명확하게 나타나며, 빨기 반사와 정향(젖꼭지 찾기, 먹이 찾기 반사) 반사(root reflex)를 예로 들 수 있다. 정향(젖꼭지 찾기) 반사는 신생아에서 볼 수 있는 반사 작용으로 얼굴에 자극을 제시하면 그 방향으로 고개를 자동적으로 돌려, 볼이나 입술에 무엇인가 닿으면 빠는 동작을 하는 것

이다. 정향 반사는 성공적으로 모유 수유를 할 수 있게 한다.

2. **첫 번째 습관과 1차 순환 반응** 6주에서 4개월 사이에 나타난다. 이 기간 동안 유아는 감각과 두 가지 도식(습관 및 순환 반응)을 조정하는 방법을 배우게 된다. 1차 순환 반응은 유아가 우연히 발생한 사건(예: 자신의 엄지손가락 빨기)을 재현하려고 할 때 일어난다.
3. **2차 순환 반응** 유아가 4개월에서 8개월 사이일 때 나타난다. 이때 유아는 자신의 몸을 넘어 다른 사물을 인식하고 보다 목표지향적으로 행동하게 된다. 이 시기에 우연히 딸랑이를 흔들면 만족스러워질 때까지 계속해서 딸랑이를 흔드는 행동을 반복하며 원인과 결과에 대한 이해를 넓혀 간다.
4. **2차 순환 반응의 조정** 8개월에서 12개월 사이에 나타난다. 이 시기 동안 유아는 의도적으로 행동을 하게 된다. 만일의 사태를 인식하는 원칙은 완전히 확립되었으며 유아는 이제 목표를 달성하기 위해 도식을 구성하고 재구성할 수 있다(예: 막대기를 사용하여 무언가에 닿게 함). 유아는 대상 영속성을 이해하게 된다. 즉, 눈앞에서 사라졌을 때에도 사물이 어딘가에 계속 존재한다는 개념을 익히게 된다.
5. **사물에 대한 깊이 있는 탐색** 12개월에서 8개월 사이에 나타난다. 이 단계에서 유아는 사물의 새로운 가능성을 탐색하고, 다른 결과를 얻기 위해 다른 것들을 시도한다.
6. **상징적 사고** 18개월에서 24개월 사이에 발생하며, 이 시기에 유아는 추상적인 개념에 대한 이해가 증가한다.

일반적으로 최중도중복장애학생이 5단계 혹은 6단계의 의미 있는 발달단계를 거칠 것이라는 기대가 없다는 점에 주목해야 한다.

이러한 인지발달에 대한 폭넓은 차원에서의 설명이 인지 '연구 프로그램'의 개요를 제공한다는 점에서 최중도중복장애 학생 및 성인과 함께 일하는 사람들에게 매우 유용하다. 그러나 최중도중복장애학생의 발달은 선형의 단계를 따르기보다 개별적 특성과 어려움, 학습자의 관심과 동기에 따라 부분적으로 또는 독특하게 나타날 수 있음을 기억해야 한다.

표 5-2 감각운동기에 획득하는 특성들

발달단계 (개월 수)	감각운동 발달 영역						
	목적이 있는 문제해결	대상 영속성	공간 관계성	인과관계	소리 모방	몸짓 모방	놀이*
반사운동 (0~1)	외부 자극에 대한 반응으로 반사적 반응만 보임	시야에서 사라지는 사물에 대한 적극적인 탐색은 없음	사물 간의 공간적 관계에 대한 인식을 하고 있다는 징후가 없음	인과관계를 이해한 징후가 없음	음성 전염: 또 다른 유아의 울음소리를 듣고 따라 욺	움직임을 모방하려는 징후가 없음	의도적인 놀이 활동에 대한 징후가 없음
1차 순환 반응 (1~4)	처음 습득한 두 가지 행동 도식의 적응과 조정(예: 손-입 조정)	시야 밖으로 이동하는 사물과 시각적 접촉을 유지하려고 시도함	외부 자극에 공간적 결합이 아닌 독립적인 공간 영역(예: 시각, 청각)을 나타내는 것으로 반응함	인과적 이해의 징후가 있음(예: 입에 엄지손가락을 대고 빨기)	막 발생한 소리를 성인의 모방 행동 이후 따라서 반복함	동작을 성인의 모방 행동 후 반복함	즐거운 태도로 1차 순환 반응을 반복함
2차 순환 반응 (4~8)	흥미로운 광경을 지속하기 위한 절차: 행동 강화를 유지하기 위해 행동을 반복함	① 움직이는 사물의 끝 위치를 예측하고, ② 얼굴을 가리고 있는 천을 걷어 내어 사물과의 시각적 접촉을 회복함. 부분적으로 숨겨진 사물을 획득함	자신과 외부 사건 간의 관계를 이해하는 징후를 보임(예: 빠르게 떨어지는 사물의 궤적을 추적함)	흥미로운 광경이 반복되도록 인과적 행동으로 '현상적 절차'(예: 일반화된 즐거움)를 사용함	자신의 레퍼토리에 이미 있는 소리를 모방함	자신의 레퍼토리에 이미 있고, 자신이 볼 수 있는 간단한 제스처를 모방함	익숙한 대상 사물에 적용되는 흥미로운 동작의 반복

2차 순환 반응의 조정 협응 (8~12)	두 개의 개별 동작을 목표 지향적으로 나열함	어떤 장애물의 아래, 뒤 등으로 숨겨진 사물을 보호/획득함	사물을 회전시키고 검사하여 3차원 속성, 크기, 모양, 무게 등을 파악함	성인의 손을 만져 그 사람이 흥미로운 게임이나 행동을 시작하거나 계속하도록 함	새로운 소리를 모방하지만 이미 만들 줄 아는 소리와 유사한 소리만 모방함	① 보이지 않는 자기 움직임(예: 혀를 내밀기) 및 ② 자신에게 익숙한 행동으로 구성된 새로운 움직임을 모방함	문제를 해결하는 과정에서 수단을 사용하기 위해 목적을 버림. 의식화: 다양한 대상에 적절한 사회적 행동을 적용함
3차 순환 반응 (12~18)	원하는 목표를 달성하는 데 필요한 '새로운' 행동을 발견함	일련의 가시적인 위치 변화(displacements)를 통해 숨겨진 사물을 보호/획득함	다양한 공간 구성의 사물을 결합하고 연관시킴(예: 컵속에 블록을 배치)	성인에게 물건을 건네주어 원하는 행동을 반복하거나 시작하도록 유도함	이전에 들어 보지 못한 새로운 소리 패턴과 단어를 모방함	자기가 해 본 적이 없고(예: 해 보지 않은 몸짓) 이전에 수행한 적이 없는 새로운 동작을 모방함	적응형 놀이: 물체를 가지고 노는 동안 한 물체(예: 인형 컵)를 다른 물체(예: 성인용 컵) 대신 사용함
묘사와 예측 (18~24)	내적 사고 과정을 통해 원하는 목표를 달성하는 데 필요한 행동을 '개발'함	일련의 변위를 재현하여 사물을 보호/획득함	사물 사이, 사물과 자신 사이에 존재하는 공간 관계의 특성을 '표현'하는 능력을 보임	① 그 결과만을 고려하여 원인을 추론하고, ② 원인이 주어진 결과를 예측할 수 있는 능력을 보임	복잡한 말을 모방함. 이전에 들었던 소리와 단어를 기억에서 회생함. 지연된 모방(느린 모방)	복합된 움직임을 모방함. 기억에서 이전에 관찰된 동작을 재연함; 예: 지연된 모방	상징적 놀이: 한 사물을 다른 사물의 '기호'로 사용함(예: 상자를 인형 침대로 사용). 일반적으로 사용되는 사물이 존재하지 않아도 상징적으로 상황을 재연함

* 우즈그리스(Uzgiris)와 헌트(Hunt)의 사정도구인 사물과의 관계에 대한 도식 척도는 피아제(Piaget, 1945)가 제시한 놀이 영역에서 나타나는 성취와 유사하다. 1980년 던스트(Carl J. Dunst)의 '임상 및 교육 매뉴얼'을 재인쇄하였다. 볼티모어에 있는 University Park Press에 감사함을 전한다.

발달 초기 단계에 대한 추가 설명

『교육과정 탐색(In Search of a Curriculum)』(Staff of Rectory Paddock School, 1983)의 제6장은 중도장애학생 교육과 관련하여 아동의 발달 초기 단계에 관한 저자의 견해를 가장 잘 나타내고 있다. 렉터리 패독 스쿨(Rectory Paddock School)의 교사들은 다음의 각 분야에서 우즈그리스와 헌터의 심리적 발달 척도를 비판적으로 검토했다.

- 시각적 추구와 내상 영속성
- 원하는 환경과 사건을 획득하는 방식
- 소리 모방
- 몸짓 모방
- 조작적인 인과관계
- 공간 내 사물의 관계
- 사물과 관련된 도식

『교육과정 탐색』에서는 칼 던스트의 임상 및 교육 매뉴얼(Clinical and Educational Manual, 1980)을 검토하였는데, 이 매뉴얼에서는 우즈그리스-헌트 척도를 사용하여 아동의 감각운동 발달에 대한 자세한 평가를 위한 체계를 제시하였다. 〈표 5-2〉는 던스트의 감각운동 발달을 요약한 것으로, 가로 열은 우즈그리스-헌트의 7단계를 나타내며 세로 행은 피아제의 감각운동 발달 6단계를 나타낸 것이다.

길레스파이와 로버츠(Gillespie & Roberts, 1987)[1]는 우즈그리스-헌트와 던스트에 기반하여 발달 초기 단계에 있는 아동과 청소년을 위한 교육 프로그램을 개발했다. '척도 1. 시각적 추적 및 대상 영속성'에 대해 〈글상자 5-1〉에 설명하고 있으며, 발달의 매우 초기 단계의 유아에게 대상 영속성을 이해하도록 가르치는 발달 프레임워크를 보여 주고 있다. 앞서 살펴본 바와 같이, 최중도중복장애학생은 이러한 일련

1) 7가지 척도의 모든 교육목표를 보고 싶은 독자는 드럼비트 스쿨(Drumbeat School) 및 ASC 서비스(ASC Service)의 비비안 힌치클리프(Vivian Hinchcliffe) 박사에게 연락하라.

의 발달 목표를 쉽게 따르지 못할 가능성이 있지만, 이러한 목표는 유용한 가이드라인을 제공한다. 다른 것들을 제쳐 두고라도, 이 목표가 1980년대 후반에 작성되었음을 감안해 보면, 그 당시 특수교육에서 교사들이 학습을 성취 가능한 작은 과제들로 분석하여 제시하였다는 점이 매우 흥미롭다. 이러한 모델은『학습 경로』(WAG, 2006)에서 사용하는 방식과 유사하지만, 이 지침서는 '다음에 규정된 목표'를 맹목적으로 따르는 위험을 경계하며, 보다 개방적인 경로를 제공한 것으로 보인다. 교사들이 집필한『교육과정 탐색』은 특수학교가 서로의 경험을 공유하고 배우기 위해 개발된 처음 발표한 교육과정을 사례로 볼 수 있다.

반응적 환경 조성

『학습 경로』 이전에 출판된『반응적 환경 조성(Creating a Responsive Environment)』에서 장 베르(Jean Ware)는 단순히 학습자가 인지적 이해의 발달 이정표상의 어디쯤에 위치하는지가 중요한 것이 아니라, 비장애아동과 근본적으로 다른 최중도중복장애학생의 다음 행동들에 대한 교사, 부모, 돌봄 지원 인력의 서로 다른 해석들이 중요하다고 강조하였다(Ware, 2003).

1. 견해의 차이　최중도중복장애학생은 비장애아동만큼 즉각적으로 반응하지 않을 것이라는 사람들의 '견해/생각'에 영향을 받을 수 있으며, 종종 이러한 '견해/생각'이 자기충족예언이 되기도 한다.
2. 반응의 차이　최중도중복장애학생은 익숙한 음성을 들을 때 비장애아동과 다른 반응을 보일 수 있다. 이러한 것은 반응이라고 여겨지지 않을 수도 있다. 예를 들어, 말을 하기보다 긴장이 풀린 모습(축 늘어진 모습)을 보일 수 있다.
3. 독특한 반응　최중도중복장애학생은 음식 냄새를 맡을 때 혀를 내미는 행동과 같은, 형식에 얽매이지 않는 행동을 보일 수 있으나, 이러한 행동은 미소를 짓거나 소리 내는 행동과 비교하면 주변 사람들이 반응할 가능성이 더 낮다(Downing & Siegel-Causey, 1988).
4. 지연되거나 빈번하지 않은 발화　최중도중복장애학생은 쉽게 또는 자주 발화하

지 않을 수 있으며, 성인이 주는 자극에 반응을 하더라도 상호작용은 지연될 수 있다.

5. **접근의 일관성** 움직임이나 협응 문제를 보완하기 위해 스위치로 작동하는 장난감을 사용하더라도, 기계 혹은 전기적인 결함으로 일관된 피드백을 제공하지 못하거나, 스위치의 위치 이동 혹은 부가적인 노력이 필요함에 따라 학생의 피로도가 급격하게 상승하는 등의 어려움을 야기할 수 있다.
6. **발화와 반응의 일관성** 학 생과의 상호작용 중에 긴 멈춤의 시간이 생겨 상호작용을 하지 않을 수 있기 때문에 상호작용을 시도하는 다른 사람이 어떤 리듬감에 대해서도 느낌을 받지 못할 수 있다. 또 그 반대로, 과잉 자극을 제공받은 학생은 잠시 멈춤도 없이 과도한 상호작용을 일으킬 수 있다.
7. **발화와 반응의 예측 가능성** 최중도중복장애학생의 상호작용에 관한 선행 연구를 검토해 보면, 스피커와 동료들(Spiker et al., 2002)은 최중도중복장애학생의 신호와 단서가 일반적인 발달을 하는 또래들에 비해 일관성이 없고 예측하기 어려우며, 부모를 포함하여 그들을 잘 아는 사람들조차도 신호를 읽고 반응하는 데 어려움을 겪고 있다고 했다.
8. **상호작용 방식의 일관성** 윌콕스와 동료들(Wilcox et al., 1990)은 최중도중복장애학생이 접촉하는 다양한 성인들 사이의 상호작용 방식의 불일치가 혼란과 불확실성을 유발할 수 있음에 주목했다. 머레이와 트레바센(Murray & Trevarthen, 1986)은 흥미로운 실험을 통해 비장애아동과 양육자 간의 상호작용의 질이 아동의 반응이 지연되고 일관성이 없을 때 감소한다는 것을 밝혀냈다. 또한 장애학생과 양육자 간의 상호작용을 비교해 보면, 장애학생의 경우 비장애학생에 비해 명령어와 부정적인 표현을 더 많이 사용하고 있다고 지적했다.

반응적 환경을 만드는 실질적인 방법으로 '확장'(Lyons et al., 2011)을 들 수 있다. 이는 매우 간단하지만 우리(우리 자신의 삶을 주로 통제하는 사람들로서)가 얼마나 많은 것을 당연하게 받아들이고 있고, 스스로 자신의 삶을 통제하지 못하는 사람들을 가르치는 데 실패해 왔는지를 보여 준다. 이런 의미에서 '확장'은 신체적인 움직임이 아니라 우리가 정말로 즐기는 활동을 할 때 항상 하는 두뇌 활동이다. 우리는 어

떤 일이 일어나기 전에 생각하면서 '확장'하고, 일어날 일에 대한 계획을 세우고, 다른 사람들에게 우리의 계획에 대해 이야기하고, (협동적인 '확장') 활동을 얼마나 즐길지에 대한 상상을 한다. 물론 '확장'은 특정 사건 이후에도 우리가 기억하며 즐거움을 얻고, 다른 사람들과 회상하고, 사진이나 음악을 통해 어느 순간들을 떠올리거나 이야기를 공유하고, 일반적으로 다시 일어날 것이라는 기대를 가지고 즐거움을 극대화할 때 발생한다. 라이온스 등(Lyons et al., 2011)은 확장이 실제로 어떻게 이루어질 수 있는지에 대해 몇 가지 사례를 통해 보여 준다. 먼저, 제나(Jenna)의 이야기를 하면 다음과 같다.

> 제나는 최중도중복장애가 있는 12세 여학생이다. 제나는 매우 '소녀스러운 소녀'이고 어렸을 때부터 머리를 다듬고 화장하는 것을 좋아하곤 했다. 어머니 줄리아는 다른 많은 어머니가 자녀의 이를 닦이려고 노력하는 데 어려움을 겪기 때문에 자신이 축복받았다고 말한다. 제나가 매일 고통스럽거나 고생하지 않으면서 머리와 화장을 하는 것은 그녀와 줄리아에게 진정한 기쁨이다.
>
> 바쁜 하루 일정에도 불구하고 줄리아는 매주, 때로는 일주일에 두 번 제나의 헤어와 메이크업에 시간을 할애한다. 제나는 전날 밤 식탁에 장비들(샴푸, 컨디셔너, 드라이기, 헤어젤, 아이섀도, 립스틱)을 꺼내 배치한다. 제나는 너무 흥분하여 약간 우는 소리를 내기도 하고, 손을 앞뒤로 흔든다. 제나는 아침에 해야 할 일을 정확히 알고 있다.
>
> 제나의 유모가 휴대전화로 처음 사진을 찍었을 때 제나는 매우 흥분했다. 이제 가족들은 헤어와 메이크업이 끝날 때마다 사진을 찍고 때로는 짧은 비디오를 녹화하기도 한다. 제나의 아빠는 이것을 TV에 업로드하고 다음 날 가족이 모두 모여서 전체 프로그램을 함께 시청한다. 제나는 가족이 그 작은 비디오를 반복해서 재생할 때마다 큰 즐거움을 얻었다. 그 후 사진이 매 분마다 바뀌는 전자 사진 프레임을 구입했다. 가족은 제나가 TV에 비친 자신을 영화배우처럼 느끼는 것이라고 믿는다!
>
> (p. 11)

라이온스와 동료들(2011)은 다음과 같이 다섯 가지 기본적인 단계가 있음에 주목한다.

1. 선호하거나 즐기는 활동, 경험 또는 이벤트, 가급적 더 자주 하거나 매일 혹은 매주, 일정 간격으로 행하는 활동들을 구별한다.
2. 더 많은 시간을 해당 활동 전/후를 생각하며 집중할 수 있도록 기회와 활동을 '확장'할 계획을 세운다. 활동 전 확장은 이벤트에 대한 긍정적인 상상과 기대하는 시간을 늘리는 것을 목표로 한다. 활동 후 확장은 이벤트에 대한 긍정적인 성찰과 회상을 하는 데 보내는 시간을 늘리는 것을 목표로 한다. 협업에 대한 확장의 잠재적인 효과는 다른 주요한 지원인력들(other key support persons)의 적극적인 참여를 통해 향상될 수 있다.
3. 이 계획을 실행하고 계획이 즐거움, 행복 및 주관적 안녕 수준에 미치는 영향을 모니터링한다. ① 활동 전후의 '확장' 기간 동안, ② 활동하는 동안, ③ 전반적으로(매일).
4. '독립적 확장(independent stretching)'(해당 활동 및 기타 선호하는 활동에 대한 예상, 기대, 반영 및 회상)을 하도록 격려한다.
5. 선호하는 다른 활동에 '협업적 확장(collaborative stretching)'을 적용하여 잠재되어 있는 긍정적인 영향력을 확대한다.

'독립적 확장'은 단계별(step-by-step) 유형의 VOCA(음성출력 의사소통 도구, Voice Output Communication Aid) 및 머슬화이트와 벅하트(Musselwhite & Burkhart, 2001)가 제안한 사회적 상황 스크립트를 활용하여 촉진시킬 수 있다. 이 내용은 제10장('중도장애학생을 위한 언어, 문해력 및 의사소통 교육과정')에서 더 자세히 다루고 있다. 매개체로서 사회적 상황 스크립트를 단계별로 활용하는 원리는 중도장애학생과 최중도중복장애학생 모두에게 동일하게 적용된다.

학습된 무기력-어떻게/왜 학습에 주된 장애물이 되었는가

피아제(Piaget, 1952)는 아동들이 감각운동기 동안 점진적으로 더 많이 습득할 것이라고 주장했다.

1. **대상 영속성**: 사물을 눈앞에서 볼 수 없더라도 사물이 계속 존재한다는 것에 대한 깨달음
2. **자기중심적 사고의 감소**: 자신이 독립된 존재이며, 본인 외에도 세상에 다른 존재가 있음을 깨달음
3. **모방에 대한 이해력 향상**
4. **원인과 결과에 대한 이해력 향상**

비고츠키(Vygotsky, 1978)의 '근접발달영역'을 지체장애학생과 지적장애학생에게 적용하는 경우, 다음과 같은 세 가지 수준의 학습 활동으로 제시해 볼 수 있다.

1. **참여**: 학습자가 ① 신체적 조작 또는 부분적 활동 보조 및 ② 스위치, 개조된 도구 등과 같은 보조공학 기술 등의 신체적 도움을 받아 활동 수행
2. **지원**: 학습자가 안내와 지원, 즉 ① 물체 신호 또는 음악 신호 등과 같은 신호를 포함한 물리적 촉구, ② 언어 촉구, ③ 색상 코딩, 아이콘 또는 기호, 그림 등의 시각적 촉구, ④ 빅맥(BIGmack) 스위치 등과 같은 보조공학 기기, ⑤ 감독, 비정기적 검사에서 지속적인 관찰 등을 받아 활동 수행
3. **독립**: 학습자가 스스로 활동을 수행해야 하는 최종 단계

'근접발달영역'은 독립적으로 문제해결이 가능한 '실제 발달 수준'과 성인의 지도하에 또는 또래들과 협력하여 문제해결이 가능한 '잠재적 발달 수준' 사이의 차이로 쉽게 설명될 수 있다(Vygotsky, 1978). 교수자는 학습자를 지원하기 위한 사다리와 비계를 만든다. 이 지지대는 학습자가 더 독립적이고 스스로 문제를 해결하는 법을 '배우는' 방식을 습득하게 됨에 따라 점차 소거된다. 최중도중복장애학생을 지도하는 교수자는 종종 아동에게 이러한 교수 환경을 설계해야 한다는 것을 잊고, 학생이 스스로 독립적인 수행을 도전해야 할 때마저도 끊임없이 비계를 제공하려 한다.

대부분의 학습은 '중재'와 '성인의 도움'을 통해 이루어지기 때문에 최중도중복장애학생이 직면할 수 있는 어려움을 극복하려는 노력을 인식하는 것이 매우 중요하다. 이는 교수자와 주변 성인들이 장애학생을 '무기력'해지도록 '가르치는' 경향이 있으므로 특히 더 주의를 기울여야 한다. '학습된 무기력'은 원래 개(dog)를 대상

으로 행동 조건을 연구하던 미국의 심리학자 마틴 셀리그먼(Martin Seligman)이 만든 용어이다. 셀리그먼(1975)은 '학습된 무기력'을 인간(또는 동물)이 특정 상황—보통 불리한 상황을 피할 수 없는 경험을 한 후에 실제로는 불쾌하거나 해로운 상황을 바꿀 힘/능력이 있음에도—무기력하게 행위(act)하거나 행동(behave)하는 법을 배운 심리 상태로 정의했다. 일관되고 일상적으로 자신에게 일을 시키거나 자신을 위해 일을 해 주는 입장에 있는 사람들은 이런 일들이 일어나기를 원하든 원하지 않든, 쉽게 상황을 바꿀 수 없을 것이고, 현 상태를 '변하지 않을' 존재로 받아들이게 된다. 셀리그먼은 이러한 현상이 중증의 우울 환자의 경우와 유사하다는 점에 주목하여, 임상적 우울증 및 관련 정신질환이 부분적으로는 상황의 결과에 대한 통제 부재(absence of control)로 인해 발생한다는 것을 밝혔다. 여러 연구자(Barber, 1994; Wilkinson, 1994; Smith, 1994; Collis & Lacey, 1996; Hewett & Nind, 1998; Ware, 2003; Imray, 2008)는 이러한 통제 문제를 해결하는 것이 '교사에게는 어렵지만 학습자에게는 가장 중요하다'고 강력하게 주장했다(Ware, 2003). 최중도중복장애학생을 위한 통제와 관련된 다양한 주제는 제8장('최중도중복장애학생을 위한 돌봄 교육과정')에서 설명하고 있다.

비계설정 여부는 학생 통제의 필요성과 밀접하게 관련된다. 즉, 우리는 학생이 스스로 할 수 없을 것이기 때문에 지원을 하지 않는다면 상황을 엉망진창이 될 수 있다고 믿는다. 우리가 직접 하는 것이 (우리에게는) 더 '손쉽기' 때문이다. 우리는 아마 우리 학생들과 함께 이미 이러한 경험이 있을 것이다. 우리가 이러한 경향을 극복하고, 모든 훌륭한 교사가 노력한다고 해도, 학습된 무기력이 최중도중복장애학생 지도에 지속적으로 문제가 되는 이유 중 하나는 시간과 관련이 있다.

시간 부족에 대한 인식이 무수한 '학습된 무기력'에 대한 예시의 주요 원인 중 하나라는 것은 아무리 강조해도 지나치지 않다. 불행히도, 우리는 교사로서, 교사의 관리자로서, 교사의 감독관으로서 범위(breadth)와 균형(balance)이라는 주류 개념에 집착하게 된다. 이를 위해서는 정해진 교육과정 전체가 매주(각 주)마다 주어져야 하므로, 각 학습 기회는 주간 일정에 할당된 시간으로 한정된다. 주제 중심 교육과정의 채택은 독립적으로 생각하고 행동하는 능력보다는 '사실'을 전달하려는 경향이 있다. 따라서 특수교육은 단기적인 '결과' 중심으로 변해 왔다. 즉, 우리는 다음 시간 과목에 할당된 시간을 보장하기 위해 진행 중인 수업을 서둘러 끝내기에

급급하다. 최중도중복장애학생에게 엄청난 문제를 일으킬 수 있다. 최중도중복장애학생에게 이러한 수업 운영은 문제해결과 심화학습에 도달하지 못한 채 표면적인 학습으로 이어지게 된다. 최중도중복장애학생이 심화학습에 참여하기 위해서는 시간이 걸리며, 경우에 따라서는 상당한 시간이 필요할 수 있다. 이러한 오류는 최중도중복장애 교육과정 과목이 의사소통, 인지, 협동, 창의적 활동, 신체, 감각, 돌봄일 경우에도 똑같이 나타날 수 있다. 집중적 상호작용 세션(Intensive Interaction session)은 오전 11시까지 꼭 끝나야 화장실에 다녀온 후 정오부터 시작되는 점심시간에 감각에 대한 수업을 해 나갈 수 있다는 생각은 심화학습 촉진에 전혀 도움이 되지 않는다. 학습 일정을 광범위하게 계획할 수 있으며 실제 계획대로 진행될 수도 있지만, 계획대로 되지 않을 것이라는 우려가 최우선 순위가 되어서는 안 된다. 물론 학생 개개인의 요구사항을 충족하면서 학습의 범위(breadth)와 균형을 보장해야 하지만, 장기적인 관점에서 학습 계획을 하기보다 매주 정해진 시간에 끼워 넣는 식의 학습은 개별 학생에게 도움이 되지 않는다.

학습된 무기력-우리가 할 수 있는 일

우리는 학급 전체 및 학교 전체 팀이 정기적으로 논의하여 합의된 명확한 여러 전략을 채택하여 적용하면 '학습된 무기력'을 줄일 수 있다. 다음은 학습된 무기력을 줄일 수 있는 최선의 12가지 전략이다.

1. 독립적인 발달을 가능하게 하는 건전한 애착 구축　간단하게 말하면, 독립적인 발달을 적극적으로 장려하지 않는 모든 업무적 및/또는 사회적 관계는 건강하지 않다는 것을 인식한다.
2. 높은 기대감　비현실적 기대감이 아닌, 학생 스스로 행동을 할 수 있다는 높은 기대(예: 신체적 지원 없이 숟가락을 자신의 입에 가져가는 것)는 여유 있게 시간을 주는 것을 의미하는데, 성인에게는 추가 작업(예: 학생이 숟가락을 떨어뜨렸을 때 지저분한 주변을 청소하는 것)을 초래할 수 있다.
3. 실패도 바람직한 것이라는 인식　실패하는 것이 잘못된 것이 아니며, 모두가 실

수/실패를 통해 배운다. 그러나 우리는 종종 가장 약한 학생들을 실패로부터 보호하고, 어린 학생을 레이스에서 이기게 하려는 것처럼 그들이 성공하지 못했지만 성공한 것처럼 '가장(pretend)'하려고 노력한다. 끈기를 장려한다는 것은 학생에게 스스로 성공해 낼 수 있는 기회를 제공한다는 것을 의미한다. 교수자는 실수하는 것이 완벽하게 정상이라는, 깊고 지속적인 이해를 보장하기 위해 학생과 협력하는 것이 필수적이다.

4. **예측 가능한 환경 제공** 최중도중복장애학생은 무슨 일이 일어나고 있는지, 그것이 누구와, 얼마나 오랫동안 일어나는지 등에 대해 걱정하거나 불안하거나 초조한 상태에서는 배울 수 없다. 자폐스펙트럼장애학생과 함께 일하는 것과 마찬가지로, 학생을 새로운 작업 방식과 위험 감수(risk taking)를 해야 하는 환경으로 확장시키기 전에 일상(routine), 질서, 구조 및 확실성을 제공하는 것이 중요하다.
5. **독립적인 행동에 대한 보상** 긍정적이고 전적인 격려와 지지로 반응하며 독립적인 행동을 보상하고, 즉각적이고 연속적으로 기회를 제공하여 목표 행동을 반복하며 배움을 확장할 수 있도록 한다.
6. **학습자 수준에서의 상호작용** 학생이 휠체어에 앉은 경우 (교사는) 바닥에서나 무릎을 꿇고 함께 작업하는 것처럼 신체적인 의사소통뿐만 아니라 언어도(의사소통 수단으로서의 언어를 가지고 있는 사람부터 그렇지 않은 사람까지) 너무 많이 그리고 의미 없이 사용하게 되면 통제의 수단이 될 수 있다.
7. **학생이 학습의 시작을 인식, 반응 및 강화** 이를 위해 각 학생에 대한 세부적인 고려가 필요하다. 이같이 매우 복잡한 영역에서의 지식을 확장하고자 한다면 데이비드 풀턴(David Fulton)에서 출판한 장 베르(Jean Ware)의 『중도중복장애학생을 위한 반응적 환경 구성(Creating a Responsive Environment for People with profound and Multiple Learning Difficulties)』을 참고하라. 이 책은 팀구성원들이 회의 중에도 활용할 수 있게 대화 형식으로 구성되어 있다. 마찬가지로 학급 팀들은 배리 카펜터와 동료들의 『참여 척도(Engagement Scales)』(Carpenter et al., 2010)도 참고할 수 있다. 이 척도는 레우반 척도(Leuven Scales; Laevers, 1994)와 광범위하게 관련되어 있고, 물론 최중도중복장애학생이 학습에 참여하는 방법과 훨씬 더 관련이 있지만, 카펜터와 동료들은 세부적인 관찰로 7가지 영역(인

식, 호기심, 조사, 발견, 기대, 시작 및 지속성)으로 세분화하여 점수를 매겼다는 점에서 주목할 만하다. 카펜터와 동료들(2010)은 그러한 관찰이 진공 상태에서는 발생하지 않으며, 관찰자는 전체적으로 참여하는 학생(fully engaged learner)이 어떤 상태인지를 어느 정도 알고 있어야 한다고 주장한다. 따라서 그들은 학생들이 개인적으로 매우 매력적이라고 생각하는, 적어도 하나의 선호하는 활동과 최소한 하나의 개인적으로 전혀 선호하지 않는 활동을 제시하고 관찰할 것을 제안한다. 또한 교수자는 모든 종류의 흥미로운 동기부여 방법들을 활용하여 학습자의 참여를 이끌어 내고, 이전에는 거부했던 활동에의 참여를 높일 수 있다.

8. **촉진 소거** 가능한 한 빨리 촉진을 소거(fading prompting)하는 것이 학생이 스스로 일을 시작하게 하는 기회를 제공하는 것이다. 이 기회는 실패로 이어질 수도 있지만 이는 단지 배울 수 있는 또 다른 기회일 뿐이다. 교수자는 매일 그리고 하루 일과 중 모든 영역에서 학습자에게 제공되는 지원의 양에 대해 생각해야 하며, 학생이 독립적으로 움직일 수 있는지 확인하기 위해 지원을 제공하기 전에 잠시 멈춰야 한다. 때로는 개별 학생의 반응과 응답 수준에 따라 멈추는 시간이 다를 수 있지만, 예를 들면 10초 정도 또는 꽤 길어지는 경우도 있을 수도 있다.
9. **실제 선택 기회 제공** 피상적인 선택과는 달리 진정한 선택—상대방이 제안을 '아니요'라고 거부하면 그에 상응하는 행동하기—을 제공한다. 이것은 제8장 '최중도중복장애학생을 위한 돌봄 교육과정'에서 상세히 논하고 있다.
10. **학생이 무엇에 관심을 갖고 있는지 파악하고 이를 기반으로 학습 동기를 부여하고 독립적인 행동 확장** 이를 개발하는 데 관심이 있는 사람들은 제9장 '최중도중복장애학생을 위한 감각 교육과정'에 언급된 통합된 감각교육 영역에서 카렌 버닝(Karen Bunning, 1996, 1998)의 내용을 참조하라.
11. **학생이 위험을 감수하고 새로운 경험에 대한 두려움을 갖지 않도록 격려** 단, 새로운 것을 도입하기 전에 기존의 작업 방식 내에서 질서, 구조, 일상 및 확실성을 구축하는 작업이 우선되어야 한다. 교수자는 상당한 주의를 기울여야 하고 학생이 위험을 감수할 수 있도록 격려하며 천천히 일을 할 수 있게 한다. 재미를 가지고 쌓아 온 실험을 할 수 있는 많은 기회를 가진 장기적인 접근법

이 최선의 선택일 수 있다. 예를 들어, 촉각방어를 보이는 학생에게 페인트칠이나 벽지 색칠과 같이 차갑고 축축하고 끈적거리는 재료를 만질 필요가 없이, 미술 활동에서 마음이 편히 여러 차시의 미술 수업에 경험할 기회를 우선 제공해야 한다. 일단 긴장이 풀리면, 학생이 만져 볼 수 있도록 따뜻한 벽지 페이스트를 제공해 볼 수 있지만, 편안해하고 안전하다고 느끼는 활동을 지속해 나가기 전 잠깐 동안만 제공해 주는 것이 좋다. 점진적으로 시간을 늘려가며 여러 날(아마도 몇 달)에 걸쳐 교수자는 보다 개방적이고 모험적으로 반응하게 장려할 수 있다.

12. **학생에세 성공할 시간 제공**　앞서 언급한 모든 전략 중에서 가장 중요하다. 이것은 수업이나 세션 자체뿐만 아니라 최중도중복장애학생의 학습 시간 척도(learning time scales)가 장애아동을 포함한 나머지 학생과 크게 다를 수 있음을 인식해야 한다. 어떤 과제들은 부분적인 성취까지 수개월, 어쩌면 수년이 걸릴 수도 있다. 물론 학생에게 성공할 수 있는 시간을 제공하면, 교수자는 다음과 같은 생각에 익숙해져야 한다.
13. **학생에게 더 많은 시간을 제공할 것**

인지학습 프로파일 설정

『학습 경로』(WAG, 2006)는 최중도중복장애학생의 인지학습 프로파일을 점검할 수 있도록 다음과 같은 이정표를 제시하였다.[2)]

- 자극 감지
- 매우 분명한 자극에 반응
- 짧은 기억을 보여 줌
- 다양한 자극에 반응
- 성인과의 1:1 상황에서 차례 주고받기(one-to-one turn-taking) 지원

2) 역주: 이 내용은『Route for Learning』을 한국어 판으로 번역한 내용에 근거하여 이해하기 쉽게 작성하였다.

- 하나의 자극에 일관되게 반응
- 움직이는 자극을 잠깐 동안 추적하기
- 어떤 자극에 거부로 해석될 수 있는 행동을 보임
- 서로 다른 자극에 대해 다르게 반응함
- 반복적으로 제시되는 자극을 예측하여 행동함
- 도움을 받아 주변 환경 탐색을 함
- 사회적 루틴을 예측함
- 다른 대상으로 주의를 옮김(주의 이동)
- 무관한 활동에 관심을 보임
- 사물이 시야에서 사라지면 잠시 주변을 살핌
- 반응적 환경에서 감각적 피드백을 얻기 위한 행동을 함
- 유관 반응
- 일상적인 환경을 탐색하는 행동을 의도적으로 함
- 주변에서 벌어지는 흥미로운 이벤트에 대한 반응으로 행동에 변화가 나타남
- 유관성 인식
- 주변 환경을 의도적으로 탐색함
- 두 사물 사이에서 하나의 사물이 있음을 인지하고 다른 사물로 관심을 이동시킴(두 사물이 존재한다는 것을 안다)
- 소셜 게임에서 보상을 기대하며 인내심을 가지고 행동을 반복함
- 첫 시도를 실패했을 때 그 행동을 반복함
- 대상 영속성
- 보상을 얻기 위해 서로 다른 두 가지 다른 행동을 순차적으로 수행함
- 두 개 이상의 항목 중에서 선택함
- 반복적으로 행동을 해도 의도가 달성되지 않으면 행동을 수정함
- 공동주의
- 상징 체계를 사용하여 존재하지 않는 사물에 대한 선호도를 나타냄
- 초기 문제해결 이전 전략이 실패할 경우 새로운 전략을 시도함
- 원하는 결과를 얻기 위한 어떤 행동을 시작함(다양한 상황에서 자율성 발휘)

『학습 경로』는 의사소통과 인지 이정표를 모두 포함하지만, 두 가지를 분리하여 본다는 것은 어렵기도 하고 무의미하기도 하다. 그럼에도 불구하고, 여기서는 인지와 의사소통 사이의 본질적인 상호관계에 대해 생각해 볼 수 있도록 구분을 시도했다. 그러나 실제 현장(working practice)에서 이 두 영역을 다시 합쳐서 활용하는 것이 필요하다.

7가지 주요 이정표는 다음과 같이 정의될 수 있다.

- 자극 감지
- 한 가지 자극에 대해 일관성 있게 반응함
- 유관 반응(결과를 예상하고 원인에 해당하는 행동하기)
- 유관성 인식(원인-결과 인식; 자신의 행동이 특정 결과를 유발한다는 것을 이해하고 보여 줌)
- 대상 영속성
- 두 개 이상의 항목 중에서 선택함
- 원하는 결과를 얻기 위한 어떤 행동을 시작함(다양한 상황에서 자율성을 발휘)

『학습 경로』는 총 43개의 이정표를 제안하지만 그 과정에서 무제한 '하위 이정표'가 있다. 각 이정표에 대한 많은 경로가 가능하므로 이정표는 반드시 매겨진 숫자의 순서(또는 선형 진행을 통해)대로 성취되지 않는다. 모든 학습자는 주요 이정표를 거치게 되지만 개인의 신체적, 감각적 및 학습적 요구사항에 따라 도달하는 데 사용하는 경로가 다를 수 있다. 『학습 경로』 전체는 과정적이므로 평가는 '최중도중복장애학생의 복잡한 행동을 단일 숫자로 설명할 수 없기' 때문에 요약 점수를 제공하지 않는다.

『학습 경로』는 최중도중복장애학생이 '독특한 능력과 학습 방법'을 가지고 있음을 확인하려는 것이다. 학생들을 위한 학습은 고립된 기술들을 가르치는 것보다 전체적으로 수행할 수 있도록 하는 것이 가장 좋다. 『학습 경로』에서는 평가하는 동안 다음 사항을 고려해야 한다고 주장한다.

- 선호하는 학습 경로 및 정보처리 방법: 시각, 청각, 촉각, 운동 등

- 새로운 경험을 사전 학습과 통합하는 방법
- 의사소통 방법
- 일상을 기억하고 예측하는 능력
- 문제해결 상황에 대한 접근 방식
- 애착을 형성하고 사회적 상호작용하는 능력

『학습 경로』는 효과적인 학습을 위한 핵심 원칙을 다음과 같이 제안하고 있다.

1. 스트레스를 받고 있는 학생은 효과적으로 학습하지 못한다. 학생은 반드시 다음과 같아야 한다.
   - 주변 사람들을 편안하게 느껴야 한다.
   - 안전하다고 느껴야 한다.
   - 편안한 자세여야 한다.
   - 너무 많은 자극에 노출되지 않아야 한다.
   - 지나치게 목이 마르거나, 배고프거나, 피곤하지 않아야 한다.
   - 가능한 한 침착해야 한다. 학생은 각성되어야 하지만 너무 흥분해서는 안 된다.

2. 두뇌는 높은 수준의 감각 자극이 필요하다. 여기에는 다음이 포함된다.
   - 제한된 수의 감각 경로 활용
   - 7개의 감각 경로 모두를 인식[3)]
   - 선호하는 위치/자세 평가
   - 선호하거나 우세한 감각 경로 평가
   - 감각 장애/어려움(예 : 촉감 방어 능력) 평가

3. 입력은 기존 학습 및 경험과 관련이 있어야 한다. 여기에는 다음과 같은 차이점에

3) 7가지 감각 경로(시각, 청각, 후각, 촉각, 미각, 고유수용감각, 전정기관의 감각)에 대해서는 9장 '최중도중복장애학생을 위한 감각 교육과정'에서 더 자세히 다루고 있다.

대한 이해(교사와 학습자 모두)가 포함된다.

- 유관 반응: 어떤 행동이 결과를 유발한다는 것을 이해하지만, 일대일 연관성을 깨닫지 못한다. 즉, 학생이 유관성 인식보다는 유관성 반응의 원리, 예를 들어 화면에 그림을 표시하기 위해 스위치를 누를 때, 동일한 결과를 위해 한 번만 눌러도 되지만 반복적으로 눌러보는 행동을 한다는 것을 의미한다.
- 유관성 인식: '하나'의 행동이 '하나'의 특정 반응을 유발한다는 것을 아는 것으로, 마치 스위치를 한 번 누르면 화면에 하나의 그림이 나타난다는 것을 안다.

4. 대상 영속성을 확립해야 한다. 『학습 경로』는 학생이 자신의 시야를 가로지르는(그리고 결국 사라지는) 사물을 추적할 수 있게 되는 순간 시작되며, 따라서 『학습 경로』의 첫 번째 이정표, 즉 자극 인식에서 시작된다.

5. 학생은 그들의 반응에 즉각적이고 일관된 피드백이 필요하다. 저자들은 유관성 반응 단계에 있는 사람들의 경우 기억 용량(기억 기간)이 '7초 미만'일 가능성이 높다고 제안한다.

6. 우리는 비대칭성 긴장성 경반사(ATNR) 및 모로 반사와 같은 원시 반사가 계속 존재할 수 있음을 인식하고 여러 분야 전문가에게 조언을 구해야 한다.

7. 기술의 전이 또는 일반화는 종종 '기술을 일반화하는 능력이 최중도중복장애학생에게 실질적인 진전으로 나타날 수 있도록' 특별한 주의를 요한다.

결론

최중도중복장애학생의 개별적인 인지 능력은 학생마다 크게 다르다. 학습 자체는 매끄럽거나 선형 경로를 따라 자동으로 진행되지 않으며, 개인의 지적 · 신체적 · 감각적 어려움과 장애의 특성으로 인해 불규칙적이고 고르지 않은 발달 경로를 보일 것이다. 우리는 피아제의 감각운동 발달 기간에 전형적인 아동발달 연구에서 약간의 조언을 얻을 수 있지만, 이 연구 결과의 적용에 있어서 상당한 주의를 기울여야 한다. 『학습 경로』는 현재 최중도중복장애학생을 위한 인지발달의 경로맵이라는 단적이고 '좋은 예'가 될 수 있다. 그렇기 때문에 우리는 주요 발달 이정표를 모두 숙지하고, 이를 학생에게 적용하기 위해 시간과 노력을 기울여야 한다. 그러나 우리는 『학습 경로』가 교육과정 문서가 아니라 평가 프로토콜이라는 사실을 인식해야 한다. 목록의 다음 단계만 가르치면 P척도와 그것의 변형(Pivats 및 B Squard 같은)을 통해 작업하는 실수를 반복하게 된다. 교육과정 아이디어는 다음 장에서 더 자세히 다룰 것이다. 마지막으로, 학습에 어려움이 있는 아동, 청소년 및 성인과 함께 일하는 모든 사람은 해야 할 일이 헛되지 않도록 많은 주의를 기울여야 한다.

글상자 5-1 렉터리 패독 스쿨(Rectory Paddock School, 1983)의 발달 중심 교육과정

발달 척도

척도 I: 시각적 추적 능력 발달과 대상 영속성

목표 A를 위한 절차:

1단계

(1) 아동을 의자에 앉힌다.

(2) 아동의 주의를 끌 수 있게 움직일 때 소리가 나는 밝은 물체를 사용한다.

(3) 아동의 눈 약 8~10인치 앞에서 물체를 흔들어 주의를 끈다.

목표 A:

아동은 물체가 흔들릴 때마다 또는 시선이 물체를 가로질러 움직일 때 순간적으로 물체에 시선을 고정한다.

출처: 던스트, 척도 단계 E1. (피아제의 1단계에 해당)

목표 B를 위한 절차:

(1) 아동을 의자에 앉힌다.

(2) 움직일 때 소리가 나지 않는 밝은 물체를 사용한다.

(3) 아동이 초점을 맞출 때까지 아동의 눈에서 10인치 정도 앞에서 물체를 잡고 있는다.

(4) 180°의 측면으로 반원을 그리며 물체를 천천히 움직인다.

목표 B:

아동은 물체의 움직임을 시각적으로 완전한 반원을 그리며 부드럽게 따라간다.

출처: 던스트, 척도 단계 1. 우즈그리스와 헌트, 1d. (피아제의 2단계에 해당)

목표 C를 위한 절차:

(1) 아동을 의자에 앉힌다.

(2) 움직일 때 소리가 나지 않는 밝은 물체를 사용한다.

(3) 아동이 초점을 맞출 때까지 아동의 눈에서 10인치 정도 앞에서 물체를 들고 있는다.

(4) 물체를 아동에게서 멀어지게 천천히 한쪽으로 움직이며 뒤쪽으로 사라지게 하고, 반대편에 있는 아동의 눈보다 약간 위로 가져온다. 항상 같은 방향으로 물체를 이동하고 같은 지점에서 사라지게 한다.

목표 C:

아동은 물체가 사라진 지점을 바라보며 멈춰 머뭇거린다.

출처: 던스트, 스케일 2 단계. 우즈그리스와 헌트, 2c. (피아제의 3단계에 해당)

목표 D를 위한 절차:

(1) 아동을 의자에 앉힌다.

(2) 움직일 때 소리가 나지 않는 끈에 부착된 밝은 물체를 사용한다.

(3) 아동 뒤에 서서 아동의 얼굴에서 약 18인치 앞에 장난감을 매달아 놓는다.

(4) 아동이 물체에 초점을 맞추면 아동을 중심으로 천천히 원을 그리며 움직여 세 번 사라졌다가 다시 나타나게 한다.

(5) 네 번째 궤적에서 물체를 사라지는 지점 반대쪽으로 이동하지만 보이지 않도록 아동의 약간 뒤로 이동한다.

목표 D:

아동은 사라진 물건을 찾기 위해 눈, 머리, 몸을 물건이 사라진 쪽(방향)으로 돌린다.

출처: 던스트, 스케일 단계 E2. (피아제의 3단계에 해당)

목표 E를 위한 절차:

(1) 아동을 책상 앞에 앉힌다.

(2) 장난감 동물, 자동차, 인형 등 어린이가 관심을 갖는 물건을 사용한다.

(3) 아동이 물건에 초점을 맞추면 물건을 탁자 위에 놓고 천으로 덮어 물건의 작은 부분이 보이도록 한다.

목표 E:

아동은 천 아래에서 물건을 빼내거나 천을 제거하고 물건을 집는다.

출처: 던스트, 스케일 3 단계. 우즈그리스와 헌트, 3c. (피아제의 3단계에 해당)

목표 F를 위한 절차:

(1)~ (5) 목표 D를 위한 절차와 동일

목표 F:

여러 차례 발표/설명/보여 주기를 한 후, 아동은 대상이 다시 나타나기 전에 시작 지점 또는 다시 나타나는 지점(정상 눈높이보다 약간 높음)으로 시선을 되돌린다.

출처: 던스트, 척도 4 단계. 우즈그리스와 헌트, 2d. (피아제의 3단계에 해당)

목표 G를 위한 절차:

(1) 아동을 의자에 앉힌다.

(2) 움직일 때 소리가 나지 않는 끈에 달려 있는 밝은 물체를 사용한다.

(3) 아동의 뒤에 서서 아동의 얼굴에서 약 18인치 정도 앞에 장난감을 매달아 놓는다.

(4) 아동이 물체에 초점을 맞추면 아동을 중심으로 천천히 원을 그리며 움직여 세 번 사라졌다가 다시 나타난다.

(5) 네 번째 궤적에서 물체를 사라지는 지점 반대쪽으로 이동하지만 보이지 않도록 아동의 약간 뒤로 이동한다.

(6) 물체가 사라지는 방향을 다르게 하여 여러 번 반복한다.

목표 G:

아동은 a) 궤적의 방향으로 몸을 회전하지만 물체를 찾지 못한 후 반대쪽으로 돌아 찾거나 물체가 다시 나타날 것을 예상하거나, b) 물체가 다시 나타날 경우를 예상하여 물체가 시야에서 벗어나면 바로 반대편으로 돈다.

출처: 던스트, 스케일 단계 E3. (피아제의 4단계에 해당)

목표 H를 위한 절차:

(1) 아동을 책상 앞에 앉힌다.

(2) 가장 좋아하는 장난감을 놓는다.

(3) 물체와 아동의 손에 천을 씌워 둘 다 보이지 않게 한다.

목표 H:

아동은 a) 천 아래에 있는 물건을 빼내거나, b) 자유로운 손으로 시각적으로 방해하는 천을 제거한다.

출처: 던스트, 스케일 단계 E4. (피아제의 4단계에 해당)

목표 I를 위한 절차:

(1) 아동을 책상 앞에 앉힌다.

(2) 장난감 동물, 자동차, 인형 등 아동이 관심을 갖는 물건을 사용한다.

(3) 아동이 장난감을 집도록 격려하되 장난감의 윤곽이 보이지 않게 천을 묶는다.

(4) 아동이 첫 번째 제시에서 바로 천을 들어 올리면 책상을 한쪽으로 옮기고 반복한다.

목표 I:

아동은 물체를 얻기 위해 천을 벗긴다.

주의: 아동이 천을 만지거나 가지고 놀기 위해 들어 올리지 않도록 한다.

출처: 던스트, 척도 5 단계. 우즈그리스와 헌트, 4d. (피아제의 4단계에 해당)

목표 J를 위한 절차:

(1) 아동을 책상 앞에 앉힌다.

(2) 아동이 관심 있는 물건을 사용한다.

(3) 두 개의 천을 준비한다.

(4) 한 가지의 천(목표 I와 동일) 아래에 숨겨진 물건을 아동이 성공적으로 찾아내면, 첫 번째 천 옆에 두 번째 천을 놓는다.

(5) 첫 번째 천(A) 아래에 장난감을 세 번 숨긴다. 그런 다음 두 번째 천(B)으로 바꾼다.

목표 J:

아동이 천 A 아래 숨겨둔 장난감을 네 번 모두 찾아내면, 물건을 천 B 아래에 놓는다.

주의: 아동이 천 B 아래에서 물건을 찾아내면 목표 K에 대한 첫 번째 시도로 간주할 수 있다.

출처: 던스트, 스케일 단계 E5. 우즈그리스와 헌트, 5b. (피아제의 4단계에 해당)

목표 K를 위한 절차:

(1) 아동을 책상 앞에 앉힌다.

(2) 아동이 관심 있는 물건을 사용한다.

(3) 모양이 다른 두 개의 천을 사용한다.

(4) 두 천 아래에 물체를 번갈아 가리면서 물체를 완전히 덮는다.

목표 K:

아동은 각각의 천 아래에서 물건을 바로 찾는다.

출처: 던스트, 척도 6 단계. 우즈그리스와 헌트, 6c. (피아제의 5단계에 해당)

목표 L을 위한 절차:

(1) 아동을 책상 앞에 앉힌다.

(2) 아동이 관심 있는 물건을 사용한다.

(3) 겉모습이 다른 세 개의 천을 가지고 시작한다.

(4) 각각에 사용할 천을 무작위로 선택하여 3개의 천 아래에 물체를 숨긴다. (샘플 순서 : 2, 1, 3, 1, 1, 3, 2).

목표 L:

아동은 물체가 사라진 천 바로 아래를 찾는다.

출처: 던스트, 척도 7 단계. 우즈그리스와 헌트, 7c. (피아제의 5단계에 해당)

목표 M을 위한 절차:

(1) 아동을 책상 앞에 앉힌다.

(2) 아동이 관심 있는 물건을 사용한다.

(3) 3개의 다른 불투명 스크린(예: 옷이나 컵)을 사용한다.

(4) L-R(또는 R-L)의 경로로 장난감을 들고 있는 손을 움직여서 세 개의 스크린 아래에 물체를 연속적으로 숨긴다. 물체가 스크린 중 하나 아래에 숨겨지고, 그 사이의 공간에 나타나고, 다른 화면 아래를 지나갈 때 다시 숨긴다. 아동은 완전한 은폐 절차, 즉 물체의 나타남과 사라짐의 반복에 주의를 기울여야 한다.

목표 M:

아동은 경로의 마지막 스크린 바로 아래에서 찾는다.

출처: 던스트, 스케일 단계 E6. 우즈그리스와 헌트, 8c. (피아제의 5단계에 해당)

목표 N을 위한 절차:

(1) 아동을 책상 앞에 앉힌다.

(2) 아동이 관심 있는 물건을 사용한다.

(3) 스크린 3 개 (불투명 2 개, 작은 쿠션 / 베개 1개)를 사용한다.

(4) 테이블 위에 물건을 놓는다. 한 스크린으로 덮은 다음 두 번째 스크린으로 덮고 두 번째 스크린은 세 번째 스크린으로 덮는다. 아동이 한 번의 '쓸기'로 스크린들을 모두 제거하지 않게 스크린을 정렬한다(예: 쿠션을 중간 스크린 장치로 사용).

목표 N:

아동은 모든 스크린 장치를 제거하고 숨겨진 물건을 찾는다.

출처: 던스트, 단계 8. 우즈그리스와 헌트 9c. (피아제의 5단계에 해당)

목표 O를 위한 절차:

(1) 아동을 책상 앞에 앉힌다.

(2) 물체가 상자 안에 들어가면 아동에게 보이지 않게 할 수 있을 만큼 깊은 상자 안에 들어갈 수 있는 작은 물체를 사용한다. 불투명한 큰 천을 스크린으로 사용할 수도 있다.

(3) 아동이 지켜보는 동안 물건을 상자에 넣고 상자를 천 아래에 숨긴다. 스크린 아래에서 상자를 뒤집고 물체는 숨겨진 상태에서 빈 상자를 제거한다. 아동이 주저하면 상자가 비어 있음을 보여 준다.

목표 O:

a) 아동은 상자를 체크한 다음 상자가 사라진 스크린 아래에서 물건을 찾거나 b) 상자가 사라진 스크린 바로 아래에서 물건을 수색한다.

출처: 던스트, 단계 9. 우즈그리스와 헌트, 10d, 10c. (피아제의 5단계에 해당)

목표 P를 위한 절차:

(1) 아동을 책상 앞에 앉힌다.

(2) 목표 O의 2단계에서와 같이 개체와 상자를 사용하지만 2개의 큰(그리고 다른) 스크린을 사용한다.

(3) 목표 O의 3단계에서와 같이 두 번째 스크린(B) 아래에 물건을 숨긴다.

(4) 이 작업을 두 번 더 수행한다(두 번째 스크린 B).

(5) 첫 번째 스크린 A 밑에 위와 같이 물체를 숨긴다(즉, B에 두 번, A에 한 번).

목표 P:

아동이 올바르게 상자가 사라진 스크린 아래를 탐색한다.

출처: 던스트, 스케일 단계 10. 우즈그리스와 헌트, 11c. (피아제의 6단계에 해당)

목표 Q를 위한 절차:

(1) 아동을 책상 앞에 앉힌다.

(2) 목표 O에서와 같이 물체와 상자를 사용하지만 큰 천을 2개 사용한다.

(3) 두 스크린 중 하나에서 번갈아 가며 상자를 사용하여 보이지 않게 물체를 움직여 숨긴다. 두 스크린 사이에 빈 상자를 둔다.

목표 Q:

아동은 상자가 사라진 스크린 바로 아래를 수색한다.

출처: 던스트, 척도 11 단계. 우즈그리스와 헌트, 12c. (피아제의 6단계에 해당)

목표 R을 위한 절차:

(1) 아동을 책상 앞에 앉힌다.

(2) 목표 Q에서와 같이 물체와 상자를 사용하되 세 번째 스크린과 확실히 다른 천(또는 베개/쿠션)을 사용한다.

(3) 상자를 사용하여 먼저 물체를 그 안에 내려서 보이지 않게 위치를 바꾸고, 상자가 무작위로 세 스크린 중 하나 아래에서 사라지도록 하여 스크린 아래에 물체를 숨긴다.

목표 R:

아동은 상자가 사라진 올바른 스크린 아래를 수색한다.

출처: 던스트, 척도 12 단계. 우즈그리스와 헌트, 13c. (피아제의 6단계에 해당)

목표 S를 위한 절차:

(1) 아동을 책상 앞에 앉힌다.

(2) 손바닥에 숨길 만큼 작은 물체를 준비한다.

(3) 아동이 보는 동안 한 손바닥에 물건을 놓고 손을 주먹을 쥐어 숨긴다.

(4) 손을 한 방향으로 움직여 손을 첫 번째 스크린 아래에 숨긴 후 다시 보여 주고, 두 번째 스크린 아래에 숨기고를 반복한다. 스크린 사이에 손을 펼쳐 보이지 않는다. 마지막(세 번째) 스크린 아래에 물건을 두고 손이 비어 있음을 보여 준다.

목표 S:

아동은 같은 순서로 3개의 스크린을 모두 검사하고 세 번째 스크린 아래에서 물건을 찾는다.

출처: 던스트, 스케일 13 단계. 우즈그리스와 헌트, 14c. (피아제의 6단계에 해당)

목표 T에 대한 절차:

목표 S의 1, 2, 3, 4단계를 반복한다.

목표 T:

아동은 손을 숨긴 순서를 거치지 않고 마지막 (세 번째) 스크린 아래를 곧바로 탐색한다.

출처: 던스트, 스케일 E7 단계. 우즈그리스와 헌트, 14d. (피아제의 6단계에 해당)

목표 U를 위한 절차:

목표 T를 달성한 직후 세 스크린 아래로 이동하는 과정을 반복하되 첫 번째 스크린 장치 아래에 물체를 둔다.

* 마지막 스크린에서 잠시 멈추는 것을 기억하기 위해 빈 손을 거기에서도 펼친다.

아동의 행동을 관찰하라 – 아동이:

(1) 마지막 (세 번째) 스크린에서만 탐색 후 포기한다.

(2) 세 스크린 모두 무계획적으로 탐색한다.

목표 U:

아동이 마지막 스크린, 중간 스크린, 첫 번째 스크린까지 체계적으로 탐색한다. 즉, 숨기는 순서의 역순을 따른다.

물체가 숨겨지지 않은 중간 스크린으로 역순으로 가야만 아동이 물체를 잡고 있는 손이 사라진 일련의 장소 전체를 뒤집을 수 있는 이미지를 가지고 있다는 것을 의미한다.

출처: 던스트, 스케일 14 단계. 우즈그리스와 헌트, 15c. (피아제의 6단계에 해당)

제6장

최중도중복장애학생을 위한 의사소통 교육과정

복합적인 교육적 요구를 가진 사람들은 그들과 가장 친숙하고 반응적인 파트너와 의사소통할 때 가장 성공적이다.

(Goldbart & Caton, 2010, p. 1)

본질적으로 최중도중복장애학생의 초기 의사소통은 매우 단순하게 보일 수 있다. 결국 최중도중복장애학생이 초기 발달단계에 맞는 행동을 보인다면 비장애아동의 양육자들이 활용했던 상식적인 전략들이 적절해야 한다. 그러나 이상하게도, 최중도중복장애아동과의 성공적인 의사소통이 어려운 것은 과정이 너무도 단순하기 때문이다. 이에 대한 여러 가지 이유가 있을 수 있다.

1. 우리는 전형적인 발달을 하는 아동들이 배우는 방식에 기반한 목표에 얽매여 있는데, 이는 종종 너무 구체적이고 까다롭다. 비장애아동은 놀라운 속도와 유연성을 보이며 학습한다. 그러므로 최중도중복장애아동이 취하는 발달 경로와는 매우 상이할 수 있음에도, 이를 그대로 사용함으로써 혼란을 야기하게 된다. 그럼에도 불구하고, 최중도중복장애아동에게 적용 가능한 실행의 기반

이 될 수 있는 신뢰할 만한 연구나 모범적인 사례는 전무하다.

2. 우리는 쉽고 유연하게 의사소통하는 법을 배웠고 일반적으로 성공해 왔기 때문에 그 과정의 시작에 대해 생각하지 않는다. 이는 최고 수준 축구팀의 명감독이 뛰어난 축구선수가 아니었다는 사실에 종종 견주어 볼 수 있다. 뛰어난 축구선수는 생각지도 않는 최고의 기량을 보이기 때문이다. 이 개념은 이 책(예: 제13장 '중도장애학생을 위한 문제해결과 사고 교육과정')에서 계속해서 설명하고 있으며, 최중도중복장애학생과 중도장애학생 모두에게 별개의 교육을 주장하고 있는 중요 이유 중 하나이다. 특히 최중도중복장애학생을 가르치는 것은 종종 일반적이지 않을 수 있기 때문에 상식적인 해결책을 적용할 수 없다.
3. 우리는 다른 일을 하느라 너무 바빠서 의사소통하는 데 충분한 시간을 할애하지 못하는 경우가 많다. 최중도중복장애학생 모두가 그러하듯 의사소통에 어려움을 겪는 사람들에게 이보다 더 중요한 것은 없다. 따라서 특히 어린 학생들에게 학교에서 보내는 시간의 대부분(아마도 전체)을 의사소통하는 데 보내는 것이 완벽하게 정당화될 수 있어야 한다. 범위와 균형은 훌륭한 목표이지만 의사소통 과정을 수립하는 데 충분한 시간을 제공하지 않으면 장기적으로 보았을 때 비생산적일 수 있다.
4. 우리는 더 크고 장기적인 그림, 특히 의사소통을 하는 데 충분한 시간을 보내지 않고 있다. 적어도 영국에서는 교사들이 단기 목표와 그 목표를 가르치는 데 집착이 있다. 그것이 마치 학생들이 배우고 있다는 것을 보여 줄 수 있는 유일하고 가장 좋은 방법인 것처럼 말이다. 최중도중복장애학생과 의사소통하는 법을 배우는 것은 오래 걸리고, 느리며, 전체적으로 봤을 때 발달의 계열을 선형적으로 따르고 있지 않거나 예측 가능한 발달 궤적에 따라 진행하지도 않는다.
5. 우리는 의사소통이 우리와 관련된 쌍방향의 과정이라는 것을 종종 잊는다. 효과적인 의사소통은 "둘 또는 그 이상의 사람들이 함께 일하고, 서로 간에 그리고 상황 맥락에 대해 지속적으로 반응"(Bunning, 2009, p. 48)할 때 비로소 완성된다.

이는 최중도중복장애학생과의 의사소통 과정에서 할 수 있는 최선을 다해야 함을 의미한다.

개선해야 하는 것

이러한 문제와 다음에 나열된 어려움을 감안할 때 의사소통의 단순성을 주장하는 것은 모순되는 것처럼 보일 수 있지만, 의사소통은 기본적으로 매우 간단한 과정임을 기억하는 것이 중요하다. 골드바트(Goldbart, 1994)는 의사소통이 이루어지는 데 필요한 최소한의 필수 조건 네 가지를 제안하였다. 즉, 두 사람(또는 둘 이상인 경우 모든 사람)은 ① 의사소통 수단, ② 의사소통 동기(의도성), ③ 의사소통할 사람, ④ 의사소통할 시간 등이 필요하다. 의사소통 과정이 성립되지 않는다면 이 네 가지 조건 중 하나 이상을 수정해야 한다.

장애학생이 효과적인 의사소통자가 되기 위해서는 더 많은 문제에 직면할 수 있다.

- 시각장애가 있을 수 있다.
- 청각장애가 있을 수 있다.
- 감각적 어려움과 혼란을 경험할 수 있다.
- 학습자가 말하기, 수어 및/또는 상징을 처리하고 이해할 수 있는 발달 수준에 도달하지 않았을 수 있다.
- 비언어적 의사소통과 준언어적(paraverbal) 의사소통 요소를 해석하는 능력이 불충분할 수 있다.
- 특정 또는 대부분의 의사소통을 할 기회가 주어져도 동기가 부족할 수 있다.
- 독특한 의사소통 패턴을 가지고 있을 수 있다.
- 학생의 의사소통이 짧거나 지연되어 종종 눈에 띄지 않게 된다.
- 성인이 학생의 의사소통 의도를 해석하는 것이 어려울 수 있다.
- 성인은 학생과의 의사소통에 참여할 수 없거나 참여하려 하지 않을 수 있다. 특히 학생의 의사소통 행동이 도전행동의 형태로 나타날 때 더욱 그렇다.
- 집중력이 좋지 않을 수 있다.
- 모든 또는 특정 상황에서 상대방을 신뢰하지 않을 수 있으며, 대부분의 의사소통에 대해 표준화된 거부 반응을 보일 수 있다.

결과적으로 매우 일반적인 수준에서 최중도중복장애학생이 노력할 수 있는 기본적인 의사소통 기술은 다음과 같다.

- 정서적 참여
- 주의력 기술: 사람과 시간
- 주고받기: 상호성
- 비언어적 의사소통 사용 및 이해: 눈, 얼굴, 몸짓
- 의사소통 상대방과 충분히 가까운 거리: 근접성
- 접촉 주고받기
- 음성에 대해 반응하기

드와트와 섬머즈(Dewart & Summers, 1995)는 의사소통의 화용적 측면을 4개 영역으로 구분하여 제시하였다.

1. **표현 능력** 요청하는 능력, 거부하는 능력, 주의를 끌 수 있는 능력, 의도, 기타 의사소통 시작 수단
2. **수용 능력(이해력)** [이름]에 대한 응답, 문맥에서 구두 명령에 대한 응답, 몸짓 및 마카톤 기호/사인에 대한 응답
3. **사회적 상호작용 능력** 중요한 타인(남편, 아내, 애인)과 공동 참조(같은 것을 언급하거나 참조, joint reference)할 수 있는 능력, 모델 및/또는 촉구 이후의 주고받기, 중요한 타인이 촉구하는 데 필요한 횟수
4. **행동** 기쁨을 표현하는 능력, 고통을 표현하는 능력

보다 구체적인 수준에서 『학습 경로(Routes for Learning)』(WAG, 2006)는 최중도중복장애학생을 가르치고 함께 일하는 사람들은 의사소통 이정표로서 참고할 것을 제안하고 있다.

- 친숙한 성인과의 긴밀한 접촉에 반응한다.
- 익숙한 음성 또는 기타 개인이 지닌 변별 정보에 반응한다.

- 도움을 받아 성인과 일대일로 교대로 주고받는 행동을 한다.
- 자기 이름에 반응한다.
- 성인과의 상호작용을 끝낸다.
- 상호작용 끝내는 것을 거부한다.
- 사회적 루틴 안에서 예측한다.
- '더 많이' 의사소통한다.
- 서로 다른 두 가지 일관된 작업을 하며 '더 많이(계속)'/ '그 정도로만(그만)'의 의미를 전하며 의사소통한다.
- 관심을 유도한다.
- 소셜 게임을 시작한다.
- 주의를 기울이고 있는 성인에게 선택한 것을 말한다.
- 필요한 것을 얻기 위해 의도적으로 다른 사람의 관심을 끄는 행동을 한다.
- 관심을 공유한다.
- 상징도구를 활용해서 눈앞에 없는 물건(항목)에 대한 선호도를 표현한다.
- 원하는 결과를 얻기 위한 행동을 시작한다(다양한 상황에서 자율성을 발휘할 수 있다).

특히 이 이정표는 선형으로 나타나는 것이 아니고, 모든 학생에게 동일한 발달 경로를 보이는 것도 아니다. 또한『학습 경로』는 최중도중복장애학생을 위한 학습이 총체적인 과정임을 강조한다. 앞서 제시한 것과 같은 인지발달 이정표에서 의사소통을 구분하는 것은 의례적인 서류 작업에 불과하다는 것을 안다. 학습할 때 영역을 구분하여 지도하는 것을 권장하지 않는다.

의사소통 과정 기반의 특성

초기 발달단계의 학습자에게 의사소통 기술을 지도할 때, 학습을 실제 생활과 분리하여 지도하는 것은 거의 불가능하고, 의사소통은 다른 발달 영역보다 더 많이, 거의 전적으로 과정에 기반하여 활동하게 된다. 물론 요구(필요)를 표현하기 위해 빅맥 스위치를 누르거나, 또는 선택을 하기 위해 선호하는 대상을 응시하는 것과 같이, 가르치려고 시도할 수 있는 의사소통 관련 특정 기술이 있지만, 이러한 의사소통 행동에 대한 지도의 성공은 전적으로 아동의 동기('무언가'를 얻고자 하는 것), 활동 맥락(보상이 있다는 것을 충분히 알고 있고, 충분히 익숙하고, 신뢰하는 사람과 함께 있는 것), 제한된 방식의 원인과 결과를 이해하는 학생 능력과 우발적인 반응에 대한 대응 능력에 달려 있다.

최중도중복장애학생과 의사소통을 하기 위한 구체적인 전략

골드바트와 카튼(Goldbart & Caton, 2010)은 의사소통 책(communication passport)은 오래되었지만 많이 사용되지 않는 방식이라고 하였다. 의사소통 책은 내용이 짧고 쉽게 접근할 수 있으며 읽기 쉬운 소책자로 5분 정도 투자하면 모든 사람이 읽을 수 있는 자료이다. 의사소통 책을 읽는 데 걸리는 5분은 최대 시간일 것이다. 따라서 의사소통 책은 교실에서 눈에 잘 띄는 곳에 놓아야 하고, 신규교사들은 학생들을 지도하기 전에 먼저 읽어 보아야 한다. 엄밀히 말하면, 이 자료는 최중도중복장애학생의 의사소통에 직접적으로 영향을 끼치는 내용이 아니라, 최중도중복장애학생과 함께 일하는 성인들이 일관성 있는 방식으로 학생을 대할 수 있도록 관련 지식을 향상시키는 데 필요한 간접적인 요인이 크다. 애쉬크로프트(Ashcroft, 2002)는 의사소통 책을 가지고 '자신의 이야기'를 할 수 없는 의사소통장애인의 실용적인 정보를 개인화된 문서로 만들어서, 자신과 보호자 및 함께 일하는 성인들에게 안내하여 장애 당사자에 대한 이해를 돕는 자료로 정의하기도 한다. 즉, 처음 낯선 사람을 만날 때 우리 모두가 겪는 '당신을 알아 가는' 단계에서 의사소통 책을 제공하기 위한 것이라 할 수 있다. 이러한 의미에서 의사소통 책의 사용 목적은 다음과 같이 정리할 수 있다.

- 개인의 의사소통 및 개별화된 요구에 대한 실용적인 정보를 제공한다.
- 여러 다양한 상황 맥락에서 일관성을 유지할 수 있다.
- 전환을 상당히 용이하게 하고 연속성 있게 지원할 수 있다.
- 다른 사람의 행동을 이끌도록 돕는다.

- 분명하고 접근 가능하게 정보를 제시한다.
- 최중도중복장애아동과 함께 일하는 사람들의 (정확한 지식 전달을 통해) 역량을 강화할 수 있게 한다.
- 개인사를 공유한다.
- 사용해 오던 의사소통 체계에 대한 정보를 제공한다.
- 학생과 관련된 모든 사람의 스트레스와 불만을 줄인다.
- 관계의 긍정적인 발전을 촉진한다.
- 새로운 지원 인력의 원활한 통합과 일관성 있는 관리를 할 수 있게 한다.

의사소통 책은 의사소통 상대자에게 기대할 사항과 개인의 다른 행동들을 해석하는 방법을 알려 줌으로써 긍정적인 상호작용을 촉진한다. 의사소통 기회를 만드는 방법, 아동이 사용하는 의사소통 수단 및 이해하는 어휘, 그리고 정말 중요하게는 아동이 무엇을 좋아하고, 무엇에 대해 의사소통을 하고 싶어 하는지에 대한 아이디어를 제공한다. 의사소통 책을 만드는 데 시간이 많이 걸리지만, 그것이 중요한 사람들 간에 의사소통을 할 수 있게 함으로써 태도도 변화시킬 수 있다. 그리고 최중도중복장애 학생과 가족 모두에게 자신감과 가치관을 높일 수 있는 좋은 기회가 될 수 있으며, 많은 사람이 일관성 있게 활동에 참여함으로써 새로운 통찰력과 해결책을 제공할 수 있다.

애쉬크로프트(Ashcroft, 2002), 러셀(Russell, 2002), 그리고 밀러와 앳킨(Millar & Aitken, 2003)은 모두 의사소통 책을 개별 맞춤형(personalised perspective)으로 작성하고 다음에 제시한 내용의 정보를 한두 페이지 정도 함께 작성해 둘 것을 제안하고 있다.

- 나에 대한 모든 것
- 내가 좋아하는 것과 싫어하는 것
- 나를 돕기 위해 할 수 있는 일
- 내 인생에서 중요한 사람들
- 내가 좋아하는 음식과 먹고 마시는 방법
- 내가 듣고 보고 인식하는 방법

- 내가 가지고 있을 수 있는 추가적인 감각 문제
- 나와 대화하는 방법
- 내가 하고 있는 일
- 중요한 의료 정보
- 위치/자세 정보

이러한 개인 관련 정보에 좋아하는 가족, 친구, 물건, 활동, 음식의 사진 등이 추가될 수 있고, 제4장에서 루이스의 다면적 행동 계획(Multi-disciplinary Action Plan)의 사례처럼, ICT 및 활동 중인 개인 비니오를 사용할 수도 있다. 사실, 최중도중복장애학생이 보유한 iPad 또는 태블릿에 이러한 문서를 넣고 보관하는 데 많은 시간이 필요한 것은 아니다.

집중적 상호작용

집중적 상호작용(Nind & Hewett, 1988, 1994, 2001, 2006; Hewett & Nind, 1998; Kellett & Nind, 2003; Caldwell, 2005, 2007)은 복합적인 학습과 의사소통의 어려움(complex learning and communication difficulties)이 있는 사람들에게 효과적인 의사소통 교육과정을 개발하는 데 있어 지난 30년 동안 가장 중요한 진전 중 하나임이 입증되었다. 집중적 상호작용은 독립적이지만 본질적으로는 매우 깊은 관련이 있는 서로 다른 두 가지 아이디어에서 개발되었다. 맥기와 동료들(McGee et al. 1987)에 의해 뉴질랜드에서 시작된 온화한 교육(Gentle Teaching)은 복합적 학습과 의사소통에 어려움을 겪는 사람들은 다른 기술을 배우기를 기대하기 전에 관계를 맺는 방법(우리는 이것을 사랑하고 사랑받는 방법을 배우는 것으로 해석할 수 있다)을 배워야 한다고 주장했다. 사실, 온화한 교육은 당시 널리 퍼져 있었던 행동주의와 기술 교수법을 바탕으로 한 교육학에 대한 반작용이었다. 영국의 게리 에브라임(Gary Ephraim)은 학부모들이 자신의 아이들과 상호작용하는 자연스러운 방식을 반영하는 총체적인 의사소통 도구에 대해 주장했다(Ephraim, 1979).

집중적 상호작용에 대한 많은 연구가 수행되었다. 집중적 상호작용에 관심이 있

다면 닌드와 휴잇(Nind & Hewett, 2001)이 BILD에서 발행한 『집중적 상호작용의 실제(A Practical Guide to Intensive Interaction)』를 권한다. 또한 집중적 의사소통 웹사이트(www.intensiveinteraction.co.uk)나 데이브 휴잇이 제작한 DVD는 직원 교육용 가이드북으로 활용하기 좋으며, www.davehewett.com을 통해 데이브 휴잇에게 연락하면 학교 단위 또는 개인 단위 역량 강화 교육의 기회를 가질 수 있다.

간략하게 안내를 해 보자면, 집중적 상호작용은 초기 의사소통 기술(전언어적, 전의도적 및/또는 손 뻗기가 어려운 학생들, 혹은 최중도중복장애나 자폐 성향의 학생들)을 촉진하도록 설계되었다. 이는 전통적인 부모/유아 상호작용 모델을 기반으로 하며 출생부터 시작되는 쌍방간의 즐거움(shared two-way enjoyment)을 공유하며 의사소통하는 것에서부터 출발한다. 아동과의 의사소통 과정에서 유연하게 대처하고 빠르게 반응하는 의사소통 파트너로서 대화에 참여하게 되면 자신의 행동이 주변 사람들의 행동에 영향을 미칠 수 있다는 이해 능력을 강화시켜 나갈 수 있게 된다. 유능한/능숙한 의사소통 파트너와 의미 있는 의사소통적 행동/참여(engagement)를 하며 의사소통 기술을 점진적으로 향상시켜 나가게 된다.

핵심 원칙은 '과제지향성의 부재(tasklessness)'인데, 이는 의도적으로 목록을 만들고, 특정 목적 또는 목표 없이 한다는 것을 의미한다. 성인은 아동이 이끄는 대로 (맞든 안 맞든) 따르고, 의도적인 의사소통 행위로 어떤 행동이나 발화에 대해 격하게 반응해 주고, (장기적으로) 의사소통 상호작용에 대한 지식과 이해를 확장시켜 나가도록 노력해 나간다. 따라서 성인은 학습자와 소통하는 순간을 찾아야 하고 '조율'해야 하고, 그래야 대화의 흐름을 만들어 내는 행위가 이 세션의 목표가 될 수 있다.

최선의 상황에서 집중적 상호작용은 당연히 항상 수행되지만, 그 상태에 도달하려면 모든 최중도중복장애학생의 시간표에 적어도 매주 한 번씩, 일부 어린 학생들에게는 하루에 몇 번까지, 정기적으로 개별 활동의 기회를 제공하는 것이 좋다. 때때로 몇몇 학습자, 특히 의사소통 발달의 초기 단계에 있거나 강도 높은 도전행동을 보이는 학생이 있을 수 있으며, 이들의 도전행동이 상당 부분 줄어들 때까지 거의 독점적으로 집중적 상호작용 기술을 사용해야 한다(Imray, 2008).

집중적 상호작용은 다른 교육 방법으로는 접근이 불가능하다고 판단되는 학생들과 의미 있는 의사소통 기회를 발달시킬 수 있는 주요 수단일 뿐만 아니라 과정 기반 교육의 접근 방식에 대한 가장 좋은 예가 될 수 있다. 집중적 상호작용은 상호작용을 하는 사람들 간에 다음과 같은 일련의 기본 규칙[광범위한 브러시 스트로크 규칙(적용기법 규칙)]에 따라 접근했을 때 가장 큰 효과를 볼 수 있다.

- 학생이 통제권을 갖고 대부분의 세션을 이끌어 나가도록 한다.
- 학생이 상호작용의 경험을 즐기는 것으로 보인다.
- 학생에게 전적으로 주의를 기울인다.
- 학생이 하는 모든 행동과 말을 긍정적인 의사소통 시도로 여긴다.
- 가능한 한 말을 적게 한다. 종종 최중도중복장애학생에게는 환영과 작별 인사로 충분힐 수 있다.
- 세션 자체 또는 시간이 많이 걸린다 해도 너무 빨리 포기하지 않는다. 학습자의 의사소통 능력을 극대화하는 데 수년이 걸릴 수 있다.
- 학생에게 시간을 준다. 학생 반응이 없는 경우 멈추는 것도 괜찮다.
- 학생에게 응답할 시간과 기회를 제공하기 위해 아무것도 하지 않는 시간 동안 잠시 멈출 수 있다.
- 변화에 대한 기록: 기록용지를 사용하고, 고정 광각의 렌즈로 세션을 녹화한다.
- 모든 개별 세션 후에 전체 협의 과정을 통해서 학습자에 대해 동료들과 이야기하고 경험을 공유한다.

집중적 상호작용의 효과성과 관련된 여러 연구가 수행되어 왔으며(예: Leaning & Watson, 2006; Samuel et al., 2008 참조) (만일 있다면) 잠재적인 효과를 확신하지 못하는, 경험이 많은 전문가를 찾기는 어렵다. 실제로 메리 켈렛(Mary Kellett)은 초기 발달단계의 아동을 위해 수학 또는 영어 코디네이터를 지원하는 것과 같이 필요한 경우 중도 의사소통장애학생들을 위해 집중적 상호작용 또는 "사회적 의사소통을 지원할 수 있는 코디네이터 배치를 고려해야 한다."고 주장하고 있다(Kellett, 2000, p. 171).

이 책의 앞부분에서 언급한 바와 같이, 집중적 상호작용은 전통적인 과정 기반의 교수·학습 방법 중 하나이며, 행동주의자의 기술교육 접근법과는 다르다. 데이브 휴잇과 멜라니 나인의 주장에 따르면,

> 우리가 행동주의적 접근을 하는 것은 실용성을 이유로 들고 있다고 주장한다. 이 행동주의적 접근 방법은 일부 기술을 습득하는 데 효과적일 수 있다. 하지만 행동주의적 접근에 대한 다른 대안을 사용하는 실질적인 이유도 있다. 이러한 대안을 사용하는 이유는 사회성(사교성) 및 의사소통과 같은 복잡한 영역을 가르치기에 행동주의 접근이 부적절할 수 있고, 또는 중요하고 복합적인 발달을 촉진하는 데 필요한 상호작용 방법이 상호 비교를 목적으로 하는 경우도 있기 때문이다. 집중적 상호작용은 실용적인 목적을 위해 개발되었다. 그러나 집중적 상호작용이 세상을 보는 방식이 특별하고, 또 그 권리 안에서 작동하는 원리 또한 독특하기 때문에 특정 방식으로 생각해야 할 수 있다. 장애아동에 대한 이러한 존중은 그들을 '교육의 대상'으로 보고 일을 하기보다 그들과 '함께 작업'하려는 의지를 가지고 행동으로 접근하는 경우 갈등이 불가피하다.
>
> (Hewett & Nind, 1998, p. 176)

언어의 사용

집중적 상호작용에서 가장 주목할 만한 영역 중 하나는 언어에 대한 비의존성이다. 드라마, 시, 스토리텔링 등에서 즐길 수 있듯이 활동적이고, 재미있고, 배우는 시간을 제외하고는 언어는 최대한 주의해서 사용해야 한다. 언어와 모든 주제에 걸쳐 모든 범위의 사람들에게 유창하고 광범위하게 의사소통할 수 있는 능력은 환상적으로 강력한 도구이지만, 그것을 가지고 있지 않은 사람들을 통제하는 도구로도 사용될 수 있다. 언어에 대한 이해가 없는 외국에서 어떻게 생활할 수 있을지 생각해 보라. 그동안 수행했던 모든 학습과 기술은 아무 소용이 없다. 이러한 가정이 우리에게 주는 교훈은 언어를 선택적으로 현명하게 사용해야 한다는 것이다. 일반적으로, 몸짓을 보완하기 위해 언어를 사용하는 것과 같은 방식이다. 말을 적게 할수록 더 나을 수 있다.

에드워드(Edward)가 놀러 가는 예를 들어 보자. 에드워드는 다섯 살이고 최중도 중복장애를 갖고 있다. 보행이 가능하며, 놀이터에 가자는 의미로, 작은 빨간 공을 건넨다(사물 단서). 여기서 교수자는 의심할 여지 없이, 선의를 가지고 계속 에드워드에게 말로 설명한다.

> "좋아, 에드워드. 여기 반짝반짝하면서 딱딱한 빨간 공이 있어요. 이제 놀 시간이니까 밖으로 나갈 거예요. 어서 이리로 오세요, 그렇지. 오, 손이 미끄러울 수 있으니 공을 놓치지 않도록 주의해요! 다시 잡을 수 있게 도와줄게요. 이 문으로 나가서 놀이터로 갑니다……."

대신 그는 다음과 같이 말한다.

> "에드워드, 밖에 나가요. 에드워드 밖. 우리는 밖으로 나갈 거예요. 밖."

중요한 단어는 '에드워드'와 '밖'이며 후자는 사물 단서(object cue)에 해당되고 다른 모든 단어는 불필요한 방해물이다. 교육팀이 하루의 모든 세션에서 규칙적으로 언어 사용에 대해 모니터링하는 것은 필수적이고 좋은 사례가 된다. 우리는 언어를 현명하게 사용하고 있는가? 그 말은 꼭 필요한가? 키워드는 무엇인가? 최중도중복장애학생과 언어로 의사소통할 때 우리는 다음의 세 가지 질문을 스스로에게 꼭 물어볼 필요가 있다. 내가 왜 이것을 말하는지, 나는 무엇을 성취하고 싶은 것인지, 내가 변화를 만들고 있는지이다.

음악적 상호작용

웬디 프리베저(Wendy Prevezer, 2000)와 마가릿 코크(Margaret Corke, 2002, 2011)는 집중적 상호작용을 흥미롭게 변형시켜서 음악적 상호작용(Musical Interaction)을 개발하였다. 음악적 상호작용은 다음에 제시한 집중적 상호작용의 원칙과 음악치료의 원칙을 기반으로 하였다. 유효하고 타당한 음악적 경험과 개별적인 상호작용을 허용하고 장려한다. 동기를 부여하는 의사소통 도구로, 의사소통 발달의 초기 단계에 있는 모든 학생(최중도중복장애학생, 중도장애학생, 자폐스펙트럼장애학생)에게 적용하기에 적합하다. 그리고 교사에게 음악적 능력을 요구하지 않는다.

음악적 상호작용에는 다음이 필요하다.

- **상호작용자:** 얼굴, 신체 언어 및 음성을 통해 상호작용
- **사회적 상호작용 게임:** 버스트(burst)-일시 중지와 같은, 기대/예측 게임, 몸싸움 게임, 주고받기, 신체 활동(박수, 간지럼 태우기, 흔들기, 조정, 까꿍, 숨바꼭질, 물건을 앞뒤로 던지기)
- **음악:** 비록 우리가 인식할 수 있는 음을 가진 전통적인 음악이라 할 수 있는 정도는 아니더라도 목소리를 포함하여 소리를 낼 수 있는 것이라면 무엇이든 충분하다.
- **수업의 구조:** 모두 원을 그리며, 음악적인 소개, (연령에 적합한) 안녕 노래, 소그룹 및 동료와의 상호작용하는 시간, 일대일로 상호작용하는 시간, (연령에 적합한) 작별 노래

코크(2002, 2011)는 학생의 자발적이고 적극적인 시작 행동(투입)이 성장과 학습이 발생하는 데 절대적이고 필수적이라고 설득력 있는 주장을 하고 있다. 그는 평범한 음악만 연주하는 전통적인 방식으로 연주하는 것과는 달리 음악을 매개로 하여 상호작용을 시도하고 의사소통 기술을 가르칠 수 있는 방법으로 활용할 수 있다고 주장한다. 음악적 상호작용은 효과적인 음악적 경험을 허용하고 장려하는 수단, 개인적 상호작용을 허용하고 장려하는 수단, 그리고 동기를 부여하는 의사소통 도구가 될 수 있게 한다.

의사소통 보조기기 사용

집중적 상호작용의 단점 중 하나는 성인의 통제에 따라 주로 상호작용을 하게 된다는 사실이다. 즉, 최중도중복장애학생과의 대화, 의사소통 또는 상호작용을 시작하도록 가르칠 수 없는 경우, 지원하는 성인의 항상 예측 불허의 감정 상태, 기분 또는 시간에 의존하게 된다. 이를 수행하는 방법 중 하나는 최중도중복장애학생의 주의를 끌기 위해 누를 수 있는 음성 출력 스위치와 같은 의사소통 보조기기를 사용하는 것이다. 예를 들어, 빅맥(BigMack) 스위치에 기록된 '와서 말해 주세요.'라는 메시지와 함께 사용하는 것이다. 물론 이를 성공적으로 수행하려면 학생이 원인과 결

과를 이해하고 있어야 하고, 더 구체적으로는 이에 대한 유관성 인식(contingently aware)을 해야 한다(이에 대한 자세한 내용은 제4장 참조).

만약 최중도중복장애학생이 상호작용의 시작을 통제하지 못하면, 우리는 학생들을 서술적(declarative) 의사소통 단계에 도달하게 하지 못한 것일 수도 있다. 포괄적인 의사소통 목표는 의사소통이 의도적인 것으로 간주되기 전에 단순히 명령적(imperative) 의사소통이 아닌 서술적 의사소통이 되어야 한다고 주장하곤 한다(Camaioni, 1993).[1] 베르(Ware, 2011)에게는 공유된 관심이 의도적인 의사소통의 발달에 있어 중요한 단계이다. 정상 발달을 보이는 아동을 대상으로 한 연구에 따르면 아동들은 약 10개월부터 정보를 공유하기 위해 의도적 의사소통을 시작한다. 이것은 『학습 경로』(WAG, 2006)에 욕구를 충족시키기 위해 의도적으로 다른 사람의 관심을 끄는 행동과 공유된 관심에 참여하는 행동을 최중도중복장애학생의 발달적 측면에서 가장 낮은 단계로 두고 있다는 점에서 흥미롭다. 그럼에도 불구하고, 이는 중도장애학생 모두에게 타당한 장기적인 목표가 된다.

마이크로 스위치를 의사소통 보조기기로 사용하게 관심을 끄는 방법은 오랫동안 확립되어 왔지만(Shweigert, 1989; Schweigert & Rowland, 1992; Lancioni et al., 2006; Lancioni et al., 2009) 원인과 결과 그 자체를 목적으로 여기는 경향(특히 스위치 사용은 단기 SMART 목표 설정 및 달성에 매우 개방적이므로)이 있다. 최중도중복장애학생과 함께 기술을 사용하는 것에 대해 샐리 밀러(Sally Millar)의 연구에서 매우 적절한 질문을 하고 있다.

> 인과관계의 '마법' 관문을 넘어서 우리는 실제로 무엇을 성취하려고 하는가? 확실히 그것이 의사소통과 인지 모두에서 아동이 의도성을 습득하도록 하는 것이다. 의사소통의 의도성은 상호작용하는 사회적 루틴과 공동으로 공유된 관심을 통해 발달될 수 있다. 따라서 보조공학기기의 사용은 참여와 상호작용을 대체하는 것이 아니라 증가시키는 것

1) 서술적 의사소통(Bates et al., 1975)은, 예를 들어 "아름다운 날이지 않나요."와 같이 스스로를 위한 의사소통이다. 그것은 공동의 관심과 접촉자로서의 역할을 하는 것 외에, 받는 사람으로부터 어떤 것도 얻지 못하도록 의도된 것으로, 본질적으로 의사소통을 위해 표현된 사회적 의사소통이다. 명령적 의사소통은 주로 구체적이거나 또는 일반적인 요구를 충족시키는 데 기반을 두고 있으며, 최중도중복장애아동이 사용하는 경우 주로 전의도적이라고 간주될 수 있다(Goldbart, 1994).

을 목표로 하는 프로그램의 일부가 되어야 한다. 의도성에 대한 인지는 즉각적인 환경(immediate environment)을 통제하기 위해 탐구하고 배우는 경험을 통해 점진적으로 발달한다.

(Millar, 2009, p. 15)

밀러(Millar)는 시간이 지남에 따라 학습이 진행되는 총체적인 과정을 통해 최중도중복장애학생과 함께 일하는 것이 필수적이라는 점을 다시 한번 지적하였다. 학습을 분리하고 구분하는 것은 최중도중복장애학생 집단에 적합하지 않다.

일단 스위치를 누르는 즉시 성인이 온다는 것을 학생에게 가르치고 나면, 의사소통이 실제로 쌍방향의 과정이 되고(Bunning, 2009), 나중에 할 수도 있지만, 그때 대화하는 것이 불가능하거나 불편할 수 있다는 것을 가르칠 필요가 있다. 그러면 완전히 새로운 범위의 잠재적 인지 및 의사소통 학습이 발생한다. 예를 들어, 정확히 나중은 언제일까?

일반적으로 말해, 이것이 광범위한 일반화라는 것을 알고 있지만, 컴퓨터 기술, VOCA(음성출력 의사소통 보조기기) 및 스위치와 관련된 의사소통 보조기기의 사용은 주의가 필요하며 단순하게 유지하는 것이 좋다(Millar, 2009). 정보기술은 매우 빠른 속도로 발전하고 있으므로 학생이 한 번의 자극을 위해 한 설정에서 하나의 스위치를 누르는 고립된 기술을 가르치는 데 수년을 소비하지 않도록 주의해야 한다. 즉, 우리가 일을 하는 이유를 분명히 해야 한다. 그렇지만 최중도중복장애학생을 위한 iPads® 및 태블릿과 같은 기기가 가지는 의사소통 기기로서의 잠재력은 의심의 여지 없이 엄청나며, 관심 있는 사람들은 중도장애 포럼과 같은 사용자 그룹을 통해 개발 상황을 지속적으로 확인하는 것이 좋다. 이 포럼의 회원권은 중도장애 및 최중도중복장애 학생을 교육하는 일과 관련된 모든 사람에게 열려 있으며 지속적인 정보원이 될 수 있다. 이러한 상호작용에 참여하기 위해 검색 엔진에 '중도장애 포럼(SLD Forum)'을 입력하면 쉽게 접근할 수 있다.

단서 사용

하루 종일 모든 의사소통 활동의 전달을 뒷받침하는 것은 단서를 광범위하게 사용하는 것이다. 기본적으로 보완대체 의사소통의 범주에는 촉각 단서, 소리 단서, 개체 단서, 몸짓 단서, 기호 및 사진 단서가 포함된다.

사물 단서 원래 점자의 선구자로, 시각장애아동에게 사용하기 위해 처음 개발된 [사물 참조물(Objects of Reference)]에서 비롯되었다(Ockelford, 2002). 오켈퍼드(Ockelford)는 OoR 자체를 상징 책(symbols book)으로 개별화할 수 있는 것과 거의 동일한 방식으로 사용자의 동기와 관심사에 맞게 개별화해야 한다고 주장했다. 상징에 대한 이해를 위한 첫 번째 단계로, 선화나 사진보다 사물이 언어와 관련이 높아 더 쉬울 수 있지만, 그러한 상징적인 돌파구를 만드는 데 필요한 인지 능력은 최중도중복장애학생 대다수의 능력범위 이상일 가능성이 높다. 『학습 경로』(WAG, 2006)는 상징적 수단을 통해 눈앞에 보이지 않는 사물에 대한 선호도를 표현할 수 있는 기술을 이정표 목록 43개 중 41번으로 언급하고 있다.

자네스(Jones et al., 2002)는 OoR을 개별화하는 것과 관련된 실제적이고 일상적인 어려움을 인식하고 있다. 특히 개별화된 의사소통 체계의 첫 번째 단계를 나타내고, 이러한 사물 단서의 활용을 통해 교사를 교육하고 동기부여를 촉진하게 된다. 따라서 의사소통 도구로 OoR을 매일 사용하는 것은 일반적인 사물 단서(개별화된 OoR이 아닌)를 사용하는 대다수의 최중도중복장애학생에게 다음 두 가지 방법으로 매우 유용하게 사용될 수 있다.

1. 시간표에 있는 모든 개별화 교육 세션에 대한 도입으로서, 또는 세션이 시작되기 전에, 예를 들어 나무 숟가락은 요리 세션을 가리킬 수 있고 염소(Cl) 냄새가 나는 수건은 수치료(hydrotherapy)를 의미할 수 있다. 이는 최중도중복장애학생이 자신을 제외한 모든 사람이 통제하는 세상을 이해하도록 직접적으로 지원한다. 최중도중복장애학생이 우리가 말하는 것을 이해할 수 있다는 보장은 없다. 우리는 이들이 이해한다고 가정한다. 그러나 누가 확실히 알 수 있겠

는가? 따라서 사물 단서는 실제로 그것이 단어 이해를 돕는 시간표(또는 적어도 지금과 다음 시간표)처럼 작동한다.

2. 일상적인 하루 일과 시간(화장실 가기, 음료, 놀이 시간, 점심 등)을 정하기 위한 도입을 할 수 있다. 이러한 사물 단서는 휠체어에 부착된 큰 가방에 담거나 보행 사용자를 위해 교실에서 매우 접근하기 쉬운 위치에 고정할 수 있다. 이러한 사물 단서의 궁극적인 목표는 학생이 지금 음료를 마시거나 지금 화장실에 가기를 원한다는 표시를 교사에게 스스로 나타내는 것이다. 즉, 의도를 표현하는 것이다. 이는 대부분의 발달 초기 단계의 학생에게는 큰 기대일 수 있지만 옵션을 제공하지 않으면 결과를 얻을 수 없다. 사물 단서는 추상적인 개념(단어)을 구체적으로 표현하게 설계되었으므로 가능한 한 실제 사건에 가깝게 표현해야 한다. 어떤 것들(점심이나 음료와 같은)은 상대적으로 쉽지만 다른 것들(상호작용과 같은)의 경우는 매우 어려울 것이고 어느 정도는 추상적인 개념을 가진다. 학교는 학생의 삶 전반에 걸쳐 연속성을 확보하기 위해 가능한 한 많은 관련 보호자 및 전문가와 대화하고 있는지 확인하고 특히 전환(transitions)에 주의해야 한다.

촉각 단서 최중도중복장애학생이 자신의 세계를 이해하는 데 도움이 될 수 있는 매우 간단한 추가적인 물리적 신호이다. 발달 초기 단계의 학생이 자신의 삶에 대해 완전한 통제력을 갖는 것이 매우 어려울 수 있기 때문에 우리는 우리가 할 수 있는 추가적인 도움을 제공할 의무가 있다. 장 베르(Jean Ware, 2003)는 이에 관해 흥미로운 점을 다음과 같이 말한다. 촉각 단서는 이해를 돕기 위한 가장 단순한 수준의 물리적인 보조도구이므로 보행 중인 최중도중복장애학생에게 다리 뒤쪽을 몇 번 두드리면 앉으라고 요청할 수 있고, 두 팔을 동시에 아래쪽으로 내려서 칫솔질을 그만 종료하라고 표시할 수 있다(완료된 신호의 물리적 미러링). 그러나 이 개념은 오른쪽 어깨를 두드려 휠체어를 오른쪽으로 돌리라고 하는 것에서부터 이미 제자리에 있는 사물 단서를 지원하는 촉각 단서를 개발하는 것까지 학교 일과 중에 쉽게 확장할 수 있다.

소리 단서 일반적으로 음악이지만 논리적으로 특정 이벤트 또는 활동의 시작 및/또는 끝을 나타내기 위해 재생할 수 있는 소리가 포함된다. 예를 들어, 학생이 버스에서 교실로 들어올 때 〈완벽한 날(Perfect Day)〉(Lou Reed), 스토리텔링 세션의 시작을 나타내는 〈세헤라자드(Scheherazade)〉(Rimsky-Korsakov), 미술 세션이 시작될 때 〈Must I Paint You a Picture?〉(Billy Bragg) 등을 재생할 수 있다. 매번 짧은 시간(30초) 동안 동일한 음악이 재생될 수 있으므로 어떤 음악작품인지는 중요하지 않다. 이 도입 시간 이후에는 방해가 될 수 있기 때문에 음악을 계속 재생하지 않는 것이 매우 중요하다. 특히 감각을 통합하는 데 어려움을 겪고 있는 학생들에게는 이런 음악이 학습을 돕기보다 오히려 방해가 될 수 있기 때문이다.

후각 단서 소리 단서와 동일한 원리로 작동하지만 물론 훨씬 더 오래 지속되므로 주의해서 사용해야 한다. 그러나 하루 내내 풍기는 냄새는 유용한 추가 단서가 될 수 있다. 예를 들어, 피시 앤 칩스 냄새가 나는 날은 금요일이라고 인식할 수 있다.

상징 단서 최중도중복장애학생은 대부분 인지적으로 상징을 인식하지 못할 가능성이 있지만 가능한 학생들, 중도장애학생에게 적절하게 사용할 수 있다. 특히 상징 단서는 여러 옵션 중에서 선택하는 능력을 발달시키는 데 가장 잘 활용될 수 있다. 예를 들어, 스위치를 라미네이팅하여 어떤 스위치가 재주 넘는 돼지 인형을 작동시키고, 어떤 스위치가 CD 플레이어를 작동시키는지 고를 수 있게 하는 데 활용될 수 있다.

수신호(signed) 단서 최중도중복장애학생 대다수가 수어를 이해하는지 여부는 명확하지 않지만, 의사소통 필요 여부와 관계없이 학교의 모든 사람에게 가능한 한 많이 수어를 활용하게 하는 것이 본질적으로 좋을 수 있다. 모든 교사는 책임감 있게 수어를 사용해야 하며, 학생이 자신이 원하는 것과 할 수 있는 것을 고를 수 있다.

가정

최중도중복장애학생을 가르치고 함께 일하는 데 있어 가장 흥미로운 요소 중 하나는 자신이 가르치려는 것이 실제로 이해되었는지 완전히 확신할 수 없다는 것이다. 포터와 동료들(Porter et al., 2001)은 특정 행동, 비활동, 발성 또는 비발화조차 의미 있고 특정한 의미로 해석될 수 있는데, 이는 의사소통 파트너 중 한 명(PMLD 학생)이 오해를 바로잡을 만한 능력을 가지고 있지 못할 때, 그럴 수 있다는 해석은 매우 타당한 지적일 수 있다. 따라서 이러한 오해는 무기한으로 이어질 수 있으며 실제로 한 명의 교사가 작성한 한 보고서가 모든 사람에게 의미가 전달되면서 오해가 퍼질 수 있다. 그들은 최중도중복장애학생의 삶에서 가장 중요한 사람들, 즉 그들을 가장 잘 아는 사람들과 의사소통 및 정보를 검증할 것을 권장한다. 또한 호그와 동료들(Hogg et al., 2001)은 가정들(assumptions)이 최중도중복장애학생이 제공하는 긍정적 또는 부정적 반응을 추정하여 어느 정도의 가중치를 부여해야 한다고 지적한다. 즉, 특정 반응을 학생이 좋아하는 자극으로 맥락화되었을 때 (직원에 의해) 더 긍정적인 것으로 보여 왔다. 이는 학생이 실제로 자극을 좋아했다고 확신하는 한 이해될 수 있다.

확실성의 정도에 대해 그로브 등(Grove et al., 1999)은 장애학생의 의사결정에 적극적으로 참여하도록 장려하는 사회적 · 정치적 맥락에서 개인적 바람과 이익을 대변할 책임은 종종 전문가(practitioners), 간병인 및 옹호자에게 있음을 지적하고 있다. 그리고 해석의 타당성 문제가 제기된다. 그로브와 동료들(1999)은 다음과 같이 주장한다.

> 의미는 항상 추론을 포함하는 상호작용의 협상된 결과로 간주되어야 한다. 따라서 해석의 타당성은 범주적 변수(categorical variable)가 아닌, 연속적(continuous) 변수이며, 다양한 출처에서 나온 체계적인 증거들에 의해 지원되어야 한다.
>
> (p. 190)

이러한 증거는 주관적이고 직관적인 통찰력에서 파생된 정보를 관찰 및 검사를 통해 얻은 정보와 결합할 수 있도록 해야 하지만, 우리가 종종 추측만 하곤 한다. 이러한 추측이 사용 가능한 모든 출처에서 수집할 수 있는, 증거를 기반으로 한 아주 좋은 추측일 수 있지만 그것은 여전히 추측일 뿐이다. 최중도중복장애학생을 가르치는 것은 학생이 '이것을 배웠는가?'라는 질문에 '내 생각에는 그렇다.'라고 답할 수 있는 것이다.[2] 우리는 위험을 무릅쓰고 이를 수행해 내야 한다.

문해력과 최중도중복장애학생

니콜라 그로브와 키이스 박(Nicola Grove & Keith Park)의 공동 연구 및 독립 연구들은 장애아동을 대상으로 하는 문해교육과 실천 영역에 있어 매우 중요한 저작들이다. 조금이라도 연극, 스토리텔링, 시 및/또는 문학 분야에 관심이 있고 최중도중복장애학생과 중도장애학생을 교육하는 사람이라면 이론과 실천에 관한 실질적인 조언을 얻기 위해 그들의 작품을 직접 읽어 볼 것을 강력히 권장한다. 오디세우스의 이야기인『Odyssey Now』는 모든 연령대의 중도장애학생의 적극적인 참여를 위해 1996년 처음 출판된 이후 '번역'되었으며, 중도장애학생을 위한 문학과 통합에 있어 고전적인 작품 중 하나로 남아 있다. 그 이후로도 이 작가들이 출판한 다른 많은 작품이 있다. 다른 어떤 작가들보다 그들은 최중도중복장애학생이, 앞에서 언급된 인지 및 의사소통과 관련/수반된 모든 어려움을 가지고도, 처음에는(혹은 절대) 우리가 언어를 이해하는 것처럼 직접 '이해'할 수 없는 언어를 경험하고 즐길 수 있을 뿐만 아니라 그 풍요로움으로부터 의미와 성취를 얻을 수 있다는 생각을 현실화했다. 그들은 "최고의 문학은 말을 넘어서는 힘을 가지고 있다. …… 문학은 읽을 수 있는 사람으로만 제한하기에는 너무 중요하다."라고 주장했다(Grove, 2005).

박(2010)은 상호작용적인 스토리텔링의 원리가 '단어의 음악'을 이해하는 것이며, '우려(apprehension)가 이해(comprehension)를 앞선다'고 가정하였다. 그는 '감정으로 보아야' 하고 '귀로 읽어야 한다'고 주장하며, 우리는 직접적으로 교사의 목소리와 태

2) 이 '사실'은 중도장애학생을 가르칠 때도 많이 나타난다. 이는 별도의 교육학 논쟁에서 최중도중복장애 집단과 중도장애 집단을 다른 집단으로 간주하는 주된 이유 중 하나이다.

도의 영향을 통해 직접적으로 번역될 수 있는 단어의 '영향'(감정) 관여하게 된다고 주장했다. 그는 사무엘 테일러 콜리지(Samuel Taylor Coleridge)의 『쿠블라 칸(Kubla Khan)』과 제임스 조이스(James Joyce)의 『피네간의 경야(Finnegan's Wake)』와 같은 위대한 문학작품을 광범위하게 인용하며, 그 의미가 불투명하더라도 패턴, 리듬, 영향 및 감정은 우리 인류의 깊은 중심 부분에 영향을 미친다는 점을 지적하였다.

박(Park)은 우리에게 콜리지의 『쿠블라 칸』 구절을 큰 소리로 읽도록 격려하고, 비록 구절의 정확한 의미가 우리를 벗어나더라도, 그 아름다움과 힘에 감동하지 않을 수 있도록 도전해 볼 것을 제안한다.

저 하늘 위에 궁전을 지을 수 있었을 텐데,	I would build that dome in air,
그것은 빛나는 대궐이어라! 얼음이 반짝이는 동굴이어라!	That sunny dome! Those caves of ice!
노랫소리를 들은 사람들은 모두 볼 것이며,	And all who heard should see them there,
또한 소리치리라. 보라, 조심하라!	And all who cry, beware! Beware!
그의 번쩍이는 눈과, 나부끼는 머리칼을.	His flashing eyes, his floating hair!
그의 주위에 세 번 고리를 짖고,	Weave a circle round him thrice
성스러운 공포를 느끼며 눈을 감으라.	And close your eyes with holy dread
그는 감로를 마시고,	For he on honeydew hath fed
낙원의 우유를 들이켰다네.	And drunk the milk of paradise.

다시, 니콜라 그로브는 "내러티브와 시는 우리의 정서적 및 인지적 기능의 근본이며, 우리의 경험을 이해하고 다른 사람들의 경험과 연관을 맺는 수단을 제공"한다고 주장한다(Grove, 2005).

박(2010)은 교사가 단순히 단어를 읽는 것만으로는 충분하지 않고 학습자가 경험에 참여할 수 있는 한 충분히 참여해야 한다고 지적한다. 이를 위해 그는 고대 예술인(ancient art)의 부름과 반응(Call and Response)을 부활시키고 그 원리를 장애학생에게 문학을 가르치는 데 적용했다. 이 간단하지만 매우 효과적인 기법의 기본 규칙을 숙지함으로써 한 단어 시(poem)부터 셰익스피어의 복잡한 연설에 이르기까지 모든 것을 전달할 수 있다. 학생은 교사가 되풀이하는 단어와 대사의 리듬과 박자에 필수적인 부분이 됨으로써 직접 참여한다. 예를 들어, 특정 단어나 대사를 요청하거나 대답하기 위해 빅맥 스위치와 같은 의사소통 보조기기를 사용할 수 있다. 교사는 학생이 그룹 리듬 수업에 일부라도 참여할 수 있게 하기 위해 락킹, 스탬핑, 박수 치기, 두드리기, 보컬 사용, VOCA 사용, 학습자를 사운드 보드에 올려놓고 즐기기 등 리드미컬한 움직임과 함께 지원할 수 있다. 교사는 표정과 신체 반응을 통해 학습자에게 직접 감정과 감정을 표현할 수 있다.

니콜라 그로브와 키이스 박의 작업은 제10장 '중도장애학생을 위한 언어, 문해력 및 의사소통 교육과정'에서 더 자세히 다루고 있다.

감각 이야기

최중도중복장애학생을 위한 감각 이야기의 사용은 문해력을 전달하는 오랜 방법이며 감각 이야기는 흥미롭고 완전히 발달적으로 동시성(developmentally sympathetic)의 방식으로 학교 전체 또는 학급의 주제를 전달하는 훌륭한 수단이다. 적용할 수 있는 이야기가(거의 말 그대로) 무수히 많으며 〈한다의 놀라움(Handa's Surprise)〉이나 〈곰 사냥을 떠나자(The Bear Hunt)〉와 같이 기준에 국한하지 않아도 가능하다. 이 두 가지 이야기는 모두 감각 이야기 모드로 전달할 수 있는 재미있는 이야기이며, 다른 이야기를 위해 리모델링할 수 있는 요소(하나의 기본 장면을 다양한 여러 에피소드를 통해 반복하여 절정에 이르게 함)를 가지고 있다. 고학년 학생들에게 전달하는 것도 완벽하게 가능하지만, 본질적으로 어린 학생들을 위한 것임을 인식할 필요가 있다. 그럼에도 불구하고, 이러한 성공을 이끄는 스토리의 요소는 몇 가지 추가를 통해 제9장 '최중도중복장애 학생을 위한 감각 교육과정'에서 언급하고 있는 '10가지 필수 요소'로 요약될 수 있다.

일단 고안된 후에는 동일한 이야기가 적어도 반 학기 동안 (그리고 더) 매주 반복되어야 학생이 그것에 익숙해질 수 있는 기회를 갖게 된다. 따라서 모든 의사소통의 필수 기본 요소인 순서 지키기, 교대하기, 예측 및 기억 기술 연습하기를 할 수 있다. 중등학생이 감각 이야기에 참여하지 말아야 할 이유는 없다. 감각 이야기가 유치할 필요도 없다. 원하는 만큼 폭력적이고, 역겹고, 무례하게도 만들 수 있다. 선더랜드에 있는 포틀랜드 아카데미의 Pete Wells는 훌륭한 웹사이트(www.petewells.co.uk)를 운영하고 있으며 여기에서 중등 과정의 최중도중복장애학생에게 맞는 무료 PowerPoint® 슬라이드를 많이 제공하고 있다. 다른 방식으로 작업하는 것을 선호한다면 이러한 항목을 PowerPoint® 프레젠테이션이 아닌 형태로도 적용해 볼 수도 있다. 새로운 이야기는 영구적으로 저장해 두는 것이 좋다. 눈에 띄게 라벨을 붙여 투명한 플라스틱 뚜껑을 닫아 상자에 보관하여 방해받지 않을 적절한 공간에 보관할 것을 권한다.

제7장

최중도중복장애학생을 위한 체육 교육과정

지체장애 또는 지각장애가 의사소통 발달에 심각한 한계를 가진다는 명백한 증거들이 있다(Bullowa, 1979; Coupe O'Kane & Goldbart, 1998). 뻗기, 잡기, 잡고 유지하기, 조작, 탐색, 방향 전환, 돌아나가기, 무엇인가를 향해 이동하기, 멀리 이동하기 등의 초기 아동 발달 모델(Uzgiris & Hunt, 1975; Dunst, 1980)은 지체장애(그리고 지적장애)인들에게 엄격하게 적용하지는 않았다. 앳킨과 동료들(Aitken et al., 2000)은 신체장애로 인해 전체 학습 과정에의 제한이 있을 수 있음을 다음과 같이 설명하였다.

> [1980년대 이후] 영유아를 포함한 아동들은 자신의 환경에 대한 통제권을 가지게 되는데, 장애아동의 경우 심각한 신체 손상으로 인해 통제권에 제한을 받게 된다는 증거들이 많이 제시되었다. 장애아동은 경험을 결정하고 통제할 수 있는 기회가 적더라도 그것을 통해 배울 수는 있다. 단지 그러한 경험이 좌절과 실패로 이어질 가능성이 훨씬 높을 뿐. 하나의 경험이 다른 경험으로 이어질 수 있기에 여기서 또 다른 어려움이 발생한다. 하나의 환경에서 학습된 실패 예상(expectation of failure)은 다른 경험에서 얻을 수 있는 학습 또한 어렵게 만든다. 성공을 배우기는커녕 노력하는 것조차 무의미하다는 것을 배우게 되기 때문이다.
>
> (Aitken et al., 2000, pp. 30-31)

최중도중복장애학생의 신체적 웰빙은 굉장히 중요하므로 필요에 따라 교육과정 시간의 대부분을 보내고 있지만, 이에 대해서는 나중에 다루게 될 것이다. 골드스미스와 골드스미스(Goldsmith & Goldsmith, 1998)는 장애인들의 운동을 장려할 주요 목적을 다음과 같이 일컫고 있다.

- 독립성을 높이기
- 바른 체형(body shape) 유지하기
- 전반적인 건강과 사기 진작하기

이들은 이 프레임워크 내에서 주제에 대한 자신의 견해를 효과적으로 표현할 수 없는 사람들을 대신하여 몇 가지 핵심 질문을 하는 것이 필수적이라고 제안하고 있다. '돌봄(care)'과 같이 오히려 신체 '관리'는 개인이 좋아하든 싫어하든 개인에게 해 왔던 교육과정의 일부이다. 개인의 불만은 '고통이 없으면 얻는 것도 없다' 또는 학생의 '최선의 이익'에 대한 논쟁으로 충족(반박)될 수 있지만 앳킨과 동료들이 제기한 바와 같이 동정적으로 행해졌다. 골드스미스와 골드스미스(Goldsmith & Goldsmith)가 제안하는 질문은 1998년과 마찬가지로 오늘날에도 관련이 있다. 즉, 개인은 다음과 같은가?

- 충분히 건강한가?
- 충분히 쉬었는가?
- 충분히 기꺼이 하고 있는가?
- 충분히 편안한가?
- 충분히 나이 들었는가?
- 충분히 젊은가?

그리고 활동은 어떠한가?

- 충분히 쉬운가?
- 정상적이고 좌우대칭적 체형을 유지할 수 있는가?

이는 단순히 개인이 건강하고, 편안하고, 의지가 있는지의 문제가 아니라, 충분히 건강하고, 충분히 편안하고, 충분한 의지를 가지고 있는지와 같이 단순한 추가 조건은 큰 의미를 가진다. 골드스미스와 골드스미스는 또한 개인이 '충분히 나이가 들었는지' 또는 '충분히 어린지' 묻는다. 즉, 경도 뇌성마비(CP)의 경우 7~8세 이후에는 주요한 대근육 움직임의 신체적 기능의 개선이 거의 일어나지 않을 가능성이 높고, 최중도 뇌성마비인들은 훨씬 더 어릴 때(아마 3세경)부터그럴 수 있다.

운동장애의 임상적 중증도에 해당하는 1세에서 13세 사이의 뇌성마비 아동 657명을 대상으로 한 종단(longitudinal)연구를 통해 로젠바움과 동료들(Rosenbaum et al., 2002)은 다음을 입증해 냈다. 첫째, 손상의 정도가 증가함에 따라 예상되는 발달(신체 기능의 개선)의 한계는 감소한다. 둘째, 운동 발달 잠재력이 낮은 아동은 더 빨리 한계에 도달하는 경향이 있으며, 최중도 뇌성마비 아동의 경우 3세 정도이다.

그러나 그들은 이 연구가 물리치료나 다른 신체적 프로그램을 포기하는 이유로 해석되어서는 안 된다고 주장했다.

> 부모, 의사, 치료사, 프로그램 관리자, 제3의 지불자(third party payers)[1] 및 기타 의사결정자는 [상향 진전을 보여 주는] 곡선이 평평해졌을 때 추가적인 치료가 도움이 되지 않거나 불필요하다고 가정해서는 안 된다. 독립적인 활동을 늘리고 장애아동의 참여를 촉진하고 발생할 수 있는 이차적 장애를 해결하기 위한 방법을 지속적으로 모색하는 것이 필요하다. 또한 현재 연구에 참여한 아동들은 서구 세계에서 제공되는 치료법을 대표한다고 믿는 다양한 현대 발달치료 서비스를 받고 있다는 사실을 기억해야 한다. 새로운 치료법이 등장함에 따라 뇌성마비 진단을 받은 아동의 운동 발달 패턴이 변경될 수 있으며 이러한 모델에 대한 수정이 필요할 수 있다.
>
> (Rosenbaum et al., 2002, p. 1362)

뇌성마비 아동이 나이가 들어 감에 따라 불가피한 신체 기능의 악화/퇴화를 막기 위한 현재 아동의 움직임 수준을 유지하기 위해 치료가 필요할 수 있다. 그러므

---

1) 역주: 직접 지불이 아닌 국가의 복지 급여로 지급되는 자금을 의미한다.

로 치료/의학적 관점에서 아동이 필요로 하는 것, 특정 시간 동안 아동이 견딜 수 있는 것, 그리고 독립적인 활동과 신체적 참여를 촉진하는 것 사이에 균형을 맞추는 것이 필요하다. 이들을 하나로 모으는 열쇠는 참여와 동기를 모두 보장해 주는 것이다(Carpenter et al., 2010). 마이클 메드닉(Michael Mednick)은 최중도중복장애아동에 대해 다음과 같이 말했다.

> 장애는 종종 그들에게 영향을 미치는 것에 대해 선택할 기회 없이 그들을 무기력하게 만든다. 대부분의 작업에 성인의 개입과 지원이 필요하지만 가능한 한 많이 아동 스스로 선택하고 통제할 수 있도록 해야 한다. 그러는 동안 아동들은 스스로를 믿기 시작한다.
>
> (Mednick, 2002, p. 1)

이를 뒷받침하기 위해 베르(Ware, 2003)는 상호작용적이고 매력적인 프레임워크 내에서 물리치료(physiotherapy)와 같은 신체 활동에 학생을 완전히 참여할 수 있게 하는 것이 중요하다고 지적하였고, 학생의 반응을 격려하기 위해 일관된 일시 중지(잠깐 멈춤, pauses)를 하여 학생이 스스로 반응할 수 있도록 할 것을 제안하였다. 이는 효과적인 학습은 본질적으로 총체적이어야 한다는『학습 경로』(WAG, 2006)의 주장으로 귀결된다. 학습은 관련되고 의미 있는 일상 경험과 활동에 기반해야 하기 때문이다.

운동 기능 결과 측정을 하여, 보어와 동료들(Bower et al., 2001)은 치료가 운동 능력을 극대화하는 데 도움이 되지만 일상 활동에 사용되지 못한다면 장기적으로 유지될 가능성이 없다고 주장하였다. 임상 경험이 치료의 효과적인 부분으로 결국 아동 삶의 일부가 되어야 한다는 결론을 낸 스크루톤(Scrutton, 1984)의 주장에 많은 부분 동의하게 된다.

체육교육이 아동 생활의 일상적인 부분인지 확인하기

에어드(Aird, 2001)는 체육과 교육과정(또는 이동성 관리)이 다음과 같은 영역의 진전을 다룰 수 있다고 제안하고 있다.

- 눈–손 협응(같이 움직이는) 및 소근육 운동 제어
- 자세 잡기
- 공간 인식
- 오리엔테이션(orientation)과 신체 움직임

이러한 영역으로 교육과정을 나누는 것은 우리가 모든 기반을 다룰 수 있도록 하는 유용한 도구가 될 수 있다. 그러나 에어드는 또한 (예를 들어) 눈–손 협응을 독립적으로/홀로 수행하는 것이 완전히 효과적인 작업 방법이 아닐 수도 있다고 주장한다. 이런 것들은 개인에게 동기를 부여하기 위해서 다른 활동을 통해 작업/연습되어야 한다. 최중도중복장애를 지닌 누군가가 펜을 들고 그림을 그리기 시작할 것이라고 기대하는 것은 의미가 없다. 왜냐하면 그들은 그 정도 지적 수준이 아니고, 설마 맞더라도 활동에 의해 동기를 부여받지 않았을 수 있기 때문이다. 직접 지원을 제공하는 것도 그들을 위해 대신 활동을 수행하고 학습된 무기력을 조장하는 것이기 때문에 충분하거나 허용되어서는 안 된다. 그들은 어떤 재료라도 예술 재료가 될 수 있다는 것을 기반으로 페인트, 점토, 직물, 나뭇잎, 플라스틱 등과 같은 예술 재료를 탐구하고 싶어 할 수 있다. 여기서 중요한 것은 예술 작품의 제작이 아니라 이러한 활동의 일부 또는 전부를 수행하려는 동기를 통한 파악, 조작, 느낌, 맛, 시각적 이미지를 체험하고 탐색할 수 있게 하는 것이다. 중요한 것은 환경 및 소재의 탐구와 신체적 연습이며 그 탐구의 과정에 학생이 흥미진진하게 만드는 능력이 교사의 기술이다. 요리와 같은 다른 활동에도 동일하게 적용해 볼 수 있다. 소근육 운동을 연습할 수 있는 다른 기회는 스위치 작업(switch work)과 무엇이든 학생에게 동기를 부여하는 재료 및 사물의 조작을 통해서 경험해 볼 수 있다.

카렌 버닝(Karen Bunning)은 '개별화된 감각 환경(Individualised Sensory Environment: ISE)'이라 하는 개입을 통해 매우 흥미로운 작업을 수행할 수 있다. 이것은 처음에는 심오하고 다양한 학습의 어려움을 겪는 장애성인을 위해 개발되었지만(Bunning, 1996), 기본 원칙은 연령에 관계없이 동일하게 적용할 수 있다. 목표는 전형적인 행동(stereotypic actions), 자해 및 중립적 행동으로 특징지어지는 비목적적인 참여(non-purposeful engagement) 수준을 줄이고 사람 및 사물과의 의도적인 상호작용 수준을 높이는 것이다. 결과는 최중도중복장애성인이 높은 기대 수준의 비목적적인 행동을 보여 주었지만, 개별화된 감각 환경 개입/중재(intervention)[2] 이후 의도적 상호작용이 증가하고 비의도적 참여가 감소한 것으로 나타났다(Bunning, 1998).

물리치료

규칙적이고 일상적인 물리치료와 수치료를 사용하는 것은 항상 체육 교육과정의 좋은 출발점이 된다. 영국 전체에 물리치료사가 충분하다고 생각하는 학교는 없을 것이다. 따라서 팀에 있는 사람들과 협력하는 방식이 절대적으로 중요하다.

많은 물리치료 팀이 보바스(Bobath) 접근 방식을 사용하고 있다. 베르샤(Bertha)와 카렐 보바스(Karel Bobath) 부부의 이름을 딴 이 치료법은 일상생활에 통합될 수 있는 보다 자연스러운 움직임 패턴을 장려하는 방법이다. 보바스 치료법은 엄격한 운동 체계가 아니며 ① 개별 학생의 강점과 요구, ② 치료사의 전문 지식과 기술에 크게 의존한다. 보바스 개념은 작업치료, 물리치료, 말 및 언어 치료, 교사 및 부모를 포함하는 초학문적 접근 방식을 주장/고수하므로 학교 및 가정 환경 모두에 이상적이다. 목표는 최중도중복장애학생의 잠재력에 따라 현실성이 있어야 하고 일상생활 환경에 적합해야 한다(Mayston, 2000). 기존의 방법에 비해 보바스 방법의 효능을 입증하는 실증적 연구가 확실히 없는 것으로 보이는 것은 유감이긴 하지만, 보바스 방법을 훈련받지 않은 물리치료사들은 최중도중복장애학생에게 적용하기에 긍정적인 사례가 될 수 있다.

신체 움직임 내에서 목표지향적 접근 방식에 관심이 있다면 세인트 마가릿 스쿨(St Margaret's School, 2009)에서 발행한 『최중도 교육과정(The Profound Education Curriculum)』을 참조해 볼 만하다.

2) 개별화된 감각 환경(ISE)에 대해서는 제9장 '최중도중복장애학생을 위한 감각 교육과정'에서 매우 상세하게 논의하고 있다.

자세 잡기

일반적으로 대근육운동장애학생을 위해서 하루 중 규칙적인 자세 변화를 구성하는 것이 좋으며, 신체 자세가 좌우 대칭을 유지할 수 있도록 의사와 협력해야 한다. 20분 동안 의자에 앉아 대근육 운동을 하지 않고 몸통과 다리를 가만히 유지해 보자. 그리고 한번 의자에 앉으면(혹은 휠체어에 앉으면) 몇 시간 동안을 같은 자세로 앉아 있어야 한다고 상상해 보자. 신체 활동의 전반적이고 명백한 이점은 단지 대근육운동장애가 있기 때문에 적용하지 않고 있는 것은 아니다. 연구에 따르면 수면 패턴이 개선되고 결과적으로 학생들이 학교에서 보내는 대부분 시간 동안 신체 활동을 할 때 학교에서의 시간 동안 주의집중력이 향상되었고(Low, 2004), 8개월 동안 일주일에 3번 20분씩 체중부하를 지탱하는 활동(weight bearing)을 함으로써 경직형 뇌성마비 학생의 골밀도가 향상되었다(Chad et al., 1999). 또한 더 직립 자세를 취하면 아동의 기도가 반듯하게 유지되고 이를 통해 흉부 감염을 예방할 수 있다는 이점이 있다.

이 모든 것은 다시 엄청난 시간 문제를 가져오는데, 왜냐하면 이렇게 자세를 변화 시키는 데, 시간이 많이 걸리고, 학생이 나이가 들수록 체중이 증가하여 신체 지원을 위해서 더 오랜 시간이 걸린다. 그러나 우리는 어떤 상황에서도 시간 부족의 이유를, 이 일을 하지 않는 변명으로 삼아서는 안 될 것이다. 교사와 관리자 모두에게 문제가 되는 이러한 문제는 제8장 '최중도중복장애학생을 위한 돌봄 교육과정'에서 상세하게 논의하고 있다. '운동 노래(exercise song)'를 부르거나 '운동 시(exercise poem)'를 부르며 반응하는 등—고학년 학생들을 위해서는 미국 GI의 행진곡 등을 사용하여 연령에 적합한 활동으로 바꿀 수 있다(Park, 2010). 보다 비공식적인 집중적 상호작용 세션을 활용하여 '운동 시간'을 재미있게 만들어 볼 수 있다.

스트레칭과 움직이는 자세 외에도 서기 보조기기(예: 프론 스탠더나 이지체어 등)을 사용하는 것도 고려할 필요가 있으니 이러한 도구의 사용이 학생에게 트라우마로 작용할 수 있으므로 최대한 활동을 학생이 흥미로워할 만한 것으로 제공하는 것이 중요하다. 학생의 입장에서 서기 보조기기를 벌주는/혐오스러운 도구로 여길 수 있으므로, 이 보조기기를 경험하는 학생이 가질 수 있는 불편함에 우리가 공감을 해

줄 수 있어야 한다. 건강에 좋다는 이유로 강압적으로 해서는 안 되는 점에 주의해야 한다.

마사지

마사지는 '쓸데없는' 활동으로 간주하지만 않는다면 학생의 신체 스트레칭이나 신체 변화 및 협응을 할 수 있게 하는 데 매우 유용한 활동이다. 마사지는 긴장된 근육을 풀고 경직된 근육의 경직성을 완화시킬 수 있는 방법일 뿐만 아니라 자신의 신체상에 대한 이해와 고유수용감각을 가르치는 수단으로 사용될 수도 있으며(Bluestone, 2002), 교육을 위한 훌륭한 매체가 될 수도 있다. 예를 들어, 플로 롱혼(Flo Longhorn)은 마사지를 통해 수학을 가르치기도 하였다.

신체 움직임

음악을 활용한 움직임은 근육 움직임에 대한 기억을 구축하고 대근육 및 소근육 운동 제어를 향상시키는 데 좋은 방법이다. 가장 간단하게는, 이것은 특정 음악[예: 데이지 라스컬(Dizzee Rascal)의 『벙커스(Bonkers)』이 특정 움직임, 예를 들어 앞뒤로 흔들거나 팔을 좌우로 흔드는 에어로빅에 활용될 수 있다. 처음에 이 운동은 성인/어른에 의해 신체적 지원이 많이 필요할 수 있다. 그러므로 학생을 지원하는 성인이 학생 움직임의 특성을 이해해야 한다. 즉, 신체를 움직이게 하는데 학생의 신체 기능의 저항도가 클 수 있다는 점을 이해하고 어떻게 움직이게 지원하는 것이 안전한 것인지를 이해해야 한다. 그러나 시간이 지남에 따라 학생에게 필요한 것이 무엇인지, 저항을 줄이고 수동적 협력, 능동적 협력, 독립적 운동으로 가기 위한 더 깊은 이해를 해 나가야 한다. 이 분야는 1980년대와 1990년대에 크리스 닐(Chris Knill, 1992)이 수행한 작업에 크게 의존하고 있으며, 『아동을 위한 홀리스틱 음악(Holistic Music for Children)』이라는 책에서 상세 정보를 얻을 수 있다. 이 프로그램은 신체 인식, 움직이는 소리, 발견, 노래 및 학습의 네 가지 영역으로 구분되어 있다(현재는 절

판되었다). 이 접근법에 대한 자세한 내용은 www.holisticmusicforchildren.co.uk 에서 확인할 수 있다.

드라마와 춤

앳킨과 동료들(2000)은 대근육 신체 움직임을 촉진하는 방법으로 운율, 리듬 및 노래를 사용하는 드라마 및 연극 활동의 효능에 주목하지만, 최중도중복장애학생의 무용/춤에 대한 연구와 개발된 실제 사례들은 여전히 부족한 실정이다(Lamond, 2010). 다시 말하자면, 최중도중복장애학생은 휠체어를 타고 음악에 맞춰 움직이는 행동을 춤이라고 생각하는 경향이 있다. 이러한 활동은 어느 정도 유익한 효과가 있을 수 있지만, 이는 사람과 함께 하는 것이 아니라, 사람에게 행하는 또 다른 예이다. 베로니카 셔본(Veronica Sherborne)의 작업은 이와 관련이 있지만(Sherborne, 1990) 최중도중복장애학생(특히 나이가 많은 학생)을 수용하기 위해 약간의 적응/수정이 필요하다. 중도장애학생 및 최중도중복장애학생이 함께 있는 특수학교에서 사라 바니르만 하이그(Sara Bannerman-Haig)의 작업은 주로 심리치료를 제공하는 중심 수단으로 춤과 동작을 반영하지만, 그럼에도 불구하고 교사와 물리치료사 모두에게 열려 있는 가능성에 대한 흥미로운 아이디어를 제공하고 있다(Bannerman-Haig, 1997, 2006).

이동성

대근육운동장애학생의 걷기 능력은 인생 후반기까지 유지되지 않을 가능성이 충분/뚜렷하기에(Bottos et al., 2001) 학생의 이동 잠재력을 극대화할 수 있도록 적정성을 확보하는 것이 필요하다. MOVE(Mobility Opportunities Via Education: 교육을 통한 이동성 기회) 프로그램을 통해 이동, 이동성 및 독립성 문제, 전체에 대해 많은 작업이 수행되는데 이는 www.disabilitypartnership.org.uk를 통해 접근 가능하다. 앉기, 서기, 걷기, 이동하기에 집중함으로써 학제 간 전문가로 구성된 MOVE 팀은 일상생활의 한 부분으로 기능적 기술(functional skills)에 대한 의미 있는 연습을 할 수 있도록 반복적으로 기회를 마련해 주어야 한다. 체중부하(무게) 견디기, 근육 및 뼈 강화, 적합한 그리고 전반적인 참여 기회를 제공하는 데 집중할 필요가 있다.

건강 및 안전에 대한 이슈

우리는 모든 신체 운동 활동과 마찬가지로 자기 스스로를 돌볼 필요가 있다. 최중도중복장애학생들의 척추 문제는 교육과 돌봄을 하는 데 우리에게 고질적인 문제(endemic)로 다가올 수 있다. 다양한 리프팅 기기(들어 올리는 장비)들을 사용할 수 있지만, 이 기기들이 아무리 정교하다 해도 매일 루틴 중에 직접 손으로 조정을 해야 한다. 최중도중복장애학생과 함께 일하는 경우, 이 영역에 대한 교육/훈련 및 연수가 정기적으로 이루어져야 하고 관련한 정보와 기술에 대한 업데이트를 해 나가야 한다.

제8장

최중도중복장애학생을 위한 돌봄 교육과정

의학적 상태가 반드시 특수교육요구를 수반한다는 것을 의미하지는 않지만, 효과적인 교육을 수행하기 위해서 의학적 상태는 고려해야 한다.

(Farrell, 2006, p. 82)

생각해 볼 문제

무엇이 가장 중요한 것일까? 학생이 '네'라고 대답하도록 가르치는 것일까, 아니면 '아니요'라고 대답하도록 가르치는 것일까? 이 모두를 가르치고자 할 때 어떤 위험을 감수해야 할까?

교육적 개념으로서의 돌봄

교육과정의 주요 특징으로 돌봄의 문제를 포함하는 것이 상당히 낯설어 보일 수 있다. 1988년 영국에서 국가수준 교육과정이 등장하기 이전까지(사실, 등장한 그 직후까지) 수년 동안 최중도중복장애학생은 '특별한 돌봄'을 받는 학급에서 교육을 받는 것으로 여겨져 왔다. 특수학급을 비판하는 학자들은 특수학급이 보편적으로 이루어지고 있는 교육에서 최중도중복장애학생을 구분하고 있고, 최중도중복장애학생을 위한 별도의 교육과정으로 그 개념을 하향 조정하여 운영함으로써 이들을 전체적인 교육 체계에서 분리시키는 결과를 초래했다고 주장하고 있다(Byers & Rose, 1994). 이러한 인식으로 인해 국가수준 교육에서 돌봄의 문제는 대부분 무시되어 왔다.

불행히도 만약 우리가 돌봄이 매우 필요한 것이기는 하지만 시간을 낭비하는 교육적 부산물, 다시 말해 이를 가능한 한 빨리 끝내고 다시 중요한 교육으로 되돌아가야 하는 무언가로 생각한다면, 교육과정 내에서 돌봄의 교육적 사례를 결코 개발할 수 없을 것이다. 이는 단지 교육과정에 딸려 오는 부록과 같은 것이 될 뿐이다. 하지만 저자는 최중도중복장애학생에게 있어서 돌봄은 너무나도 중요하기 때문에 부차적인 문제로 치부되어서는 안 된다는 확고한 신념을 가지고 있다.

수많은 중도장애학생에게 일생에 걸쳐 상당한 돌봄이 요구되는 것은 부정할 수 없는 사실이다. 최중도중복장애에서 '중복(M)'(Evans & Ware, 1987)은 '중도(profound)'라는 단어(Kiernan & Kiernan, 1994)가 함축하고 있는 지적인 손상을 수반하면서, 다양한 장애의 가능성을 상당히 직접적으로 나타내고 있다. 또한 요구되는 돌봄의 특성이 교수 및 학습 양식 모두에도 직접적으로 영향을 미친다고 볼 수 있다(Goldsmith & Goldsmith, 1998; Miller, 1998; Aird, 2001; Farrell, 2005).

1990년에는 2파운드(약 0.9kg) 미만의 체중으로 태어난 신생아 중 단지 20%만이 생존했다. 2011년에는 그 수치가 80%로 상승한다. 현재는 임신 23주(제2분기)의 신생아도 살릴 수 있다(Marlow et al., 2005). 그러나 이 중 약 50%는 장애를 가질 가능성을 가진다. 그리고 신생아는 수개월에 걸쳐 집중치료를 받아야 할지도 모른다. 그럼에도 불구하고, 신생아 및 소아 치료 분야에서의 향상은 영국 내 복합적인 건강상의 요구를 지닌 아동 수의 증가와 함께(DoH, 2004), 성인기까지 생존하는 최중도중복장애학생 수의 증가에 영향을 미쳤다는 것은 의심할 여지가 없다(Barr, 2009). 이는 이제 우리가 복합적인 건강상의 요구를 가진 아동과 젊은 세대를 주목해야 한다는 것을 의미한다. 이들에게는 높은 수준의 지원이 요구될 수 있으며, 이들의 상태는 생명이 위태롭거나 혹은 수명이 제한될 수도 있다(Barr, 2009). 48명의 최중도

중복장애아동을 대상으로 한 지즐스트라와 블라스캄프(Zijlstra & Vlaskamp, 2005)의 연구에 따르면, 전체 아동 중 85%는 발작 증상을 보였으며, 81%는 시각 손상, 31%는 청각 손상, 67%는 위장 문제, 38%는 폐에 이상이 있는 것으로 나타났다.

이와 같은 연구들을 통해 중복장애가 단지 하반신 마비, 사지마비, 몸의 불균형과 같이 눈에 보이는 것에 국한되지 않는다는 것을 알 수 있다. 왜냐하면 체중 지탱이 어려운 사람이나 팔다리 사용에 제한이 있는 경우, 시간이 지남에 따라 척추 측만이나 흡인, 둔부 및 팔 관절이 저긴장 상태인 것과 같은 '내적인(체내의)' 어려움이나 특별히 간이나 신장, 심장 등과 같은 내부 기관의 문제들이 동일하게 나타날 수 있기 때문이다. 뇌성마비를 가진 사람들은 과도한 경직(긴장 과도)을 경험하는 반면, 레트 증후군의 경우 이와 반대로 과도한 저긴장을 겪을 수 있다. 최중도중복장애학생들은 뇌전증을 경험할 확률이 상당히 높은데(Ayers, 2006), 존슨과 파킨슨(Johnson & Parkinson, 2002)은 뇌전증이 학습에 영향을 미칠 수 있는 개인의 뇌 속에 근원적인 문제가 드러나는 증상이라고 언급하였다.

좀 더 기본적인 수준에서 살펴보면, 중력의 작용으로 인해 우리 몸의 장과 폐는 하루 중 상당 시간 동안 직립해서 걸을 때 신체적으로 가장 잘 기능하도록 고안되었다. 그렇지 않은 사람들은—예를 들어, 휠체어에 앉아서 대부분의 시간을 보내는 사람들—변비를 갖거나 흉부 감염을 겪기 쉽다. 또한 한 번이라도 이러한 결과를 경험했던 사람은 점차 몸이 쇠약해져 가는 것을 느끼게 될 것이다.

골드바트와 카톤(Goldbart & Caton, 2010)은 개인의 건강과 감각 기술, 감각상의 문제는 개인의 의사소통과 효과적으로 의사소통하는 능력에도 심각한 영향을 미친다고 밝히고 있다. 그로 인해 정기적인 평가와 모니터링이 요구되며, 이를 가끔씩 비정기적으로 실시하는 것은 충분하지 않다. 모든 학급에서 적용되는 지속적인 점검 이외에 규칙적이며 공식적인 감각 평가는 (자폐스펙트럼장애로 진단받은 학생뿐만 아니라) 최중도중복장애학생을 위한 교육 절차의 일부가 되어야 한다. 사실, 건강과 관련한 일반적인 이슈는 매슬로(Maslow, 1954)가 제시하여 잘 알려진 '욕구의 위계'를 통하여 본질적인 교수 원리의 우선순위를 살펴볼 수 있다. 그에 따르면 학습은 기본적인 돌봄 상태가 적절하게 제공되었을 때만이 발생할 수 있다([그림 8-1] 참조).

이러한 까닭에 학교에서 혹은 학교 밖에서 누군가를 지원한다는 것은 단지 아픔이나 질병, 배고픔이나 갈증, 추위와 더위, 불편함, 경련, 스트레스, 불확실성, 혼란,

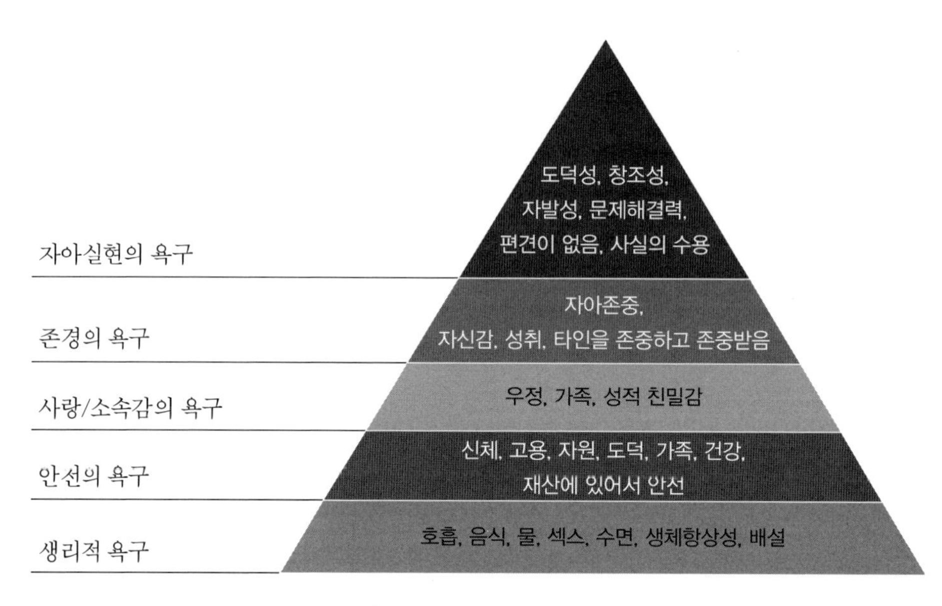

[그림 8-1] 욕구의 위계

출처: Maslow (1954).

화, 두려움, 피곤함, 생리, 발작, 식생활과 같은 상황들을 돌보는 것만을 의미하는 것이 아니다. 제시된 점 이외에도 헤아릴 수 없는 다양한 것이 포함될 수 있다.

여기에서 무엇보다 협동 작업이 절대적으로 요구되는데, 스파고와 노스웨이(Spago & Northway, 2011)는 보건교사 역할의 중요성을 강조하고 있다. 이에 더 나아가 보건교사는 학생을 둘러싼 총체적인 교육팀의 구성원으로서 고려되어야 한다. 왜냐하면 보건교사는 돌봄에 대한 이해를 이끌어 내고 그것이 학습에 어떻게 영향을 미치는지 설명함에 있어 중요한 역할을 담당할 수 있기 때문이다. 또한 보건교사는 학교와 가정, 공공의료 서비스 기관을 연결해 주고, 전환 기간 동안에 학교와 성인 서비스 기관을 이어 주는 중요한 가교 역할을 할 수 있다(Spago & Northway, 2011).

최중도중복장애학생에 대해 알아 가고 그들의 목소리를 듣기 위해서는 특별한 주의와 관심이 요구된다. 오르(Orr, 2003)는 복잡한 요구를 가진 사람의 개인적 관점을 글로 나타냈는데, 가능한 한 그들 자신의 관점에서 자신이 누구인지, 주어진 시간을 어디에서 보낼지에 관해서만큼은 안전하게 기본적인 인권으로 주어져야 한다고 언급하고 있다. 이들을 지원하는 보호자의 입장에서는 상당한 양의 '귀 기울임(listening)'이 요구된다. 베르(Ware, 2003)는 단지 아동을 아는 것만으로는 충분하지

않다고 강조하고 있다. 왜냐하면 양육자/아동의 상호작용은 다음과 같은 경향성이 주로 나타나기 때문이다.

- 최중도중복장애학생은 소극적인 모습을 보임
- 양육자가 주도적인 역할을 함
- 양육자로부터 제공받는 정보가 비교적 많지 않음
- 최중도중복장애학생과 양육자 간의 갈등/상충(예: 둘이 동시에 '말하고' 있는 장소)

가능성의 한 부분으로서의 귀 기울임

1970년에 최중도중복장애학생이 공식적인 교육 절차에 최초로 참여하게 된 이래로, 교육 절차상에서 학생 당사자의 목소리를 반영하고 그들을 직접 참여하도록 하는 데 상당한 시간과 노력이 소요되었다. 이는 주로 주류화 모델(mainstream model)에 따라 학생 위원회에 참여하는 형태로 나타났는데, 최중도중복장애학생에게 이를 적용한다면 단순히 명목에 그칠 뿐일 수 있다. 그러나 이러한 사실이 최중도중복장애학생의 목소리에 귀 기울일 필요가 없다는 것을 의미하지는 않으며, 이와 마찬가지로 그들의 목소리에 따라 행동할 필요가 없다는 것을 의미하지도 않는다. 최중도중복장애학생에게 적극적인 목소리를 내도록 가르치는 데 시간을 투자하다 보면 서로 상호작용을 하면서 내 행동이 상대에게 어떤 영향을 미칠 수 있다는 사실을 우발적으로 인식할 수 있다. 당신이 누군가를 알아 가는 데 필요한 시간만큼, 그 학생에 대해 알아 가는 데에도 많은 시간이 소요될 것이고, 어쩌면 실제로 생각했던 것보다 훨씬 더 많은 시간이 걸릴지도 모른다. 그러나 분명히 기억해야 할 것은 학생들이 '네'라고 말할 수 있을 뿐만 아니라 '아니요'라고 말할 권리도 가져야 한다는 것이다. 이에 대해서는 뒤에서 좀 더 설명하고자 한다.

카펜터(Carpenter, 2010)는 21세기에 최중도중복장애를 지니고 태어난 아동 수의 증가가 미처 파악되지 못한 돌봄에 대한 요구의 증가를 가져올 것이라고 경고하였다(Male & Rayner, 2009; Ofsted, 2010). 이러한 돌봄의 요구는 학습 스타일(방식)에 직접적인 영향을 끼친다는 것에는 의심의 여지가 없다. 교육과정 모델은 전통적으로 다수의 다른 잠재적인 어려움에 대해서는 거의 언급하지 않으면서 특별히 시각적 또는 청각적 손상과 관련된 다감각 손상(multi-sensory impairment: MSI)에 집중해 왔다. 리처드 에어드(Richard Aird)는 교육환경에서 학습보다 돌봄 계획에 우선순위를 두는 것을 경고했음에도 불구하고(Aird, 2001), 돌봄이 최중도중복장애학생의 삶과 학습 모두에 있어 필수적인 부분이라고 인식하였다.

특별한 상황과 증상에 관한 보다 많은 정보는 CaF Directory(www.cafamily.org.uk)와 Wikipedia를 통해 얻을 수 있다.

루틴의 중심성

교육과정을 전달하는 데 기초가 되는 또 다른 방법으로 일상의 일과를 광범위하게 활용할 수 있다. 그동안 가르치거나 학습을 할 때 이러한 일과의 활용은 과소평가되거나 충분히 이용되지 못하였다. 매번 모든 구성원이 정확히 동일한 일과를 제공한다면 화장실 이용하기(또는 아마도 최중도중복장애학생의 경우 탈의실로 이동하기)는 매우 실제적인 학습 기회를 제공한다. 예를 들어, 하루 중 동일한 시간을 활용하기, 동일한 탈의실을 이용하기, 동일한 언어 표현을 사용하기, 동일한 사물 단서를 활용하기, 패드를 갈아 끼울 때 ("1, 2, 3, 올리기"라고 말하는 것과 같이) 동일한 언어적 단서를 활용하기를 할 수 있다. 일관성 있는 일과는 학생으로 하여금 이전의 학습 경험을 강화시키고, 학교에서 생활하는 동안 연습하고 배울 수 있는 수많은 기회를 제공한다. 다른 일과 시간을 통해 실제적인 학습을 이끌어 내고자 한다면 반드시 일관성이 있어야 하는데, 학교에 등교하였을 때, 하교하였을 때, 점심시간, 휴식 시간, 모임 시간, 하루를 시작하는 시간과 마치는 시간, 수업을 시작하는 시간과 마치는 시간을 활용할 수 있다. 이러한 일과를 확립하는 데 도움이 될 만한 단서로 음악이나 냄새, 감각, 사물 등이 활용될 수 있다. 일단 일과가 규칙적으로 정해지고 계속해서 재설정되기 시작하면, 공유와 협동 작업을 통해 섬세하게 상호작용할 기회를 갖게 될 것이다(Barber, 1994).

통제하기

최중도중복장애학생에게 무엇을 가르쳤는가보다 어떻게 가르쳤는가에 더 관심을 가져온 것이 사실이지만 개인 및 사회, 건강 교육(Personal, Social and Health Education: PSHE)은 이들을 위한 돌봄의 맥락에서 다루어질 수 있다. 크리스 윌킨슨(Chris Wilkinson)이 주장한 다음의 내용은 살펴볼 가치가 충분하다.

> 교육과정 개발 원칙은 모든 학생에게 만족스럽고 유쾌한 경험을 제공할 뿐만 아니라 권한 부여, 존중감, 자율성을 제공하는 교육의 관점에 기초해야 한다. 자신이 무엇인가를 결정할 수 있다면, 그 결과가 자신이 속한 문화, 가정 그리고 지역사회에 영향을 미칠 수 있다. 앞으로의 가능성이 아닌 지금 있는 그대로의 모습이 존중받고 가치 있게 여겨진다면, 그들의 상황과 관점이 정책 수준에서 고려될 수 있다. 이는 최중도중복장애인을 2류 시민으로 여겨지지 않게 할 것이다. 자율성을 갖는다면, 자신이 속한 문화, 가정 그리고 지역사회에 접근하는 데 필요한 기술과 지식, 공감을 얻을 수 있을 것이다. 만족스럽고 유쾌한 경험을 갖는다면, 신체적 상태뿐만 아니라 정서적 상태도 손상되지 않게 될 수 있을 것이다. 우리가 의미 있고 적절한 교육을 제공한다는 것은 분명 이러한 원칙에서부터 나오는 것이다.
>
> (Wilkinson, 1994, p. 61)

윌킨슨은 근본적으로 통제의 문제를 언급하고 있는데, 최중도중복장애학생의 경우 이러한 통제력을 언제, 어떻게 얻을 수 있는지 가르치는 것이 필수적이다. 이는 주로 자신의 삶을 통제할 수 있는 사람보다는 필요에 의해 다른 사람의 통제를 받아야 하는 사람들에게 특히 중요하다(Barber, 1994; Wilkinson, 1994; Collis & Lacey, 1996; Hewett & Nind, 1998; Orr, 2003; Imray, 2008). 이는 교사로 하여금 항상 '내가 옳은 일을 하고 있는가?'라는 본질적인 질문을 하게 하고, 상당히 신중하게 심사숙고를 하게 한다. 이것은 최중도중복장애학생을 가르치는 교사들에게 특별히 도전적인 일이다. 왜냐하면 교사가 배움을 확대하기보다는 통제하려 하고, 훈계하려 하며, 배움을 제한하려 하기 쉽기 때문이다.

이러한 덫에 빠지지 않기 위한 가장 쉬운 방법은 아마도 '내가 학생에게 "아니요

(NO)"라고 말하는 방법을 가르쳤는가?'와 같은 질문을 해 보는 것이다. '아니다'라고 말하는 것과 '아니다'라고 행동하는 능력은 우리가 모두 당연하게 여기는 것이다. 그러나 최중도중복장애학생에게 이와 동일하게 적용할 수 있을까? 과제 회피에 대해 언급한 피터 임레이(Peter Imray)는 다음의 사항을 강조하고 있다.

> 비록 최중도중복장애학생이 '아니요'라고 말할 수 있을지라도, 그들이 '아니요'라고 이야기한 것에 전혀 귀 기울여지지 않는다는 것은 잘 알려진 사실이다. 상대적으로 자유로운 사회에서 살아가고 있는 성인으로서의 우리는 '아니요'라고 말할 수 있는 권리를 가지고 있으며, 우리가 말하는 '아니요'가 반아들여질 것이라고 합리적으로 가정한다. 그렇지 않다면, 논리적인 논쟁을 하게 되거나, 다른 곳으로 일자리를 옮길 자유를 가지게 되며, 상황이 더 악화되면 우리의 주장을 펼치기 위해 법적 소송을 하기도 한다.
>
> 상대적으로 자유롭고 아동 친화적인 사회에 살고 있는 아동의 경우 '아니요'라고 말할 수 있는 권리를 가지고 있다. 비록 이들의 요구가 수용되지 않더라도 아동은 의사결정을 하는 사람들이 자신의 요구에 대해 공정하고 성실하게 들어 줄 것이라고 합리적으로 생각한다. 최악의 상황이 닥치면 최악의 경우를 가정한다. 하지만 적어도 사회복지사, 경찰, 아동보호단체와 같은 공적인 기관에 있는 이들이 도움을 줄 것이라고 여기며, 또한 법이 자신의 주장에 귀를 기울여 주고, 어떤 결정을 합리화할 다른 사람들이 있을 것이라 생각한다.
>
> 그렇다고 한다면 중도장애나 최중도중복장애를 지닌 학생이나 성인은 이와 동일한 권리를 가지고 있는가? 불행히도 '그렇지 않다'는 것이다. 이론적으로는 이러한 권리를 동등하게 가지고 있다고 생각하지만, 실제로는 이러한 것들이 발현되지 못하고 있다. 왜냐하면 장애학생을 돌보는 것은 전문가의 역할이라고 여기기 때문에, 일반적으로 장애학생이 인지적으로 그와 같은 의사결정을 할 수 없을 것이라고 판단하기 때문이다. 그런 까닭에 우리는 학생들이 이러한 결정들을 할 수 있도록 해야 하며, 다음과 같은 것들을 자연스럽게 여겨야 한다. 6세인 A는 매일 오전 7시에 일어나 학교 갈 준비를 한다. 10세인 B는 조회 시간에 자기 옆에 앉은 친구를 때리지 않는다. 10대인 C는 수요일 오전에 그룹 친구들과 함께 연극 활동을 한다. 22세의 D는 자신의 발톱을 혼자 자른다.
>
> 그리고 여러 면에서 우리가 이러한 결정을 내리는 것이 옳다. 왜냐하면 이러한 것들을 못하게 한다면, 우리가 학생들이 경험하고 학습할 수 있는 기회를 제한하는 것에 동조하게 되는 것이기 때문이다. 우리는 결국 교사이며, 부모이며, 양육자이다. 그러한 자격으로 그

> 들의 경험을 넓혀 주고 가능한 많이 사회적 관습을 가르쳐 줄 의무가 있다. 이러한 문제들에 이해받고 공감받고 싶어 하는 우리의 바람과 실제적인 요구 사이에 자연스럽게 모순이 발생한다. 결국 인생은 흘러간다. A가 아침에 자연스럽게 깨어 일어날 때까지 기다릴 수가 없을 것이다. 학교 버스는 다음 승객을 위해 떠나 버릴 것이다. 우리는 원하지 않는 많은 것—연극 활동이나 조회 시간을 포함하여—을 해야 한다. 개인 돌봄에 고통스러운 실패의 결과들—살 속으로 파고든 발톱을 포함하여—이 존재한다. 학업에 어려움이 있거나 없거나 우리 모두는 다소 유쾌하지 않은 인생의 측면도 대처해 나가야 하기에 버릇없이 행동하거나 떼를 쓰는 사람을 도와주지 않을 수 있다는 것이다.
>
> 그러나 우리는 모두 개별적이다. 대부분의 사람이 가혹한 운명의 화살을 받아들일 수 있다는 사실이 모든 사람이 그렇게 할 수 있다는 것을 의미하는 것은 아니다. 누군가는 자아 상실, 무력감, 완전한 통제 불능의 느낌이 너무 강하여서 폭력의 공포를 느낄 수도 있다. 이는 아마도 '아니요'라고 말할 권리가 주어지지 않은 채, 살아 있는 바퀴벌레를 먹으라고 요청받거나 구토물 한 잔을 마시라고 요구받는 것과 같을 것이다. 당신은 무엇을 할 것인가?
>
> (Imray, 2008, pp. 38-39)

물론 이것은 유관성을 인식하도록 가르치는 것과 관련이 있다. 삶의 일상적인 상황에서 통제의 문제는『학습 경로』(WAG, 2006)에서 강조된 총제적인 접근법의 고전적인 예이다. 학습자가 무엇을 하기 싫어하거나, 만지거나 맛보기 싫어하거나, 특정 장소에 있기 싫어하는 경우가 많이 있을 수 있다. 만약 우리가 거절할 수 있는('아니요'라고 말할 수 있는) 능력을 가르치자고 한다면, 학습자의 말에 귀 기울이고 그들이 표현한 '아니요'가 교사에 의해 실제로 행해지는 것이 절대적으로 필요하다(Rawlings et al., 1995).

선택하기

선택하기는 학습에 어려움을 갖는 사람들에게 복잡한 문제일 수 있는데(Harris, 2006), 선택을 하는 것이 때로는 선택을 제공하는 것보다 불편할 수 있다는 것을 생각해 본다면 이해될 수 있다. 또한 불행히도 이것이 (때때로) 이롭지 않은 영향을 미칠 수 있다는 것을 인정해야 할지도 모른다. 예를 들어, 건강에 좋은 음식에 '아니요'라고 말하는 것을 연습하는 학생이 있다면 말이다(Smyth & Bell, 2006). 교사에게 이런 상황은 완전히 시험에 들게 한다. 특히나 그 결과가 큰 문제가 될 경우에 더욱 그렇다. 그렇다고 해서 이것이 거부(거절)하기 지도에 대한 기본 전제를 바꾸지 않는다. 이와 같이 학생의 요구대로 교사가 행함(거절한 것을 주지 않기)으로써 학생 자신이 스스로 보인 거절의 위력을 이해할 수 있게 된다. 그러면 우리는 학생이 무언가를 시도하고 자신을 둘러싼 세계를 충분히 탐험하도록 격려하면서 가르침의 실제 영역 중 하나로 넘어갈 수 있다. 이것은 시간과 인내, 학생의 지식과 상당한 정도의 기술이 소요되지만, 충분히 할 수 있는 것이다.

'음식 섭취' 지도

1990년대 초반에 에이프릴 윈스톡(April Winstock)은 음식 먹이기(feeding)는 성인보다는 아동이나 동물에게 하는 일이기 때문에, 실제로 그러한 과정을 '사람들의 식사를 지원하기'(Winstock, 1994)라고 불러야 한다고 지적하였다. 정략적으로 보았을 때 이는 정확한 의미는 아니다. 왜냐하면 우리가 이들의 식사를 지원한다면, 그 과정을 가능한 한 독립적으로, 그리고 가능한 한 많은 선택을 할 수 있도록 집중하기 때문이다. 우리는 학생에게 무엇을 해 주는 것이 아니라, 학생과 함께 무엇인가를 하는 것이다. 우리는 (먹는 것에 관해서 생각할 수 있지만, 그 과정 자체는 상당히 자동적으로 이루어지므로) 음식 먹는 것을 별생각 없이 할 수 있는 것들 중 하나라고 여기기 때문에 그 과정이 얼마나 복잡한지 종종 잊어버리곤 한다. 오르(2003)는 몇 가지 중요한 팁을 제시하고 있다.

- 한번에 하나의 질감을 느낄 수 있는 음식을 제공하기. 의사소통할 기회를 놓치지 않기 위해 좀 더 가까이에서 먹는 모습을 관찰하기
- 이미 먹어 본 음식의 이름을 말해 주기
- 음식을 거부하는 데에는 여러 가지 이유가 있을 수 있으므로, 거부한 음식을 다른 날 다시 제공해 보기

- 더 먹을 준비가 되었을 때를 스스로 표현할 수 있도록 기다려 주기. 예를 들어, '더 주세요'라고 말하기 위해 발을 움직일 수 있다면, 그러한 표현이 나타나는지 잘 살펴보기
- 선호하는 음식을 확장해 보기. 만약 땅콩버터를 좋아한다면 점차 캐슈넛 버터나 다른 견과류가 들어간 버터나 초코 스프레드로 다양하게 변화를 주고 다양한 음식의 향을 탐색할 수 있도록 하여, 최소한 자신의 선호를 나타낼 기회를 가질 수 있게 하기(p. 54)

터치의 중심성

돌봄 교육과정 중 이전에는 언급되지 않았으나 그럼에도 불구하고 전반적인 과정에 절대적으로 필수적인 영역 중 하나는 터치(touch)이다. 교육의 과정으로써 터치는 최중도중복장애학생 교육과 관련된 어떠한 문헌에도 학자들에 의해 거의 언급되지 않았다.[1] 플로 롱혼(Flo Longhorn)이 거의 유일하였는데, 마사지를 옹호하는 글(Longhorn, 1993)에서 이를 언급하였다. '터치하기(Do touch)'라는 제목의 세미나 글에서, 데이브 휴잇(Dave Hewett)은 터치의 확장적 사용을 위해 2가지 필수적인 논거를 제시하였다(Hewett, 2007). 첫째는 닌드와 휴잇(1994)이 언급한 '의사소통의 원리(Fundamental of Communication)'로서 의사소통적 루틴을 학습의 기초로 사용하는 것이다. 둘째는 우리가 지각하지 못하거나 사려 깊지 못하다면, 가르치는 학생들이 하루 종일 얻을 수 있는 유일한 신체적 상호작용이 '기능적'이거나 혹은 '전문적인 터치'에 의존할 수밖에 없는 상황에 처할 수 있다는 점이다(Brennan et al., 1998).

휴잇(2007)은 실제로 구성원들이 다음과 같은 것들을 위하여 학생들을 일상적으로 터치할 필요가 있다고 언급하고 있다.

---

1) 애슐리 몬태규(Ashley Montagu)는 인간의 진화에 있어서 터치의 영향력이 상당하다고 말하고, 터치가 실제로 '여러 감각 중에 근원이다(mother of the senses)'라고 믿으며(Montagu, 1986), 터치가 모든 이에게 전반적으로 이롭다고 여기는 사람 중에 하나이다. 그러나 최중도중복장애학생 또는 중도장애학생의 교육과 관련해서는 이러한 주제와 관련하여 일체의 언급을 하지 않고 있다.

- 말하는 동안 어깨 위에 손을 올려놓는 것과 같은 다른 의사소통 표현 방식을 강화하기
- 신체적 지원과 지침을 제공하기
- 안전하고 편안하게 의사소통할 수 있도록 안심시키기
- 부정적인 행동을 신체적으로 중재하고 관리하기
- 놀기 및 상호작용하기
- 터치의 긍정적인 사용에 관해 역할 모델 되기
- 비언어적 표현으로 응답하기
- 즉각적으로 혹은 신체적으로 촉진하기
- 개인 돌봄 제공하기
- 참여나 공감을 위한 신체적 단서를 제공하기
- 위험한 상황에서 보호하기
- 마사지, 물리치료와 같은 치료 제공하기
- 의사소통의 주된 형태로 기능하기
- 의사소통 및 사회적 관계 맺기를 위한 학생의 신체적 시도에 반응하기
- 보상해 주기 및 긍정해 주기
- 의사소통을 이끌어 갈 수 있도록 선택의 기회를 제공하기
- 애정, 친밀함, 상호관계 등을 표현하기. 학생이 이러한 것을 이해하고, 이를 통하여 의사소통할 수 있는 능력을 키우기
- 터치나 신체적인 접촉을 원하지 않거나 싫어하는 학생의 경우, 신중하고 민감하게 가르치기
- 다양한 팀 구성원과 신체적 접촉을 통하여 평온하고 고요하게 의사소통함으로써 다른 사람이 즐기는 신체적 활동과 삶의 활기에 대해 생생한 경험을 제공하기

터치를 위한 일반적이면서도 합리적인 '안전' 가이드는 다음과 같다.

- 이와 같이 행동하는 이유를 알리기. 토론과 사고를 통해서 그리고 심리학과 발달 관련 문헌을 읽으면서 신체적 접촉을 사용하는 목적을 알도록 한다.
- 동의 구하기. 다른 사람과의 신체적 접촉과 관련하여 일반적인 관습을 따르도

록 한다. 만약 당신이 터치하는 것에 대해 동의를 얻지 못했다면, 기꺼이 동의를 얻을 수 있는 몇몇 단계나 작업으로 돌아가도록 한다. 적어도 신체적 접촉이 기본적인 돌봄을 수행하는 데 필수적일 수도 있다.

- 자신의 행동에 대해 논하거나 설명할 수 있도록 준비하기. 무엇보다 먼저 앞에서 언급한 바와 같이 지식을 갖는 것이 필요하다.
- 문서화: 학교 교육과정이나 안내 팸플릿에 이를 명시화하기. 학교나 다른 직장에서의 문화나 작업 활동은 교육과정 문서나 안내 팸플릿에서 확인할 수 있도록 하며, 신체적 접촉의 사용과 그 목적이 그 안에 포함되도록 한다.
- 문서화: 학생의 개별화 프로그램에 이를 명시화하기. 만약 신체적 접촉을 활용하는 것이 학생의 요구를 교육적으로나 발달적으로 충족시킨다는 확신이 있다면, 이를 학생을 지원하는 데 필요한 문서에 언급하도록 한다.
- 조직적이며 공감받을 수 있는 좋은 팀 구성하기. 팀 활동은 문자 그대로 구성원이나 학생이 혼자 남겨지지 않도록 팀 내에서 함께 일할 수 있도록 촉진한다. 팀 활동에는 신체적 접촉을 사용하는 문제에 관한 오리엔테이션을 포함하여 활동의 정서적인 측면에 관하여 구성원 간의 의미 있는 토론이 포함되어야 한다.
- 신체적 접촉을 사용하는 것을 공개적이며 정기적으로 논의하기. 은밀하게 행해지거나 '숨겨진 교육과정'으로 행해서는 안 된다. 기법을 가르치는 중요한 측면은 명백하게 공개적으로 논의되고 연구해야 한다는 것이다.
- 가능한 곳마다 다른 사람을 참석시키기. 스태프와 학생을 위한 가장 기본적인 안전 가이드는 신체적 접촉이 발생할 수 있는 상황이나 시간에 다른 구성원을 참석시키는 것이다. 적어도 모든 일반교실과 작업 공간의 문은 투명한 유리 패널을 갖도록 하며, 옷을 갈아입거나 화장실 볼일을 보는 공간의 문에는 내부 잠금장치가 없도록 한다.

삶의 질

고든 라이온스와 미셸 카세봄(Gorden Lyons & Michael Cassebohm)은 최중도중복장애학생에게 의미하는 삶의 질(quality of life: QOL)에 관한 방대한 문헌을 살펴보고,

이들의 부모나 양육자, 혹은 이들에게 의미 있는 사람들을 수차례에 걸쳐 인터뷰하면서 파생되는 수많은 질문을 제기하였다(Lyons & Cassebohm, 2010). 이러한 질문들을 통하여 그들은 다음과 같이 주장하며 '근거이론(Grounded Theory)'을 규정하였다.

> 최중도중복장애학생의 삶과 관련한 다양한 정책, 실행, 연구의 잠재적 의미는 궁극적으로 그들의 삶의 만족감과 삶의 질을 향상시킬 것이다. 첫째, '핵심'은 최중도중복장애학생의 삶의 만족감이 식별될 수 있다는 것이다. 둘째, 이 이론은 행복, 필요, 선호 등을 포함한 자녀의 삶의 만족감을 충분히 식별할 수 있다는 부모와 양육자의 광범위한 요구를 중요시한다. 비록 전문가들은 이러한 것들이 과장되었다고 주장함에도 불구하고 말이다. 셋째, 이는 최중도중복장애학생과 관계를 맺는 것이 낯선 사람들에게 이들에 대해 알게 하고, 이들의 내적 상태를 이해할 수 있도록 하는 것이다.
>
> (p. 199)

그러나 이는 수많은 질문을 제기한다. 최중도중복장애학생은 다른 학생과 정확하게 어떠한 점에서 차이가 있는가? 저자는 최중도중복장애학생들은 독특한 감정표현 방식을 가지고 있으며, 이것이 비장애학생들과 근본적으로 차이가 있다고 주장한다. "전문가들은 최중도중복장애를 가진 이들이 사용하는 특유한 의사소통 행동의 다양성과 타당성에 관해 광범위하게 인식하고 있다."(p. 192) 이들은 자신의 주장을 지지하기 위하여 아서(Arthur, 1994)와 펠체(Felce, 1997)를 인용하였다.

이는 최중도중복장애학생을 더 잘 이해하기 위해서 이들과 함께하며 오랜 시간을 보내야 한다는 것을 의미한다. 장애가 없는 학생보다는 훨씬 더 많은 시간이 걸릴 것이며 이는 의심할 여지가 없는 사실이다. 그러나 이것이 근본적인 차이를 나타낸다기보다는 연속성을 지닌다. 다시 말해, 접근 방법의 차이라기보다는 정도의 차이라는 것이다. 우리가 사용하는 전략들은 낯선 아동을 알아 가기 위해 사용하는 전략들과 별다른 차이가 없다. 시간과 노력, 사랑이 먼저 전제되어야 한다. 그런 까닭에 ① 아동의 삶의 만족도가 식별될 수 있고, ② 부모와 양육자가 자녀의 삶의 만족감을 알아챌 수 있을 만큼 충분히 그들을 잘 알고 있으며, ③ 낯선 이들도 그들을 알아 가고 내적 상태를 이해할 수 있다면, 어떤 사람이 반론할 수 있겠는가? 누가 이 세 가지 관점에 대해서 그들과 논쟁할 수 있으며, '이것을 아는 것이 과장되었다'고 주장하는 전문가 집단이 어디에 있단 말인가? 몇몇 사람은 모든 부모와 양육자가 자신의 아이들에 대해 알고 있지 않다고 말할 수 있다. 그러나 누구도 이것이 '일반적으로' 사실이라고 부정할 수 없다. 그들이 일반적으로 자신의 자녀를 위한 최선의 것을 알고 있느냐 그렇지 않으냐는 전적으로 다른 문제이다. 그러나 이것은 모든 부모와 양육자, 그리고 모든 아이에게 동일하게 적용될 것이라고 여겨진다. 교육과 관련하여, 그들은 계속해서 다음과 같이 이야기하고 있다.

> 모든 아동처럼 최중도중복장애학생은 배우기 위해 학교에 간다. 특수교육 교육과정은 일반적으로 '공통' 교육과정에 기능적인 기술을 포함한다. 교육의 핵심 목표가 학생 개인이 기여하는 사회 구성원으로서 더 나은 삶은 질을 추구하도록 하는 것이라면, 재미를 가미한 교육이 아닌, 재미를 위한 교육은 재고할 가치가 없는 것일까?
>
> (p. 200)

이것은 염려스럽다. '재미를 위한 교육은 안 된다.'라는 명백한 대답은 논외로 치더라도, 재미있는 교육은 모든 사람을 위해 고려될 수 없는 것인가? 이것이 라이온스와 카세봄이 제시한 근본적인 질문이다. '재고'라는 표현이 흥미롭다. 이는 과거의 일정 시간에는 고려되었으나(혹은 사실은 성립되어졌으나), 지금은 받아들여지지 않는 것이다. 애초에 고려되지 않았던 것을 재고할 수는 없다. 그래서 재미를 위한 교육을 '재고'할 수 없었다. 하지만 '재미'있는 교육은 매우 중요할 수 있다. 그렇기 때문에 이제는 그것을 고려해야 한다.

재미를 위한 교육에 대해 저자들은 부정하지 않는다. 이것이 학생을 친밀하게 잘 알고 있으며, 그가 표현하는 감정을 정확하게 해석할 수 있는 성인의 지원을 받는다는 전제에서, 최중도중복장애학생이 특정 시간에 재미있는 것을 찾을 자유가 있는 것을 의미한다고 해도 말이다. 그러나 이것은 이 집단을 위한 교육이 (유일하게) 도전을 하고 한껏 펼쳐 나가면 안 된다는 것을 의미하는가? 이 집단에게 삶이란 (다시금 유일하게) 단지 '재미있는 것을 즐기는 것'만 함을 의미하는 것은 아니다. 라이온스와 카세봄은 이와 관련하여 내용이 적힌 목록을 제시하였는데, 여기에는 주로 재미있는 것에 참여하기, 만족하고 '그냥 모두 다 받아들이고' 허용하기, 행복해지기, 재미있게 즐기기, 물놀이하기, 신체적 통증에서 자유로워지기, 자신의 필요와 관심 및 선호에 응답해 줄 수 있는 사람과 의사소통하기, 관계 속에서 '소속감' 느끼기, 집에서 생활하기 등이 포함된다. 이러한 것들은 모두 균형 잡힌 교육의 일부로서 지향하고자 하는 훌륭한 요소들이다. 그러나 주된 초점을 살펴보면 이내 이 저자들이 최중도중복장애학생이 이것들을 배울 수 있다고 실제로 믿지 않는다는 결론에 도달할 수 있다. 라이온스와 카세봄은 최중도중복장애학생이 기능적 기술에 중점을 두는 공통 교육과정에만 얽혀 있다면, 그냥 재미있게 노는 것이 훨씬 더 나을 것이라는 취지에서 다음과 같이 말하였다. 최중도중복장애학생이 '배우기 위하여 학교에 가는 것'은 명확하지만, 이 문장에서 그리 멀지 않은 곳에 미처 쓰이지 않은 '그러나(but)'가 맴돌고 있다고 말이다.

이러한 학생 집단에게 공식적인 교육보다 좀 더 재미를 제공해야 한다는 일반적인 논리는 그간 완전통합교육(주류의 또래와 함께 동일한 학급에 있는 것)을 주장해 온 다른 학자들과도 맥을 같이한다. 포어맨과 동료들(Foreman et al., 2004), 사이몬즈와 베일리스(Simmons & Bayliss, 2007), 아서-켈리와 동료들(Arthur-Kelly et al., 2008)의 연구에서는 모두 또래 간의 상호작용의 비율이 그 자체로써 충분히 교육되었다고 제시하고 있다. 라이온스와 카세봄은 양과 질이 항상 동일할 수 없다는 것을 인식하면서, (누군가가 가정하는) 시간과 노력, 그리고 사랑이 주어지게 된다면 이것이 한 단계 더 나아갈 수 있다고 언급하였다. 그렇다면 최중도중복장애학생의 또래들은 숙련되게 상호작용하면서 의사소통하는 파트너의 역할을 수행할 수 있으며, 이들의 내면 상태를 이해하게 될 수 있을지도 모른다.

가르치고 배우는 것이 최중도중복장애학생에게(그리고 중도장애학생과 실제로 모든 학습자) 재미있는 활동으로 다가가야 한다는 원칙에 대한 충분한 근거들이 이 책에서 제시되기를 바란다. 왜 재미를 목표로 하면 안 되는가? 그것은 배움의 본질이다. 어떠한 교사도 수업을 계획하면서 가능한 한 지루하게 하려고 하지는 않는다. 몇몇 교사가 수업을 지루하게 할 수 있지만 그렇다고 해서 그렇게 하려고 한 것은 전혀 아닐 것이다. '기능적인 기술에 중점을 둔 공통 교육과정'과 지루한 수업에 대항하기 위해서는 개별 학생의 요구와 최중도중복장애인에게 공통적으로 요구되는 것들을 전반적으로 모두 포함할 수 있는 고도로 전문화된 교육과정(일반적이지 않은 교육과정)이 필요하다. 그리고 고도로 훈련되고, 고도의 기술이 갖춰진 다학문적인 팀에 의해 가르쳐져야 한다. 무엇보다 메리 워녹(Mary Warnock, 2010)은 교육의 광범위하고 일반적인 목표를 "독립성, 즐거움, 그리고 공감능력"이라고 언급하였는데(p. 16), 전적으로 이에 동의한다. 물론 즐거움이 그 중심을 차지한다면, 독립성과 공감능력이 설 자리가 없다는 것은 의심할 여지가 없다. 우리는 그 당사자(관계자들)에 반대하지는 않지만, 전체의 교육이 이런 원칙에 기초한다는 것은 의문의 여지가 있다.

결론

최중도중복장애학생은 학교뿐만 아니라 가정과 단기보호센터, 방과후 교실 등과 같은 다양한 장소에서 돌봄을 받게 되는데, 이러한 학생들을 돌보는 것과 관련하여 수많은 질문을 해 볼 수 있다.

- 돌봄 교육과정에 무엇을 포함하여야 하며, 이러한 내용에 대한 실제적인 교육 기회를 제공할 수 있는가?
- 이러한 것에 학생을 어떻게 참여시킬 수 있는가?
  돌봄은 학생과 함께(with) 이루어 나가는 것이지, 그들에게 일방적으로 주어지는 것이(to) 아니라는 사실은 매우 중요하다. 이들이 학습된 무기력을 가지고 있다고 당연하게 여겨지기 쉽지만, 이러한 사실은 모든 학생에게 매우 해로운 심리적 영향을 미칠 수 있다.
- 식사 및 음식 섭취 프로그램을 전적으로 다루고 있는가? 이를 모든 환경에서 일관성 있게 접근할 수 있는가?
- 화장실 이용하기, 들어 올리기와 내리기 등과 같이 개인을 돌보는 데 있어서 중요한 문제들을 어떻게 다루고 있는가? 이와 같이 필수적인 영역에 충분한 시간을 할애하고 있는가? 화장실 이용하기 등과 같은 규칙적인 일과에서 모든 사람은 이러한 필수적인 시간들을 실제적인 학습 기회가 될 수 있도록 활용하는가?
- 특별히 통제와 거부(부정)의 문제를 언급할 때 돌봄 교육과정을 개인 및 사회, 건강 교육(PSHE)과 관련시켜 가르치고 있는가?
- 모든 훈련과 치료를 제공함에 있어 생산적이고 응집력 있는 팀으로 일하고 있는가? 의사결정 과정에 부모가 참여하고 있는가?

- 지원 체계가 갖춰져 있는가?
- 재미를 느끼고 있는가?

제**9**장

최중도중복장애학생을 위한 감각 교육과정

지적 발달 수준이 초기 단계인 최중도중복장애학생에게 감각은 교육과정의 주요 주안점이 될 수 있다. 감각을 활용하고 조절하는 것은 우리의 이해의 폭을 넓히면서 세상을 탐험하고 이해할 수 있게 하며, 세상 및 다른 사람과 상호작용하는 방법을 알게 한다. 그런 까닭에 감각을 통하여 가르치는 것은 매우 중요한 의미를 갖는다(Longhorn, 1988; Brown et al., 1998; Pagliano, 2001; McLinden & McCall, 2002; WAG, 2006; Beckerleg, 2009).

(다섯 가지가 아닌) 일곱 가지 감각은 시각, 청각, 촉각, 미각과 후각뿐만 아니라 운동감각 고유수용감각(kinaesthetic proprioceptive)과 전정감각을 포함한다. 후자의 두 가지 신체 감각은 신체의 다양한 부분이 서로 어떻게 연결되었는지, 우리가 어느 공간에 있는지, 우리 몸의 전신을 이해하는 것과 관련되어 있다.[1] 1990년대 자폐스펙트럼장애인에 관한 기사가 발표된 이후로 감각 손상을 이해하고자 하는 잠재적인 노력이 상당히 발전되었다는 사실은 의심할 여지가 없다. 자폐스펙트럼장애가

1) 골지건기관(Golgi tendon organ)과 근방추(muscle spindle)의 기능에 관한 설명을 포함하여 운동감각에 관해 더 자세히 알고 싶으면, 파글리아노(Pagliano, 2001, pp. 43-43)를 살펴보기를 추천한다.

있는 사람과 그렇지 않은 사람 간의 뇌의 패턴과 기능, 뇌가 수신하는 정보 및 뇌로 전해지는 감각 메시지의 해석이 상당히 다를 수 있으며, 이러한 특성이 각 개개인에 따라 상당히 차이가 있다는 사실은 이제 잘 받아들여지고 있다(Smith Myles et al., 2000; Bogdashina, 2003; Grandin, 2006).

최중도중복장애학생은 자신의 경험에 대해 직접적으로 말할 수 없기 때문에 우리가 그들이 겪는 감각적 혼란의 영향에 대해 온전히 이해할 수는 없을 것이다. 그러나 감각적 이해가 적어도 어떤 면에서는 상당 부분 잘못될 수 있다고 가정하는 것이 합리적으로 보인다. 그러므로 최중도중복장애학생이 일반적으로 비장애학생들과 같은 방식으로 세상을 인식한다고 가정하는 것은 세심한 주의가 필요하다. 오히려 중도장애를 가지고 있는 학생의 경우 감각 손상의 발생 비율이 더 높다고 가정하는 것이 좀 더 적절할 것이고(Bunning, 1998), 장애의 정도가 심할수록 감각 손상의 정도도 더 심할 것이다(Kiernan and Kiernan, 1994).

블라스캄프와 쿠펜-폰테인(Vlaskamp & Cuppen-Fonteine, 2007)은 실무자가 최중도중복장애학생의 감각에 대한 행동 반응을 결정할 수 있도록 하는 '감각 체크리스트(sensory checklist)'의 신뢰성을 높이기 위해 흥미로운 연구를 수행하였다. 그 연구에서 신뢰도를 높이기 위하여 조정을 실행하였으나, 놀랍게도 조정 후, 결과는 오히려 모든 구성 요소에 대해 신뢰도가 감소하는 것으로 나타났다. 평가를 실시한 구성원의 친숙도 효과를 조사한 결과, 아동에 대해 잘 알고 있는 구성원이 아동을 잘 모르는 사람보다 아동의 행동을 더 정확하게 해석할 수 있었다. 다시 말해, 어떠한 실험이든 간에 아동에 대한 깊고 친밀한 지식을 대체할 수는 없다. 이것은 충분한 시간과 꾸준한 관찰, 세부적인 것에 대한 관심, 다양한 기관의 접근과의 노력을 통해 분명히 나타난다.

리마와 동료들(Lima et al., 2011, 2012)은 근육 움직임, 심박수 및 전열 반응과 같은 반응성을 통하여 최중도중복장애학생이 감각 자극에 어떻게 생리적 반응을 하는지 측정하는 연구를 수행하였다. 그런 다음, 관찰 가능한 관심 지표와 비교되었는데, 학생들의 생리적 반응은 일반적으로 일관되게 나타난 반면, 행동 반응은 거의 일관되지 않게 나타났다. 이에 그들은 자극에 대한 반응 및 잠재적 평가와 관련하여 감각 자극은 일관성 있는 관찰 가능한 행동이 나타나지 않더라도 발생할 수 있다는 것을 제안하면서, 이것이 최중도중복장애학생의 발달과 정서적 안녕에 영향을 미칠 수 있다고 제시하였다.

타데마와 동료들(Tadema et al., 2005)은 최중도중복장애학생을 위한 기본 정보를 제공할 수 있는 설문지를 작성하였는데, 이는 교사에게 그들이 무엇을 알고 있고, 활동을 계획하기 전에 무엇을 알아야 하는지를 묻고 있다. 여기에는 다음 영역이 포함된다.

- 시각(vision): 시야 범위, 위치, 대비, 반응 속도, 빛의 입사(incidence of light), 자극량
- 청각(hearing): 음의 높이, 음량, 반응 속도, 자극량
- 촉각(tactile sense): 혐오감, 낮은 감수성, 과민성, 자극량
- 후각(olfactory sense): 인식, 혐오감, 과민성, 선호도
- 운동 능력(motor skills): 잡기, 쥐기, 끌기
- 선호도(preference): 시각, 청각, 촉각, 특정 자극
- 장소(where): 공간의 크기, 위치, 집단 크기, 주변 소음, 자세
- 방법(how): 능력, 반응 시간, 주의집중 시간
- 시간(when): 각성, 피로

예를 들어, 학생의 촉각과 관련하여, 학생이 싫어하는 것 혹은 민감하게 반응하는 것이 무엇인지 알고 있는가? 장소와 관련하여 가장 최적의 공간 크기를 알고 있는가? 그리고 학생의 참여를 극대화할 수 있는 최적의 그룹 크기를 알고 있는가?

밴더버튼과 동료들(Van der Putten et al., 2011)은 다감각 환경(Multi-Sensory Environment: MSE)의 효율성을 살펴보기 위하여 이 설문지를 사용하였다. 다감각 환경(MSE)은 학생의 감각 특성을 평가할 때 사용되는 감각통합실(sensory room) 또는 Snoezelens라고도 불리는데, 이는 학생들에게 (약간의 의구심이 있지만) 상당히 효과적일 수 있는 것으로 나타났다.

다감각 환경

파글리아노(Pagliano, 1998)에 따르면 다감각 환경은 다음과 같은 전용실(또는 전용 공간)이다.

> 자극이 제어될 수 있고, 조작되고, 증폭되거나 감소될 수 있으며, 자극이 별도로 제시되거나 통합되어 제시될 수 있고, 일괄적인 능동적 혹은 수동적 상호작용이 제시될 수 있으며, 인지된 동기나 관심사, 여가, 휴식, 치료 혹은 사용자의 교육적 요구에 적합하도록 일시적으로 연결될 수 있는 공간이다. 이는 다양한 신체적·심리적·사회학적 형태를 지닐 수 있다.
>
> (p. 107)

여기서 핵심은 감각 자극의 양을 조절하는 것이다. 이러한 공간은 학생에게 단순히 모든 빛과 타오르는 소리를 동시에 제공하는 곳이라기보다는 학습의 기회를 제공하는 곳으로 여겨지는 것이 무엇보다 중요하다. 이곳은 감각적인 스토리나 시각적 추적 작업, 또는 주목할 만한 자극(UV 광선을 반사적인 것에 비추어 보기)을 위한 자료실이나 진정시키는 공간으로 적절하게 사용될 때 가장 유용할 수 있다. 그것이 훌륭한 자원이 될 수 있지만 비용이 매우 많이 소요될 수 있기 때문에 이러한 공간에서의 활동은 실제로 깊이 생각해 볼 필요가 있다. 우리는 그것을 적절하게 사용할 의무가 있다.

물론 다감각 환경은, 예를 들어 감각 정원과 같이, 공간의 형태가 아니라 영역의 형태로 제시될 수 있다. 후세인(Hussein, 2010)은 그와 같은 공간에서 놀이를 포함한 모든 종류의 활동을 위한 기회를 언급하고 있지만, 이를 실제 학습 기회로 활용하기 위해서는 적절한 계획과 신중한 고려가 필수적이라고 언급하고 있다. 이 같은 방식으로 학교는 이러한 공간을 "단순한 야외 공간이 아닌 학교의 실내 교실의 연장선"으로 간주할 수 있다(p. 31).

감각

우리는 일반적으로 단일 감각 채널을 통해 작업하고, 가능하다면 한번에 너무 많은 감각을 사용하지 않으려고 한다. 하지만 감각 이야기를 하는 경우와 같이, 이를 피하고 싶지 않은 때가 종종 생기기도 한다. 왜냐하면 이러한 경우 우리의 시각, 청각, 촉각, 미각, 후각 및 운동감각이 모두 함께 작동하거나 적어도 아주 가깝게 작동하기 때문이다. 모두가 재미있고, 이야기가 계속해서 반복되는 곳과 같이 상당히 동기화된 환경에서 학습자가 이를 조직하고 여과해 볼 수 있도록 연습의 기회를 때때로 제공하는 것은 바람직하다. 그러나 이를 행할 때 가능한 한번에 한 가지 감각으로 작업하는 일반적인 규칙을 변경하지 않아야 한다. 왜냐하면 너무나 많은 감각이 무차별적으로 입력되면 혼란스럽고 당황스러울 수 있기 때문이다.

다시 말하면, 일반적으로 학생의 개별 학습 스타일을 고려하는 것이 가장 좋을 것이다. 학생에 관해 무엇을 알고 있으며, 가장 최선의 방식으로 관여할 수 있는 방법은 무엇인지, 학생의 감각 기능을 평가했는지, 감각 및 지각 발달을 촉진하기 위해 고안된 방식들을 가르치고 있는지, 학생의 선호도를 고려한 교육 방법을 사용하고 있는지, 이러한 교육 방법들이 자신이 다루고자 한 특정 학습을 극대화할 수 있도록 설계된 특화된 자원을 지원하는지에 대해 리처드 에어드(Richard Aird)는 다음과 같이 요약하였다.

> 놀랄 만한 행운을 바라며 학생을 일련의 감각 자극 가운데 맡겨 놓는 것보다 더 나은 출발점은 학생의 개별 학습 스타일에 맞는 적절한 자극에서 시작하여, 감각 자극이 점진적으로 제시될 수 있는 안전하고 확실하며 예측 가능한 학습 환경을 제공하는 것이다. 학생의 개별 학습 스타일에 미치는 영향과 좋은 연습의 요소를 시간표를 통해 다른 교육과정과목으로 전파하는 것이다.
>
> (Aird, 2001, p. 51)

좋은 연습

최소한 최중도중복장애학생을 담당하는 모든 사람에게 물어야 할 핵심 질문과 이들이 습득해야 할 주요 지식들이 있다.

시각

다양한 유형의 시각장애(Visual Impairments: VI)가 존재하여 안구 상태에 영향을 미치는 증후군 또한 상당히 다양하다(Sacks, 1998). 특정 시각장애는 고도로 전문화된 분야로 학교 내 의료진에게 조언을 구할 수 있으며, 지역교육청(Local Education Authority: LEA)에서는 시각장애 전문 순회교사를 채용할 수도 있다. 또한 시각과 다른 감각은 밀접하게 함께 작용하는 경향이 있으며, 시각은 '통합하는' 감각으로 설명될 수 있다(McLinden & McCall, 2002). 어디선가 소음이 발생했을 때 우리는 소리가 나는 곳을 원근감 있게 바라볼 것이고, 타는 냄새가 날 때 그럴 만한 가능성이 있는 곳을 시각적으로 바라보게 될 것이며, 다리에 예상치 못한 촉각이 느껴질 때 고양이가 다가온 것은 아닌지 시각적으로 확인하게 될 것이다. 시각은 우리가 다른 감각을 이해할 수 있게 해 준다. 이는 시각이 가장 중요한 감각이라고 말하는 것이 아니라 어느 감각도 다른 감각의 손실을 완벽하게 보상할 수 없다는 것을 나타낸다.

물어보아야 할 기본적인 질문들은 다음과 같다.

- 시각 손상이 있는가? 만약 있다면 어느 쪽 눈이 손상되었는가?
- 학생은 어떠한 기능적 시각을 가지고 있는가?
- 지각상의 어려움은 없는가? 만약 있다면 어떤 형태의 어려움인가?

기억해야 할 것들은 다음과 같다.

- 학생이 빛을 향해 서 있지 않도록 하라. 그렇지 않으면 (학생에게) 당신은 그냥 반짝이며 흐릿한 이미지로 보일 수 있다. 빛이 학생 뒤에 있는지 확인하라.

- 데스크톱의 눈부심을 줄이라. 반사된 빛은 수많은 혼란을 야기할 수 있다.
- 밝은 배경에 짙은 색 물체를 사용하거나 그 반대로 하라. 예를 들어, 케이크를 요리할 때 쌀과 설탕은 짙은 색 그릇에 넣도록 하고, 건포도와 초콜릿은 흰 그릇에 넣도록 하라.
- 단순한 곳이 집중할 수 있는 공간이다. 물론 진열된 것들이 있겠지만, 이를 자주 바꾸지 말고, 공간을 깔끔하고 단순하게 유지하라. 만약 혼란스러움 때문에 그럴 필요가 없다면 가구의 위치를 바꾸지 말라.
- 우리는 학생이 직면하는 작업이나 '더 나은' 쪽보다 한쪽 눈에 뚜렷하게 나타나는 시각장애(혹은 한쪽 귀에 더 뚜렷하게 나타나는 청각장애)에 대해 생각하는 경향이 있다. 그러나 우리는 또한 학생의 뒤에서 일하는 것을 고려해야 한다. 특히 숟가락이나 포크와 같은 도구를 사용하는 것과 같은 특정 기술을 학습할 수 있도록 돕는다(Orr, 2003).
- 선명한 단색의 옷을 입고 옷차림을 바꾸지 말라. 학생이 당신의 옷이 아닌 당신을 바라보게 하라.
- 학생이 당신을 명확하게 볼 수 있다고 가정하지 말라. 그렇지 않다고 가정한다면, 예를 들어 터치 단서를 통해 당신의 존재를 알아차리도록 하는 것과 같이 보상을 제공하면 학생이 볼 수 있을지도 모른다. 이러한 추가 단서는 의사소통, 상호작용 및 이해에 도움이 된다.
- 때때로 능력과 동기를 혼동하는 경향이 있다. 학생이 20걸음 떨어진 곳에 있는 사탕을 발견할 수 있다는 사실은 그가 좋은 시력을 가지고 있다는 것을 의미하지는 않는다. 이는 단지 그가 사탕에 매우 동기부여가 되었다는 것을 의미할 수 있다. 나는 종종 왕복 분리도로에서 운전할 때, 반대편으로 이동하는 수백 혹은 아마도 수천 대의 자동차에 관해서는 생각하지 않고, 특정 자동차를 주목하며 갈 것이다. 그것은 아마 항상 스포츠카가 될 것인데, 내가 그것에 동기부여가 되어 있기 때문이다. 내가 의식적으로 그것을 찾지는 않지만, 그것은 내 의식 속에 항상 존재한다.

청각

다시 말하지만, 청각장애(Hearing Impairments: HI)에 대한 세부적인 지식은 매우 전문적인 영역이며 외부의 조언을 구해야 할 수도 있다. 지역교육청(LEA)에서는 청각장애와 관련한 순회교사를 고용할 수 있으며, 영국에서는 시각장애와 청각장애를 중복으로 가진 학생들을 위해 SENSE 서비스를 제공하고 있으니 이에 대해 찾아볼 수 있다. 이 서비스는 최중도중복장애학생에 대한 경험이 풍부하며, 웹사이트 www.sense.org.uk로 연락해 볼 수 있다.

물어봐야 할 기본적인 질문들은 다음과 같다.

- 학생은 청각장애가 있는가? 장애가 있다면 어떤 종류인가? 시각장애와 마찬가지로 청력 손상의 정도와 특정 상태가 상당히 다양하게 존재한다.
- 학생은 고음 소리 혹은 저음 소리에 문제가 있는가? 일반적으로 문제가 되는 것은 저음의 소음이며, 남자들은 명확하고 천천히 발음해야 한다는 것을 의식해야 한다.
- 만약 당신이 예를 들어 학생이 스위치를 누르도록 돕는 것과 같이 학생과 나란히 일을 해야 한다면 어느 쪽 귀가 영향을 받는가, 그에 따라 측면으로 수행할 때 어느 쪽이 가장 좋은가? 등을 살펴보도록 한다.

기억해야 할 것들은 다음과 같다.

- 학생이 청각 및 시각 영역에서 건강검진 결과, 별다른 이상이 없다고 해서 잘 보고 잘 들을 수 있다는 것을 의미하는 것은 아니다. 왜냐하면 하나 혹은 그 이상의 지각상의 어려움을 가질 수 있기 때문이다. 다시 말해, 자폐스펙트럼장애가 있는 사람들과 마찬가지로, 뇌를 통하여 전해진 메시지는 왜곡될 수 있고, 그리고/또는 빛이나 소리에 특정한 민감도를 가지고 있을 수도 있다. 지각상의 문제와 시각장애는 또한 청력에 영향을 미칠 수 있다는 것을 기억하라. 특별히 소음을 찾는 능력에 영향을 준다.
- 날카롭고 반짝이는 표면은 빛을 반사하는 것만큼 소음을 반동시키고, 부드러

운 표면은 소음을 더 정확히 파악하는 데 도움이 된다.

- 가장 중요하게는 대부분의 감각적 혼란이 사람들에 의해 발생한다는 것을 항상 인식하고 있어야 한다!
- 명확하고 천천히 말하라. 그리고 가능한 한 언어 사용을 줄이라. 물론 언어는 초기 학습자의 발달을 위해 사용되어야 하지만, 학생의 수준을 고려하지 않은 채 생각 없이 사용해서는 안 된다. 언어는 좋게 혹은 나쁘게 사용될 수 있는 매우 강력한 도구이다. 최악의 경우, 이를 무심코 사용한다면 언어는 그것을 가지고 있지 않거나 그것에 접근할 수 없는 사람들을 지배하고 배제할 수 있다. 그런 다음, 의사소통 도구가 되는 것을 멈추고 대신 학습에 중요한 장벽이 된다(Biederman et al., 1994; Orr, 2003). 우리는 언어를 신중하고 적절하게 사용해야 한다. 상황과 학생에 적합한 언어를 사용해야 하며, 학생이 실제적으로 구체적인 방법으로 의미를 이해할 수 있는 기회를 갖도록 반복적으로 언어를 사용해야 한다. 우리는 다음을 통하여 이를 행할 수 있을 것이다. ① 수업과 관련이 없는 말은 서로에게 하지 말라고 상기시킨다. 성인 간의 사회적 잡담은 근무 시간이 아니라 사회적 시간에 유지되어야 한다. ② 사인(signs)과 상징(symbols)을 사용하는 방식과 같이 단어를 사용하여 보다 유능하게 선택적으로 표현한다. '지금 그림을 그려 볼게요. 모두가 테이블에 앉아서 페인트의 감각적 느낌과 원색에 집중해 보길 바라요. 이것을 섞었을 때 서로 어떤 영향을 미치는지 살펴보아요.' 라는 문장에서 핵심어만 사용하면 '이제 칠할게요…… 물에 젖은…… 건조…… 빨강…… 노랑……주황색'이 될 것이다. ③ 평상시 반복적인 문구를 사용한다. 모든 사람이 채택하는 한 이것이 무엇인지는 중요하지 않다. ④ 핵심 단어를 지원할 수 있는 사물 단서(object cues), 가능한 사인과 학생의 발달 수준에 적절한 상징을 함께 사용한다. ⑤ 드라마, 스토리텔링, 시에서 언어교육의 도구로 통화와 응답 내용을 사용한다.
- 무엇보다도 혼선을 일으키지 말라.
- 배경음악과 같이 불필요하거나 초점이 맞지 않는 소음을 내지 말라. 그것이 우리가 사소한 일에 집중하는 데 도움이 될 수 있다고 해서, 집중하는 데 어려움을 겪을 수 있는 사람들에게도 도움이 된다는 것을 의미하지 않는다. 물론 수업을 소개할 때나 어떤 이야기나 음악 수업과 같이 가르치는 내용과 관련이 있

을 때 음악을 사용하는 것은 가능하다. 그러나 가능하다면 단일 감각 채널을 통해 작업하라는 규칙을 기억하라.

촉각

물어봐야 할 기본적인 질문들은 다음과 같다.

- 학생이 터치에 방어적인 태도를 보이는가?
- 만약 그렇다면 어느 곳에서 그러한가? 우리는 주로 손에만 집중하는 경향이 있다. 물론 손이 주된 발견의 도구이지만, 신체의 다른 부분은 터치에 대해 민감할 수 있다. 이는 탐색을 제한할 수 있고 실제로 학생을 매우 불안하게 만들 수도 있다. 혹시라도 만질까 봐 사람들이 당신 가까이 있는 것을 좋아하지 않는 것은 학습 과정에 전혀 도움이 되지 않는다.

기억해야 할 것들은 다음과 같다.

- 터치에 대해 방어하는 것에 매우 민감해야 하며, 이를 공포증과 같이 다뤄야 한다. 즉, 개인이 보이는 혐오감을 매우 천천히 그리고 민감하게 반응하면서 이를 둔감해지도록 한다. 이는 터치에 매우 방어적인 사람들을 위한 주요 프로그램이 될 수 있으며, 이러한 변화에 영향을 미치는 데 수년이 걸릴 수 있을 것이다. 이를 수행하기 위한 가장 좋은 방법은 작업치료사(OT)와 상의해 보는 것이다.
- 특별히 탈감각(desensitising) 시 강한 압력은 일반적으로 부드러운 촉감보다 훨씬 더 수용적으로 받아들일 수 있다.
- 학생이 당신을 식별할 수 있도록 자신을 나타낼 수 있는 개인적인 무언가를 착용하라. 특별한 팔찌나 곱슬머리, 혹은 턱수염이나 안경 등과 같은 터치 단서로 자신을 소개하는 것은 좋은 방법이다. 이는 자연스럽게 주어진 시각 단서와 청각 단서를 지원하고 강화해 준다.
- 자폐스펙트럼장애학생과 같은 일부 학생에게는 촉감이 실제로 스트레스를 야기할 수 있다.

미각

물어봐야 할 기본적인 질문들은 다음과 같다.

- 학생이 참여하고 있는, 먹고 마시는 프로그램이 있는가? 만약 그렇다면 학생과 함께 일할 수 있는 모든 사람이 그것을 속속들이 알고 있는가? 일관성 있는 접근이 핵심이므로, 올바른 접근 방식과 지속적인 진전을 보장하기 위하여 언어치료사(Speech and Language Therapy: SaLT)와 긴밀하게 협력해야 할 필요가 있다.
- 학생이 좋아하는 음식과 음료는 무엇인가? 대부분의 학생은 음식에 의해 동기 부여가 되어 있기 때문에 좋아하는 것과 싫어하는 것에 대해 자세히 알고 있으면 선택하기를 가르칠 때 매우 유용하다.
- 위루관 삽입술(gastrostomy) 문제를 어떻게 해결할 수 있는가? 위루관 삽입술은 생명을 구하는 주요 수단이 될 수 있으며, 흡인으로 인한 어려움을 겪는 사람들에게 효과적으로 음식물을 제공하는 수단이다. 최중도중복장애학생의 경우, 안타깝게도 위 대신에 폐로 음식물이 들어가는 상태가 매우 흔하다. 그러나 입을 사용하지 않는 것은 극단적인 해결책이므로, 학생이 계속해서 자주 맛보고, 가능한 한 넓게 경험할 수 있도록 언어치료사 및 의료진과 긴밀히 협력해야 한다. 음식과 음료는 호흡 청정제의 특성을 갖는다. 입으로 아무것도 하지 않은 채 몇 시간을 있어 보라. 분명 좋지 않다!
- 어떠한 맛보기도 거부하는 학생에게 활동 시 상당한 정도의 과민반응이 있을 수 있다. 이것이 누군가 한 사람에 의해 결정이 내려져야 하는 것이라면, 이러한 상황이 어느 정도 이해될 수도 있을 것이다. 그런 까닭에 이것이 아마도 전형적인 경우가 될 수 있을 것이다. 이러한 결정에 부모를 포함하여 가능한 한 많은 사람을 참여시킴으로써 책임을 확산시키는 것이다. 우리는 실제로 학생의 삶의 질을 고려해야 한다.

기억해야 할 것들은 다음과 같다.

- 엄밀히 말하면, 입을 사용하는 것은 촉각을 탐구하는 것의 일부이지만 맛의

조합과 (혀를 통한) 촉감은 초기 발견의 주요 부분을 형성한다(Mednick, 2002; McLinden & McCall, 2002). 가장 중요한 것은 입의 사용을 무력화하지 말아야 한다는 것이다. 질식 및 일반적인 안전 문제 유발이 확실한 접착제, 페인트, 종이, 재료 등과 같은 것을 먹는 학생에 대해서 너무 걱정하지 말라.

- 그러나 입으로 탐구하려는 욕구가 학습 과정을 직접적으로 방해할 수도 있으며, 학생은 집중하기 위해서 오히려 낙서하는 것이 필요한 것처럼 입으로 탐구해야 할 필요가 있을 수 있다. 이런 경우, 안전성이 검증된 다양한 더미 타입의 상업용 씹기 장난감을 활용해 볼 수 있다. 또는 목걸이 타입의 '추얼리(chewelery)'를 착용해 볼 수 있는데, 이것은 학생이 필요로 할 때 항상 사용할 수 있다.
- 이식증(Pica: 거의 모든 것을 먹는 것으로 알려진 새인 까치의 라틴어)은 돌, 석탄, 모래, 먼지, 흙, 배설물, 분필, 페인트, 비누 등 영양이 없는 물질에 대한 식욕과 당신이 생각하고 싶은(혹은 생각하고 싶지 않은) 다른 어떤 것에도 신경을 쓰지 않는 것을 특징으로 하는 의학적 장애를 말한다. 이식증을 가진 사람들은 일반적으로, 그러나 항상 그런 것은 아니지만, 재료를 삼키지 않고, 입에서 물건의 맛과 느낌을 살피는 것이 필요하다.

후각

물어봐야 할 기본적인 질문들은 다음과 같다.

- 학생에게 그들이 촉각을 연습하고 개선할 수 있는 것과 같은 방식으로 후각을 연습하고 개선할 수 있는 기회를 제공하고 있는가?
- 학생이 맛보고 먹기 전에 냄새 맡을 기회를 제공하고 있는가?

기억해야 할 것들은 다음과 같다.

- 후각은 맛과 매우 밀접한 관련이 있으므로, 특별히 학생이 먹고 마시는 것을 지원할 때 정기적으로 함께 사용되어야 한다.

- 자신의 고유한 향기를 일치시키도록 노력하라. 사용했던 향수나 탈취제의 브랜드를 바꾸지 말라. 이는 누구이든지 간에 특별히 시각이나 지각에 장애가 있는 학생에게 좋은 추가 단서가 될 수 있다.
- 후각은 선택적으로 사용하기 가장 어려운 감각이며 최소한으로 사용해야 한다.
- 오르(2003)는 냄새가 '인공 향기 산업'으로 인하여 종종 부정확한 정보의 원천이 될 수 있다는 매우 유효한 사실을 지적하였다. 즉, 소나무 냄새나 코코넛, 혹은 로즈마리, 에어 스프레이, 샴푸, 또는 마사지 오일 등에서 나는 냄새는 언제 진짜인가?
- 선향초(joss stick) 등의 냄새는 제거할 수 없으므로 잠시 '주춤'할 수 있다.
- 그러나 냄새는 큰 단서로 유용하게 사용될 수 있다. 예를 들어, 매일 냄새를 사용하여 학생들에게 일주일 중 매일의 단서를 제공할 수 있다. '음음음 식초(mmm vinegar)……(또는 실제로 ughh 식초……). 금요일이 틀림없다.'

운동감각

오르(2003)는 골프차 같은 버기(buggies)나 유모차, 휠체어, 간이침대, 유아용 놀이터 등으로 다른 사람과 분리되는 것은 감각상 어려움이 있는 사람들을 혼란스럽게 할 수 있다는 것을 관찰하였다. 이는 특별히 이동 중이거나 한 장소에서 다른 장소로 전환할 때 그러할 수 있는데, 설령 동일한 공간에 있을 때에도 나타날 수 있다. 그는 학생이 알아야 할 다음 4가지를 제시하고 있다.

- 나는 어디에 있는가?
- 나는 누구와 함께 있는가?
- 어떤 일이 일어났는가?
- 다음에는 어떤 일이 일어날 것인가?

우리는 다른 작업을 수행하기 전에 이들 질문에 답했는지 확인해야 한다.

〈질문〉

당신이 다섯 가지 주요 감각 중 하나를 잃어야 한다면 어떤 감각을 선택할 것인가? 그 이유는 무엇인가?

〈답〉

시각이 우리 삶의 중심이 되기 때문에 시각이야말로 지배적인 영향을 미칠 것이라고 생각하기 쉽다. 그러나 감각은 모두 함께 작동하며 우리가 세상을 이해하는 데 똑같이 영향을 미친다. 후각은 미각과 매우 밀접하게 작용하기 때문에 후각에 대해 충분한 관심을 주지 못하는 것에 주의하라.

감각을 활용한 활동

감각 이야기는 학교 전체 또는 학급에서 수업 주제를 흥미롭고 신나게, 전적으로 발달적인 방식으로 전달하는 데 탁월한 수단이다. 감각 이야기는 다음과 같은 곳에서 상업적으로 이용 가능하다. www.bagbooks.org에서 Chris Fuller의 『Bag Books』를 살펴볼 수 있으며 www.portlandcollege.org에서 선더랜드(Sunderland)의 포틀랜드 스쿨(Portland School)에서 제공하는 Pete Well의 PowerPoint를 무료로 다운로드 받을 수 있다.

니콜라 그로브와 키이스 박(Nicola Grove & Keith Park)의 이야기는—환상적인 『Odyssey Now(오디세우스의 모험 여행)』와 『Macbeth in Mind』—주로 중도장애를 가진 사람을 대상으로 하였는데, 둘 다 KS1부터 모든 연령대의 중도장애/최중도중복장애 그룹 모두를 아우를 수 있는 탁월함을 가진다(Grove & Park, 1996, 1999, 2001). 키이스 박은 또한 감각 이야기로 쉽게 적용할 수 있는 고전 연극, 시, 소설을 최중도중복장애인/중도장애인을 위한 수많은 버전으로 발표했는데, 특히 '부름과 반응(Call and Responds)'을 통한 전달 방법을 참조하라(Park, 2010). 이에 대한 자세한 설명은 제6장 '최중도중복장애학생을 위한 의사소통 교육과정'을 참조하라.

감각 이야기를 전달하는 일반적인 원칙은 다른 이야기와 거의 동일하다. 학습에 어려움을 겪고 있는 사람들을 위해 다음과 같은 스토리텔링의 필수 요소를 10가지 이내로 정의할 수 있다.

1. **시작하라.** 사물 단서 및/또는 음악 단서를 통하여 스토리를 소개한다.
2. **참가자들에게 의미가 있어야 한다.** 비록 그 의미가 이야기의 줄거리보다는 흥미와 재미에 의해 발생할 수 있을지라도 말이다. 마법의 양탄자를 직접 경험할 수 없을지 모르지만, 그 경이로움을 즐길 수는 있을 것이다.
3. **반복을 사용하라.** 당신은 이것을 충분히 얻을 수 없을 것이다! 노래의 짧은 코러스처럼 규칙적인 간격으로 반복되는 소제목을 통하여 이야기 자체를 반복하라. 이야기 전달을 반복하라. 하나의 이야기는 적어도 반 학기, 어쩌면 한 학기에 걸쳐 일주일에 한 시간이 걸릴 수 있다. 반복을 통해 학생들은 아마도 이야기를 이해하고 즐기며, 그것으로부터 학습하기 위해서는 이야기를 경험해야 할 많은 기회가 필요하다는 것을 인식하기 때문에 전혀 지루해하지 않을 것이다. 교사와 지원인력은 필요한 반복의 양에 대해 준비해야 한다. 잠자코 있고 싶은 유혹을 물리치고 행동하라. 더 많은 것을 입력할수록 학생들은 더 많은 것을 얻을 것이다.
4. **실제 이야기/에피소드를 짧게 하라.** 그래야 쉽게 기억할 수 있다. 비록 이야기를 하는 데 30분 정도 걸릴 수도 있고, 소품을 소개하고 각 학생이 이야기에 적극적으로 참여하는 데 그 정도의 시간이 걸릴 수 있어도 말이다. 일반적으로 이야기를 너무 복잡하게 만들려고 하지 말라. 복잡하지 않을수록 훨씬 더 많이 얻을 수 있다. 『곰 사냥을 떠나자(The Bear Hunt)』와 『더 그루팔로(The Gruffalo)』 같은 유명한 아동용 이야기에 담겨 있는 필수 요소들을 생각해 보라. 두 작품에서 모두 반복되는 것을 살펴보라. 둘 다 본질적인 한 장면이 있는데, 이것은 클라이맥스에 이를 때까지 여러 가지로 변형되어 나타난다. 단순함은 복잡함보다 훨씬 낫다.
5. **모든 그리고 각각의 의사소통 수단을 사용하라.** 의사소통 수단으로 노래하기, 말하기, 행동하기, 얼굴 표정, 소품 등이 있다. 그러나 최고의 스토리텔러는 주로 자신의 목소리를 사용하여 그림을 그릴 수 있다는 것을 기억하라.
6. **언어를 선택적으로 사용하라.** 어려운 어휘를 사용할 수 있지만 그것이 이야기와 관련성이 있는 경우에만 사용한다. 만약 『오델로(Othello)』에서 감각 이야기를

만든다면, 셰익스피어의 원작에 있는 훌륭한 리드미컬한 특성을 사용할 수 있다. 이러한 특성은 시를 매우 좋은 기반으로 만든다. '부름과 반응'을 사용하여 리듬감을 이끌어 낸다(Park, 2010).

7. 일련의 극적인 사건을 소개하라. 그리고 사건에 대한 기대감을 높이기 위해 매주 정확히 동일하게 만들라.
8. 흥미롭고 역동적으로 만들라. 스토리의 핵심 포인트를 적어도 하나 이상 포함하여 감성적인 콘텐츠를 제공하라.
9. 가능한 한 많은 청중의 참여를 구축하고 허용하라. 이것은 최중도중복장애학생에게 소품을 탐색하고 상호작용하는 관계를 가질 수 있도록 기회를 제공한다는 것을 의미한다. 해당 세션을 지원하는 스태프는 '보조' 스토리텔러의 역할을 해야 한다. 일대일 방식으로 대사를 반복하도록 하고, 각 학생에게 스토리의 개인적인 의미를 부여하며, 학생의 이해를 돕도록 비계를 제공하도록 한다. 그리고 일반적으로 자신이 할 수 있는 한 과장되게 연기하라! 대그룹(학생 6명 이상)과 함께 작업하는 경우, 정기적으로 학생들 사이에 스태프를 앉게 하는 것이 좋다.
10. 가능한 한 많은 단서(소리 단서, 터치 단서, 음악 단서 등)에 의해 뒷받침되는 명확한 결말을 제공하라.

일단 이야기가 고안되면, 같은 이야기가 적어도 반 학기 동안 매주 반복되어야 한다(아마도 더 길어질 수 있다). 그래서 학생들이 그것에 익숙해질 진정한 기회를 가지고, 의사소통의 모든 필수적인 기본 요소—자신의 순서, 대화의 주고받기, 예측하기 및 기억 기술—를 연습할 수 있도록 한다.

적절한 연령에 대해 너무 고민하지 말라. 영화 산업이 어른들을 위한 영화 제작에만 집착했다면 그 분야는 수년 전에 사려졌을 것이다! 중등학교 학생이기 때문에 감각 이야기가 적절하지 않다고 말하지 말라. 단지 이것이 그들을 유치하게 만들지 않는다. 그들이 10대라면 그들이 관심을 가질 만한 섹스나 죽음, 록 음악과 같이 평범한 것이 필요하다.

음식 만들기 최중도중복장애학생이 무한하고 다양하게 감각을 탐구하고 경험할 수 있도록 한다. 전통적인 국가수준 교육과정(National Curriculum) 과목을 이러한

자료와 동일시하려는 사람들에게, 요리하기는 수학적 사고와 과학적 탐구를 위한 환상적인 수단이다. 학생의 인지 능력에 따라 케이크를 굽는 과정을 통해 크기, 수량, 모양, 측정, 무게, 속성 구조, 온도, 순서, 원인 및 결과, 추정, 계산, 더하기 및 빼기, 분수, 나눗셈 등과 같은 다양한 영역을 살펴볼 수 있다. 완성된 케이크의 상태는 전혀 중요치 않다. 왜냐하면 그것은 보고, 맛보고, 냄새 맡고, 만지는 것을 통해 탐구하는 과정이기 때문이다. 이뿐만 아니라 재료들을 섞거나 밀가루과 물이 섞일 때 발생하는 변화를 경험하거나 혹은 설탕이 녹을 때, 또는 다양한 향신료가 카레에 들어갈 때 등을 경험하는 것이 중요하다. 그리고 물론 우리는 수업이 끝났을 때 먹을 수 있는 케이크나 아이스크림 또는 카레를 항상 얻을 수 있다!

마사지　최중도중복장애학생은 자신의 신체에 대해 거의 인식하지 못할 가능성이 높다. 신체 부위가 어떻게 연결되어 있는지(고유수용감각) 알지 못할 수 있으며, 주변 공간과 관련하여 자신의 신체가 어디에 있는지(전정감각) 모를 수도 있다. 이 두 가지 운동감각은 기존의 전통적인 다섯 가지 감각과 마찬가지로 작업해야 하며, 마사지는 훌륭한 주안점이 될 수 있다.

그러나 마사지는 시간을 많이 요하기 때문에 '버려지는(throwaway)' 활동으로 인식되어, 마땅히 주목받아야 할 중요성이 간과되기 쉽다. 마사지에는 다음과 같은 것이 포함될 수 있다.

- 휴식 때마다 신체의 특정 부위에 집중하기
- 적어도 20분 이상 지속하기
- 기유(base oil)를 사용하고, (감각의 혼란을 일으킬 수 있는) 에센셜 오일은 사용하지 않기
- 조용하고 차분하며 편안한 활동하기

마사지에 대한 많은 아이디어를 얻고자 한다면 플로 롱혼(Flo Longhorn)의 『Planning a Multi-Sensory Massage Programme for Very Special People』(1993)을 참조하라.

고유수용감각 마사지(proprioceptive massage)(Bluestone, 2002) 주디스 블루스톤(Judith Bluestone)의 지도하에 미국 HANDLE Institute(the Holistic Approach to Neuro-Development and Learning Efficiency; 신경 발달과 학습효과에 대한 총제적 접근)에서 유래되었다. 그녀는 이러한 접근법이 다음과 같은 효과가 있다고 주장한다.

1. 인지적 처리를 조직화한다.
2. 신체의 생화학에 영향을 미친다.
3. 뇌의 실제 구조를 형성하는 데 도움이 된다.

이러한 것들은 그러할 수도 있고 그렇지 않을 수도 있다. 우리는 이러한 주장을 확인하거나 부정하기 위해 어떠한 독립적인 조사나 연구를 할 수 없다. 그러나 어떠한 경우에, 이러한 과정이 기존의 전통적인 피부 마사지에 어려움을 겪었던 사람들에게 적절할 수 있다. 고유수용감각이란 온몸에 대한 두뇌에서의 무의식적인 감각을 의미한다. 두뇌는 그 전체성을 이해할 수 있게 하는 다른 감각들로부터 정보를 받아 처리하게 된다. 또한 우리 몸이 주변 환경과 관련하여 어디에 있는지 결정하고, 신체의 다양한 부분이 어디와 서로 관련되어 있는지—예를 들어, 무릎은 허벅지와 관련 있는 것과 같이—결정한다. 감각 인식이 손상되었거나 불완전한 학생(거의 모든 최중도중복장애학생)에게 이것은 불확실할 수 있으나, 이에 대한 개발이 필요하다는 것은 의심할 여지가 없다.

고유수용감각 마사지는 손 대신에 작고(테니스 공 크기) 부드러운 폼 볼(foam ball)을 사용하며 피부의 접촉을 피할 수 있다. 어떤 사람들의 경우, 이러한 접촉에 극도의 문제를 가질 수 있다. 항상 다음 사항을 기억하라.

- 몸 뒤쪽에서 작업하라.
- 척추의 맨 위에서 시작하고 마무리한다.
- 척추 꼭대기에서 끝낼 때, 견고하고 느린 압력을 적용하라.
- 공을 같은 방향으로 굴리고, 전체적으로 동일한 압력을 적용하라.
- 공을 천천히 굴리라.
- 마사지를 통해 파트너(학생)와 대화를 나누라. 간단하고 명확한 언어로 신체 부

위 이름을 명명하는 것은 신체 인식을 강화하는 데 도움이 된다.

• 파트너(학생)의 의사 표현에 민감하라.

예술 감각 및 인지 발달을 위한 주요 수단으로 활용될 잠재력이 크다. 이때 학생이 단순히 (예쁜 그림을 만드는 어른들의!) 관찰자가 되거나 혹은 더 나쁘면, 해야 할 일의 대상자로 남는 것이 아니라 활동의 참여자가 되도록 주의를 기울여야 한다. 예를 들어, 손자국으로 가득 찬 그림 만들기 활동을 위해서 학생의 손에 페인트를 칠하도록 한다. 우리는 기존의 관습적인 그림(회화)의 개념에서 벗어나서, 최중도중복장애학생이 스스로 예술 작품을 만들 수 있도록 허용하고, 격려하고, 도와줄 필요가 있다. 예술을 가르칠 때 핵심은 재료와 관련한 감각적 경험을 수행하는 과정과 재료의 결합을 통해 얻은 인지적 경험이 완성된 작품보다 훨씬 더 중요하다는 점을 기억해야 한다는 것이다. 칸딘스키(Kandinsky)와 잭슨 폴락(Jackson Pollock)에게 예술적으로 충분히 좋았다면, 우리에게도 확실히 충분히 좋은 것이다.

개별화된 감각 환경 카렌 버닝(Karen Bunning)은 최중도중복장애학생 교육과정과 관련한 실제적인 영역에 '개별화된 감각 환경'이라는 중재를 적용해 보는 매우 흥미로운 작업을 하였다. 비록 이것이 처음에는 최중도중복장애성인을 위하여 개발되었지만(Bunning, 1996, 1998), 원칙은 연령에 관계없이 동일하게 적용된다. 주된 목표는 상동 행동, 자해 및 중립 행동으로 특징지어지는 비목적적인 참여 수준을 줄이고, 다른 사람과 사물과의 의도적인 상호작용 수준을 높이는 것이다. 버닝(1998)의 연구에서는, 타인의 존재와 그들과의 긍정적인 상호작용이 중요한 요인으로 작용한다고 밝히면서 참여자는 기초선에서 높은 수준의 비목적적인 행동을 보였지만, ISE 중재 이후에 의도적인 상호작용이 증가한 것으로 나타났다.

ISE는 학생이 사물을 충분히 원하는 경우, 이것이 제거될 때 어떤 방식으로든 '더 많이'를 표시하도록 동기를 부여한다는 원칙에 따라 작동한다. 사물(예: 파스타 한 접시)가 학생에게 제시되면, 학생이 그것과 상호작용할 수 있도록 촉진한다. 그는 (초기의) 지원 여부와 관계없이 한동안(30초 혹은 그 정도 시간) 파스타를 만지거나 맛보거나 냄새를 맡을 수 있다. 파스타가 없어지면 그것을 제시했던 사람은 학생의 반응을 관찰할 수 있는데, 이는 학생의 표정, 도달 범위나 더 많은 것을 원한다는 것을 나타내는 음성을 통하여 학생의 관심을 알아챌 수 있다. 파스타는 학생에게 다시 제시되고, 이러한 과정이 두세 번 더 반복될 수 있다. 초기 관심이 발견되면, 그 사물에 작용하는 동기가 일관성을 갖는지 확인하기 위하여 하루 또는 일주일 중 다른 시간에 다른 사람이 파스타를 제시하도록 한다. 파스타를 거부하거나 학생이 관심을 보이지 않더라도, 이러한 거절이나 무관심이 교실의 시끄러운 소음이나 학생이 보이는 일반적인 졸음과 같은 다른 외부 요인에 영향을 받았는지 살펴보기 위하여, 다른 때에 다시 제시하도록 한다.

ISE는 다음의 것들을 실행하는 방법으로 유용하게 사용된다.

- 좋아하는 것과 싫어하는 것을 찾기
- 의도가 있는 반응을 증진시키기 위해 유의미한 형태의 자극을 제공할 수 있도록 환경을 구조화하기
- 전형적으로 나타나는 자기자극을 줄이기
- 학생이 무의미한 행동이 아닌 목적 있는 행동을 할 수 있도록 감각 자극 사용하기

마지막 논점은 '요양 기간(down time)'의 양을 고려할 때 매우 적절하다. 최중도중복장애를 가진 평균적인 사람은 평생 동안 학교뿐만 아니라 가정, 단기보호센터(respite), 성인 주거시설에서 생활하게 된다. 당신이 좋아할 만한 것들을 최중도중복장애가 있는 사람도 좋아할 것이라고 가정한다면, 우리는 그들이 TV 화면 앞에서 따분하게 앉아 있기보다는, 비디오 게임, 책 읽기, 십자말풀이 혹은 다른 사람과 함께 TV 프로그램을 시청하기 등과 같은 활동에 가급적 많이 참여할 수 있도록 할 수 있다.

비록 버닝의 원래 논문은 주로 촉각, 고유수용감각 및 전정감각 채널에 관련된 것임에도 불구하고, 다른 감각 채널이 작동되지 않은 이유에 대해서는 알 수 없으며, 프로그램에서 사용할 사물 목록은 실제로 생각하는 것보다 제한될 수 있다는 것이다. 몇 가지 예를 들어 보면, 요리하지 않은 파스타, 생쌀, 익히지 않은 콩, 물(따뜻한 것, 차가운 것, 거품이 있는 것, 얼린 것 등의 모든 형태), 반죽, 다양한 크기의 공, 조개, 젤리(가공되지 않은 것을 포함한 다양한 견고함과 일관성을 지닌 모든 형태), 비닐 랩, 깃

털, 핸드크림, 옥수수 반죽, 열면 인형 등이 튀어나오는 상자(jack-in-the-box), 수세미(scouring pads), 장난감 벽돌, 으깬 감자(다양한 수준의 온도와 일관성을 지닌 모든 형태), 마른 시리얼, 흔들의자, 그네, 물이 채워진 풍선, 물이 채워진 스프레이, 종, 다양한 휴대폰, 거울, 냄비, 노즐이 부착된 진공청소기, 걸쇠, 스위치 작동 음악, 모래(건조, 습식, 반습식 등), 점토, 면도용 거품, 발 스파, 진동 쿠션 및 기타 진동 장난감, 스펀지, 다양한 재료(예: 펠트, 가죽, 새틴, 라이크라, 헤센, 모피 등) 등이 있다.

ISE는 학생의 피드백을 요구하기 때문에, 교사는 감각 선호도를 발견하는 수단으로 ISE를 사용할 수 있다. 이것은 잘 알고 있다고 생각했던 학생들조차도 우리가 알지 못하는 것을 좋아할 수 있다는 것을 깨닫게 해 준다. 왜냐하면 학생들 또한 자신에 대해 아직 잘 알지 못하기 때문이다. 또한 이것은 우리는 모두가 다르며, 학생들을 성공적으로 참여시키기 위해서는 동기를 부여할 수 있는 요인을 찾는 것이 필요하다는 것을 알게 한다(Carpenter et al., 2010). 마지막으로, 교사들이 정기적으로 모든 주요 단계가 시작되는 반 학기 동안 교육과정 적용을 연기하자는 제안에 대해 상당한 논란이 존재한다. 이는 마지막 주요 단계 시작 부분에서 표시된 학생의 감각 선호도가 여전히 적용될 수 있는지를 확인하기 위해 주장되고 있다. 우리는 몇몇 변화를 찾게 될지 모른다. 어쩌면 상당히 의미 있는 변화를 발견하게 될지도 모른다. 만약 이러한 질문을 하지 않는다면, 그에 대한 답도 얻지 못할 것이다!

더 읽어 보기

일상 속에서 실제적인 아이디어를 얻기 위하여, 티나 베컬래그(Tina Beckerleg, 2009)와 플로 롱혼의 글을 읽어 보도록 하자. 1988년 출간된『매우 특별한 이들을 위한 감각 교육과정(A Sensory Curriculum for Very Special People)』을 제외하고, 롱혼의 주목할 만한 결과가 담긴 모든 서적은 아마존(Amazon)에서 구할 수 있다.

최중도중복장애학생과 감각에 관한 보다 자세한 연구를 위하여, 폴 파글리아노(Paul Pagliano, 2001)와 마이클 메드닉(Michael Mednick, 2002)의 저서를 살펴보도록 하자.

결론

최중도중복장애학생이 감각 인식에 어려움이 있는지 그렇지 않은지를 확신하는 것은 거의 불가능하다. 감각 인식에 어려움이 있다 하더라도 그 심각한 정도를 확인하는 것도 어려운 일이다. 오늘날 의료계는 시각이나 청각과 같은 신체적인 문제에 대해서는 말해 줄 수 있을지 모른다. 그러나 지각상의 어려움은 전적으로 별개의 문제이다. 이러한 점을 고려해 볼 때, 감각상 어려움이 있을 가능성이 높을 것이라 가정하고, 학생들이 자신의 감각을 이해하는 활동을 할 수 있는 다양한 기회를 갖도록 교육과정을 마련하는 것이 합리적일 것이다. 각 학생별로 정기적인 감각 검사를 실시하는 것은 학습이 이루어지기를 확실히 하기 위한 필수적인 필요조건이다.

제3부

중도장애학생을 위한 교육과정

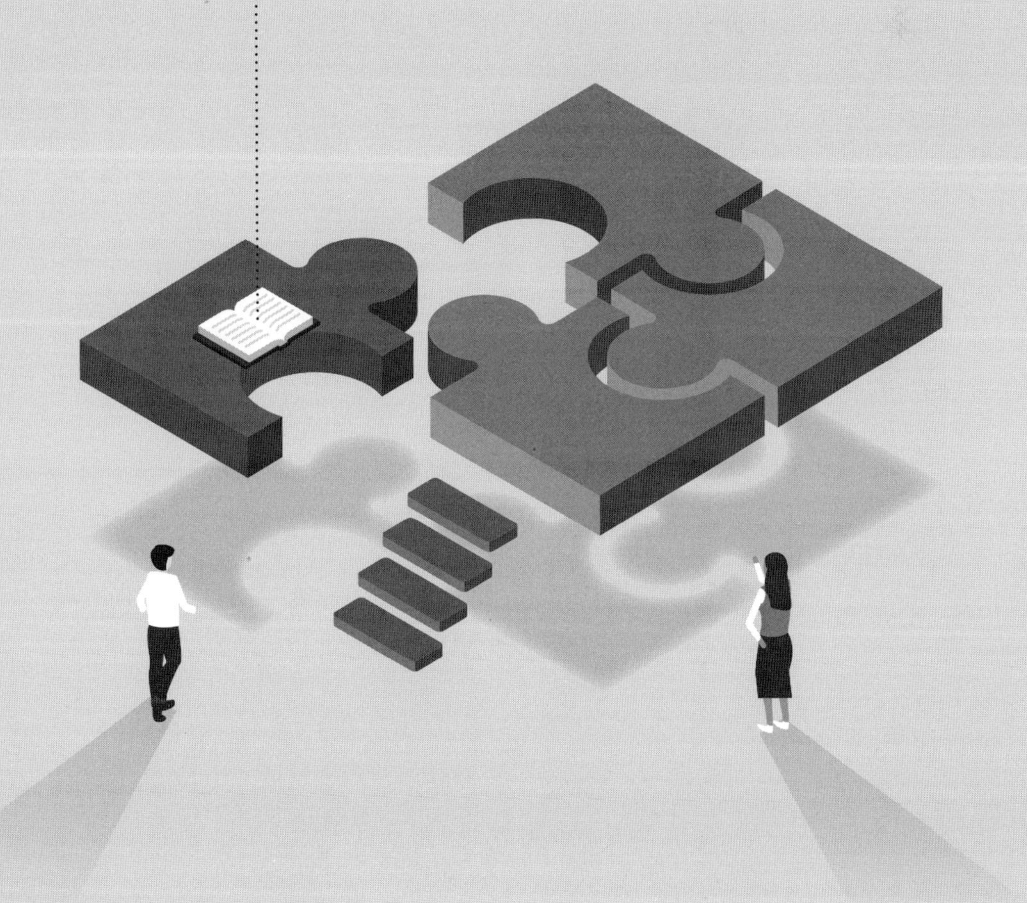

제10장

중도장애학생을 위한 언어, 문해력 및 의사소통 교육과정

쿠페 오카네와 골드바트(Coupe O'Kane & Goldbart, 1998)는 학업상의 어려움과 의사소통에 장애가 있는 학생들이 겪을 수 있는 어려움에 대해 다음과 같이 간결하게 서술하였다. 이는 다음과 같다.

- 응답자로서의 기술을 가지고 있지만 대화를 시작하는 기술은 갖고 있지 않을 수 있다.
- 공동 참조(joint reference)를 확립하여 대화 주제를 식별하는 것을 못할 수 있다.
- 주제를 빈번하게 변경하여 하나의 주제를 이끌어 나가며 유지하기가 어렵다.
- 청취자로서 고개를 끄덕이거나 '음'이라고 말하는 것과 같이 지속적인 관심을 나타내는 데 있어 불충분하게 피드백을 제공할 수 있다.
- 의사소통의 내용을 이해하는 것과 관련하여 화자에게 불충분한 피드백을 제공할 수 있다. 즉, '무슨 의미인가요?' '어?'와 같은 확인이나 명확함을 요청하지 않을 수 있다.
- 적절하지 않은 시기와 적절하지 않은 내용으로 대화에 끼어들 수 있다.
- 처음에 교대로 대화를 나눈 후 대화의 개시자와 응답자로 의사소통을 확장할

수 없다.

- 비효율적으로 전달되는 결과로 인해 대화를 조기에 종결한다.
- 의사소통 시 실수를 인식하고 이를 복구하기 어렵다.

추가적인 자폐스펙트럼장애의 유무와 관계없이, 심각한 학습상의 어려움을 보이는 학생들에게 효과적인 의사소통은 쉽게 또는 자연스럽게 이루어지지 않을 수 있다. 따라서 이들과 함께 일하는 사람들은 자발적인 의사소통의 기회를 극대화할 수 있도록 조건을 마련해야 한다. 학생들의 나이나 능력 수준에 상관없이 모든 교실에서 다음과 같은 실문들을 해 보는 것은 좋은 시작일 수 있다. 학생들에게 동기를 부여하고 흥미를 주는 것이 무엇인지 아는가? 학습자들이 왜 의사소통을 원하는지 아는가? 우리 모두는 흥미롭게 하는 것들에 대해 더 자유롭게 의사소통을 한다. 의사소통에서 학습 의도가 효과적이려면 개별화되어야 한다. 의사소통에서 학습 의도를 종합할 수는 없다. 우리는 의사소통을 하고자 하는 동기가 의사소통의 핵심 요소라는 것을 기억해야 한다.

매우 재미있게 학습하고 있는가? 학생들이 학습하고 있다는 사실조차 알지 못할 정도로 학습을 재미있게 하는 것은 학생들이 동기부여되도록 하는 아주 간단한 방법이다. '둥근 정원(round and round the garden)' '까꿍놀이(peek-a-boo)' 등 어린 학생들을 위한 아주 간단한 일대일 게임부터 교실에서 할 수 있는 '사라진 물건 찾기 게임(Kim's Game)' '움직이는 말에 물건 걸기 게임(Buckaroo)' 등 보다 복잡한 게임, 혹은 더 큰 공간에서 '표적구에 물건 던지기(British Bulldog)'의 변형까지 다양한 게임을 할 수 있다. 학생들이 좋아하는 것을 반복할 수 있는 기회를 많이 주는 것이 좋다.

Kim's Game	Buckaroo	British Bulldog

많은 흥미로운 이야기와 시(poems)를 사용하고 있는가? 스토리텔링은 매우 복잡하고 어려운 기술이며 학생들은 적극적인 연습이 많이 필요할 것이다. 만약 학생들이 익숙한 이야기(예: 동화 등)를 말하지 못한다면, 자신에게 일어나는 중요하고, 재미있고, 무섭고, 걱정스러운 일들에 대해 이야기하는 것이 어려울 수 있다.

비구어 학생들에게 집중적 상호작용(Intensive Interaction)을 개별적으로 제공하고 있는가? 집중적 상호작용은 최중도중복장애학생뿐만 아니라 의사소통 발달의 초기 단계에 있는 학습자에게도 효과적이며, 특별히 추가적인 자폐스펙트럼장애를 가진 학습자에게도 효과적일 수 있다.

학생들에게 필요한 것이 무엇인지 알기 위해 교실 환경을 조직하고 구조화했는가? 이것은 학생들이 차분하고, 안전하며, 배울 준비가 되어 있도록 도와주며, 따라서 그들은 다음에 무슨 일이 일어날지 걱정하기보다는 학습에 훨씬 더 집중할 가능성이 있다.

학생들의 개별적인 의사소통 학습 의도에 관해 팀 구성원과 논의하는 것이 필요하다. 다른 전문가들(특히 언어치료사)과 학생을 매일 보는 다른 사람들(이동이나 식사를 지원해 주는 부모와 보호자들)과 함께 의논하고, 학생들을 정기적으로 보는 모든 사람이 같은 목표를 향해 일할 수 있도록 학생들의 의사소통 학습 의도를 공유하는 것이 중요하다.

너무 많은 단어(어휘나 말)를 사용하고 있지는 않은지, 학생들이 당신이 말하는 모든 것을 이해할 수 있다고 가정하고 있지는 않은가? 학업에 어려움을 겪는 대다수의 학생은 자신이 전혀 이해하지 못한 상황에서도 마치 이해한 것처럼 보이게 하기 위한 전략을 개발한다. 예를 들어, '공원에 갈래?'라는 질문에 '공원'이라는 단어로 대답하거나, '블랙커런트와 오렌지 중에 뭐가 좋아?'라는 질문에 '오렌지'라는 단어로 대답하는 것과 같이 반향어(맨 뒤에 말한 단어나 말을 반복하는 경우)를 사용해서 선택한다. 또한 학생은 자신이 마지막으로 들은 것만 처리할 수도 있다. 즉, '코트를 벗고 책을 가져오라.'라는 두 가지 관련 없는 말을 듣고 나서, 학생은 단지 책만 가져다줄 수도 있고, 혹은 '책'이라는 단어만 이해할 수도 있다.

학생들에게 다양한 의사소통 환경을 사용하여 이해할 수 있는 많은 기회를 주고 있는지 살필 필요가 있다. 그것은 간단하고 명확한 언어 및 신호나 상징이나 그림이나 사물 단서가 포함된다. 학습에 어려움을 겪는 많은 아동은 개념을 시각화하여 표현하는 마카톤 기호(Makaton sign)나 상징과 같은, 언어를 지원하는 시각적 단서로부터 정말로 많은 도움을 얻는다는 것을 기억해야 한다. "너 음료 한 잔 할래?"라고 구어로 말하면서 '너'(가리키기)와 '음료'(컵을 입에 댄다)의 두 마카톤 기호를 행동으로 해 보이는 것이 단순히 말로만 하는 것보다 훨씬 명확하게 의미를 전달할 수 있다.

각 학생들이 선호하는 의사소통 수단을 알고 있는지 살펴야 한다. 모든 학생이 의사소통의 기회에 즉각적으로 접근할 수 있는지 확인하는 것이 좋다. ① 음성 또는 i-Pad, 4-Talk-4 혹은 Step-by Step과 같은 VOCA(음성출력 의사소통 보조기기)를 통한 단어 사용, 또는 ② 몸짓 신호 또는 ③ 예를 들어, 상징 키링(symbols keyring)과 같은 건네줄 상징, 또는 ④ 어떤 관심사에 대해 이야기할 수 있는 사진 등을 가지고 다니는지 확인하는 것이 바람직하다. 그것들이 손 안에 없거나 방 주위에 흩어져 있거나, 사람장에 흩어져 있거나, 교실에만 보관되어 있어 즉각적으로 사용할 수 없기 때문에 학생 및/또는 스태프들은 이러한 의사소통 수단을 사용하지 못하고 있지는 않은지 살펴야 한다. 의사소통을 위한 수단이 의사소통의 주요 필수품이라는 것을 기억해야 한다.

학생 한 명당 당신이나 다른 스태프에게 의사소통할 수 있는 시간을 제공하고 있는지 살펴야 한다. 학생들은 상당히 수동적으로 의사소통법을 배웠을지도 모른다(만약 필요한 것들이 제공된다면, 의사소통이 필요하지 않다). 중요한 것은 학생의 요구를 예상하는 것이 아니라 그들이 가지고 있는 의사소통 능력(음료를 나타내는 신호 등)을 사용하도록 격려하기 위해 의사소통 맥락(환경)을 조작하는 것이다. 예를 들어, 목이 마를 것이라 생각될 때 음료를 주는 것이 아니라 학생 주변에 주스 한 병을 놓고 요구하도록 하는 것이다.

학생이 의사소통을 하고 싶을 때 누군가와 대화할 수 있도록 하고 있는지 살펴야 한다. 모델링과 더 많은 단어/또는 신호/또는 상징을 가르치면서 학생들의 의사소통 능력을 신장시킬 수 있는가? 일정과 시간표가 하루 종일 규칙적으로 사용되도록 보장하는가? 어떤 사람들은 장기적인 정보(일과표)를 보유할 수 있겠지만, 대부분의 경우 지금과 다음 같이 훨씬 짧은 기간에 대한 추가적인 단서가 필요할 것이다.

학생들이 한 번만 하면 되는 것을 두 번 의사소통하도록 요청하고 있지는 않은지도 살펴야 한다. 예를 들어, 학생이 더 쉽게 가리키거나 우리를 이끌고 가거나 혹은 관심 있는 것을 가져갈 수 있는 경우에도, 때때로 학생들에게 상징을 넘겨 주도록

함으로써 너무 어렵게 만들기도 한다. 우리가 요청하는 추가적인 의사소통은 학생에게 의미가 없다. '이제 너의 표식을 사용해 다시 말해봐.'라는 지시는 실용적으로 거의 도움이 되지 않는다.

학생들에게 도움을 요청하는 방법을 가르쳤는가? 문제에 대한 해결책을 찾지 못할 때, 무엇을 해야 할지 아는 사람을 찾고 도움을 요청하는 것은 자연스러운 것이다. 문제해결과 사고 능력은 학습에 어려움이 있는 사람들에게 자연스럽게 오지 않을 것이며, 학생들이 그것을 극복할 수 없는 문제로 보고 시도조차 하지 않을 것이라는 것이 문제이다. 많은 경우, 어른들은 아동이 요구하지도 않은 문제를 미리 해결하려 든다. 이러한 어른들의 행동은 학생이 애초에 문제가 존재한다는 것을 알지 못해도 된다고 생각하고 있음을 의미한다. 우리가 학습된 무기력을 심어 주지 않도록 조심해야 한다.

학생이 행동하는 것을 통해 그들이 무엇을 이야기하고 있는지 들을 수 있어야 한다. 물론 그것은 어렵겠지만, 도전적인 행동이 의사소통이라는 것을 기억해야 한다. 학생은 의사소통 기술이 좋지 않지만, 아마도 그것은 그들이 할 수 있는 최고의 것이고 우리는 그들이 표현하는 것을 들을 필요가 있다. 학생은 자신이 원하는 것을 얻거나 분노와 좌절감을 표출하는 데 효과적이기 때문에 이러한 도전적인 행동을 개발하게 된다. 학생을 통제하는 것이 우리의 목표가 아니라 학생들에게 적절하고 받아들일 수 있는 통제 수단을 주는 것이 우리의 목표이다. 즉, 이것이 경청하는 의사소통이다.

의사소통의 주된 필수품

그러므로 의사소통에 필요한 것은 다음과 같다(Goldbart, 1994).

- 의사소통하는 수단(방법): 단어, 신호, 상징, 그림, 제스처, 참조 대상 또는 이와 같은 일부 또는 전부의 조합을 통해 의사소통을 한다.
- 의사소통을 하는 동기(이유): 그것은 필요와 욕구를 의미할 수도 있지만, 그 사람에게 흥미를 주는 것에 대해서도 동일하게 의사소통을 할 수도 있다.

- 의사소통을 할 사람: 보통 어른이 될 것이다. 왜냐하면 그들은 보통 학습에 어려움을 겪는 사람과 의사소통을 하기 더 쉽기 때문이다.
- 시간: 학생이 의존적인 의사소통자가 아닌 독립적인 의사소통자가 될 수 있도록 허용하는 가장 훌륭한 투자가 된다.

학습자가 의사소통을 원하는 이유가 무엇인가

1. 사회화를 위하여
2. 협상을 하기 위하여
3. 자신의 느낌과 감정, 태도를 표현하기 위하여
4. 도움을 요청하고 정보를 요구하기 위하여
5. 실제적인 선택을 하기 위하여
6. 다른 사람을 이해시키기 위하여
7. 개인이 관심 있는 것에 대해 의사소통하기 위하여
8. 필요한 것과 원하는 것을 요구하기 위하여

이상의 것들에 대해 좀 더 상세하게 살펴보고자 한다.

사회화

사회화는 집중적 상호작용으로 시작되는데(Nind & Hewett, 1994, 2001; Hewett & Nind, 1998; Hewett, 2011), 이것은 실제로 초기 의사소통 수준의 학생-전구어적(언어적) 수준 및/또는 의사소통 능력이 능숙하지 사람들과 함께 하는 모든 작업의 초석이 되어야 한다. 집중적 상호작용은 단지 학습에 어려움을 겪는 사람들을 위한 것이 아니며, 아이들에게 일련의 기술을 가르칠 수 있다는 의미에서 단지 '의사소통을 아이들에게 가르치는 것'에 관한 것이 아니다. 핵심 원칙은 의사소통이 언어나 신호로 표현된 단어나 전달된 상징보다 훨씬 그 이상이라는 점이다. 확실히 ASC 기반 PECS(Frost & Bondy, 1994) 또는 클레어 래섬(Clare Latham)의 중도장애 기반 '의

사소통 책(Communication Books)'(Latham, 2005)과 같은 상징 체계는 필요와 욕구를 요구하고, 질문에 대답하고, 선택을 하는 데 필요한 기술을 가르칠 수 있지만, 인간 의사소통의 진정한 핵심 요소(사회화되는 것)는 이와 같은 기술 기반 교육을 통해 다루어질 수 없다. 이것은 의사소통 상호작용의 과정이 목표인 과정 기반 교수법(a process-based way of teaching)이다.

상호작용을 하는 사람들은 두 가지 방법의 공유된 즐거움을 찾을 것이다. 그들은 학생들의 참여를 강화하면서 유연하고 반응적인 파트너로서 참여할 것이다. 더 유능한 파트너의 참여는 기술을 넘어서는 감정적 참여에 도달하기 위해 학습자의 참여를 강화한다. 효과적인 집중적 상호작용을 하는 과정은 학습자의 의사소통 능력에 긍정적인 영향을 미칠 것이다. 파트너와 대화하는 과정에 오랜 시간 집중함으로써 전환 기술과 상호작용할 수 있는 능력이 향상된다. 학습자는 눈, 얼굴 및 신체 언어를 통해 비언어적 의사소통을 사용하고 이해하는 능력을 확장할 수 있다. 그들은 터치를 주고받는 것을 연습하고, 다른 사람들의 근접성을 받아들일 준비가 되고, 발성 및 구두화 중 하나 또는 둘 모두의 사용을 확장할 수 있을 것이다.

협상하기

'아니요'라고 말하는 연습은 제8장 '최중도중복장애학생을 위한 돌봄 교육과정'에서 더 자세히 설명된다. 학습이 어려운 이들에게 적절한 방식으로 '아니요'라고 말하는 것을 가르치고, 그들이 적절하게 '아니요'라고 말할 때 듣는 것이 가장 중요하다는 일반적인 원칙은 중도장애학생에게도 동일하게 적용된다. 중도장애를 가진 일부 사람에게는 이 과정이 완전한 사회적 존재가 되기 위한 교육의 필수적인 요소가 될 것이다. 일부 사람은 '아니요'라고 말했을 때 상대방이 귀 기울이지 않으면 듣지 않을 수 없는 행동, 즉 도전적인 행동을 보여 줌으로써 '아니요'라고 말하게 되는데, 이것을 억압하는 것은 현명하지도 기능적이지도 않다. 이러한 상황에서 그러한 행동은 전적으로 이해할 수 있고 완전히 일반적이라고 종종 주장되어 왔다(Harris, 1995; Harris et al., 1996, 2001; Hewett, 1998a, 1998b; Imray, 2008).

느낌과 감정, 태도 표현하기

이것은 여러 면에서 창의적 교육과정(Creative Curriculum)의 기능 중 하나이지만 언어, 문해력, 의사소통 영역 측면에서는 문해력과 가장 관련이 높은 분야이다. 게임과 놀이는 자신의 감정에 대해 배우는 훌륭한 방법일 뿐만 아니라 다른 사람에게서 감정을 살펴보고 이를 인식하는 법을 배우는 훌륭한 방법이기도 하다. 재미있게 노는 것이 학습의 큰 기회라는 것을 기억하라. 왜냐하면 아이들이—학습의 어려움 수준이 어떠하든지—재미있게 놀 때 항상 참여하기 때문이다. 기억하라. 게임은 실제 활동을 중지하는 것이 아니다. 그것은 당신이 할 수 있는 가장 집중적인 개발 활동이다(Nind & Hewett, 2001, p. 66).

교실 안팎에서 게임을 하는 것(Barratt et al., 2000; Nind & Hewett, 2001; Delmain & Spring, 2003; Ludwig & Swann, 2007; Barron, 2008, 2009)은 학생들의 나이와 상관없이 모든 중도장애학생 교실에서 필수적인 요소가 되어야 한다. 놀이와 마찬가지로 게임도 다른 어떤 과목과 마찬가지로 별개의 '주제'가 되어야 하며 적어도 일주일에 한 번은 별개의 세션으로 가르쳐야 하며, 어린아이들에게는 아마도 그보다 훨씬 더 자주 가르쳐야 한다고 제안하기도 한다. 게임이 단지 놀이시간이나 점심시간에 일어나는 활동으로만 국한되어서는 안 된다는 것은 사실이다(Collis & Lacey, 1996; Barratt et al., 2000; Lacey, 2006).

게임을 하는 것은 과정 기반 교육의 전형적인 예이다. 학습 의도가 많겠지만, 주된 것은 게임 자체의 과정과 즐거움이다. 특정 개별 목표를 설정하는 것—게임을 하고 무슨 일이 일어나는지 확인하기—은 바람직하지 않다. 왜냐하면 회고 기록은 시간이 지남에 따라 각 개인이 달성한 것을 평가하기 때문이다.

멜리니 닌드와 데이브 휴잇(Dave Hewett)은 게임이 다음과 같은 주요 기능을 갖기 때문에 중도장애학생을 위한 교육과정에 필수적인 부분이라고 제안한다.

> 게임은 상호 관여(공통 참조와 공유된 의미를 확립하는 데 도움이 된다)를 가진 공동 활동이다.
>
> 게임은 반복(지루함 없이 반복적인 연습을 허용하고 예측 가능하고 안전한 활동을 제공한다)을 포함한다.

> 게임은 대안적인 주고받기(이것은 가장 근본적인 대화 규칙 중 하나를 배우고 연습할 수 있는 기회를 의미한다, 교대하기)를 포함한다.
>
> 게임은 본질적인 재미 때문에(그것들이 긍정적인 연관성을 가지고 자주 실행하는 데 도움이 된다) 본질적으로 동기부여가 된다.
>
> 게임은 문제해결의 기회(이것은 사고 기술을 적용할 수 있는 기회를 의미하며, 노력은 포함하지만 스트레스는 포함하지 않는다)를 제공한다.
>
> (Nind & Hewett, 2001, pp. 55-56)

이와 더불어 게임은 기대와 재미있는 분위기에서 다른 아이들과 접촉할 수 있게 한다. 우리가 그들을 위해 설계한 풍부한 맥락은 다른 아이들에게도 더 매력적으로 보여 접촉의 기회를 증가시킨다. 예를 들어, 통합된 상황 중에 중도장애학생의 교실을 방문하는 비장애아동이 그들과 짝을 지어 차 한 잔을 만들고 '기술 가정 영역(home corner)'에서 저녁을 준비할 때 그것이 얼마나 유혹적일지 과소평가해서는 안 된다. 아이들이 수십 번 또는 수백 번 게임을 하게 되면, 아이들 스스로 휴식과 점심시간에도 이러한 게임을 계속할 가능성이 있다.

학생들과 함께 놀 수 있는 새로운 게임을 만드는 데 많은 시간을 할애할 필요는 없다. 어린 시절에 했던 게임을 생각하고 필요한 경우 이를 적용하고(Taylor & Park, 2001), 필요하면 약간의 수정을 할 수 있다. 수정을 하여 중도장애학생들에게 적합하게 적용할 만한 책들이 많이 있다. 여기서 배럿과 동료들(Barratt et al., 2000)이 언급한 내용을 그대로 가져오거나 각색하여 세 가지 게임을 소개하면 다음과 같다.

1. 이름 글자 게임(Letters in your name game)
    - 한 명의 성인이 술래가 된다.
    - 학생들은 약 5m 떨어진 곳에 줄지어 선다.
    - 발신자가 알파벳 글자 하나를 말한다.
    - 그 글자가 자기 이름으로 되어 있다면 아이들은 한 걸음 앞으로 나아간다.
    - 글자는 무작위로 호출된다.
    - 술래에게 먼저 도착하는 사람이 새로운 술래가 된다.

〈변형〉

-26장의 큰 카드에 글자가 쓰여 있다.
-각 학생의 이름이 쓰여 있다.
-옷 색깔을 사용한다.
-보드판에 색상이나 모양, 만화 캐릭터 또는 스태프 구성원을 활용한다. 각 학생은 서로 다른 보드판을 갖는다.
-심판이 있다!

〈교육적 이점〉

-알파벳 글자를 알기
-자신의 이름에 포함된 글자 알기
-집중하기
-경청하기
-집중해서 보기
-수 세기
-생각하기
-기억하기
-주고받기
-이기는 방법 배우기
-지는 방법 배우기
-그리고 수학, 영어, PSHE(Personal, Social and Health Education: 개인 및 사회, 건강 교육) 수업을 모두 하나로 통합하기!

2. 풍선 게임

- 그룹이 커다란 원을 그리며 의자 위에 앉는다.
- 성인은 공중에서 풍선을 쓰다듬고 학생의 이름을 부른다.
- 학생은 풍선을 쓰다듬기 위해 뛰어오르고 다른 이름을 부른다.
- 목표는 풍선이 바닥에 닿지 않도록 하는 것이다.

〈변형〉

–만약 학생들이 이것을 잘한다면, 비치볼을 사용하고 바닥에 앉게 한다.

〈교육적 이점〉

–자신의 이름에 대답하기

–선택하기

–다른 사람의 관심을 적절하게 이끌어 내기

–그룹 내에서 협력하기

–그룹 규칙을 이해하고 준수하기

–시간을 어림짐작하기

–기다리기

–경청하기

–주의 깊게 보기

–집중하기

–주고받기

–빠르게 행동하기

–손과 눈 협응하기

3. 매트 달려가기 게임

- 운동장 한쪽 구석에 체육 매트를 놓는다.
- 리더는 '모두 탑승'과 같은 핵심 문구를 결정한다.
- 리더는 모든 사람들에게 춤을 추고, 깡충깡충 뛰거나, 발가락을 만지거나, 아주 낮은 목소리로 그 자리에서 회전하라고 지시한다.
- 리더가 '모두 탑승'이라고 부르면, 모두가 매트로 달려간다.
- 매트 위에 마지막으로 오는 사람이 아웃이다.

〈변형〉

–보트 여행을 떠나는 것에 대한 이야기를 하라. 날씨가 화창하고, 바다에서 수영을 하고 있다. 조심해, 상어다! 그리고 모두 탑승!

–핵심 문구가 돌진(SCRAMBLE) 또는 출발(LET's GO) 또는 목숨을 걸고 달려라 (RUN FOR Your Life)로 끝나도록 이야기를 변경하라.

〈교육적 이점〉
–그룹 내에서 협력하기
–그룹 규칙을 이해하고 준수하기
–경청하기
–집중하기
–기억하기
–기대하기
–근접성을 허용하기
–앞장서서 이끌기
–이기는 법을 배우기
–지는 법을 배우기

정보 요구 혹은 도움 요청하기

이 영역은 제13장 '중도장애학생을 위한 문제해결과 사고 교육과정'에서 심층적으로 다룬다. 중도장애학생이 도움을 요청할 수 없는 것은 학습된 무력감을 구성하는 기본 요소 중 하나이며, 학생의 학교생활에서 가능한 한 빨리 다루어야 한다.

실제적인 선택하기

이 영역은 제8장 '최중도중복장애학생을 위한 돌봄 교육과정'에서 충분히 논의되는 또 다른 영역이다. 다시 말하지만, 선택에 대해 최중도중복장애를 가진 사람들에게 적용되는 원칙들이 중도장애를 가진 사람들에게 똑같이 적용될 것이다. 그것은 본질적으로 학습자들이 선택의 결과를 완전히 이해할 수 있도록 해야 한다는 것이다. 우리는 '블랙커런트 먹을래, 오렌지 주스 먹을래?' '플레인 맛 감자칩 먹을래, 어니언 감자칩 먹을래?' 등 학습자의 경험의 일부분으로서 단순한 선택을 제공하는 경

향이 있다.

여기서 학생이 블랙커런트나 플레인 감자칩에 대해 진정한 혐오감을 갖지 않는 한, 잘못된 선택을 하는 결과는 미미하다. 그 학생은 여전히 음료와 감자칩을 가지고 있다. 만약 우리가 플레인 감자칩과 생감자 한 조각이라고 말한다면 어땠을까? 오렌지 혹은 갓 짜낸 레몬 주스 혹은 (알코올이 없는) 맥주를 제공한다면 어땠을까?

다른 사람을 이해시키기

최근의 연구에 따르면, 적어도 18개월부터 의사소통의 주된 목적이 무언가를 얻는 것일지라도, 전통적인 발달을 보이는 유아들은 의사소통을 단순히 '내가 원하는 것을 얻는다'는 확신보다는 '상대방이 내 말을 이해한다'는 확신을 갖는 것으로 보고 있다(Grosse et al., 2010). 그러므로 우리가 학생이 선호하는 의사소통 체계를 확인하고, 이것이 불분명할 때에는 그 의미를 확인할 수 있는 기회를 극대화하는 것이 매우 중요하다.

관심 있는 것에 대해 의사소통하기

이는 학습에 어려움이 심한 아동, 청년, 성인과 함께 일하는 모든 사람이 동기부여와 관련하여 분명히 고민해야 할 필수 영역이다. 교사, 지원인력, 언어치료사(SALT), 부모, 돌봄 인력, 이 밖에 학습자와 정기적으로 접촉할 식사 지원, 이동 지원 등의 인력들은 의사소통 순간을 포착할 수 있는 잠재력을 가지고 있으며, 종종 가르치는 상징, 대상 단서, 사진, 단어, 기호를 통해 표현 수단을 통제한다. 만약 반응적인 의사소통보다 능동적인 의사소통을 장려하고자 한다면, 물론 이것이 배타적인 영역이 되어서는 안 되지만 학습자와 함께, 학습자 자신의 동기부여가 되는 활동을 하는 것이 절대적으로 필요하다.

필요한 것과 원하는 것 요구하기

이 영역은 아마도 방해하는 무언가—제13장에서 더 자세히 살펴본 또 다른 이슈—가 있을 수 있으나, 본질적으로 이것은 사전에 적극적으로 의사소통할 기회를 의도적으로 만드는 것이다. 여기서 다음과 같은 여러 가지 전략을 채택할 수 있다.

- 좋아하는 항목에 접근할 수는 없지만 눈에 보이게 만들고(예: 투명한 용기, 찬장 위 등), 그들이 가리킬 때 이해할 수 없는 표정을 한다.
- 더 많은 것에 대한 응답을 장려하기 위해 소량(예: 음식)을 제공하라. '더 많이(more)'와 '제발(please)' 그 자체만으로는 허용되지 않는다는 것을 기억하도록 하라.
- 도움이 필요한 동기부여 작업(예: 가위 없는 절단 활동)을 설정하라.
- 동기부여가 높은 활동 중에 잠시 멈추라.
- 진정한 선택을 하도록 하라. 특히 '아니요'라고 말할 권리가 있다.
- 특히 간식 시간에 거부나 투정을 장려하기 위해 좋아하지 않는 것을 제공하라.
- 요청이나 의견을 표현하도록 기대를 벗어나라(예: 집에 갈 때 학생에게 코트를 잘못 입히라).
- 도전적인 상황을 만들라. 예를 들어, 물리치료 공이 문을 통과하기에는 너무 크기 때문에, 학생에게 근처 교실에 있는 누군가에게 전달해 달라고 부탁한다. 분명히, 당신은 결코 아동이나 청소년의 존엄성을 손상시키지 않을 것이고, 이것은 사고력과 문제해결을 연습시키는 기회가 될 수 있다. 두세 명의 학생에게 문제를 해결해 달라고 부탁하여 협력적으로 일을 하도록 격려할 수도 있다.
- 학습자가 도움을 요청하도록 하라. 쉬운 해결책이 아닌 문제를 미리 생각해 보도록 한다.
- 보다 많은 것을 할 수 있다. 동료들과 이야기를 나누고 목록을 만들 수 있는가? 아마도 교사/직원/학급 회의에서 과제로 해 볼 수 있을 것이다.

〈기억해야 할 점〉

- 항상 대답할 시간을 많이 주도록 한다.
- 가능하면 항상 비구어 촉진 또는 옵션을 제공한다.
- 완전히 예측 가능한 환경을 먼저 보장해야 한다. 그래야만 방해할 수 있다.

몸짓 신호 사용하기

몸짓 신호(signing)는 오랫동안 수많은 언어에 대한 훌륭한 보충적인 방법으로 자리하고 있다. 이것은 비용이 매우 저렴하고(혹은 일단 학교가 필요한 신호 책자를 구입하여 훈련하면 비교적 그렇다), 사용하기 쉽고, 배우기도 꽤 쉽다(적어도 어른들을 지원하는 것은 그렇다). 이것은 휴대하기 간편하다. 이것은 언어를 보충하는 훌륭한 지지자이고, 수용적이며 표현력이 있다. 이것은 교육도구로서 매우 유연하며 이야기와 노래와 같이 흥미로운 방법으로 가르칠 수 있다. 사람들은 이것이 어떤 이들에게는 불리할 수 있다고 말하는 것을 주저하겠지만, 우리가 알아야 하는 특정한 문제들이 있다. 신호는 운동장애 또는 운동처리에 어려움이 있는 사람들에게 도전적일 수 있다. 일반 대중 및 때때로 사용자 가족의 구성원은 아마도 이것을 이해할 수 없는 경우도 있어서 사용자들에게 잠재적인 좌절감을 더할 수 있다. 유창성은 가장 좋지만 성취하기가 어렵다. 동기부여와 관련해서는 자폐스펙트럼장애학생에게 문제가 될 수 있다. 나이 든 학습자는 자동으로 그것을 받아들이지 않을 수 있으므로 인내를 요구할 수 있다.

몸짓 신호는 화자에게 주의를 끌고 청자에게 추가적인 단서를 주는 방식으로 작동한다. 이것은 학습에 어려움이 있는 사람이 그것을 사용할 때 특히 중요하다. 왜냐하면 말한 내용이 이해되었다는 확신을 줄 수 있기 때문이다. 예를 들어, 집이나 바나나와 같은 상징적인 단어의 경우 신호를 통하여 말을 더욱 구체적으로 만든다. 신호를 반복하거나 연장하거나 그냥 놔둘 수 있다는 점에서 말보다 오래 지속된다. 특히 성인이 사용하도록 지원할 때 말을 단순화하고 느리게 하도록 한다. 더 느리게 말하고 핵심 단어에 집중하게 만드는 것은 유용하다. 예를 들어, Canaan Barrie[1) 표지판을 사용하거나 학생의 팔 아래로 손을 칫솔질하여 몸짓으로 '마치다'와 같은 마카톤(Makaton)을 적용하는 등 시각 및 청각뿐만 아니라 촉각적일 수도 있다.

---

1) Canaan Barrie는 청각장애인과 시각장애인을 위해 처음 개발된 신호 체계(signing system)로 촉각에 의존한다. 주요 원칙들을 차용해서 사용할 수 있지만, (영국 수화와 같이) 그 자체로 언어이기 때문에 학습에 어려움이 있는 사람들에게는 흔히 사용되지 않는다.

본질적으로 중도장애를 가진 학생들은 신호 능력을 극대화할 수 있는 여러 가지 속성, 즉 정교하고 전체적인 운동 제어, 언어의 상징적 특징을 이해하는 지적 능력[특별히 하나 이상의 신호 의사소통을 사용하거나 (이해한다고 할 때) 합리적인 주의집중 시간, 이중 채널 정보를 처리하는 능력], 신호(sign)를 통한 의사소통 동기, 신호(의사소통)에 관한 것, 신호(의사소통)할 사람 등이 필요하다. 이러한 모든 요구사항을 감안할 때 자녀의 생애 초기에 그리고 확실히 학교에 오기 훨씬 전에 신호 체계를 도입하는 것이 가장 좋다.

신호를 가르치는 것은 보이는 것만큼 간단하지 않으며, 가장 잘 떠오르는 몇 가지 원칙이 있다.

- 유용하고 동기부여가 되는 신호 모음을 확립해 놓으라.
- 하나하나 맥락에서 가르치고 반복이 학습의 열쇠임을 기억하라.
- 단순히 더 많은 신호를 쌓기보다는 횡적으로 확장하라. 즉, 학습자가 20개의 신호를 가지고 있다면, 다른 사람들에게 다른 환경과 다른 상황에서 신호를 사용할 수 있는가?
- 매주 신호를 사용하라. 직원들은 학생보다 먼저 배워야 하며, 직원은 기회가 있을 때마다 신호를 사용해야 한다. 우리가 그것을 더 많이 사용할수록, 학생들도 더 많이 사용할 것이다.
- 학생들이 신호를 하도록 장려하는 상황, 특히 이야기 및 노래와 같은 재미있는 활동을 설정하라. 신호를 활용한 노래는 발라드를 골라서(더 느리니까) 몇 마디를 해석할 준비를 해야 할 것 같지만, 학습자에게 동기를 부여하고 성인의 신호 사용을 지원하는 데 탁월하다. 예를 들어, 인기 있는 몸짓 신호가 포함된 곡을 활용하여 몸짓 신호를 익히게 할 수 있는데, 가사 한줄 한줄의 단어를 문자 그대로 번역해 사용하기보다는 몸짓 신호를 함께 사용해서 표현하고자 하는 의미를 익히게 하는 것이 중요하다. '내버려 두면 영혼을 빼앗을 거야'는 당신은 영원히 저주받을 것이지만 당신을 실망시키거나 당신의 마음을 아프게 하는 시인의 표현인 것이다. 이러한 경우 문자 그대로 표현하는 것은 이치에 맞지 않는다. 의역해서 전달하는 것도 방법이다.
- 모든 기회를 강화하라.

- 몸짓 신호를 사용하는 습관을 들이라. 학생이 신호를 사용하지 않는다고 해서 (아직) 사용하지 말아야 한다는 의미는 아니다.
- 언어에서 실수하는 것과 같은 방식으로 특이하고 잘못된 신호 사용에 대처하라. 즉, 올바른 신호 사용을 즉시 허용하고 모델링을 제시하라.

영국과 다른 영어권 국가에서는 중도장애인들을 위한 신호 체계로 마카톤(Makaton)과 사인얼롱(SignAlong)이 지원되었다. 이 둘 모두는 독특한 구문과 단어 순서를 가지고 있는 영국 수화(BSL)나 미국 수화(ASL)와 같은 청각장애인을 위한 신호 체계와는 달리, 구어의 단어 순서와 구문을 사용한다. 따라서 이것들은 서로 완전히 다르며 혼동해서는 안 된다. 그러나 마카톤이나 사인얼롱을 지원하기 위해 개별 BSL(또는 ASL) 신호를 사용하는 것은 구어를 지원하는 원칙에 따라 가르쳐지는 한 완벽하게 받아들여져야 한다. 만약 이용할 만한 마카톤이나 사인얼롱 신호, 혹은 등가 단어가 없는 경우에 BSL에 의존해야 한다.

Makaton SignAlong BSL

상징 사용하기

과제

팀 리더/관리자들은 대부분의 상황에서 대부분의 학생에게 적용할 수 있는 ① 3~4세, ② 7~8세, ③ 11~12세용 일반적인 상징 키링(symbol keyrings)을 만들어 달라고 요청하였다. 각 레벨에서 키링에 올릴 수 있는 단어 목록을 작성하라.

이 키링은 매우 간단하지만 효과적인 대화형 의사소통 보조도구로 작동할 수 있는 두 가지 방법이 있다. 첫째, 모든 교직원과 많은 학생이 착용하는 키링에 일반적인 상징 목록을 넣을 수 있다. 둘째, 개별 학습자 및 모든 직원이 즉시 접근할 수 있는 개별화된 상징 목록을 활용한다. 두 경우 모두 상징의 수는 최대로 20개 또는 25개로 제한될 가능성이 있다. 단지 그 이상은 모든 것을 다루기 어렵게 만들 것이라는 사실 때문에 그렇다.

앉기, 기다림, 저녁 식사, 집에 갈 시간, 버스, 놀이터 등과 같은 일련의 제어 단어를 키링에 붙이는 것은 매우 유혹적이다. '잘 앉기' 및 '잘 기다리기'와 같은 구문은 직원이 제어하는 단어이다. 가능하면 피해야 한다. 키링의 논리는 모든 종류의 상황에서 자발적인 의사소통을 장려하고 허용하는 것이다(즉, 수단과 동기를 모두 제공). 그러나 스태프가 그것을 다음과 같이 제어 메커니즘으로 활용한다면 학생들은 그것을 착용하고 자발적으로 사용하고자 하지 않을 것이다. 내가 하고 싶지 않은 일을 계속해서 하게 만드는 어른들을 본다면, 나는 상징 키링 근처에 가고 싶지 않을 것 같다.

그러므로 다음과 같은 의사소통 체계가 매우 중요하다.

- 학습자가 통제의 도구가 되는 것이 아니라 통제할 수 있도록 허용한다.
- 역동적인 사회적 상황에서 학습된다.
- 끊임없이 수정되고 해석된다.
- 학생들이 의사소통을 배우는 과정에 적극적으로 참여할 수 있다.

그림교환 의사소통 체계

그림교환 의사소통 체계(Picture Exchange Communication System: PECS)가 자폐스펙트럼장애가 있는 사람들을 위한 의사소통에 효과적인 수단이 될 수 있다는 것은 잘 알려져 있지만, PECS는 상징 체계 중 하나일 뿐이지, 상징 체계를 대표하는 것은 아니라는 점에 유의해야 한다. 이것은 P6/7 이하의 학생들에게는 적합하지 않을 수 있는데, 수많은 상징을 구별할 수 있어야 하는 절대적인 필요성 때문이다. PECS는 비언어적 · 비소통적이고, 학업상에 어려움을 보이는 자폐아들에게 매우 적합할 수 있지만, 중도장애학생들(적어도 추가적으로 자폐 성향이 없는)과 마찬가지로, 이것이 특히나 의사소통 욕구가 명백할 때 모든 (비언어적) 아동에게 적합하다는 것을 의미하지는 않는다. 우리는 단지 아동을 체계에 맞추기보다는 아동에게 체계를 맞출 수 있도록 해야 한다.

레이시와 동료들(Lacey et al., 2007)은 특수학교에서 문해력을 가르치는 심층 연구에서 PECS의 사용(Frost & Bondy, 1994; Bondy & Frost, 2001)에 대해 널리 언급하였다. 애봇과 루시(Abbott & Lucey, 2005)는 중도장애 학교의 약 96%가 의사소통을 위한 일상적인 수단으로 상징을 사용했다고 기록하였으며, 레이시와 동료들은 그 안에서 PECS의 일반적인 사용에 주목하였다. 다운 메일(Dawn Male)은 PECS 사용에 대한 두 가지 연구(Magiati & Howlin, 2003; Carr & Felce, 2007)에 대해 보고하였는데, 두 연구 모두 통제 집단을 사용하였고, 두 연구 모두 아동과 성인 간의 의사소통과 이원적 상호작용을 자극하는 데 있어서 PECS의 명확한 효율성을 보고하고 있다. 그러나 메일(2008)은 두 연구 모두 특별히 훈련된 추가적인 개입에 지나지 않는다는 이유로 비판하였다. PECS 중재자는 PECS의 자발적인 사용을 증가시켰다. "자폐증 아동의 의사소통 행위를 향상시키는 데 있어 PECS 방법은 아무것도 하지 않는 것보다 더 좋다. 그러나 우리가 모르는 것은 그것이 최선의 방법인지 여부이다."(p. 40) 아마도 사소한 비판일 수도 있지만, 이러한 비판은 다른 중재와 비교되지 못하였고 종단연구 결과의 부족에 기인한다.

이를 명확하게 나타내는 연구는 없지만, PECS는 영국의 중도장애 학교에서 사용되는 지배적인 상징 체계가 되어 전통적인 상징 책자를 대체하는 것으로 보인다. 이것은 실제로 일어나고 있는 일에 대한 진정한 반영인가? 그리고 만약 그렇다면 자폐증이 없는 사람들에게 PECS의 광범위한 사용이 정당화되는가?

레이시와 동료들(2007)은 상징의 사용과 관련된 다른 질문들, 특히 이러한 사용이 읽기를 돕는지 여부를 묻는다. 하지만 반대로 그들은 다음과 같은 사실을 발견하였다.

> 쉬히와 동료들의 최근 연구는 상징 체계(나중에 제거된 단어 아래의 상징)를 가르치는 것이 전통적인 읽기 기술을 얻는 데 있어서 단어만을 가르치는 것보다 더 성공적이지 않다

> 는 것을 암시했다. 최악의 경우, 상징은 단어의 인식을 방해한다. 쉬히와 하우(2001)는 그림 상징과 글자 사이의 조합은 실제로 지적장애가 있는 사람에게 말과 글 사이의 연관성을 기억하기가 더 어려워지게 할 수 있다고 제안하고 있다.
>
> (p. 151)

학습자의 관심 영역을 파악하고 활용하는 데 고려해야 할 또 다른 전략은 '의사소통 책'이다(Latham, 2005). 클레어 래섬(Clare Latham)은 자신의 저서 『의사소통 책의 개발과 사용(Developing and Using a Communication Book)』에서 명사(객체)를 강조하는 전통적인 형식을 없애려고 시도하였다. 래섬(2005)은 대다수의 상징 체계가 동사(행동어)의 여지가 없이 본질적으로 명사이기 때문에 주도적인 의사소통 보조기기로서 실패한다고 가정한다. 따라서 그들은 공의 상징을 보여 줄 수 있지만 공과 학생 사이의 관계가 무엇인지는 보여 줄 수 없다. 학생이 원하는 것은 지금 혹은 나중에, 아니면 놀이 시간에 가지고 놀고 싶은 것인가? 공은 축구공인가, 테니스공인가, 물리치료용 공인가? 학생은 혼자 놀고 싶은가, 다른 사람과 놀고 싶은가? 후자라면 누구와 놀고 싶은가? 만약 적절한 동사를 활용하지 못한다면 학생은 어떻게 대화를 다듬을 수 있을까? 의사소통 책이 언어와 의사소통을 성장하지 못하게 한다면 어떻게 효과적인 '보완대체 의사소통(Alternative and Augmentative Communication: AAC)'이 될 수 있을까? 이러한 장애물을 극복하기 위해 래섬은 왼쪽 페이지에 동사와 오른쪽에 명사를 보여 주는 분할 책을 고안했다. 명사 페이지가 여러 개 있을 수 있으므로(장르에 따라 그룹화) 학습자는 여러 명사와 함께 동사 사용을 일반화하는 연습을 한다.

래섬은 상징책이 교실 벽장에 먼지 쌓인 채 놓여 있거나 또는 실패한 시스템이 되지 않으려면, 많은 핵심 '성공 요건'이 필요하다고 주장하며 다음을 지적하였다.

1. 학생의 의사소통 파트너가 될 사람을 한 사람(또는 함께 밀접하게 협력하는 두세 사람) 지명한다. 하루의 대부분을 학생이 좋아하는 사람(일반적으로 지원인력)과 함께 할 수 있게 해야 한다. 래섬은 첫 번째 사례에서 책의 소유권을 가진 지원인력은 학습자가 자신감과 관심을 얻어 감에 따라 점진적으로 학습자에게 소유권을 이양해야 한다고 주장하고 있다. 책을 사용하지 않거나 가지고

있는 것을 잊거나 찢어 버리는 것 등은 학생의 책임이나 잘못이 아니다. 지원하는 성인은 첫 번째 단계를 가능한 한 쉽게 성공해야 한다. 그렇지 않으면 결코 시작되지 않을 수 있다.

2. 학생과 관련된 상징 또는 사진을 지정하고 어느 페이지에 배치할 것인지 결정한다.
3. 진행하면서 이 두 가지를 모두 일관성 있게 유지하라.
4. 핵심 어휘의 끊임없는 반복을 통해 언어를 구축한다.
5. 핵심 단어에 집중한다.

또한 동시에 활동 계획 및 운영 시 유의사항에 대해서도 안내하였다.

1. 평가하지 말라. 그 책이 의견을 더하는 데 유용할 수 있다는 것을 증명하라.
2. 학습자가 책을 사용하지 않을 때 그 책을 사용하는 것을 멈추지 말라.
3. 허드렛일로 만들지 말고, 재미있게 놀라.
4. 단계를 통해 학습자를 재촉하지 말라.

래섬은 또한 명확한 단계를 거치도록 조언한다.

1단계(이것은 영국의 P척도에서 P4와 그 이상 학생에게 적합하다)

- 학습자는 제스처를 통해 의사소통을 하고, 아이템이 있는 쪽으로 상대방을 데려가거나 아이템을 가리킨다.
- 성인이 책을 꺼내는 것에 책임을 지도록 지원한다. 학습자가 좋아하는 것에 대해 이야기할 시간을 찾도록 지원한다. 이야기 나눈 바대로 적절한 그림을 가리키도록 지원한다.
- 학습자는 가끔 사진이나 상징을 보고 가리키기도 한다.

2단계(P4/P5과 그 이상)

- 학습자는 그림을 통해 간단한 아이디어를 전달한다.
- 성인이 '당신' '오다' '보다' '원하다'에 대한 상징을 소개할 수 있도록 지원한다.

- 학습자가 대화 중에 상징을 가리킬 수 있도록 지속적으로 일시 정지를 한다.
- 학습자는 핵심 어휘 상징을 주제 상징 또는 그림과 연결할 수 있다.

3단계(P5/P6과 그 이상)

- 학습자는 2~3가지 아이디어를 연결하는 상징을 사용하고, 몇 가지 핵심 어휘를 사용한다.
- 성인이 학습자가 책을 얻고 올바른 페이지를 찾을 수 있도록, 하루 종일 그 책을 사용하도록, 어휘와 링크를 확장하는 것을 도와줄 수 있도록 지원한다.
- 학습자는 책을 얻는 데 책임을 지기 시작한다. 3~4가지 아이디어를 연결한다. 질문과 부정, 묘사하는 상징을 사용한다.

4단계와 5단계(P7과 P8 이상)

- 학습자의 독립성을 확장하기 위해 계속해서 노력하라.
- 학습자가 점차적으로 책임을 갖도록 하며, 한 명의 핵심 스태프에 대한 의존에서 벗어나도록 한다.

코시바키, 존스와 굴드베르그(Kossyvaki, Jones & Guldberg, 2012)는 성인용 상호작용 방식 중재(Adult Interactive Style Intervention:AISI)를 확립했는데, 그 원리는 집중적 상호작용(Hewett & Nind, 1998; Nind & Hewett, 2001), 음악적 상호작용(Corke, 2002, 2011), SCERTS(Social Communication, Emotional Regulation, Transactional Support; Prizant et al., 2006), 선택 옵션(Kaufman B, 1994; Kaufman R, 2003)과 의사소통 발달 가이드북(Manolson, 1992)을 포함한 다양한 중재 방식에서 도출되었다. 이 모든 것은 발달의 교류 모델(transactional model of development)을 사용하는데, 성인의 행동은 아동의 발달을 형성하고 그들의 의사소통에 영향을 미친다고 주장한다(Wetherby & Prizant, 2000).

코시바키와 동료들(2012)은 13개의 일반 원칙과 9개의 의사소통 기회(p. 177)가 실제로 어떻게 보일 수 있는지에 대해 예를 들어 언급한다. 이 장과 다른 장에서 이미 많은 내용이 자세히 설명되어 있지만 이것은 가장 확실한 기본 원칙이다.

AISI의 일반 원칙(사례 제시)[2]

적절한 근접성/접촉을 확립하기 지원하는 성인(supporting adult: SA)은 학생이 비스킷을 다 먹을 때 학생 옆에 아무도 앉아 있지 않고 또 한 개를 요구하려고 한다는 것을 알아차린다. SA는 학생 옆으로 이동하여 그들 사이가 1m 이상 떨어지지 않도록 한다.

가용성(availability)을 보이기 SA는 학생이 활동에 도움이 필요하다는 것을 인식한 후 손바닥을 수직으로 뻗는다.

아동의 주의를 끌기 SA는 "이제 나단과 무엇을 하지?"라고 외치며 감각통합실에서 그 옆에 앉아 있는 동안 잠시 멈춘다.

시작을 기다리기 SA는 학생에게 촉진을 제공하기 전에 학생이 '비스킷' 상징을 건네기를 기다린다. SA는 그가 시작하지 않을 것이 분명할 때에만 학생을 촉진한다.

모든 의사소통 시도에 반응하기 SA는 학생이 그를 밀어내어 벗어나려고 할 때 '활동 시간'임을 의미하는 시간표를 학생에게 보여 준다.

임의의 동작이나 소리에 의미를 부여하기 감각통합실에서 SA는 그를 마주 보는 학생 앞에 앉아서 학생의 흔들거림에 맞춰 '저어라, 배의 노를 저어라(Row, row the boat)'를 노래한다.

아동을 모방하기 SA는 감각통합실에서 마이클의 음성을 모방하고 더 많은 것을 기대하며 잠시 멈춘다.

아동의 주의집중/주도를 따르기 놀이 시간에 SA는 학생이 트램펄린에서 충분히 논 후에 거울과 관련된 새로운 게임을 시작하면 학생을 따라 거울 쪽으로 간다.

과장된 음성과 얼굴 표정, 제스처 및 신체 언어 사용하기 SA는 학생과 함께 트램펄린을 타는 동안 매우 활기차게 움직인다. SA의 목소리 톤은 각 차례가 끝나기 전까지 점차 증가하며, 일단 그 차례가 끝나면 웃는다.

최소한으로 말하기 작업 시간에 분류 활동을 하는 동안 SA는 천천히 말하고, 예를 들어 '같은 것 찾기'라는 말에서 학생에게 핵심이 되는 단어를 강조한다.

---

2) 이해의 편의를 위해 이 섹션(AISI)에 대해서만 지원하는 성인(SA)에 여성 신분을 할당하고 학생에게 남성 신분을 할당한다.

정보를 처리할 수 있도록 시간 제공하기 새로운 활동을 시작하기에 앞서 SA는 학생에게 시간표를 보여 주고 그가 그 정보를 처리할 수 있는 시간(10초까지)을 제공한다.

의사소통 시도 확대하기 학생 A(발성을 통해 구두로 의사소통하는 수준)가 SA에게 '비스킷' 상징을 전했을 때 SA는 "비스킷"이라고 말하지만, 학생 B(비정기적으로 구두로 의사소통하는 수준)가 '블랙커런트' 의미를 지니는 단어를 말하고자 '블랙커런트' 상징을 가지고 올 때, SA는 "블랙커런트 더 주세요."라고 말한다.

비구어 단서 사용하기 활동 시간 동안 학생이 서 있으면, SA는 학생에게 시간표를 보여 주고, 학생의 의자를 가볍게 두드리며 의자에 앉도록 신체적으로 안내한다.

AISI의 의사소통 기회(사례 제시)

선택의 기회 제공하기 활동 시간 동안, SA는 활동 상자를 학생 가까이로 이동시키고 학생이 원하는 활동을 선택하도록 기다린다. 학생은 활동 상자의 모든 활동을 해야 하지만, 그가 해야 할 활동의 순서를 결정할 수 있다.

도중에 멈추기 놀이 시간 동안 SA는 학생이 좋아하는 노래의 끝 단어를 빠뜨리며 부르면서 학생이 함께 할 수 있도록 잠시 멈춘다.

작은 부분을 제공하기 SA는 학생이 좀 더 많은 것을 요청하도록 하기 위하여, 학생이 '초콜릿' 상징을 가지고 올 때마다 학생에게 초콜릿 한 조각을 제공한다.

접근할 수 없는 항목 만들기 감각통합실에서 SA는 라이트 커튼을 학생 시야에는 보이지만 손에 닿지 않도록 놓아서, 학생이 커튼을 내려 달라고 요청하게끔 한다.

아동이 도움을 구해야 하는 자료 제공하기 일단 활동 상자를 책상 위에 놓고, SA는 뚜껑을 열지 않고 학생이 열어 달라고 요청할 때까지 기다린다.

기대를 저버리기 학생은 허공을 응시하고 있고, SA는 반응을 이끌어 내기 위하여 학생 앞에 다가간다.

선호하지 않는 항목 제공하기 SA는 학생의 반발을 이끌어 내기 위하여 그가 당근을 싫어하는 것을 알면서 학생의 접시에 당근을 올려놓는다.

주의를 주지 않기 놀이 시간에 학생과 함께 트램펄린 위에서 뛰어노는 동안 학생이 더 많은 것을 요구하도록 SA는 점차적으로 멈춘다.

중요한 무엇인가를 '잊어버리기' SA는 학생이 요구한 요구르트를 주면서 숟가락을

'잊어버려서' 학생이 그것을 요구하게 만든다.

이들 의사소통 기회는 제13장 '중도장애학생을 위한 문제해결 및 인지 교육과정'에서 언급된 아이디어와 일치될 수 있다.

또한 '옵션(Options)'[또는 '선 라이즈(Son Rise)'라고도 함] 혹은 '플로어타임(Floortime)'(Greenspan & Weider, 2003)의 변형을 활용할 수도 있다. 두 기술 모두 집중적 상호작용과 많은 유사점을 공유한다. 두 가지 모두 자폐스펙트럼장애학생을 위해 개발되었지만, 중도장애학생에게도 똑같이 흥미로운 기술이 될 수 있을 것이다. 두 가지 모두 다 학생 스스로에게 강력한 동기를 부여하는 것들을 사용함으로써 사회적 상호작용에 어려움을 겪는 사람들에게 의사소통의 경로를 찾을 수 있도록 한다. 이것들은 끈 조각들부터 기관차 토머스 장난감, 공룡 모형에 이르기까지 아동들이 흥미롭게 찾는 모든 것이 될 수 있다. 물론 그러한 선택들은 매우 개별적이다. 성인은 공동 놀이, 공동 참여와 사회적 상호작용 및 의사소통 참여를 목표로 이끌어가고 주도하기보다는 오히려 학생의 주도를 따른다. 이러한 기술이 복잡한 어려움으로 인해 선언적 의사소통을 이해하는 데 도달하기 어려운 아동들에게는 작동하지 않을 것이라고 믿을 이유는 없다.

문해력

제이시와 동료들(2007)은 문해력과 심각한 학업상 어려움에 관한 문헌연구와 이스트 미드랜즈(East Midlands)에 있는 35개 학교에서 122개의 '문해력' 수업을 관찰하고 61명의 교사를 면담한 실행연구를 수행하였다. 중도장애학생을 위한 특수학교의 문해력에 대한 문헌 검토에서 얻은 결론을 인용하는 것은 의미가 있다.

1. 문해력 교육에 대한 국가 지침은 중도장애를 가진 학습자가 일반적인 학습자와 거의 동일한 방식으로 학습한다는 것을 가정한다. 비록 이것이 이들 집단을 대상으로 한 어떠한 연구 결과에 근거한 것은 아니지만 말이다.
2. 다운증후군 학습자에 대한 연구에 따르면, 많은 사람은 관습적으로 읽기와 쓰

기를 학습할 수 있다. 또한 그들은 보다 효율적으로 학습하기 위하여 청각적 경로보다는 시각적 경로를 사용하는 경향이 있다고 한다. 언어 및 의사소통 영역에서 어려움이 있는 다른 학습자 집단에서 이것이 사실인지 확인하기 위해 추가 연구가 필요하다.

3. 텍스트를 사용하는 중간 과정으로 상징을 배우는 것은 도움이 되지 않을 수도 있지만, 상징 읽는 것을 배우는 것은 그 자체로 유용한 기술일 수도 있다. 그러나 고학년의 학습자를 위하여 상징과 같이 텍스트에 대한 대안을 사용하는 책은 아직 거의 없다.
4. 비록 중도장애학생을 위한 거의 모든 학교가 상징을 사용하지만, 얼마나 많은 학교가 읽는 것을 배우기 위해 상징을 체계적으로 사용하는지는 알려지지 않았다.
5. 아주 어린 아동들을 위한 발생적 문해력(emergent literacy)에서 그림이 중요함에도 불구하고, 중도장애학생에게 그림 '읽기'를 그 자체로 기술로 가르치는 방법에 대해서는 알려진 바가 거의 없다.
6. 정보통신기술(ICT)은 전통적인 텍스트와 문해력에 관한 포괄적인 접근을 학습하는 데 컴퓨터 소프트웨어, 디지털 사진, 영화 제작 및 CD 플레이어나 휴대폰 및 iPod®과 같은 기타 기술을 통하여 유용한 미디어를 제공한다. HMI[3]은 학교가 이러한 미디어를 상상력이 풍부하게 사용하지 않을 수도 있다고 제시한다.
7. 읽기 및 쓰기 이외의 수단(예: 드라마, TV, 비디오 및 스토리텔링)을 통한 문학에 대한 접근은 전통적인 문해력으로 이어지지 못한다 하더라도 그 자체로 중요하다. 중도장애학생을 위한 학교에서 이러한 통합적인 문학의 사용은 아직 알려진 바가 없다.

(Lacey et al., 2007, p. 152)

3) 역주: Human Machine Interface를 의미하는 것으로 여겨지나, 원문에 이에 대한 정확한 지침이 없어서 확인이 필요하다.

여기에서 얻을 수 있는 몇 가지 요점은 다음과 같다.

1. 우리는 아마도 앞의 2번 항목을 통해 중도장애학생이 파닉스 디코딩 기술로 새로운 단어를 배우는 것은 극히 어렵다는 교육적인 추측을 이끌어 낼 수 있다. 관련하여 다음에 더 많은 내용이 있다. 일견 단어 인식과 맥락을 통해 단어의 의미를 추측하도록 격려하는 것은 항상 기본적인 시작 위치가 되어야 한다. 어찌되었든 파닉스를 시도해 보라. 하지만 그것이 중도장애학생에게 반드시 효과적일 것이라고 기대하지는 말라. 일반적으로 말하면, 언어에 대한 이해와 표현이 현저히 지연된다면, 읽기가 더 어려워질 것이다. 초기 단계에서는 개별화된 접근 방식(아동의 경험 내에서 어휘 선택)은 유용한 출발점이 될 것이다(Lock, 1999; Hinchcliffe, 2001).
2. 상징을 통해 읽는 것을 학습하는 것이 단어를 읽는 전조가 된다는 가정은 어떤 증거에도 근거하지 않는다. 읽기 이전의 학습자에게 상징을 사용하는 것은 ① 시간표와 일정표, 학생의 일과에 대한 구조와 확실성을 보장하는 데 매우 유용한 연습, ② 가장 정교한 독자조차 혼란스럽게 할 만큼 '여자들' '신사들' 등과 같은 다양한 사회적 시각 상징을 읽는 연습에 제한되어야 한다.
3. 앞의 6번 항목은 이미 구식이 되었을 수 있으며, 기술 변화의 속도는 다음과 같다. 아마도 동영상을 포함하여 더 많은 사진을 만들 수 있다. 태블릿과 스마트폰에서 이루어지고 있는 상당한 기술적 진보가 중도장애학생에게 완전히 새로운 문해력 영역을 열어 줄 것이 분명하다.

앞에서 부분적으로 언급한 바와 같이, 레이시와 동료들(2007)은 영국 특수학교 교사들이 '규범적인' 문해력 수업—통합학교에서 발견할 수 있는 문해력 교수를 위한 구조—을 따르는 경향이 있다고 제시하였다. 레이시(2006)는 교사들에게 문해력은 주로 다음과 같은 의미라고 언급한다.

- 파닉스 세션과 손글씨, 특히 이름 쓰기를 포함한 전통적인 철자법
- 전통적인 문해력, 특히 도서관에 가서 책을 선택하는 것, 학생이 읽을 수 있는지 여부 및 학생이 선택한 책으로 시간을 보내는지 여부

- 사회적 시각 인식. 일상생활을 위한 준비로서 '남성' '여성' '출구' '왼쪽 보기' 등과 같은 것
- 상징으로 책을 만드는 것을 포함하여 상징으로 읽기
- 이야기 주머니 및 가방 책과 같은 비전통적 '문해력' 자료
- 의사소통, 특히 PECS의 사용

그러나 중도장애가 있는 학생이 유창한 독자가 될 가능성이 있다는 제안은 증거나 연구에 의해 입증되지는 않았다.

비장애학생의 일반적인 읽기 학습 방법

린다 깁슨(Linda Gibson)은 전통적으로 발달하는 아동의 문해력 발달에 대한 광범위한 지도를 그리면서, 문해력은 성인과의 사회적 상호작용을 통해 이루어지는 학습과 그림책 및 '유쾌한(feely)' 책과 같은 발달상 적절한 인쇄물에 대한 노출을 통해 아주 어린 나이부터 시작된다고 제안한다. 깁슨(1989)은 4가지 주요 단계를 확인한다.

1. 사전 독자(pre-readers)-출생부터 생후 2년까지
   - 어른들과 책을 함께 봄으로써 아동들은 책을 다루는 기술이 발달하게 되며, 책의 상징적 본질을 알게 되는데, 이는 특히 책에 대해 다른 물건이나 장난감으로 취급하기보다는 비구체적인 대상인 그림에 반응하게 됨을 말한다.
   - 이 단계가 끝날 무렵 아동은 쓰여 있는 자신의 이름을 인식할 수 있지만, 전체적인 과정은 의사소통 능력의 출현과 거의 동일하다.
2. 발생학적 독자(emergent readers)-생후 2년부터 4년까지
   - 아동은 인쇄물의 중요성을 인식하기 시작하고, 자신의 게임을 통하여 이야기하면서 스토리텔링에 참여한다.
   - 그들은 챈트(chant)와 동요의 운율 패턴을 탐색하는 것을 즐긴다.
   - 교사는 아동이 읽은 것을 이해하도록 돕기 위하여 지속적으로 아동과 협력학습을 유도해야 한다.

3. 초보 독자(early readers)–생후 4년부터 5년까지

- 아동들은 자신의 쓰기와 그림의 차이를 알기 시작하고, 자신의 이름을 쓰는 핵심 기술을 개발한다.
- 아동들은 글자를 따라 쓰거나 쓰기 패턴을 탐색하는 것을 즐긴다.
- 아동들은 알파벳에 대한 이해를 발전시키고, 다양한 문맥상에서 보다 많은 단어들을 구분한다.
- 이제 아동들은 소리의 대응과 기본적인 단일 문자의 파닉스를 이해하기 시작한다.

4. 유창한 독자(fluent readers)–5년 이후

- 아동들은 인쇄된 세부사항을 자동적으로 처리하며 유창하게 읽기 시작한다.
- 아동들은 새롭고 익숙하지 않은 단어를 다루기 위하여 보다 정교한 음성 이해를 사용하기 시작한다. 비록 이 기술이 나중에야 완전히 발전하지만, 아마도 6세 이후에는 발전할 것이다.
- 마찬가지로 중요한 것은 아동들이 점점 더 다양한 인쇄물을 다룰 수 있다는 것이다.

깁슨의 주장에 대한 요점은 그것들이 전형적으로 발달하는 아동들에게 적용되지만, 특히 파닉스 기술이 6세나 그 이후에 시작될 가능성이 없다는 점에 주목할 때, 심각한 학업적 어려움을 보이는 사람들을 위해 그들로부터 교훈을 얻을 수 있다는 것이다. 중도장애학생 중 일부는 이러한 인지적 능력을 얻을 수 있을 것이나 상당수가 그렇지 않을 가능성이 높다(Imray, 2005).

중도장애학생이 읽기를 학습하는 방법

힌치클리프(Hinchcliff, 2001)는 중도장애학생을 위한 적절한 활동을 계획할 때 교사는 읽기를 가르치기 위한 시각적 접근법 및 비시각적 접근법을 염두에 두어야 한다고 제안한다. 후자에 관해서는 읽기에 대한 '내부(inside-out)' 접근법에 대한 스미스(Smith)의 논문(1985, 2011)이 중요하다. 스미스는 독자로서 우리가 '머릿속'에서

인쇄물로 투사하는 정보의 양을 강조한다. "읽기의 기본 기술은 인쇄물에서 우리를 폭격하는 시각적인 정보보다는 머릿속에서 제공하는 비시각적인 정보에 더 많이 있다"(Smith, 1985). 아동 고전 도서인 『Anne of Green Gables』에서 한 단락을 무작위로 선택해 보자.

> "다이아나(Diana)가 욕심이 많아서 술을 세 잔이나 마셨으니 벌을 주는 게 좋을 것 같아." 마서(Martha)가 곧 말했다. 그렇다면 그 큰 세 잔은 그저 따뜻한 코디얼(cordial)이었음에도 불구하고 그녀를 아프게 만들었을 것이다. 이 이야기는 내가 커런트 와인(currant wine)을 만든다고 그렇게 비난하는 사람들에게는 좋은 구실(nice handle)이 될 것이다. 비록 성직자(minister)가 이를 승인하지 않는다는 것을 알게 된 지 3년이 지난 지금도 나는 아무것도 만들지 못했다. 나는 단지 병(sickness) 때문에 그 병(bottle)을 보관한 것뿐이다. 저기, 저기, 꼬마야, 울지 마. 그런 일이 있어서 유감이지만, 네가 잘못한 것 같지는 않다.
>
> (Montgomery, 1985, p. 101)

이 단락을 이해하기 위해 요구되는 '우리의 머릿속' 이해는 상당히 많다. 예를 들어, 따뜻한 코디얼(cordial)이라는 것은 무엇인가? 커런트 와인(currant wine)이란 무엇인가? '좋은 구실(nice handle)'이 의미하는 바는 무엇인가? 성직자(minister)는 누구이고 왜 승인하지 않았는가? 캐나다 시골에서 19세기 이후 시간이 흐르면서 그 개념은 어떻게 변했는가? '병(sickness)을 병(bottle)에 보관하는 것'이 의미하는 것은 무엇인가? 이 질문에 대한 답은 본문에서 즉시 밝혀지지 않을 것이다. 그들은 '읽을 때 받아들여지는' 지식의 추가적인 조각을 요구한다!

'내부(inside-out)' 관점에 따르면, 중도장애학생은 불이익이 많다고 가정할 수 있다. 왜냐하면 그들이 가진 인지적 및 언어적 기술의 어려움은 읽기 과제 시 비장애학생보다 비시각적 정보에 덜 접근할 수 있다는 것을 의미하기 때문이다. 그들은 필연적으로 문맥 정보를 활용하는데, 다시 말해 텍스트에 대한 올바른 질문을 하는 것에 어려움을 겪을 것이다.

앞서 언급했듯이, 전통적인 철자법으로 읽는 중도장애학생들은 의심할 여지 없이 읽기에 대한 '외부(outside-in)' 접근법을 사용하는 데 어려움을 겪게 될 것이다. 이것은 시각적 정보를 사용하여 인쇄물에서 직접 의미를 도출하는 것을 의미한다.

예를 들어, 파닉스[글자와 글자군의 디코딩 및 일견 단어 접근법(단어의 모양을 인식함) 등]를 사용하는 것이 포함된다. 실제로 중도장애학생은 단어 공략 기술(word-attack skill)의 제한된 레퍼토리만 배울 수 있을 것으로 기대된다.

이 영역에서 어느 정도 능력을 발휘하는 더 유능한 학생들을 위해, 교사는 읽기 활동 계획에서 시각적 정보의 다음 측면을 고려할 수 있다. 개별 글자의 소리('a'), 글자군('st'), 단어의 패턴이나 모양('tap'), 그리고 즉각적으로 인식하도록 가르쳐야 할 빈도가 높은 단어('said')를 학습하는 것이다.

앞에서 언급했듯이, 파닉스 기술(phonic skill)은 예를 들어 영국 국가 문해력 전략(DfEE, 1998)을 통해 문해력 교육에 대한 수용된 접근 방식에서 크게 강조되고 있지만, 중도장애학생이 얼마나 많이 글자-소리 또는 군집-소리의 대응을 유지할 수 있는지에 대해서는 한계가 있을 것이다. 중도장애학생 중 보다 능력이 있는 학생의 경우, (적어도 초기 단계에서) 가르치는 모든 단일 글자 소리, 자음 혼합, 몇 개의 이중자(digraphs, 예: ch, sh, th, e, oo, ai, 그리고 그들이 정말 할 수 있다면 ou, ay, igh) 등으로 제한하는 것이 좋을 것이다. 이것은 독자가 문맥에서 이치에 맞아야 하는 단어들을 식별하는 데 도움을 주는 단서들이다. 학생들에게 읽기에서 다음과 같이 권장하는 것은 도전이 될 수 있다. 시각적 정보와 비시각적 정보를 모두 사용하는 것, 전체 단어를 (시각적으로) 인식하는 것, 간단한 음성 단서를 (시각적으로) 사용하는 것, (비시각적인) 의미를 도출하기 위해 맥락을 사용하는 것 등이다.

어휘 접근

어휘 접근(Lexical Access)은 텍스트로부터의 정보가 눈에서 단어 기억(또는 어휘집)으로 마음속에 전송되는 일련의 과정이다. 예를 들어, 인쇄된 단어 '고양이'를 보고 얻은 정보가 마음에 전달되어 단어의 의미를 얻을 수 있게 하는 것이다. 이를 위하여 두 개의 가능한 접근 경로가 제안되었다. 하나는 앞서 설명한 바와 같이 직접적인 시각적 접근으로, 마음은 인쇄물에서 직접 의미를 얻는다. 다른 하나는 음운론적 인코딩 경로로, 독자가 각 단어[큰 소리로 또는 (작은 소리로) 비음성적으로]를 말하고 나서 이 구어에서 의미를 얻는 것이다.

인코딩은 더 경험이 많은 독자들(음운 표현에 더 부합함)에게 더 추상적인 수준에 있을 가능성이 높지만, 읽기 학습 초기에 중도장애학생들은 음운 접근 경로에 어려움을 경험할 가능성이 높으며, 시각적 접근 경로에 보다 더 적합하다. 예를 들어, '언어 경험' 접근법(다음 절 참조)을 사용하여 맥락에서 단어 의미를 읽는 법이 그러하다.

구어와 문어의 차이점

구어와 문어의 차이점에 대한 인식은 문해력 교육에 매우 중요하다. 도날드슨(Donaldson, 1978)은 어린아이들의 언어가 문맥에 내재되어 있다고 썼는데, 문맥은 그 언어를 수반하는 사건들의 흐름을 말한다.

> 구어의 비언어적 맥락은 해석에 강력한 영향을 미친다. 다시 말해, 아이들 그리고 실제로 어른들은 대부분 단어만을 해석하지 않는다. 그들이 기본적으로 관심을 갖는 것은 단어가 의미하는 것보다는 사람들이 의미하는 것을 이해하는 것이다. 그들은 자신의 환경—물리적인 환경과 개인적 환경 모두—에서 단어를 해석하는데, 문맥 안에 내장되어 있는 것처럼 언어를 말할 수 있을 정도까지 해석한다.
>
> (Donaldson & Reid, 1982)

문어(written language)는 구어에서 제공되는 문맥 없이 다루어져야 한다. 구피와 휴즈(Guppy & Hughes, 1999)는 독자들이 구어의 흐름, 즉 그들이 저자의 의미를 예상할 수 있도록 도와주는 풍부한 정보를 거부당하는 것에 대해 이야기한다. 텍스트에 관한 삽화나 상징, 픽토그램 등은 도움이 될 수 있지만, 구어가 주는 것만큼 동일하게 풍부한 비구어적 문맥을 제공할 수는 없다. 문어의 복잡성은 쉽게 간과된다. 문어는 단지 쓰인 언어가 아니기 때문에 읽는 것을 배우는 것은 말하는 것을 배우는 것보다 더 어렵다. '쓰인 언어는 …… 구어에서 확장하는 지속적인 활동과 감정의 맥락에서 느슨해지거나 제거된다. 일단 페이지에 오르면 언어는 그 자신의 것이 된다'(Donaldson, 1989).

아동들이 읽기를 배우기 시작하면, 그들은 기존의 구어 지식, 그 의미, 그리고 그것의 구조(의미와 구문)를 이용한다. 그들은 텍스트의 의미에 대한 기대를 불러일으키고, 특정 질문을 염두에 두고 텍스트에 접근하고, 답을 제공할 수 있는 충분한 정보를 선택한다. 중도장애학생을 가르치는 교사들은 학생들을 돕기 위해 학생들에게 질문을 하고 학생들이 관련 정보를 찾는 것을 도와야 할 것이다.

따라서 읽기를 배우는 초기 단계에서는 제한된 단서를 통해 추론하고, 의미와 맥락에 따라 알려지지 않은 단어를 추측하고, 배운 단어 수준의 기술을 적용하는 데 있어 도움이 필요할 것이다. 이것은 학생들에게 읽기를 가르치는 초기 단계에 있어, 교사는 학생들이 읽기를 기대하는 어떤 텍스트가 무엇이든 간에 그들에게 이치에 맞도록 해야 한다는 것을 의미한다. 이는 도날드슨이 말하는 '책의 언어(language of books)', 즉 아이들이 듣거나 사용하는 언어와는 다른 문자 언어를 피하면서 아이에게 제시되는 자료의 선택에 큰 관심을 기울여야 한다는 것을 의미한다.

초기 읽기 기술을 개발하기 위해 중도장애학생 지원하기

읽기를 배우기 시작하는 모든 학생은 글이 메시지를 전달한다는 것을 이해해야 한다. 그래야만 읽기에 대한 표현력을 발휘할 수 있다(Donaldson & Reid, 1982; Hinchcliffe, 1996b, 2001). 특수교육요구(SEN)를 가진 학생에게 읽기를 가르칠 때 고려해야 할 몇 가지 필수 사항은 다음과 같다.

1. 교사는 학생들이 실제로 필수적인 수용 언어 능력과 표현 언어 능력을 갖도록 해야 한다. 언어 발달의 초기 단계에 있지만 의미 있는 맥락에 대한 언급 없이 상당한 양의 단어를 읽는 법을 배운 아이들을 너무 많이 보게 된다(Hinchcliffe, 1991). 록(Lock, 1999)은 특수교육요구를 가진 아이들이 구어체를 이해하지 못하면서 문자 형태의 단어에 노출될 위험에 대해 이야기하고 있다.
2. 교사는 (적어도 초기 단계에서) 문어가 학생이 이해할 수 있는 종류의 구어체를 나타내도록 해야 한다. 구어로조차 이해할 수 없었던 언어로 인쇄하여 대면하는 것은 무의미해 보인다.

합리적인 수용과 표현 능력을 가진 어동들에게, 자신의 언어 능력은 서면 형태의 언어를 이해하기 시작할 수 있는 토대를 제공할 것이다. 이러한 문어는 그들이 사용하고 알고 있는 표현 언어와 어휘 및 구조가 유사하다면 그러할 것이다.

이처럼 단어와 단어로 이해되는 것의 관계는 「독서의 단순한 관점(Simple View of Reading)」(Gough & Tunmer, 1986; Hoover & Gough, 1990)에 기술되어 있는데, 이것은 읽기 능력과 듣기 이해력이 읽기 이해의 구성 요소임을 나타낸다. 이 모델에 따르면, 읽기 이해(reading comprehension)는 각각 고유하고 독립적인 기여를 하는 두 가지 뚜렷한 구성 요소인 디코딩(decoding)과 듣기 이해(listening comprehension)의 산물이다(Savage, 2001). 이 두 가지 능력 모두가 필수적이지만, 그 어느 하나만으로는 읽기 이해를 설명하기에 충분하지 않다(Gough et al.,1996). 이 모델은 공식 r = dc로 표현될 수 있는데, 여기서 r은 읽기 이해, d는 디코딩(단어), c는 듣기 이해이다.

이 이론은 읽기가 단지 우리 앞에서 보는 단어를 이해할 수 있는 것에만 국한되는 것이 아니며, 의미를 이해하는 학생의 능력이 듣는 능력에 의존할 것이라는 것을 인식할 필요가 있기 때문에, 듣기 이해에 대한 이러한 강조가 핵심이다. 즉, 여기서 두 가지 뚜렷한 과정이 작동하고 있는데, 이는 읽기 기술과 듣기 기술이며, 학습자는 둘 다 유능해야 한다.

이 이론을 검증하기 위해 로크와 레보라토(Roch & Levorato, 2009)는 다운증후군(평균연령=15세 5개월)을 가진 아동과 읽기 이해 수준이 비슷한 비장애아동(평균연령=6세 8개월)을 대상으로 연구를 실시하였다. 다운증후군을 가진 학생들은 듣기 이해력이 약한 것으로 나타났으나, 단어 인식 능력은 보다 발달된 것으로 나타났다. 그들의 언어(듣기 및 이해력)에 대한 일반적인 능력이 손상되었기 때문에 단어를 읽는 능력과 텍스트를 이해하는 능력이 반드시 동일하지는 않았다. 로크, 플로릿, 레보라토(2011)는 다음과 같은 결과를 확인한 후속 연구를 수행하였다.

> 세 가지 주요 사항이 도출되었다. 첫째, 한편으로 읽기 능력과 이해 능력, 다른 한편으로 듣기와 읽기는 독립적이다. 둘째, 읽기 이해력의 발달은 주로 듣기 이해력으로 결정되었는데, 이 연구에서는 다운증후군을 가진 사람들에게 낮은 수준인 것으로 나타났다. 셋째, 다운증후군 참가자들은 1년이 지난 후에도 같은 수준에 머물러 있는 듣기 이해력을 제외하고는 모든 능력에서 그들의 수행력을 향상시켰다. (Roch et al., 2011, p. 239)

아동이 책을 읽고 있는 것을 들을 때, 교사는 모든 단계에서 아이가 자신 앞에 있는 정보를 바탕으로 어떤 의미를 짓고 있는지 판단하려고 노력해야 한다. 즉, 교사는 한 발 앞서서 텍스트에서 학생이 어려움을 겪을 곳을 예측해야 한다. 그리고 아동이 이해하는 데 어려움을 겪을 때, 교사는 필요한 경우 추가적인 정보(비계)를 제공하여, 만약 가능하다면 아동이 의미를 구성할 수 있도록 도와야 한다. 또한 교사는 아동이 시각적 단서와 비시각적 단서를 모두 사용하여 의미를 얻도록 권장해야 한다.

중도장애학생들은 그들의 인지 수준이 너무 낮을 수 있기 때문에, 중도장애학생들은 특히 자신이 읽고 있는 단어들을 맥락화하기에는 인지 수준이 너무 낮을 수 있기 때문에 유창한 독자가 되지 못할 수도 있다. 읽기는 이해를 수반하기 때문에 단순히 인쇄된 단어를 해석하는 과정이 아니다. 이 두 가지 기술은 독립적으로 달성되며 서로 보조를 맞추지 못할 수도 있다. 그렇다고 해서 이것이 중도장애를 가진 사람들이 읽는 것을 배울 수 없다는 것을 의미하지는 않는다. 왜냐하면 아동이 충분히 연습할 수 있다면 지적 한계(intellectual ceiling)를 극복할 수 있기 때문이다. 최종 결과가 효과적이지 않다면, 읽기 능력을 개발하는 데 시간을 할애하는 것이 장점이기는 하나 다른 판단이 내려져야 할 것이다. 다시 돌아가면, 레이시와 동료들(Lacey et al., 2007)의 광범위한 인용문은 다음과 같다.

> 학업상 어려움이 심한 모든 연령대의 학생들은 문해 수업에서 상당한 시간을 보내지만, 대부분은 읽기와 쓰기의 초보적인 내용만 배운다. 어떤 사람들은 일반적인 단어의 일견 어휘(sight vocabulary)를 배우거나 몇몇 개별적인 음운을 학습할 수 있지만, 대부분은 초기 읽기 책이나 이와 유사한 간단한 텍스트를 넘어서 이러한 기술을 일반화하기가 어려울 것이다. 어떤 사람들은 몇 마디의 단어와 소리조차 배울 수 있는 능력 밖에 있다는 것을 알게 될 것이고, 가장 심각한 지적장애를 가진 사람들에게는 전통적인 문해력이 무의미한 것으로 보일 수 있다.
>
> (Lacey et al., 2007, p. 149)

그럼에도 불구하고 전통적인 문해력 기술은 여전히 다음과 같이 작동될 수 있다.

- 가능한 사람이나 잠재력이 있는 사람—아마도 KS2 주변 수준—을 위해 특정 읽기 그룹을 설정한다. 충분히 느린 속도로 진행하고 반복할 수 있는 많은 기회를 보장할 수 있는 생활 연령에 적합한 자료의 제공이 문제가 될 수 있을 것이다. 아쉽게도, 아직까지 상업적으로 생산한 이와 같은 읽기 자료는 없으며, 시장이 매우 작기 때문에 앞으로도 이를 제공할 것 같지 않다.
- 특히 자폐스펙트럼장애 학습자들에게 의미를 위한 읽기 연습을 많이 보장한다.
- 문맥에서 '사회적인' 단어와 신호를 구체적으로 읽게 하고, 이를 교실 안팎에서 연습한다.
- 정보통신기술의 사용, 특히 PowerPoint®를 사용하여 이야기책을 만든다.
- 주요 단어를 책에 자르고 붙여 넣고 사진이나 대표적인 상징을 지원한다.
- 주요 대표적인 상징으로 그림책을 만든다.
- 교육과정을 문해력 기술, 예를 들어 레시피 읽기, 쇼핑 목록, TV 가이드 등으로 연계시킨다.

그러나 우리는 또한 다음과 같은 사항을 인식해야 한다.

> 학습에 어려움을 겪는 학생들의 경우, 읽기는 시각적 또는 촉각적 표현, 예를 들어 물체, 그림, 상징 또는 단어(QCA, 2001a, p. 7)와 같은 것으로부터 의미를 도출하는 활동으로 해석될 수 있다.

- 문해력을 순수하게 쓰인 단어로만 간주한다면, 중도장애 또는 최중도중복장애 학습자들은 사실상 모두 자동적으로 제외된다.

효과적으로 읽는 법을 배우는 것이 중요한 기술이고, 그것을 숙달하는 것이 독립적인 능력을 상당히 향상시킬 것이라는 것은 의심의 여지가 없다. 그러나 지적 수준이 상위에 있는 중도장애학생은 일반적인 발달 연령이 6세인 아동과 비슷할 것인데, 이들이 읽기를 배운다는 것은 매우 복잡한 일이므로, 우리는 얼마나 잘 될 수 있는지 판단해야 한다. 중도장애를 가진 사람들은 배울 것은 너무 많지만 배울 시간이 거의 없기 때문에, 그러한 판단을 내리지 않고 읽기 연령에 관계없이 전통적인 읽기

계획을 계속하는 것은 관련 교육과정을 제공하지 못하는 것으로 간주되어야 한다.

이것이 바로 브람 노리치(Brahm Norwich, 2008)의 차이에서 오는 딜레마(dilemma of difference)인데, 이것은 다른 누군가에게 추상화되는 딜레마가 아니기 때문이다. 학습상 어려움이 있는 아동이나 청소년, 성인의 교육에 관여하는 모든 사람은 끊임없이 질문을 해야 한다. 왜 우리는 이것을 가르치고 있는가? 우리가 무엇을 성취하려고 하는가? 우리가 변화를 만들고 있는 것일까?

전통적인 발달 모델을 계속 가르치는 것은 어떠한 유익이 없으며, 전통적인 발달을 가정하고 계속해서 가르치는 것은 실패할 것이다. 우리는 이러한 기본적인 진실을 인정하지 않음으로써 우리의 아이들에게 아무런 봉사도 하지 않는다. 딜레마에 대한 해결책은 개별 학습자가 특정 연령까지 얼마나 진전할지 고려할 때 이들이 얼마나 읽기를 할 수 있는지에 대한 교육적인 가정에 달려 있을 것이며, 이것은 처음에는 8세, 9세, 10세까지 평가되어야 할 것이다.

중도장애학생에게 문해력은 무엇이 될 수 있을까

중도장애학생의 경우 문해력은 글(written word)보다 말(spoken word)을 많이, 더 많지는 않더라도, 포함해야 한다는 강력한 주장이 있다. 분명히 그렇다고 한다면, 스토리텔링과 내러티브 기술의 습득이 핵심이 된다. 교사와 지원인력이 아이들에게 이야기 책을 읽어 주는 것 외에도 www.bagbooks.org에서 제공되는 크리스 풀러(Chris Fuller)의 『Bag Books』와 www.chooseandtellseries.com에서 제공되는 닉 원햄(Nick Wonham)의 『Choose and Tell』과 같은 여러 상업적인 스토리텔링 패키지가 있다. 또한 중등 연령의 중도장애 및 최중도중복장애 학생을 위해 특별히 겨냥한 피트 웰스(Pete Wells)의 화려한 PowerPoint 이야기를 www.portlandcollege.org에서 무료로 살펴볼 수도 있다.

그러나 학습에 어려움이 있는 사람들에 대한 문해력 교육의 이론과 실천 모두에서 중요성을 지닌 작가로서 니콜라 그로브와 키이스 박이 있다. 이들은 함께 작업하기도 하였고, 독립적으로 활동하기도 하였다. 『Odyssey Now』(Grove & Park, 1996)는 학업의 어려움과 통합에 관련한 고전 중 하나이며, 그 이후로 출판된 다른 작품이 많이 있다(Park, 1998c, 2009b, 2010; Grove & Park, 2000; Grove, 2005, 2010, 2012). 박(Park)의 문학적 견해는 다음과 같다. 만약 우리가 리듬에 신경을 쓰고, 상호작용을 하며, 목소리의 영향으로 의미를 부여하고, 무엇보다 감정을 전달한다면, 학습에 어려움을 가진 사람들이 가장 복잡하고 추상적인 것에도 접근하게 만들 수 있다는 것이다. 마이클 도나기(Michael Donaghy, 1993)의 시 〈Alas, Alice〉를 예로 들어 보자.

Alas, Alice

까마귀를 깨우고 천장에 눈을 뜨고

저녁이 휩쓸릴까 두려워 매달렸다가 지금은

읽지 않은 책을 내려다보네.

잠에 대한 사랑으로 울면서 한 번 불러 보네.

그 말은 먼지 되었네.

늦게까지 노래 부르고 떠나는가 천천히 집으로 달려가네.

잠자기가 두렵고 생각하는 것과 감정으로 사고하는 것이 싫구나.

한 번 불러 봐도 아무도 오지 않았네,

푸른 눈을 꿈꾸고 꿈에 얼어붙은 사람아

밤새도록 읽고 또 읽으며 표류하며 읽었네.

기다림에 감히 한 번 부르고 두 번 부르고 잿빛 구름을 토하며

네 개의 관을 새기고 감사를 표하며 찾아 준 것에 감사하네.

침대로 떠다니면서 울면서 누워서

그녀의 눈물을 세고 7로 나누며 한 번 불러 보네.

그 말은 까마귀였네.

이제 1초간 부드럽게 발을 두드리거나, 손가락으로 클릭하거나, 드럼을 두드리거나, 그리고 약간의 변형과 이따금 행의 반복을 포함하여 이것을 '부를' 수 있다. 다음과 같이 각 행을 반복한다.

Alas, Alice

누가 까마귀를 깨웠는가

그리고 천장에서 깨어났다.

그리고 두려움에 떨며 거기에 매달렸다.

저녁이 즐비하다.

그리고 지금 아래를 내려다보았다.

책을 다 읽지 못한 채로

그리고 잠자는 것을 좋아했다.

그리고 울면서 잠을 잤다.

그리고 한 번 외쳤다.

(일시 정지)

그 말은 먼지였다.

(일시 정지)

누가 늦게까지 노래를 불렀는지

그리고 떠나겠다고 신청했다.

그리고 느낌으로 생각하라.

그리고 한 번 외쳤다.

하지만 아무도 오지 않았다.

(일시 정지)

누가 푸른 눈을 꿈꿨을까

그리고 꿈에 얼어붙었다.

그리고 읽으면서 말한다.

그리고 저녁 내내 읽어라.

그리고 패턴을 가지고 읽는다.

표류하는 눈보라들 속에서

그리고 감히 기다리며

그리고 기다리면서

그리고 한 번 외쳤다.

그리고 두 번이나 외쳤다.

(일시 정지)

그리고 회색 구름을 만졌다.

그리고 네 개의 관을 조각했다.

그리고 감사의 뜻을 표했다.

그리고 찾아 준 것을 고마워했다.

그리고 침대로 떠내려갔다.

그리고 거기 누워서 울고 있었다.

그리고 그녀의 눈물을 세어 보았다.

그리고 7로 나누었다.

그리고 한 번 불러 보았다.

(일시 정지)

그리고 두 번이나 외쳤다.

(긴 일시 중지)[4)]

그 말은 까마귀였다.

이 시는 무슨 뜻인가? 누가 알겠는가? 사람은 자신의 의미를 만들어 내지만, 그 단어들은 리듬과 단순함 속에서 아름답고, (적어도 이 독자에게는) 깊은 상실감과 절망감을 전달한다. 슬픔을 묘사하는 더 좋은 방법은 무엇일까?

학생은 빅맥(BIGmack)과 같은 통신보조기기를 사용하여 특정 단어 또는 라인에 회신하거나 응답할 수 있다. 스태프는 학생을 사운드보드에 앉히고, 흔들기, 구르기, 박수 치기, 쾅쾅 치기, 음성 사용하기, VOCA 사용하기 등을 통하여 그룹의 리듬의 일부가 되는 과정을 장려하고 지원함으로써 리듬 운동을 도울 수 있다. 스태프의 도움으로 수행한 것에 대한 감정과 정서는 학생이 참여한 즉시 얼굴 표정과 신체 반응을 통하여 나타날 수 있다. 부름(call)과 응답(response)은 학습에 어려움을 겪는 사람들이 문해력을 형성하는 데 본질적인 토대가 될 수 있다.

독자들은 밀른(A. A. Milne)부터 윌리엄 셰익스피어(William Shakespeare)에 이르는 '스크립트(script)'를 제공하는 상호작용적 스토리텔링(Interactive Storytelling)에

4) 일시 정지는 4초 동안 (말없이) 박자를 계속 맞추고, 긴 일시 중지는 8초 동안 그렇게 한다. 박자가 계속되기 때문에 학생들은 리듬에 고정되고 집중력을 잃지 않는 경향을 보이기 때문에 이와 같은 '침묵'이 얼마나 강력한지 참으로 놀랍다.

관한 책을 부탁하거나, 빌리거나, 훔치거나(또는 바람직하게는 구입)할 것이 강력히 요구된다(모든 능력과 나이에 전적으로 적합하다).

부름과 응답은 다음과 같다.

- 재미있는 의사소통을 장려하는 간단한 방법이다.
- 언어의 자연적인 시적 리듬과 흐름에 의존한다.
- 이러한 리듬이 타고난 것임을 인정한다.
- 각 라인은 의도적으로 짧고 리듬감 있게 유지된다.
- 극적이고 감정과 정서를 전달할 때 가장 잘 작동한다.
- 배제하기보다는 자연스럽고 자동적으로 포함되는 것이다.

학생들에게 스토리텔러가 되라고 가르치기

키이스 박이 부름과 응답을 강조하였다면, 니콜라 그루브는 스토리텔링(storytelling)을 강조한다. 그녀는 내러티브의 기술이 사회적 존재로서의 우리 자신을 이해하는 데 엄청나게 강력하고 중심적인 부분이라고 매우 설득력 있게 주장한다(Grove, 2005, 2010, 2012). 그러나 내러티브의 기술, 즉 이야기를 할 수 있는 능력은 자동적으로 주어지지 않는다. 그것은 배워야 한다. 그리고 중도장애를 가진 사람들에게 이것은 굉장히 길고도 느린 과정이 될 수 있다. 그럼에도 불구하고, 그것은 필수적인 과정이며, 서면 단어의 세계에서 크게 과소평가되고 있는 과정이며, 학습상 어려움이 있는 학생들을 가르치는 교사들이 다루어야 하는 과정이다.

일반적인 발달을 보이는 아이들은 아주 어린 나이부터 이야기를 듣기 시작하고, 그들이 말하는 것을 배운 직후에 그들 자신의 이야기를 하기 시작한다. 이러한 기술은 아이가 자라면서, 특히 글을 배우면서 지속적으로 세련되어 간다. 자신의 스토리텔러—소설가, 시인, 극작가, 배우, 노래꾼 등—는 자신의 기술로부터 큰 지위를 얻고, 당연히 그렇게 되겠지만, 심지어 (혹은 특히) 비문학 사회에서도 그 스토리는 엄청난 중요성을 지니고 있다. 그들에게 말하는 법을 배우는 것은 삶에 대해 배우는 필수적인 방법이다.

스토리가 무엇을 하는가? 스토리는 시작과 중간, 끝이 있다. 그것은 말하는 사람과 듣는 사람 모두에게 목적과 의미를 가지고 있다. 그것은 우리에게 주의 깊게 듣는 것을 가르친다. 그것은 우리에게 구조와 자연적인 리듬과 언어의 흐름에 대해 가르친다. 그것은 우리에게 두려움, 흥분, 불안, 가슴 아픔, 행복, 사랑 등 다른 사람들(이야기 줄거리의 등장인물들)의 감정뿐만 아니라 우리 자신의 감정에 대해 가르친다. 그러나 가장 중요한 것은 이야기를 하는 우리의 능력이 인간 자신에 대한 이해에 직접적인 영향을 미친다는 것이다. 예를 들어, 지난 12개월 동안 경험한 것을 생각해 보라. 그것은 당신에게 큰 의미가 있다. 이것은 행복하거나, 슬프거나, 흥미진진하거나, 병으로 가득 차거나, 짜릿하거나, 무섭거나, 어쩌면 이 모든 것이 한꺼번에 있을 수도 있다. 이 정보를 어떻게 할 것인가? 아마 세상에서 가장 끔찍한 비밀이 아니라면, 당신은 그것을 혼자 간직하지 않았을 것이다! 누군가에게 말했겠지만, 우리가 하는 일은 사회적 존재를 만드는 것의 일부이며, 스스로를 인간으로 만드는 것의 일부이기 때문이다.

이런 식으로 다른 사람들과 삶을 공유하면 행복하고 흥미진진하고 스릴 넘치는 것을 다시 체험할 수 있고, 다른 사람들의 즐거움으로부터 나 또한 즐거움을 얻을 수 있다. 그것은 우리를 특별하고, 개인적이며, 독특한 것으로 나타낸다. 나는 이것을 했고, 나는 가치가 있고, 나는 중요하고, 나는 나라고 말이다. 우리 삶의 슬프거나 한심하거나 무서웠던 경험을 공유하면 다른 사람의 공감과 감정이입을 불러일으킬 수 있고, 우리의 문제를 조망하게 되며, 다른 사람의 비슷한 경험으로 위안을 얻게 되어 혼자가 아니라는 것을 깨닫게 된다. 나는 나지만, 또한 함께 있다. 나를 사랑하고 나를 충분히 아끼는 다른 사람들은 나의 기쁨뿐만 아니라 내 문제들에 대해 듣고 공유할 수 있다.

학습에 어려움이 있는 사람들에게 스토리(이야기)는 무엇을 의미하는가? 학습에 어려움이 있는 아동, 청소년 또는 성인들도 아주 어린 나이부터 이야기를 듣기 시작한다. 그들은 평생 동안 계속 들을 수 있다. 그러나 그들은 언제 스스로 이야기를 할 수 있는가? 그리고 그들은 언제 그들 자신에 대한 이야기를 할 수 있을까? 중도장애와 최중도중복장애를 가진 아이들이 경험하는 심각한 의사소통의 어려움은 이야기를 하는 기술을 배제하고, 따라서 사회적 인간이 되는 데 필수적인 부분에서 그들이 배제되는 경우가 많다. 선과 악, 행복과 슬픔은 여전히 그들에게 일어나지만,

그들에 대한 지식, 그들에 대한 관련성, 그들에 대한 공유는 할 수 있는 사람들—부모, 형제자매, 교사, 지원인력, 의사, 간호사, 버스 운전사 등 사실은 모든 사람이지만 그 사람 자신—의 재산이 된다. 학습에 어려움이 있는 아동, 청소년 또는 성인에게 실제로 일어난 사건의 이야기는 그들의 소유가 아닌 다른 사람들의 소유이다. 우리는 이야기를 효과적으로 하는 방법을 가르치는 데 충분한 시간을 할애하지 않음으로써 그들이 이야기를 전달할 수 있는 능력을 없애 버렸다. 우리는 그들에게 읽고 쓰는 법을 가르치느라 너무 바빠서 그들에게 의사소통하는 법을 가르치는 것을 잊었다.

중도장애를 가진 아동, 청소년 또는 성인들에게 스토리텔링 기술을 개발하려고 한다면, 처음에는 교사가 들려주는 매우 간단하지만 극적인 이야기에 중점을 둘 필요가 있다. 시간이 흐르면서 학습자들은 그 특정한 이야기의 구조와 본질적인 요소뿐만 아니라 스토리텔링 자체의 구조와 본질적인 요소들을 받아들일 수 있도록 한다. 그러고 난 후 점차 자신의 이야기를 하면서 자신의 삶을 말하는 가장 중요한 부분으로 나아갈 수 있다. 그러나 우선, 학습자는 이야기를 하는 법을 배워야 하는데, 그것은 들리는 것만큼 쉽지 않다.

과제

여기 니콜라 그로브의 첫 번째 작품에서 가져온 두 가지 이야기가 있다. 무엇이 이것을 훌륭한 이야기로 만드는지 분석해 보고 비슷한 맥락에서 두 개를 더 써 볼 수 있는가?

첫 번째 이야기-도둑!

어느 날, 나는 학교에서 집으로 걸어가고 있었다. 춥고 어둡고 비가 내렸다. 갑자기, 나는 발소리를 들었다. 뒤를 돌아보았지만…… 아무것도 없었다. 나는 계속 걸어서 집으로 돌아갔다. 춥고 어둡고 비가 내렸다. 갑자기, 나는 발소리를 다시 들었다. 뒤를 돌아보았지만…… 여전히 아무것도 없었다. 나는 계속 집으로 걸어갔다. 그때 발소리가 더 크고 더 빠르게 들려왔고, 큰 사람이 서서 "돈 내놔!"라고 외치고 있었다. 나는 그에게 돈을 다 주었고 그는 도로를 달려갔고 나는 그 사람도 내 돈도 다시는 보지 못했다. 그것이 이야기의 끝이다!

두 번째 이야기-콧물!

약 1년 전 어느 날, 나는 끔찍한 감기에 걸렸다. 나는 항상 재채기를 하고 있었다. 아침을 먹으러 아래층으로 내려갔지만 재채기가 다가오는 것이 느껴졌다. 에취, 오, 안 돼! 하얗고 침울한 것이 내 형제의 옥수수 가루에 다 들어앉아 있었다. 재채기가 다시 들려오는 것이 느껴졌다. 엄마의 새 드레스에 녹색 조각들이 다 묻어 있었다. 아빠는 매우 화가 나서 나에게 말을 걸기 시작했지만 나는 또 다른 재채기가 오는 것을 느꼈다. 아아아아아아아아아아아아아아아아아아 아빠의 머리카락에 온통 흰색과 초록색이 섞여 있었다. 아빠의 얼굴과 모든 것이 흘러내리고 있었다! 엄마, 휴지를 써! 에취−. 그게 내 이야기의 끝이다!

당신은 이 이야기들을 이야기꾼처럼 말하거나 행동할 수도 있다. 여기 '샌드위치 속의 거미(The Spider in the Sandwich)'(또 다른 니콜라 그로브의 이야기)의 토대가 있는데, 처음에는 소품들을 이용해 두 명의 스태프가 연기할 수 있다.[5] 그러고 나서 한 두 명의 학생이 대신할 수 있다. 우리는 일부러 여기에 대본을 두지 않았다. 왜냐하면 이러한 이야기는 읽는 것이 아니라 이야기되는 것이 정말로 중요하기 때문이다. 이것은 단어가 때때로 바뀔 수 있다는 것을 의미하는데, 그래도 괜찮다. 왜냐하면 모든 의사소통과 마찬가지로 그것은 전달해야 할 것에 대한 감각이지, 정확하게 회상하는 것이 아니기 때문이다.

어느 날…… A는 샌드위치를 만든다.

B는 샌드위치를 원하지만 너무 게을러서 만들 수 없다. "샌드위치를 만들어 줘." "싫어, 네가 만들어 먹어."

A는 문을 두드리는 소리, 창문을 두드리는 소리, 전화벨이 울리는 소리 등에 산만해진다. B는 샌드위치를 한 입 베어 먹는다.

"누가 내 샌드위치를 먹었지?" "난 아니야."

이것은 반복된다.

몇 초 후에 A는 "새 샌드위치를 만들 건데 이건 나를 위한 거야."라고 말하지만 A는 몰

5) 그러나 우리는 연기보다 내러티브의 기술과 예술을 가르치고 싶기 때문에 소품을 남용하지 않도록 해야 한다. 소품은 이야기 초반에 극적인 형태에 유용하지만 주의를 산만하게 할 수 있다.

래 거미를 샌드위치에 넣는다.

다시금 산만해졌을 때, B는 샌드위치를 한 입 베어 먹는다

"오, 안 돼. …… 정말 역겨워."

끝.

스토리와 관련된 것들

- 한 번에 한 가지 이야기를 하라. 그 이야기는 학습자들에게 흥미를 불러일으켜야 한다. 그렇지 않으면 그만두고 다른 것을 이야기하라.
- 제5장에서 언급한 이야기 쓰기와 말하기를 위한 10가지 팁을 살펴보자.
- 최고의 이야기들이 짧고 단순하며 많은 반복을 수반한다는 것을 주목하라. 무엇이 더 『그루팔로(The Gruffal)』와 『곰 사냥을 떠나자(The Bear Hunt)』를 그와 같은 위대한 이야기로 만들었는지 살펴보라. 이것은 본질적으로 유사한 짧은 이야기가 몇 번이나 반복되면서 이야기가 점점 군건해지며 확대된다.
- '연령 적합성'을 걱정하기 때문에 중등학생들에게 이야기를 할 수 없는 것은 아니다. 만약 그렇게 한다면, 어떠한 이야기라도 연령에 적절하게 만들 수 있다. 『어린 빨간 후드(Little Red Riding Hood)』를 14세에게 적용시켜 보자. 그것은 모두 거부할 수 없는 너무 위험한 '늑대'에 관한 것이다. 그래서 엄마들은 자신의 딸이 그러한 늑대와 결혼하는 것을 원하지 않는다. 물론 문화적 고려에 따라 얼마나 많은 섹스와 죽음, 록음악을 안전하게 넣을 수 있는지를 결정할 수 있지만, 당신은 섹스와 죽음과 록음악을 아이들의 어떤 이야기에도 넣을 수 있으며, 그렇게 한다면 자동적으로 연령이 적절해진다. 그리고 아직도 걱정이 된다면 늑대를 좀비로 바꾸라!
- 세션이 시작되고 이야기를 들려줄 때, 각 학생이 이야기꾼의 의자에 앉아 그들 스스로 이야기를 하도록 격려하라. 이것은 지도자의 권위와 통제를 확인하고 모든 사람에게 적절한 경외심을 주어야 하는 '특별한' 의자이다. 처음에는 당신이 그들을 많이 도와야 할 것이다. 하지만 그들이 하는 말을 거울로 삼고 그룹의 다른 모든 사람들도 똑같이 하도록 격려함으로써 그들의 '부름'에 '응답'하는 역할을 할 수 있다. 이 부름과 응답 방법의 사용은 다음과 같은 중요한 기능을

갖는다.

- 화자가 목소리를 내기 위해 경쟁하는 것보다 말하기를 주도하고 있음을 확인시켜 준다.
- 이는 화자가 의사소통하고자 하는 것을 성공적으로 전달했음을 확인시켜 준다.
- 당신이 따라갈 때 주요 오류를 바로잡을 수 있게 해 준다(이야기의 핵심이 같다면 사소한 오류는 무시되어야 한다).
- 1차적인 반응으로 작용하고 있는 성인에 의해 '정서'를 주입(그리고 그에 따라 모델링)할 수 있게 해 준다.
- 청중들이 이해했음을 확인시켜 준다.
- 청중들이 듣고 있다는 것을 확인시켜 준다.
- 과정의 속도를 늦추고 화자가 그들의 생각을 모을 수 있는 기회를 준다.
- 사건의 명확한 순서를 제시한다.
- 화자가 다음 줄을 잊어버린 경우 간단한 프롬프트를 사용할 기회를 제공한다.
- 화자가 특히 더 숙련될수록 '코스에서 벗어날' 수 있는 기회를 주도록 하고, 여전히 청중을 이끌고 가도록 한다.

- 몇 주 동안 같은 이야기로 이 형식을 반복하라. 아마도 그림책이나 PowerPoint를 만들거나 배우로 역할을 하며 학생들과 함께 장면을 비디오로 찍음으로써 세션이 마무리될 것이다.
- 여기서의 목표는 학생들에게 이야기는 구조(시작과 중간과 끝)와 정점, 결론, 청중을 포함하고 있다는 것을 가르치는 것이다. 이 중 청중은 정말로 중요한데, 왜냐하면 최고의 이야기꾼들이 청중을 데리고 가서 이야기의 일부로 포함시키기 때문이다.
- 비언어적 학생은 신호를 사용하거나 그림/상징을 사용하거나, 스토리텔링을 돕기 위해 Step-by-Step과 같은 VOCA를 사용할 수 있다(Musselwhite & Burkhart, 2001). 만약 VOCA를 사용한다면, 거의 비슷한 나이와 성별의 학생의 음성을 녹음하도록 하라. 스태프와 더 유능한 학생들은 여전히 그들의 '부름'에 '응답'할 수 있다.
- 학생들이 스토리텔링 기술을 향상시키기 시작하면서, 그들과 관련된 실제 사

건에 대한 자신만의 이야기를 구성하기 시작할 수 있다. 다시 말해서, 자신의 삶에 대한 그들 자신의 이야기를 할 수 있다.

- 짧고 흥미진진한 극적 소설(그리고 대부분의 중도장애학생에게는 이것이 몇 년이 걸릴 수 있다)을 통해 기본적인 스토리텔링 기술을 확고히 확립하면, 학습자 가족들과 특별한 사건이나 가족들이 집과 연관 지을 수 있는 이야기에 대해 이야기 나누도록 한다.
- 보통 스태프들이 나누는 일상적인 이야기의 주도권을 가지라.
- 스태프에게 학생들에게 일어나는 사건들, 특히 학생들이 우스꽝스럽고 무섭고 극적인 감정을 가지고 다닌다면 그 사건들을 기록하라.
- 스토리텔링 박스를 만들어서 스토리가 게시될 수 있는 공간에 놓으라.
- 학습자가 자신의 이야기를 쓰기 위해 가능한 한 많이 학습자를 참여시키라.
- 가능한 한 실제 캐릭터를 사용하여 짧은 이야기들을 스토리보드에 담으라. 사진으로 지원할 수 있다면 훨씬 더 좋을 것이다.
- 좋아하는 일화를 들려주는 것과 같은 방식으로 집에서 볼 수 있도록 2~3분을 내레이션 하여 영상으로 만들라. 특히 학생들이 그들의 휴대폰이나 아이패드/태블릿을 사용하여 촬영하도록 한다. 그러면 이것은 책을 집으로 가져가는 것과 맞먹는다.
- 모임에서 당신이 실행한 것을 공유하여 전체 '공동체'가 이를 소유할 수 있도록 하라.
- 무엇보다도, 글을 읽는 것을 즐기라!

제**11**장

중도장애학생을 위한 수학적 사고 교육과정

질문

어떤 형태로든 수학과 관련되지 않은 다섯 가지 활동에 대해 생각해 볼 수 있는가? 수학을 성공적으로 가르치는 비결은 다른 영역을 통해 수학을 가르치는 것일지도 모른다. 그렇게 될 수 있다면 수학은 '학생들에게 흥미롭고 관련이 있으며 모두 참여하고 성장할 수 있는 것'이 될 수 있다(Higginson, 1999).

학자들과 실무자 모두 학습 속도가 느린 사람들에게는 '기본에 집중하는 것'이 필요하다고 말한다. 또한 실용적이고 일상적인 상황과 연계해서 수학을 가르치게 되면 관련성이 높고 이해하기 쉽게 된다고 주장한다(Robbins, 2000; Stewart et al., 2000).

그런 까닭에 앞의 질문에 대한 요점은 우리가 의식적으로 하는 모든 것은, 어떤 식으로든 수학과 관련되어 있다는 것이다. 심지어 잠이 드는 것도 수학의 모양과 공간, 측정을 포함한다. 왜냐하면 잠이 들기에 충분히 편안한 곳인지 확인해야 하고, 몸을 뻗기에 충분한 공간인지와 최적의 형태인지를 확인해야 하기 때문이다. 수학이 우리 주변에 있다면 '주위의 모든 것'을 가르친다는 것은 어떤 것일까? 물론 학생들이 학습에 성공할 수 있도록 기회를 주고, 수학의 기초를 적용할 수 있게 하기 위해서 적용해야 할 몇 가지 원칙이 있다.

영국의 국가수준 교육과정이 존재하기 훨씬 이전에 작성된 1982년 「콕크로프트 보고서(Cockroft Report)」에는 다음과 같은 인용문이 있다. 이는 비장애학생들의 수학에 대해 논의한 것이기에 학업에 어려움이 있는 학생과 관련이 없을 수도 있다. 그럼에도 불구하고 유익한 읽을거리임에는 분명하다.

> 수학은 가르치기도 배우기도 어려운 과목이다. 그 이유 중 하나는 수학이 위계가 있는 과목이기 때문이다. 이는 그 과목을 학습할 때 질내적인 순서가 있다는 것을 의미하지는 않지만, 새로운 작업을 진행하는 능력은 이전에 수행했던 하나 혹은 그 이상의 것에 대한 충분한 이해가 있는지에 종종 영향을 받는 경향이 있다는 것을 의미한다. 가끔 언급되는 바와 같이, 각 개인은 '수학적 천장(mathmetical ceiling)'을 가지고 있다는 것이 사실인지 아닌지 모르겠으나(이것이 사실인지 아닌지를 규명하기 위한 연구는 수행되지 않았다), 분명한 것은 아동과 성인이 수학을 배우는 속도는 매우 다르다는 것이다. 누군가는 한 번의 수업으로 이해할 수 있는 개념이지만, 어떤 사람에게는 며칠 또는 심지어 몇 주간의 작업이 필요할 수 있다. 그래서 얼마 동안은 선수 개념에 의존하는 새로운 개념을 이해하는 데 어려움을 겪게 된다. 이것은 같은 나이의 또래 아동들 간의 성취도에도 큰 차이가 있음을 의미한다. 소수의 사람은 학위 수준에서 수학을 학습할 수 있는 표준(standard)에 도달하지만, 그 외의 대다수 사람은 학교에 다닐 때에만 수학 공부를 한다. 비록 누군가는 학교를 졸업한 후에 자신의 발전적인 진전을 계속하고자 하거나 할 수 있음에도 불구하고 수학이 지니는 위계적 특성으로 인하여, 수학 교과의 더 추상적인 지표들(branches)을 다룰 수 있는 위치까지는 도달하지 못한다.
>
> (DES, 1982, pp. 67-68)

이러한 사실로부터 우리는 무엇을 얻을 수 있고, 중도장애학생들에게 이를 어떻게 적용할 수 있을지 의문이다.

수리력

수리적 지식(수)은 가르치기 쉽지 않다. 확실히 특정 순서에 따라 기계적으로 차례를 세거나 단어(숫자)를 반복하는 것 이상의 능력을 요구한다. 겔만과 갈리스텔(Gelman & Gallistel, 1978)은 수를 이해하는 데 기본이 되는 원리를 다음과 같이 정립하였다. 모두 6가지 원리가 있는데, 이 중 중도장애학생이 실제로 관심을 가질 만한 것은 다음의 3가지이다.

- **일대일 원리(the one-one principle)** 수 세기를 할 각각의 항목에 단지 고유한 숫자 하나만 할당해야 한다. 하나는 항상 하나이고 둘은 항상 둘이다.
- **안정된 순서 원리(the stable order principle)** 수 세기 할 때 쓰는 말은 수를 셀 때마다 동일한 순서로 생성되어야 한다. 4는 항상 3 다음에 와야 하고, 7은 항상 6 뒤에 온다.
- **기수 원리(the cardinality principle)** 수 세기를 헤아린 후 맨 마지막에 말한 숫자가 그 헤아린 항목의 전체 수를 나타낸다. 이는 수 세기를 할 구분된 그룹에 대한 개념이 확립되어야 함을 의미한다.

겔만과 갈리스텔의 이론은 수 개념이 완전히 확립되기 이전에 이해되는 기수 원리(cardinality principle)에 기반한다. 영국에서 비장애아동들을 대상으로 한 연구에서 기수(cardinality)는 만 4세 전후에 나타난다(Nye et al., 2001). 이 사실만으로도 중도장애학생이 온전히 수의 개념을 이해하기에는 무척 어렵다는 것을 나타낸다. 특히나 일단 수가 2~3개 이상이 되면 기수(cardinality)를 세는 것이 더 어렵다(Staves, 2001; Porter, 2010). 이것은 기수를 가르칠 수 없다는 것을 의미하는 것이 아니라 준비를 통해 조심스럽게 개별적으로 다가가야 한다는 것을 의미한다. 만약 3세트를 일관되게 식별할 수 없는 사람에게 5세트의 수 세기를 제시하는 것은 소용이 없는 일이라는 것을 말하고 있는 것이다.

스테이브즈(Staves, 2001, p. 75)는 아동들이 수 세기를 정확하게 하지 못하는 이유를 다음과 같이 설명하였다.

- 개별 대상과 가리키는 것이 1:1로 대응하지 못함
- 소리와 가리키는 행동이 일치되지 않음
- 대상을 놓침
- 한 대상을 한 번 이상 짚으며 수를 부여함
- 번호의 이름을 건너뜀(삼, 오, 육……)
- 같은 이름을 두 번 적용함(삼, 삼, 사, 오, 육)
- 이름의 순서를 혼동함(셋, 다섯, 넷)
- 계산된 것과 계산해야 할 것을 놓침
- 리듬에 맞춰 구두로 계속 수를 세면서 마지막 대상에서 멈추지 못함
- 마지막 수가 기수임을 깨닫지 못함
- 색상, 모양, 위치 등으로 인해 수 세기에 포함되지 않아야 한다고 생각하여 일부 대상을 놓침

맥콘키와 맥커보이(McConkey & McEvoy, 1986)는 수 세기를 성공적으로 하기 위해서는 다차원적인 일련의 연속된 과정이 요구되는데, 중도장애학생의 경우 이러한 점이 어렵다는 것을 발견하였다. 이러한 연속된 과정은 세트를 구성하는 항목을 식별하고, 적절한 순서로 수의 이름을 기억하고, 그 하나의 세트 내 각 항목에 수 이름을 부여하고, 계산된 항목과 남아 있는 항목을 기억하고, 마지막으로 명명된 숫자가 집합의 전체 수라는 것을 안다는 것을 포함한다. 이러한 과정은 동시에 그리고 완벽하게 수행되어야 한다. 그들은 게임이 좀 더 동기를 부여할 수 있기 때문에 게임을 통하여 더 많은 반복을 하고, 압박은 덜 받을 수 있을 것(단지 게임일 뿐이기에)이라고 가정한다. 특별히 한 가지 눈을 가진 주사위(6면이 모두 같은 수)로 게임을 하는 것은 수 기술을 향상시킬 수 있는 효과적인 방법이다.

포터(Porter, 1993)는 수를 셀 수 있는 중도장애학생조차도 기수를 익히는 데 상당한 어려움을 겪는다고 하였다. 왜냐하면 기수 세기로 전환하는 것은 크나큰 인지적인 도약을 필요로 하기 때문이다.

> 아동은 마지막 숫자 명명의 중요성을 이해하지 못한다. '얼마나 많은가?'라는 질문은 전체 집합의 속성에 관해 의미를 갖기보다는 단순히 그 항목들의 수를 세어 달라는 요청

과 동일하다.

(p. 74)

그런 까닭에 맥콘키와 매커보이가 언급했듯이, 가능한 한 많은 장소와 시간에 다양한 게임을 하고 다양한 숫자 노래를 부를 것을 권한다. 물론 그것을 수학 수업 시간에 해야 할 필요는 없다. 대다수의 중도장애학생은 말 그대로 수 세기를 연습할 수 있는 수천 번의 판에 박힌 기회들이 필요하다는 것을 기억하는 것이 좋다. 만약 학생들이 수를 세려고 한다면, 그들은 무엇인가 흥미로운 것이나 동기를 부여하는 것을 세고 있다는 사실을 확인하라(Staves, 2001; Weeks, 2012). 그들이 숫자를 이해한다고 보장할 수는 없지만, 만약 그들이 3 뒤에 4가 뒤따라온다는 것을 (적어도 기계적이라도) 알지 못한다면, 결코 수를 세는 일을 하지 않을 것이다. 게임은 또한 수를 인식하는 데 도움이 된다.

또한 이러한 관점에서 중도장애학생과 수 세기를 학습할 때 화이트보드를 활용하는 것을 가급적 멀리하는 것이 중요하다. 화이트보드의 광범위한 사용은 부주의한 교사들이 빠져들기 쉬운 전형적인 함정이다. 왜냐하면 비장애학생들이 쉽게 이용할 수 있는 프로그램이 매우 다양하고, 재미뿐만 아니라 시각적 영향도 높아 보이기 때문이다. 그러나 비장애학생들은 이미 기수(cardinality)를 자연스럽게 습득하였거나 혹은 이미 습득하여 발달 기준에 맞게 활동을 하고 있다. 이러한 것들이 중도장애학생의 경우에는 반드시 그렇다고 말할 수는 없다. 화이트보드에 제시된 게임과 노래, 이야기, 운율 등은 추상적일 수 있어 중도장애학생(추상적인 개념과 씨름하는 사람)이 이를 구체적인 방법으로 전환시키거나 연결시키기는 어렵다. 중도장애학생이 다룰 수 있고 잡을 수 있는 실제 사물을 사용하는 게임이나 노래, 이야기, 운율은 훨씬 더 많은 영향을 미칠 가능성이 높다.

무엇인가 일치시키거나 정렬할 때, (수 세기를 해야 할) 세트는 명확하고 의심할 필요가 없어야 한다. 예를 들어, 자동차 세기를 할 때, 자동차의 크기와 외관 및 색상이 동일해야 한다. 일단 특정 단계에서 기수가 확립하고 난 다음에 배운 기술을 일반화하는 것이 좋다. 여러 측면에서 보았을 때, 학생의 진정한 수 세기 능력을 테스트해 보고자 한다면 '자동차 세 대를 줘.'라는 지시를 듣고, 다양한 자동차가 있는 바구니에서 정확한 숫자의 자동차를 성공적으로 건네주는지를 살펴볼 수 있을 것이다.

중도장애학생에게 사물의 집합을 세는 것을 가르칠 때, 학생이 손가락으로 물건을 살짝 움직이며 수 세기(number tag)을 하도록 하는 것이 좋다. 이것은 학생이 수 세기를 할 때 물체를 빠트리고 수를 세거나 한 물체에 두 번 이상 세거나 혹은 같은 수 이름을 두 번 이상 말한다거다 하는 것을 방지하는 데 도움이 된다.

학생들이 '~ 이상'과 '~ 미만'을 시각적으로 이해할 수 있도록 가능한 한 빨리 수직선(number lines)을 활용하는 것이 좋다. 0에서부터 10까지 시작해서 점차 높여 가도록 하고, 학생의 개별적 진전에 따라 개별화하라.

덧셈을 가르칠 때, 학생이 합계를 구할 때 첫 번째 숫자를 사용하여 '덧셈'을 할 수 있어야 한다는 것을 기억할 필요가 있다. 한 집단에는 몇 개가 있는지 확인하고 거기에 하나를 더한다. 그리고 모두 몇 개가 있는지 확인한다. 일단 이 기술을 습득하게 되면, 더해진 숫자가 2 더하기 3일지라도 (두 개 중) 가장 큰 숫자가 무엇인지 인식할 필요가 있다. 우리는 학생들에게 두 숫자를 합치도록 가르칠 것이라고 가정할 수도 있지만, 이것은 합계가 2 더하기 3에 의해 입증된 것처럼 단지 계산에 불과하다. 설령 학생이 '계산'할 필요가 있다고 생각해 냈다고 하더라도, 2로부터 수 세기를 시작하는 것은 비논리적이다. 뺄셈도 같은 원리로 작용하지만, 반대로만 작용한다.

숫자를 세는 법을 배웠든 안 배웠든 상관없이, 모든 학생에게 이것은 상당한 영향을 미칠 것이기 때문에, 숫자를 인식할 수 있게 하는 데 상당한 시간이 소요되어야 한다. 자명종 시계와 손목시계, 전화번호, 버스 번호, TV 채널, 오븐, 키보드, 게임기 등을 생각해 보면 쉽게 이해된다. 0에서 9까지만 배우면 되고, 기수를 확립할 필요는 없다. 다시 말하지만, 서로 다른 모양과 크기의 숫자를 살펴봄으로써 기술을 일반화해야 한다.

수학의 언어

비교

이는 혼란을 주기 쉽기 때문에 언어 사용에 있어 주의가 필요하다. 예를 들어, 7과 2 중 더 큰 숫자는 무엇인가? 100원짜리 동전과 500원짜리 동전 중에서 더 큰 돈은 무엇인가? 특정 언어 기술의 영향(또는 아마도 그것의 부재)을 과소평가해서는 안 된다(Paterson et al., 2006). 포터(2010)는 학생의 강점을 기반으로 하는 교수법을 사용하는 것이 무엇보다 중요하다고 강조하는데, 특히 학생들에게 이미 친숙한 언어와 수학적인 예시를 사용하는 것이 중요하다. 일반적으로 언어와 마찬가지로 수학은 상황과 맥락에서 살펴볼 때 훨씬 더 이치에 맞을 것이다.

의사소통자로서 고군분투하는 사람들에게는 숫자의 이름 자체를 이해하는 것이 더 어려울 수 있다. 예를 들어, 영어에서는 20 이후의 숫자와 비교하여 13에서 19까지의 숫자는 '앞뒤를 바꾸어' 말하기 때문에 '24'는 'twenty-four'라고 하지만 '14'는 'fourteen'이라고 말한다(어찌 보면 'teenfour'가 보다 더 논리적일 수 있을 테지만). 또한 '11(eleven)'과 '12(twelve)'는 좀 더 불규칙한데, 특히나 수학적 언어가 이제 12개가 아닌 10개 단위를 기반으로 할 때 더욱 그러하다.

모든 학습 영역과 모든 교사(가정 포함)를 막론하고 특정한 비교를 나타내는 단어를 사용하여 비교를 가르치는 것이 타당하다.

- 수와 용량: 더 많이, 더 적게; 더 많이 가지다, 더 적게 가지다
- 길이: 더 길다, 더 짧다
- 무게: 더 무겁다, 더 가볍다
- 면적: 더 크다, 더 작다
- 시간: 이전, 이후, 지금, 다음

탐구해야 할 단어

- 위치: 안, 위, 옆에, 밖에, 안에, 위에, 아래, 위로, 아래로
- 방향: 앞에*, 뒤에*, 반대편, 떨어진, 사이에, 왼쪽, 오른쪽, 위, 아래, ~을 따라, ~을 통과하여, ~을 벗어난
- 이동: 미끌어지다, 구르다, 회전하다, 뻗다, 굽히다, 앞으로, 뒤로, 옆으로, ~을 통과하여

* '앞에'와 '뒤에'를 가르칠 때 직시어(deixis)[1)]의 문제를 명심해야 하며, 인형이

나 자동차 등과 같이 앞면 혹은 뒷면이 있는 교육 자료를 사용하지 않는 것이 좋다 (Cox, 1991). 앞뒤가 있는 사람과 물건으로 학생에게 어느 것이 앞인지 혹은 뒤인지를 묻는다면 당신은 어려움에 부딪힐 것이다. 예를 들어, 학생에게 어떤 공이 축구선수의 작은 플라스틱 미니어처 '앞에' 있는지 혹은 '뒤에' 있는지 물을 때, 학생의 대답이 맞는지를 판단하려면 교사와 학생, 축구선수의 시각적 관점이 고려되어야 한다. 이와 같은 단어를 가르치는 기술과 효과는 이것들이 모두 일어나는 일과 사건을 설명한다는 것을 인식하는 것이다. 이것은 게임과 드라마, 댄스, 체육활동(PE), 예술, 음악, 놀이, 여행 훈련, 쇼핑을 통해 가르치는 것이 적합할 수 있다.

사실상 이것들은 모두 과정 기반 교수에 도움을 주는 개념들이다. 중요하고 중심적인 것은 게임과 드라마 혹은 음악을 재생하는 과정이다. 학생들은 수학의 언어와 수학의 다른 개념들을 배울 것이다. 왜냐하면 이미 보았듯이 '수학은 우리 주위에 있으며, 그러한 느낌은 점차 커진다. 그것은 바람에 쓰여 있고, 우리가 가는 곳마다 있기 때문이다!' 그리고 그들은 즐거우며, 상당한 반복도 참을 수 있을 만한 활동에 참여하고 있기 때문에 더 잘 배울 것이다. 모든 것과 마찬가지로 중도장애학생에게 반복은 학습의 열쇠이다.

기타 주요 개념

화폐(money) 이것은 전형적인 발달을 보이는 아이들과 심각한 학습의 어려움을 겪는 아이들에게 동일한 규칙이 적용된다고 가정하지 않는 일반적인 사례이다. 왜냐하면 그들은 아마 그렇지 않을 테니까! 일반 아동들의 수학 학습에 필요한 선형 발달 접근법은 기본—10원, 50원, 100원, 500원 등의 화폐 인식—부터 가르치라고 제시하기 때문에 중도장애학생을 가르치는 교사는 혼란스러워지기 쉽다. 그러나 수를 매우 어려워하는 학생에게 100원과 50원을 먼저 가르치고, 그 이후에 10원을 가르치는 것이, 또한 이보다 좀 더 나이가 있는 사람에게 500원을 가르치는 것이

---

1) 직시어(deixis)는 발화에서 특정 단어와 구의 의미를 이해하기 위해 맥락 정보를 필요로 한다는 사실을 말한다. 당신이 '그가 차를 줄 것이다.'라고 말할 때, 어느 '그'와 어떤 '차'를 언급하는지 양 당사자가 알아야 한다.

(기본적이며 보편적인 기능성의 원칙으로서) 최선이다. 일단 중도장애학생이 자신이 10원, 50원, 100원으로 개별적으로 구입할 수 있는 스낵이 무엇인지 알고 동기부여가 된다면, 학생은 50원 동전 2개가 100원과 동일하고, 100원 동전 5개가 500원과 동일하며, 다양한 화폐의 조합들이 500원과 동일하다는 것을 깨닫게 될 것이다. 그런 다음에는, 단지 그 후에 500원, 100원, 50원, 10원과 같은 순서로 보다 작은 단위로 내려갈 수 있다.[2)]

만약 학생들의 학습을 기대하며 플라스틱이나 종이돈을 사용하거나 화폐 사진을 사용하여 연결시키는 방법도 현명한 방법이 아니다. 항상 진짜 화폐를 사용하는 것이 좋다. 이것은 수업을 마친 후에 거스름돈을 정리하고 화폐를 다시 세야 한다는 뜻이다. 화폐는 중도장애학생이 학습하기에 더 이상 추상적이지 않은 충분한 수업이 될 수 있다. 같은 맥락에서 실제로 쇼핑을 하는 것이 항상 가장 좋지만, 그렇지 않다면 수업 시간에 교실 내에서 쇼핑할 때 진짜 화폐를 사용하는 것이 가장 좋다. 아침 나절에 100원이나 500원 미만으로 간식을 구입하고 거스름돈을 주는 상설 간식 가게를 갖는 것도 좋다. 대부분의 학습자에게 정확한 교환이 필요하지는 않을 수 있지만, 이것은 그들에게 교환의 법칙에 익숙해질 수 있는 기회를 줄 것이다. 그들은 또한 돈을 꺼내기 위해 은행에 가는 연습(지정된 성인에게 요청하여)을 할 수 있고, 돈을 가지고 있으며, 이를 지갑이나 주머니에 넣거나 잃어버리지 않으며, 돈의 모든 핵심 구성 요소에 대한 수업이 끝난 후에 다시 은행에 넣는 연습을 할 수 있다(성인에게 다시 되돌려 주면서). 또한 학생들이 일부 항목에 대해 거스름돈을 받지 않는 데 익숙해지도록 정확한 금액(50원이라고 말하기)으로 표시할 것을 기억하라.

어림하기(estimation)　어림은 실제 상황에서 가장 잘 이루어지기 때문에 의미가 있다. 학급의 모든 학생들이 각각 하나씩 가지려면 얼마나 많은 스티커/비스킷/사탕/컵/공이 필요한지, 청소 시간이 얼마나 걸릴지, 그림을 완성하려면 페인트가 얼

---

2) 역주: 원문에는 파운드화로 제시하였으나 한화로 바꾸어 제시하였다. 화폐를 지도하는 과정은 동일한 원칙이 적용되기에 원화에도 적용될 수 있다. 비록 동전보다는 지폐를 구별하는 것이 훨씬 더 어려울 수도 있다. 이것은 다른 단위가 같은 크기일 때 구별하는 것이 상당히 까다로울 수 있으며, 특히 색상이 서로 비슷한 경우 색상으로 구분하는 데 어려움을 겪을 수 있다. 따라서 수를 식별하는 것이 핵심일 수 있으며, 이것을 확립하는 데 많은 노력이 필요하다.

마나 필요할지, 한 교실에서 다른 교실로 자료를 옮길 때 얼마나 많이 운반할 수 있을지 등에 대해 생각해 본 경험이 있을 것이다.

실수에 대해 긍정적으로 생각하고 "실수를 한 적이 없는 사람은 새로운 것을 시도해 본 적이 없다."라는 아인슈타인의 말을 받아들이는 것이 정말 중요하다. 모험과 위험의 정신을 격려하는 것은 제13장('중도장애학생을 위한 문제해결과 사고 교육과정')에서 보다 자세히 다루겠지만, 어림을 조장하는 것은 모든 분야에서 상당한 위험을 수반한다는 사실을 받아들여야 한다. 예를 들어, 이전의 수많은 연습을 하고 수많은 모델링과 시연, 지원을 받은 후에도, 학생 자신이 가진 돈보다 훨씬 더 많은 비용이 드는 물건을 사기 위해 동전 한 개만 필요로 한다고 어림한다면, 당신은 학생이 그러한 과정을 거치도록 허용해야 한다. 이것의 중간 결과는 가게에서 물건을 구입하지 못하며, 이는 피할 수 없는 결과로 나타나게 될 것이다. 그러나 우리는 이러한 결과에 숨어서는 안 되고, 이러한 결과 안에서 학생들을 보호해서도 안 된다. 그렇지 않으면 우리는 실제적이고 독립적으로 학생을 이해시키려는 최종 결과를 얻지 못한다.

시간(Time) 만약 학생이 기수 원칙을 확립하지 않았다면, 시간을 정확하게 말하는 것은, 심지어 특정 시간까지 정확하게 말하는 것은 큰 도전이 된다. 그렇다고 학생에게 시간을 가르치지 말아야 한다는 것을 의미하는 것은 아니다. 시각적 시간표 위에는 지금과 그다음, 점심시간과 놀이 시간 및 가정 시간과 같은 하루의 주요 시간 및 순간, 요리나 청소 그리고 수업의 종료 등을 나타내는 데 특히 유용한 짧은 시간에 대한 알람 설정 등의 영역들이 표시된다.

분수와 나눗셈(fractions and division) 분수와 나눗셈은 수를 정확히 이해하지 않으면 수행하기 어려워 보일 수도 있지만, 문제를 해결하는 데 필요할 뿐만 아니라 공유하는 데 중요한 기술이다. 학생들에게 처음에는 사과를 반으로 자르거나 오렌지를 반으로 자르게 한 다음, 이를 다시 반으로 자르게 한다. 그림 그리기 위한 종이, 점토 또는 플라스틱, 생일 케이크, 간식용 초콜릿 바 전체를 반쪽씩 나누라. 학생들을 위해 대신해 주기보다는 실제로 학생들이 스스로 나눠 보게 하는 것이 정말 중요하다. 그렇다. 엉망진창이 될 것이고 문제가 생길 수도 있다. 하지만 시도하지 않으면 배우지 못한다. 기회가 생길 때마다 학생들에게 나눌 수 있는 모든 것, 예를

들어 감자칩 한 봉지와 같은 것을 나눌 기회를 제공하는 것이 중요하다. 실수는 있겠지만, 그러한 실수들을 통해 교훈을 얻을 것이다.

수학의 문제?

질문 1

학습에 어려움이 많은 학생들을 가르치는 것에 관해서 어떤 입장을 가지고 있으며, 왜 그러한 생각을 가지고 있는가?

1. 우리는 국가수준 교육과정에 대한 차별화된 접근과 모두에게 적용할 수 있는 전략을 통해 수학을 가르쳐야 한다.
2. 우리는 다른 과목들을 통해 수학을 가르쳐야 한다.
3. 우리는 수학을 전혀 가르쳐서는 안 된다.
4. 또 다른 입장은 무엇인가?

질문 2

수학적 문해력(mathematical literacy)을 다음과 같이 정의한다면 중도장애학생에게 수학적 문해력이 가능한가?

> 수학이 세상에서 어떤 역할을 하는지 파악하고 이해할 수 있는 개인의 능력, 잘 확립된 판단을 내리고, 건설적이고 관심이 많으며 반성적인 시민으로서 개인의 삶의 필요를 충족시키는 방식으로 수학을 사용하고 참여할 수 있는 개인의 능력?
>
> (OECD, 2006, p. 1)

이것은 '수학이 세상에서 어떤 역할을 하는지 파악하고 이해할 수 있는 개인의 능력'이라는 몇 마디로 표현되는 매우 흥미로운 정의이다.

질문 3

만약 질문 2에 대한 답이 '아니요'라면, 수학을 별개의 교과목으로 가르쳐야 할까? 중도장애학생이 직면하는 어려움을 정의하는 것은 수학적 사고와 관련하여 흥미로운 읽을거리를 제공한다.

- 의사소통: 수많은 연구자(예: Robbins, 1991; Staves, 2001; Paterson et al., 2006; Porter, 2010)는 공식적인 수학의 많은 부분이 언어 능력과 관련이 있기 때문에 의사소통 문제가 있는 사람들은 학습에서 심각한 불이익을 입을 가능성이 매우 높다고 지적했다.
- 추상적인 개념을 이해하는 것의 어려움: 사실상 모든 숫자(특히 암산)는 추상적이다.
- 집중의 어려움: 특히 한 번에 하나 이상의 정보를 보유하고 다중 작업을 수행할 때, 효과적인 수 세기나 덧셈, 뺄셈 등의 기본 전제 조건 그리고 문제해결의 가장 확실한 전제 조건
- 단기 기억에서 장기 기억으로 이동 시 정보처리의 어려움
- 비효율적이고 느린 정보 처리 속도: 집중력의 어려움에 추가될 때 추가적인 문제를 발생시킨다.
- 일반적인 지식의 부족: 학습이 발생하기 위하여 지속적인 맥락적 참조 요구
- 사고와 학습을 위한 전략의 부족
- 일반화와 문제해결의 어려움: 문맥이나 맥락이 특정 단어의 이해를 돕는 데 필수적인 역할을 하는 것과 같은 방식으로(Locke, 1999; Hinchcliffe, 2001), 맥락은 수학적 이해에 필수적이다(Porter, 2010).

다른 요인

중도장애학생을 위한 특수학교의 교장들은 1996년부터 2006년까지 지난 10년 동안 '평균' 능력 수준이 현저하게 감소했다고 지적하였다. 이와 관련된 확실한 연구는 없었지만, Ofsted SEND Review(Ofsted, 2006)에서 흔하게 다뤄질 만한 주제였다.

배리 카펜터(Barry Carpenter)가 복합적인 학습의 어려움과 장애(Complex Learning Difficulties and Disabilities: CLDD)로 표현하는 '신세대' 장애학생들은 보다 다양하고 위험하며, 복잡한 어려움을 보여 주고 있다. 이것은 일반학교와 특수학교를 막론하고 모든 부분에서 명백하게 나타나고 있다. 동시이환(co-morbidity)은 특별히 ASC 및 ADHD 영역에서 흔하게 나타나지만, 매우 극단적인 프로파일(spiky profiles)을 보이는 학생이나 수학에서 종종 특별한 어려움을 보이는 학생들에게도 나타날 수 있다.

발달적 접근법

수학은 종종 선형 진행 과정으로 표현되기 때문에 특정 기술은 정해진 순서로 학습된다. 수를 세는 것을 먼저 배우고, 그다음에는 덧셈, 뺄셈, 곱셈을, 그다음에는 나눗셈을, 그리고 그다음에는 분수 등의 순서로 배운다. 수학적 기술은 '초석(building blocks)'을 확립하는 데 기반을 두고 있기 때문에, 첫 번째 단계가 학습되기 전까지는 앞으로 나아갈 수 없다. 그러나 (정의에 의하면) 중도장애학생은 앞에서 언급한 문제들을 가지고 있기 때문에, 그중 많은 학생이 첫 번째 단계(기수)조차 배우지 못할 수도 있다. 따라서 우리는 종종 학생의 교육 기간 전반에 걸쳐 같은 것만을 가르치게 된다. 예를 들어, 모양을 가르칠 때 3차원 모양을 가르칠 경우 많은 실패를 했다. 왜냐하면 학생들은 아직 단순한 2차원 모양조차 구별하지 못했기 때문이다. 모양에 대한 학습은 지속적으로 2차원 네모과 동그라미, 세모 모양에 이르며, 수 학습은 계속 5까지의 수 세기에 머물 것이다. 모양의 색깔과 크기를 바꿀 수 있을지도 모른다(그 과정에서 훨씬 더 혼란스럽게 만들 수 있다!). 그리고 5까지 수를 세는 것을 바꿀 수도 있겠지만, 본질은 똑같다. 수학에서 발달적 접근법 이상으로 고찰해 볼 필요가 있는가? 수많은 중도장애학생이 결코 이러한 개념을 얻지 못할 것이라고 인식할 필요가 있는가?

발달적 접근법은 중도장애학생이나 최중도중복장애학생을 위한 교육과 관련하여 다음과 같은 '전통적으로 좋은 관행'을 채택하고 있다.

- 수학 교육과정을 가르친다.

- 특정한 목적에 초점을 맞추다.
- 다수의 연습 기회를 가지면서 한 번에 하나의 작은 단계를 가르친다.
- 혼란을 피하기 위해 동일한 교구를 사용한다.
- 기계적인 학습을 활용한다.

그러나 이러한 접근 방식은 규범적 발달 지표에 측정 가능한 성공을 달성하기 위한 우리의 욕구로 인하여 수학 교육과정을 좁히는 결과를 가져왔을지도 모른다(Robbins, 2000). 커틀러(Cutler, 2000)는 우리가 더 큰 그림을 보지 못했을 수도 있다고 주장한다. 예를 들어, 수리력과 관련하여 수 세계 내에서 수가 어울리는 곳이나 수 사이의 관계, 수학 내에서 패턴의 중요성을 다루는 데 더 이상 집중하지 않을 수 있다고 주장한다. 우리는 규범적 발달 방식으로 개별 세션을 가르치는 것에서 수학을 구분해 냄으로써 다른 학습 기회를 무력화시키지 않도록 해야 할 것이다(Robbins, 1996).

핵심적인/이차적인 분할?

아마도 우리는 9세, 10세, 혹은 11세까지 가능한 한 기본적인 기술을 많이 확립하려고 노력해야 할 것이다. 발달 연령은 생활 연령에 가깝기 때문에 보다 연령에 적합한 자원을 이용할 수 있다. 9세, 10세, 혹은 11세가 지나면 기초를 세우고 옆으로 확장해 나갈 수 있다. 여기서 어려운 점은 수학(대문자 M으로 시작되는)이 일반적으로 국어 및 과학과 마찬가지로, 핵심적이고 주요한 교과로 간주된다는 것이다. 그 권리를 부정하는 것은 교육 기회의 평등에 대한 기본 권리뿐만 아니라 교육과정의 폭과 균형을 줄이는 것이라는 점에서 논쟁은 시작된다. 학생들은 충분한 시간이 주어진다면 숫자와 이 밖에 다른 다양한 수학 영역을 달성할 수 있다. 누가 그러한 기회를 거부할까?

이 문제는 오히려 읽기와 쓰기 딜레마와 같다. 일부 학생은 시간이 주어지면 어느 정도 수준까지 도달할 수 있지만, 거기에 도달하는 데 얼마나 많은 시간을 소비해야 하는가? 그리고 과연 '그곳'을 달성하느라 집중하지 못한 다른 모든 학습에 비해 가

치가 있는가? 다른 분야나 영역에서 배우는 것이 필요하다면, 수학을 별개의 교과목으로 해서 가르쳐야 한다는 필요성에 우리가 너무 압도당한 것은 아닐까?

질문

미술실에 수학적 요소는 얼마나 있고, 그림을 그릴 때 어떤 수학 개념을 가르칠 수 있을까?

답변

- 크고 작은 종이
- 다양한 모양의 종이
- 다양한 양의 페인트–걸쭉한 페인트, 묽은 페인트
- 작은 붓, 큰 붓
- 필요한 양 어림하기
- 종이나 페인트가 다 떨어졌을 때 문제해결
- 얼마나 오랫동안 필요한가?
- 정리하는 시간
- 첫 번째 해야 할 것, 두 번째 해야 할 것, 마지막으로 해야 할 것 등이다

질문

부엌에서 찾을 수 있는 수학은 무엇이 있는가? 피자를 만들 때 어떤 수학 개념을 가르칠 수 있을까?

답변

- 크기(사이즈)
- 수량

- 위치
- 측정
- 무게
- 성분 구조
- 온도
- 순서
- 원인과 결과
- 어림하기
- 수 세기
- 덧셈과 뺄셈
- 분수
- 나눗셈

질문

학교 밖에서 찾을 수 있는 수학은 어떤 것이 있을까? 수학 여행(체험 학습) 시 어떤 수학 개념을 가르칠 수 있을까?

답변

- 거리나 시간 등의 어림
- 공간 인식
- 교통 속도
- 교통 수단별 상대적 속도
- 다양한 목적에 따라 다르게 걷는 속도
- 목적지
- 버스 번호 인식
- 버스/기차 시간표 읽기
- 버스 목적지/노선

- 요금 지불하기
- 버스 정류장 수 세기
- 순서
- 이전/다음/이후/전부 및 기타 수학적 언어

교사는 수학을 어떻게 가르쳐 왔는가

영국의 자격 및 교육과정 위원회(UK's Qualifications and Curriculum Authority)는 영국 교육기준청(Ofsted)에 특수교육요구(SEN)가 있는 학생에게 적용되는 교육과정 수정에 대해 조언하는 기관으로(QCA, 2001b; QCDA, 2009), 이에 따르면 교사는 학생들의 능력에 부합하고 도전하는 방식으로 가르쳐야 한다(그렇게 하거나 할 수 있다가 아니라 해야 한다). 그들은 또한 다음과 같이 할 수 있다.

- 주요 생활 연령 단계 범위 내에서 작업한다.
- 유지하고, 강화하고, 통합하며, 일반화한다.
- 연령과 관련된 연구 프로그램의 하나 혹은 제한된 측면에 초점을 맞춘다.
- 일상생활 속 활동에 주안점을 두고 활용한다.
- 14세 이상의 학생을 위하여 이퀄스(Equals) 및 ASDAN(Award Scheme Development and Accreditation Network)[3]과 같은 공인된 작업 계획 내에서 활동하라.

여기서 중요한 점은, 심지어 법정기관 내에서도 교사가 가르치고 있는 것이 가르치는 학생들과 관련이 있는지 분명히 인식해야 한다는 것이다. 이러한 어려움은 대개 영국 시스템에서 진보를 측정하는 방법이 현재 규범적 발달 모델(P척도와 국가수준 교육과정 단계)에 의해 정의되어 있기 때문에 발생한다. 다시 말하지만, 문해력 모

3) 역주: ASDAN(Award Scheme Development and Accreditation Network)은 영국의 교육 자선단체이자 수여기관으로 브리스톨에 본부를 두고 있다. 교육과정 프로그램과 자격을 제공하여 중등학생들이 학습, 직장 및 생활을 위한 지식과 기술을 개발하고 전환할 수 있도록 지원한다.

델과 거의 같은 방식으로, 주객이 전도된 채 중도장애학생들이 배우는 방식과는 전혀 무관한 길을 가고 있을지도 모른다. 즉, 평가와 학생의 진전을 우리가 가르친 것으로 이끌어 가야 한다.

어떠한 진전을 이루었는가-Part I

우리는 교실에서 (일반적으로 발달상의) 기술을 연습하는 데 능숙하지만, 학생들에게 그러한 기술을 적용하도록 격려하는 것은 매우 중요하다. 만약 우리가 학생의 수학 능력을 확장시키려면, 학생들이 수학을 적용할 수 있는지, 그것을 적용하는 맥락에서 수학을 이해할 수 있게 지원하고 있는지 확인해야 한다. 학생들이 이론을 이해할 필요는 없다. 그 실제를 이해하는 게 필요하다.

이것은 학생의 독립성을 위한 기회를 극대화시킬 수 있도록 개인의 능력과 잠재력에 대해 매우 신중하게 생각해야 한다. 요리를 예로 들어 보자. 중도장애의 낮은 수준(영국 기준으로 일관되게 P4와 P6 사이)에 있는 학생에게, 예를 들어 토스트 위에 콩이 올라간 학생이 좋아하는 간단한 요리를 만든다고 할 때, 하나의 단어 및/또는 상징 및/또는 사진으로 배열된 명확한 조리법을 제공하여 독립적으로 잘 달성해 낼 수 있게 할 수 있다. 이러한 학생들은 과제의 완성을 감독하기 위해 어느 정도의 성인 지원이 필요하겠지만, 시간이 주어지면 완전히 독립적으로 성취할 수도 있을 것이다.

이는 이러한 학생을 위한 장기적인 목표가 성인의 신체적 또는 촉진적 지원 없이 완전히 독립적으로 다음과 같은 능력을 습득하는 것이다.

- 점심으로 무엇을 먹을지 결정한다.
- 활용할 수 있는 자료를 확인한다.
- 무엇을 사야 할지 결정한다.
- 쇼핑 목록에 상징/사진을 함께 넣는다.
- 이용할 수 있는 충분한 금액을 확보한다.
- 날씨를 확인한다.

- 어떤 외출복을 입을지 결정한다.
- 가게로 이동한다.
- 필요한 물품을 구매한다.
- 쇼핑 가방을 든다.
- 변경사항을 해당 장소 또는 사람에게 반환한다.
- 실내복으로 갈아입는다.
- 정확한 조리법을 찾는다.
- 손을 씻는다.
- 캔을 연다.
- 콩을 데운다.
- 토스트를 만든다.
- 식사도구와 식기를 분류한다.
- 필요하면 음료를 만든다.
- 설거지를 하고 치운다.

이 장기적인 목표로부터 수많은 것이 발생한다. 제시한 모든 것은 수학을 포함한다. 중도장애학생에게 수학은 총체적인 개념이다. 독립성을 극대화하는 것은 항상 장기적인 목표여야 하고 이를 위하여 항상 야심차게 행해야 하며, 확장을 시도해야 한다. 이러한 확장은 천천히 다룰 필요가 있다. 이 정도의 독립을 달성하는 데는 몇 년의 정기적인(적어도 매주) 수업이 필요할 가능성이 매우 높다.

우리는 일부 학생이 이 정도의 독립성을 달성하지 못할 것이라는 것을 받아들여야 하지만, 그것이 장기적인 목표를 부정하지는 않는다. 실패는 괜찮지만 노력을 하지 않는 것은 안 된다. 독립성을 유지하는 것은 학생 집단의 진전을 합법적으로 보여 주는 것으로 간주될 수 있다. 광범위한 목표를 달성한다고 해서 그것을 가르치는 것을 중단해서는 안 된다. 왜냐하면 기술들은 정기적으로 실행되지 않으면 사라질 수 있기 때문이다. 이 학생들에게, 배우는 것은 자전거를 타는 것과 같지 않다.

토스트 위에 콩이 포함된 제품이 있지만, 목적을 달성하기 위해 필요한 '기술'을 가르친다는 것은 하나의 과정이다. 그것을 별개로 가르치는 것은 가능하지만, 학생들에게 그것의 의미를 부정하는 실제적인 위험을 무릅쓰는 것이다. 앞서 제시한 개념들은 대부분 개별적으로 혹은 하위 집단적 개념으로 가르칠 수 있지만, 그것들은 모두 학생에게 실제적인 의미가 있어야 하며, 상황 속에서 가르쳐야 한다. 만약 날씨를 확인할 이유가 없다면 날씨를 확인하는 것은 의미가 없을 수 있다. 외출할 생각이 아니라면 날씨 확인은 무의미하다.

학습의 개인화는 학생의 동기부여, 특별히 먹고 마시는 것과 같이 선호하는 것을 따를 것이다. 그러나 우리는 대부분의 가르침을 어느 정도 공평한 능력 그룹으로 분류할 수 있다. 가게에 가는 과정은 모두에게 같지만, 성취된 독립의 수준에 대한 우리의 야망은 학습자마다 다를 것이다.

어떠한 진전을 이루었는가-Part II

영국 기준으로 P7 이상의 더 유능한 학생들에게, 기본적인 과제는 대략 동일하게 유지될 수 있지만, 달성 가능한 독립의 정도에 대한 우리의 기대는 매우 다를 것이고, 독립을 달성하기 위해 소요된 시간에 대한 기대도 다를 수 있다. 따라서 우리는 과제 활동 시, 예를 들어 좀 더 복잡한 요리하기를 통하여 수학을 차별화하는 데 집중할 수 있다. 만약 우리가 이러한 학생들이 토스트에 콩을 올리는 것부터 완전히 독립적으로 피자를 만드는 것으로 발전하기를 기대한다면, 만드는 것에서 처음부터 피자를 만드는 것으로 발전하기를 기대한다면, 쇼핑 목록 만들기, 쇼핑하기, 요리하기, 그리고 정리하기 등으로 좀 더 활동을 복잡하게 만든다.

실제로 콩에 다른 재료를 첨가하는 것과는 별개로, 단지 토스트에 콩을 올리는 것은 창의력의 정도에 제한이 있지만, 피자를 만드는 것은 반죽의 일관성, 다양한 토핑, 다양한 양 등과 같은 모든 종류의 변화를 허용한다. 독립을 장려하는 것은 실수가 일어나도록 장려하는 것이다. 이것은 학생이 학습자에게 사고를 하고 문제를 해결하도록 하기 때문에 좋은 것이다. 예를 들어, 피자를 만드는 연습을 많이 한 학생이 밀가루 한 봉지를 반죽 혼합물에 통째로 부으면 어떻게 될까? 우리(교사와 지원인력)는 아마도 학생이 하지 못하게 막을 것이다. 만약 우리가 그렇게 하지 않는다면 어떻게 될까? 만약 우리가 그에게 피자에 밀가루를 열 배나 더 넣고 만드는 것을 허락한다면? 그는 '정말 맛있었다'고 말할지도 모른다. 하지만 그는 또한 실수가 있었

다는 것을 인식할지도 모른다. 그리고 만약 우리가 그 학생이 한번 해 본 것에 대해 과감하게 칭찬하고, 그 실수를 긍정적인 방법으로 반성하도록 도울 수 있다면, 학생은 진정한 독립성을 달성하기 위한 한 걸음을 내딛을지도 모른다.

엄밀히 말하면, 영국의 국가수준 교육과정 모델에서 우리는 숫자, 계산, 문제해결, 모양, 공간, 측정, 데이터 처리, 대수학을 다루어야 한다. 이 모든 영역은 중도장애 교육과정에서 가르쳐야 할지도 모르는 다른 모든 영역에서 다루어질 수 있다.

만약 수학이 쇼핑과 예술, 춤, 게임, 여행, 훈련, 요리, 드라마 또는 삶의 어떤 부분으로 가르쳐진다면, 다른 교과목만큼 더 현실적이고, 더 맥락적이고, 더 구체적으로, 그리고 훨씬 더 동기부여적으로 가르칠 수 있다.

수학적 개념을 배우는 것은 중도장애 및 최중도중복장애 학생들에게 상당히 어려운 것이다. 이 집단의 학생들에게 수학은 '교육과정과 그것이 전달되는 환경의 세심하고 사려 깊은 적응'을 통해 가장 잘 학습될 수 있다(Longhorn, 2000).

수학 이론이 우선되고 맥락이나 상황이 부차적인 경우라면, 어떤 경우에도 우리는 얕은 방식으로 수학을 가르치는 것을 피해야 한다. 아마도 수학은 정확히 반대 상황에서 가장 잘 배울 수 있을 것이다. 맥락이 과정과 직접 연결될 때, 깊고 의미 있는 학습이 이루어질 것이다.

모양과 공간, 측정은?

교사가 한 그룹의 학생들에게 한 주간 요리를 하기 위해 쇼핑하기를 지도하는 상황을 상상해 보라. 그곳은 상당히 큰 가게인데, 거기서는 무겁고 가벼운, 크고 작은, 깨지지 쉽거나 단단한 다양한 상품이 판매되고 있다. 이것은 학생들이 온전한 맥락 속에서 모양과 분류, 매칭하기, 무게, 배열, 크기와 양에 대한 인식을 실제로 구체적이며 의미 있게 학습할 수 있는 이상적인 기회이다. 그렇기 때문에 교사는 학생들이 직접 쇼핑한 물건을 포장하고 학교로 가지고 돌아오도록 의도적으로 단지 두 명의 학생만을 배정하였다. 활동들은 다음과 같은 것들을 포함할 수 있다.

1. 무겁고 가벼운 품목이나 다양한 식품 품목을 골라내거나 포장하기
2. 일을 더 쉽게 하기 위해 몇 개의 가방이 필요한지 결정하기. 혹은 가방/장바구니를 가지고 가야 하는지, 만약 그렇다고 한다면 어떤 모양을 가지고 갈 것인지 정하기
3. 가방을 좀 더 쉽게 운반할 수 있도록 분류하기
4. 가방이 너무 무거우면 어떻게 될지 의논하면서 무엇을 할 수 있을지 생각해 보기
5. 가방(플라스틱 및 종이) 및 상자 등 다양한 용기를 활용하기
6. 이 용기들이 만드는 차이에 대해 실험해 보기
7. 이 용기들을 포장하는 다양한 방법을 시도해 보기

즉, 그들은 전략적으로 사고하고, 수학적 지식과 사고를 사용하며, 상황에 따라 요구되는 실천적 접근과 수학적 요소를 선택하여 문제를 대응해 나갈 필요가 있다.

중도장애학생에게 수와 셈하기를 가르치는 것에 대한 비판적인 분석

영국에서는 지속적인 국가 수리력 전략(UK National Numeracy Strategy)과 함께 수학교육을 위한 주요 영역으로서 수리력의 향상에 관심이 있다. 사실 이것이 중도장애학생을 가르치는 특수학교 및 통합 환경에서 중도장애학생을 가르칠 때, 수학 커리큘럼에 어떻게 영향을 미치는지에 대해 상당한 관심이 있다. 로빈스(Robbins, 2000)는 영국 국가 수리력 전략(DfEE, 1999)에서 다음과 같이 언급하고 있다. "교수를 개선하기 위해 시작되었지만 학습을 개선한다는 확실한 증거는 없다. 확실히 전체 능력의 스펙트럼상에 걸쳐서는 아니다. 또한 장애로 인해 학습이 저해되는 아동에게 그 효과가 있다는 증거는 없다."(p. 9) 그리고 10년이 넘도록 여전히 증거는 없다.

로빈스는 특수교육 대상 학생들의 학습과 참여를 '상당히 고려하지 못했다'는 '명백한 인상'을 주는 국가수준 교육과정과 같은 국가 전략을 채택하는 것은 학습을 제한할 수 있는 편협한 접근법이 될 가능성이 높다고 주장한다. 수학에서 주요 목표인 수리력 향상은 선형적인 방법론에 대한 강조를 제한하고, 헌신적인 수학 수업에 대

한 고집은 시간표의 구분을 야기하게 된다. 이것은 다시 교육과정의 다른 영역을 통해 수학을 가르칠 수 있는 가능성을 끄집어낸다(Robbins, 2000).

중도장애학생에게 수리력 개발이 중요한지 아닌지를 나타내는 글에서, 질 포터(Jill Porter)는 동물과 비장애아동에 대한 수많은 연구를 인용하였다. 이러한 연구는 아동의 인식 속에 수(number)가 중요할 뿐만 아니라 명백하다는 것을 제시한다. "아동은 수치적 차이를 인식하는 것뿐만 아니라 마치 이들이 수치적 변화의 결과를 예측할 수 있기 때문에 수의 정신적 표현을 구성할 수 있는 것처럼 보인다."(Porter, 2010, p. 5)

그러한 견해는 논쟁의 여지가 있다. 예를 들어, 믹스와 동료들(Mix et al., 2002)은 양에 대한 일반적인 인식과 수에 대한 인식 사이에는 큰 차이가 있다고 주장하고 있다. 이것은 학습에 어려움을 겪는 학생들이 동일한 인식 수준을 가지고 있다는 것을 말하진 않는다. 그럼에도 불구하고, 포터(2005a)의 초기 연구는 비장애아동들에 대한 연구를 학습에 어려움을 보이는 세 명의 학생에게 적용한 것이다. 그는 개별화된 학습 맥락에서 학생의 반응이 문헌에서 제시된 진전, 다시 말해 수 인식에서 수 단서를 사용하는 단순한 행동이나 문제해결 행동에 이르기까지의 진전을 보였다는 것을 발견하였다. 또한 중도장애학생 집단에서 보이는 전통적인 수학 과제에 대한 반응은 맥락과의 관련성과 흥미가 부족한 것에 기인하여 제한되고 있다고 하였다.

그의 연구에서 소개된 세 명의 중도장애 학생의 사례는 흥미롭긴 하지만, 이 연구는 7세에서 14세 사이의 중도장애학생 58명이 포함된 이전 연구와 비교되지 않았다(Porter, 2000에서 재인용). 이 연구는 학생들의 20%가 그 과제를 이해하고 오류를 감지할 수 있다는 것을 발견했다. 55%는 계산을 따랐지만 오류를 감지할 수 없었고, 25%는 계산도 못하고 오류도 감지하지 못했다. 즉, 표본의 80%가 단순 숫자를 효과적으로 셀 수 있을 만큼 충분한 수에 대해 습득하지 못하였는데, 이는 단순한 오류를 감지할 수 없다면 계산의 '기술'이 충분히 확립되지 않아 효과가 없었던 것으로 볼 수 있다.

흥미롭게도, 포터 자신은 '학생의 잠재적 능력을 심각하게 과소평가'하는 자신의 연구의 타당성에 의문을 제기한다. 그 이유는 연구 당시 중도장애학생을 가르치는 교사들이 학생의 수리력 획득에 대해 (일반 유치원 아동과 비교하여) 높게 평가하지 않았기 때문에, 결정적으로 아동의 실제 능력보다 약간 높은 수준의 계산 문제를 제공해 줌으로써 학습을 확장하지 못하였거나(Porter, 2000), 아니면 중도장애학생이 수리 능력을 습득하는 데 극심한 문제가 있었기 때문으로 볼 수 있다. 어떤 것이 더 타당한 것일까?

기수 원리에 대한 또 다른 연구는 다운증후군협회(Dawn's Syndrome Association)를 대표하여 나이와 동료들(Nye et al., 2001)에 의해 수행되었다. 이것은 겔만과 갈리스텔(1978)이 공식화한 숫자를 이해하는 과정을 따랐으며, 이전에 언급한 바와 같이 그들의 원칙 중 처음 세 가지는 다음과 같다.

- 일대일 원리: 수 세기를 할 각각의 항목에 단지 고유한 숫자 하나만 할당해야 한다. 하나는 항상 하나이고 둘은 항상 둘이다.
- 안정된 순서 원리: 수 세기를 할 때 쓰는 말은 수를 셀 때마다 동일한 순서로 생성되어야 한다. 4는 항상 3 다음에 와야 하고, 7은 항상 6 뒤에 온다.
- 기수 원리: 수 세기를 헤아린 후 맨 마지막에 말한 숫자가 그 헤아린 항목의 전체 수를 나타낸다. 이는 수 세기를 할 구분된 그룹에 대한 개념이 확립되어야 함을 의미한다.

나이와 동료들은 전형적인 발달을 보이는 영국 아동들이 만 4세 전후에 기수 원리를 보인다고 보고하였는데, 그들은 (비록 생활 연령은 그렇지 않지만) 다운증후군 아동들의 학업적인 발달이 전형적인 발달을 보이는 아동과 동일한 발달 순서를 보이는지 실험하였다.

이 연구는 모두 4세 미만의 발달 연령을 보이는(비록 생활 연령이 6세에서 7세 사이였음에도 불구하고) 23명의 다운증후군 아동을 대상으로 하였으며, 이는 모두 4세 미만의 전형적인 발달을 보이는 아동 20명과 매칭하였다. 그들은 다음과 같은 결과를 보여 주었다.

- 전형적인 발달 집단에서 일대일 원리와 안정된 순서 원리 모두 점수가 유의하게 높았다.
- 그러나 (두 개 또는 세 개) 개체 집합을 정확하게 제공하기 위한 실험에서 두 집단 간에는 (통계적으로) 유의한 차이가 없었다.

- 이 연구는 전형적인 발달을 보이는 아동 20명 중 7명이 기수 원리를 습득한 것으로 보고하였으며, 다운증후군 아동 16명 중 2명도 그러하였다. 아쉽게도 다운증후군 아동 중 7명은 이 실험에 협조하기를 거부하였고, 따라서 그 결과에서 제외되었다.
- 두 집단 모두 성인의 지지를 받아 추가적인 진전을 이루었다.

두 연구 모두에서 결론을 도출할 수 있을까? 아마도 그렇지 않을 것이다. 그러나 분명한 것은 만약 우리가 중도장애학생이 수를 익히기 위한 능력이나 다른 것에 대해 확고한 결론을 도출하고자 한다면, 이런 종류의 대집단 연구가 더 필요하다는 것이다.

(지금까지의) 최종 결론은 다음과 같이 브라이언 로빈스(Brian Robbins)가 언급한 것이다.

> 특별히 수학은 이전의 학습을 기반으로 하며, 지식과 기술의 특정 핵심 요소는 성공적인 새로운 학습을 위한 전제 조건이다. …… 어떠한 방식으로든지 적용할 만한 (수학적) 개념을 가지고 있지 않은 학생들을 만났을 때, 우리는 교사로서 학생이 이러한 필수 도구를 이해하고 적용할 수 있는 전략을 찾을 필요가 있다.
>
> 이것은 성취할 수 없는 목표를 향해 학생들을 밀어붙이고 보다 현실적이고 의미 있는 수학 교수법을 갈망하는 것이 비현실적이라는 것을 알고 있는 교사들을 위해 만들어진 긴장의 한 예이다.
>
> (Robbins, 1996, p. 30)

제12장

중도장애 및 최중도중복장애 학생을 위한 창의적인 예술 교육과정

과제

『곰 사냥을 떠나자(The Bear Hunt)』 이야기를 초등학생, 혹은 좀 더 모험적이길 원한다면 중 · 고등학생, 더 나아가 성인들을 위한 단막극 내용으로 사용하기 위한 각색을 해 볼 수 있다. 이 이야기를 중 · 고등학생과 성인 배우에 적합하게 만들 수 있는 방법은 무엇일까? 이 이야기를 가지고 다음의 것들을 확장시켜 볼 수 있을지 생각해 보자. 『곰 사냥을 떠나자』의 일부 언어는 11세 이상의 사람에게는 유치할 수 있다. 그렇다면 성인에게 맞는 단어로 바꿔 볼 수 있다.

이는 중도장애학생을 지도하는 것으로, 중도장애학생을 위해서는 반복학습이 핵심이기 때문에 적어도 한 학기 동안 매주 최소 한 시간 이상 지도할 계획을 세워야 한다. 이 장은 특정 드라마보다는 일반적이고 창의적인 예술에 관한 것이므로 이야기를 극적인 형태로 전달하는 데 도움이 될 춤, 음악과 같은 예술의 다른 요소들을 어떻게 가져올 수 있을지 생각해 보고자 한다. 이런 활동을 통해 여러분이 지도하는 학생들은 무엇을 얻게 될지 생각해 보라.

몇 가지 해답

『곰 사냥을 떠나자』는 좋은 스토리[1]의 10가지 구성 요소를 모두 가진 어린이를 위한 고전 이야기 중 하나이고, 드라마 형태로 수정하는 것이 매우 간단하기 때문에 이야기로 전달되어야만 하는 건 아니다(큰 책[2]의 그림과 단어를 따라간다는 의미에서). 학생들은 관객이 아닌 참가자(배우)가 되고 드라마는 단순히 이야기가 아닌 행하고 존재하는 것이 된다. '학생들이 배우고 있는 내용은 현실을 최대한 반영하는 관련 높은 맥락이나 적용 가능한 맥락에서 학습하는 것이 가장 효과적이다.'(Byers, 1994, p. 88) 바꾸어 말하면, 더 나은 방법으로 공동 목표를 가진 집단의 일원이 되고, 공동의 모험 정신을 가지고, 돌봄과 보호를 받으며, 두려움과 위험에서 안전하게 이동하고 보호받게 된다. 중도장애학생들에게 학습은 실제로 발생하는 상황에서 일어날 때 가장 효과적이다. 그러나 실제 곰에게 쫓기는 것은 너무 위험하므로 드라마는 현실을 최대한 가깝게 반영하는 맥락에 접근할 수 있게 해 준다.

어린 아동들의 경우 실제로 큰 물결 모양의 풀, 칙칙한 진흙, 깊고 어두운 숲 등을 통과할 수 있다. 교사가 천장에 매달린 나뭇가지와 종이로 꾸민 숲과, 불이 꺼진 감각통합실(sensory room)에 마련된 어둡고 축축한 동굴로 들어가 곰 분장을 한 학생과 만나 활동할 수 있다. 시골 인근에 사는 운 좋은 교사들은 어린 학생들을 숲으로 데려가 직접 수업하고("오, 나무 뒤에 뭐가 있지?"), 고학년인 학생들에게는 미술시간에 소품 만들기 활동을 하기보다는 등장인물들이 당면한 어려움에 대한 상상력, 즉 다른 마음 상태에 대한 사고를 확장해 나가도록 해 볼 수 있다.

드라마, 댄스, 음악 및 예술은 놀이와 게임보다 정교하게 확장된 영역이지만 각각을 구분하는 데 엄격한 잣대로 애써 분류할 필요는 없다. '소굴 속 농부(The farmer's in the Den)'와 같은 초보적 수준의 발달 게임의 상당수를 전체 드라마로 만들 수 있어서 학생들은 농부, 아내, 아이와 개가 되어 보는 경험을 할 수도 있다. 모든 이야

1) 제7장 참조('최중도중복장애학생을 위한 체육 교육과정')

2) 드라마의 경우 '독서'인 것처럼 큰 책의 그림과 단어를 따라서는 안 된다고 주장할 수도 있지만, 드라마가 무엇이고 앞으로 어떻게 될지에 대해 좀 더 열린 시각을 가질 필요가 있을 수 있다.

기는 동작이나 음악, 예술로 변환하거나 드라마의 일부분이 될 수 있다.

교사나 지원인력뿐 아니라 특히 학교장은 연령 적합성에 대한 개념을 들어, 나이가 많은 중 · 고등학생에게 유치한 것들을 멀리하게 하는 것이 필수적이라고 생각한다. 이는 아마도 많은 중도장애학생이 그들이 아는 것, 즉 유치한 노래와 유아용 TV 프로그램, 책과 같이 익숙한 음악이나 율동 등을 성인이 될 때까지 지속하기 때문이다. 그러나 학생들의 인지적 어려움으로 매우 어린 아이들과 동등한 방식으로 세상을 보는 관점에서 어린아이들의 관심을 끌도록 제작된 자료를 지속적으로 찾게 되는 것은 놀라운 일이 아니다.

분명히 우리는 학생의 경험을 더 새롭게 하고 성인의 경험으로 확장해 가야 하지만 학습자를 성인기로 밀어붙이려는 욕구로 인해 학습자를 소외시키지 않도록 매우 주의해야 한다. 예술에서 우리는 (『곰 사냥을 떠나자』와 같은) 유치해 보이는 이야기에서 성인 요소를 확장해 볼 수 있다. 미지의 것들에 대해 더 집중하게 하고(불길한 어조로 '어!, 오!'라고 하거나 '우리는 두렵지 않다.'와 같은 말들을 확연히 두려운 어조를 말하는 것), 숲, 특히 동굴에 들어가는 것과 같은 긴장감을 키우고, 학생들은 천장에 거미줄이 매달려 있고 주변에 '슬라임' 같이 차갑고 이상한 물건을 전략적으로 둔, 그 안에 무엇이 있는지 볼 수 없는 어두운 방에 들어간다. 우리는 곰을 늑대인간이나 좀비로 변형시킬 수 있고 '몸, 썩은 시체 덩어리. 우리는 넘어가지 못하고 그것들 아래로 갈 수 없다. 우리는 그들을 통과해야 한다!'와 같은 힘든 도전도 할 수 있다. 실제로 썩어 가는 몸통 더미 전체를 처리하거나 고학년 학생들에게 '괴물'이 무엇인지, 위험이 무엇인지 결정하게 하여 상상의 과정과 다른 마음의 상태에 집중할 수 있게 한다.

마찬가지로 〈한여름 밤의 꿈(A Midsummer Night's Dream)〉이나 〈템페스트(The Tempest)〉와 같은 성인의 예술 경험이 어린 학습자들에게 소개되지 않을 이유는 없다. 성인의 주제로 인식된 것과 유치한 주제로 인식된 것은 상호 배타적이지 않으며 우리는 마법이 모든 삶에서 작용하고 있고 마법이 일어나기를 바라는 욕망이 있다는 것을 고려해야 한다. 성인이 된다는 것은 할리우드가 오랫동안 이해하고 있는 사실과 같이 마법을 잃는 것이 아니다.

또 다른 주의사항은 수행이 학습자에게 자신감과 자부심을 심어 줄 때 특히 효과적인 방법이지만, 과정보다는 결과에 초점을 둔다면 학습자는 단지 그것에 부과된 당신의 아이디어만 얻게 된다는 것이다. 이는 당신(교사)이 훌륭한 감독, 안무가, 그래픽 디자이너나 음악 편곡가(또는 훌륭한 교사!)가 되라는 것이 아니라 연기자, 무용수, 예술가, 음악가로서 그들(학습자)이 자신의 하는 일에 대해 생각하고 자신의 학습을 조절하는 과정에 대한 것이어야 한다. 무엇보다 당신이 즐겁도록 하라. 예술은 아마도 다른 어떤 학습 영역보다 더 많은 재미를 가질 수 있는 엄청난 기회를 제공하며 즐겁게 학습을 진행할 수 있다. 당신이 지난주보다 학습을 조금 더 확장시킬 수 있다면 즐거움의 바로 그 과정이 기억 속에 오래 머물러 학습을 촉진하게 된다.

중도장애 및 최중도중복장애 학생에게 예술교육 증가의 중요성

차힐(Cahill, 1992)은 예술이 옳고 그름이 없는 상황에서 글을 쓰지 않고도 문학에서 성취할 수 있도록 아동의 자신감을 키우는 훌륭한 수단이라고 말했다. 피터(Peter, 1998a)는 예술의 본질을 다음과 같이 주장했다.

> 예술은 본질적으로 의미를 만들고 공유하는 것과 관련이 있으며 개인적인 성장을 촉진한다. 틀림없이 그들은 이미지로 표출하고자 하는 내적인 욕구에 형식과 표현을 부여하며, 아마도 우리는 개인적 타당성을 발견하기 위한 방법으로 우리의 경험을 상징화하거나 요약하는 형식을 찾고 의사소통하고자 하는 내적 요구를 가지고 있다. 학교에서 우리는 충분한 능력을 가진 아동이 자신감과 적절한 기술을 개발해 낼 수 있게 보장해 줌으로써 그들이 성취할 수 있게 할 필요가 있다.
>
> (p. 171)

비슷한 맥락에서 "동기를 부여하고 자존감을 높이고 상상력과 호기심을 자극하고 아이들이 일반적으로 조사하도록 장려하는 능력은 중도장애학생을 위한 학습경험의 주된 성과이다." (Carpenter & Hills, 2002, p. 22)

피터(1998b)는 예술이 ① 사고의 유창성, ② 사고의 유연성, ③ 사고의 독창성, ④ 사고의 정교함을 촉진할 수 있다고 제안하였다. 그녀가 본질적으로 예술이 학생들에게 동기를 부여하는 경향이 있다고 주장하는 이유는 '학생들이 학습 과정에서 통제와 책임을 지게 하는 강력한 개념'이 있기 때문일 것이라고 하였다.

셰익스피어 스쿨(Shakespeare School) 축제의 공연으로 얻은 자존감의 이점에 대해 영국 칼라일에 있는 제임스 레니 스쿨(James Rennie School)의 앤드류 카우리즈(Andrew Cowries)는 '연쇄 효과(knock-on effect)'가 중요하다고 서술하였다. 국가적인 행사에서처럼 모르는 청중 앞에서 공연하는 것은 학생들에게 굉장한 자부심과 동기를 부여한다(Lancaster, 2006에서 재인용). 그리고 다시 멜라니 피터(Melanie Peter)는 다음과 같이 서술하였다.

> 잠재적으로 예술은 모든 학생에게 자신의 지식, 기술과 이해를 통합할 수 있는 기회를 제공한다. 아동은 자신이 경험한 것을 그리거나 색칠할 것이지만, 또한 자신이 그린 것을 경험하게 될 것이고, 다양한 반응을 불러일으키고 관계를 맺어 나갈 것이다. 예술은 동기부여되고 의미 있고, 활력 넘치는 맥락 속에서 입체적인 방식으로 작업할 수 있는 가능성을 제공한다. 이는 모든 아동이 배우는 자연스러운 방식인 고유의 장난기를 활용해 볼 수 있다.
>
> (Peter, 1998a, p. 171)

발쇼(Balshaw, 2004)는 오랜 기간 동안 다양한 분야의 (전문) 예술가와 '창의적인 파트너십'을 맺을 때 발생하는 놀라운 효과에 대해 설명했다. 영국 버밍엄에 있는 3~19세 중도장애 및 최중도중복장애 특수학교인 메이필드 스쿨(Mayfield School)에서 그녀는 다음과 같이 기록했다.

- 창의성과 예술은 어린 장애학생들에게 다양한 방식의 학습을 가능하게 한다.
- 창의적인 실무자들과 협력하여 작업하는 것은 학교의 많은 학습 경험과 다르게 평등한 경쟁에서 시작할 수 있다. 창의적인 탐구는 장애가 아닌 능력에서 시작되며 그들이 어디에서 시작하든 학생들이 만든 아이디어를 가지고 작업을 한다.
- 교직원은 예술가들과의 협력을 통한 기회, 특히 이것이 새로운 기술 분야로 이끄는 경우 이를 통해 높은 수준의 만족도를 얻고 높은 수준의 전문성을 개발하게 된다.
- 학교 그룹 간, 학교 간 학습 네트워크 개발과 창의적인 개인 및 조직은 지원, 비판적 논의 및 확산 측면에서 다양한 이점을 제공한다.

- 학습의 내용과 형식을 형성하는 데 어린 학생을 참여시키는 프로젝트는 학습 경험과 결과를 향상시키는 데 매우 효과적이다. 우리는 학생들의 향상된 집중력과 동기, 상상력, 성취도에 대한 반복된 교직원의 관찰 결과를 보아 왔다. 특히 특수교육요구(SEN)를 가진 학생들이 그러하다.
- 대안적인 교육적 실행 모드에 대한 '허가' 및 위험 감수를 위한 포럼을 제공하는 것은 창의적 파트너십의 가장 중요한 측면의 하나로 지속적으로 언급된다.

(Balshaw, 2004, p. 73)

실질적인 도전: 최중도중복장애학생을 위한 예술 교수

이 장에 있는 대부분의 요소는 중도장애학생 교육과 직접 관련이 있으나 창의적 교육과정은 최중도중복장애학생에게도 똑같이 필요하며 그들이 직접 참여할 것을 강력하게 권한다. 그러나 최중도중복장애학생이 같은 방식으로 도움을 받을 수 있을지를 평가하는 것은 쉽지 않은데, 이는 단순히 중도장애학생의 인지기능 수준으로 중도장애학생들에게 목표를 정하는 경우, 많은 학습 요소를 배제하게 하기 때문이다. 그러나 예술은 과정을 기반으로 하며 최중도중복장애학생들의 작고 미묘한 변화를 주의 깊게 관찰하면서 시간이 지남에 따라 학습이 진행되고 있음을 보여 준다. 적어도 예술은 삶의 질을 향상시키는 논의를 다루고 통합 수업에서 공동 협력할 실질적인 기회를 제공한다(Lyons & Cassebohm, 2010).

실질적인 도전: 중도장애학생을 위한 예술 교수

Part 1–학습에 대한 생각

창의적 예술은 과정 기반의 학습을 가장 잘 보여 주고 있는데, 미리 정의된 SMART 개별 목표가 최중도중복장애학생들의 창의성을 향상시킬 수 있는 최선의 방법은 아닐 수도 있지만, 학습을 위한 확고한 기반 구축을 위한 첫 번째 사례의 구

조로서는 가장 좋을 수 있다.

예술교육은 쉽지 않고 모든 사람에게 주어진 기술이 아닐 수도 있다. 전문가가 예술을 가장 잘 가르친다는 실제 사례가 있고, 최중도중복장애학생과 중도장애학생를 가르치는 데 필요한 전공 지식 외에 다른 전문 지식이 필요한 유일한 영역일 수 있다. 예를 들어, 음악 교육을 하기 위해 뮤지션이 된다는 것은 터무니없다. 이는 전체 과목을 가치 없는 것으로 격하시키기 때문이다. 누군가는 벽을 세우기 위해 벽돌공이 아니어도 된다거나 가르치기 위해 교사가 아니어도 된다고 말할 수 있다. 물론 여기에는 사실인 부분이 있다. 가르치는 사람은 음악, 예술, 드라마나 댄스(혹은 벽을 짓는 것)의 이론적 배경에 대한 충분한 지식을 가지고 있어야 한다. 최소한 학교에서 학생을 지도하는 교사는 열정적이고 숙련되며 지식이 풍부한 아마추어에게만 일을 주는 것을 고려할 것이고, 학교가 과학, 지리, 화학과 같은 교육과정 책임 직책을 임의로 나누는 방식으로 지정하여 게시하지 않는다.

자원봉사자(교사든 지원인력이든)를 희망하는 사람들은 예술—음악, 예술, 드라마, 댄스—중 한 가지와 작업할 때 가장 편안함을 느낀다. 수업의 일과, 순서, 구조 및 확실성을 설정하는 것에서 시작하여 당신 자신과 수업의 안전지대를 찾을 수 있다. 노래/연주, 그림 그리기/콜라주/모델링, 연기 또는 춤을 추며 일 년을 보낼 수 있다. 2~3개 단기간의 소규모 활동으로 시작하고 모두가 성취를 기념할 수 있는 행사로 마무리한다. 일부 학생에게는 세션에 머무르거나 x분 동안 그곳에 함께 있는 것을 의미할 수 있다. 1년 동안 혹은 그들이 안전지대에 있다고 느끼고 확장할 준비가 될 때까지 집중하고 활동에 머무를 수 있는 능력을 키우도록 해야 한다. 필요한 만큼 오래 머물지만 너무 오래 머물지는 않도록 한다. 피터(1998a)는 창의력으로 구조를 단련할 수 있는 곳을 목표로 해야 할 필요성과 학생들을 예술 학습과 함께 삼자 관계로 안내하는 교사의 요구에 대해 고찰했다. 즉, 다음과 같은 활동을 통해 학생들의 지식, 이해, 기술을 촉진시킨다.

- 예술을 만드는 것: 그들의 기술을 개발
- 예술을 표현하는 것: 예술작품 실현, 춤 안무, 음악작품 작곡, 연극 스크립트
- 자신과 다른 사람의 작품을 차별화시키고 건설적으로 평가

교육과정 관점에서 예술의 가장 큰 장점 중 하나는 협력 교수와 협력 학습의 훌륭한 기회를 제공해 준다는 것이다. 예술, 드라마, 댄스와 음악의 전문가인 교사와 지원인력은 함께 일하고 서로에게서 배울 수 있다. 수업 지원인력은 종종 수업을 돌아다니며 다양한 교수법을 경험하는 반면, 교사는 교실에서 너무 자주 고립되어 서로에게서 배울 기회를 극대화하지 못한다. 그러한 접근은 저경력 교사들이 자신의 교수력을 확장해 나가고 고경력 교사들이 새로운 아이디어에 자신의 마음을 열도록 고무한다. 이는 모두에게 '자신의 경험 밖'에 대해 생각하게 한다. 학생들에게도 더 큰 그룹의 또래 상호작용에 참여할 기회와 배타적 소그룹 학습 시나리오와 인식된 한계에 대해 도전하는 과정에의 참여를 확장할 수 있는 기회가 있다. 저자는 중도장애학생이나 최중도중복장애학생 40명을 그룹 지도한 경험이 있다. 이러한 학생 수는 교수와 학습 기회를 극대화하기에 너무 많은 학생이었기에 한 그룹을 20명씩 나누어 작은 그룹으로 나누어 시간을 활용하는 방법이 확실히 실용적이라고 제안하고 있다. 피터(1998a)는 또한 다음과 같이 제안하였다.

> 교사가 옆으로 한 발짝 더 나아가 학생들과 열정적인 공동 학습자와 창의적인 벤처의 협력자로 자신을 나타내야 한다. 아동들의 진정한 자존감은 자신의 역량에 대한 인식과 진정한 선택과 의사결정, 그리고 변화를 통해 성장하게 된다.
>
> (p. 170)

개인적인 예술의 핵심 요소는 다음과 같다.

- 예술에 대한 것: 패턴과 촉감; 색, 선과 톤; 형상, 형태와 공간
- 음악에 대한 것: 음색, 질감, 지속시간(파동과 리듬), 역동성, 템포, 음 높이와 구조
- 댄스에 대한 것: 신체, 활동, 공간, 역동성, 관계
- 드라마에 대한 것: 초점, 긴장, 공간, 분위기, 대비, 상징, 역할

이러한 요소는 비장애학생보다 장애학생에게 매우 다른 의미를 갖는다는 점에 유의해야 한다. 이것은 비장애학생에게 중요하지 않다는 것이 아니라 단지 중도장애학생들이 다르게 배우기 때문에 우리가 그들을 다르게 가르쳐야 할 필요가 있음

을 의미한다. 특히 비전문 예술, 음악, 댄스 및 드라마 교사(특수학교에서 흔한 경우)들은 초기 교육과정 모델을 따라야 한다고 가정하는 경향이 있을 수 있다. 따라서 예술은 색상의 차이를 알려 주고 색상이 어떻게 혼합되는지를 살피고, 종이에 그림을 그리며 표현하는 것이 된다. 드라마는 무대 위에서 액션에 따라 적절하게 행동하고, 스크립트 동작에 따라 몇 가지 스크립트 대사를 말하는 것이 된다. 이 기본 기술 접근 방식은 일부를 위한 바람직한 초기 목표일 수 있으나 창의성 교수에는 적합하지 않다. 편안한 구역 내에서 작업할 때 예술, 음악, 드라마 및 댄스는 개인이 성취 이전에 습득이 필요한 일련의 기술을 지도하는 것으로 간주될 수 있다. 그러나 진정한 창의력을 발휘하기 위해 액션과 예술, 드라마, 댄스나 음악을 가능한 많은 수준에서 학습자가 조절(창조)해야 하며, 이것이 모든 창의적인 예술교육의 목표가 되어야 한다.

Part 2–아이디어

드라마

키이스 박, 니콜라 그로브, 멜라니 피터와 바이브 힌치클리페(Keith Park, Nicola Grove, Melanie Peter & Viv Hinchcliffe)는 드라마를 광범위하게 출판했으며 그들 작품의 일부 또는 전부가 관련되어 있을 것이다. 독자들은 문해력과 의사소통, 드라마 사이의 미세한 경계(혹은 아마 전혀 경계가 없을 수도 있다)가 있기 때문에 '의사소통'과 '문해력'에 관한 제5장과 제9장을 상호 참조해야 한다. 언급된 모든 작가는 미리 잘 짜여지고 매우 구조화되고 교사 주도의 '크리스마스 쇼'와 같은 종류의 제작을 넘어 학생들을 확장시킬 수 있도록 저술에서 실제적인 아이디어를 제공하고 있다. 키이스 박은 특히 따라 하기 쉬운 자료(대부분 여기에서 참조된)를 제작하고 전화 응답 방식을 통한 작업으로 열정적인 아마추어인 즉석 드라마 교사들을 배출할 수 있다. 그런 다음 학습자가 드라마에서 자연스럽게 발생하는 문제를 생각하고 해결하도록 진전하기를 원할 것이다. 박(2002)은 드라마의 많은 목표를 다음과 같이 제시했다.

- 참여가 어려운 사람들을 위해 전화하도록 하거나 통화 시작 스위치를 누르도록 인도하는 시작

- 관련된 광경과 소리에 대한 인식
- 예를 들어, 드라마의 인상적인 대사/기억에 남는 대사(hook)에 대한 예상
- 차례 주고받기, 특히 전화 걸고 반응하는 것에서
- 이름 게임에서 자신의 차례가 되었을 때, 예를 들어 '이게 나야'를 나타내는 행동으로 자기과시
- 소품으로 사용되는 사물에 대한 공동 관심 행동 보여 주기
- 사물을 주고 다시 공유하는 행동
- 물리적인 근접성 추구
- 주의 공유의 수단으로 사물과 다른 사람을 번갈아 보기
- 두 명 이상이 의도적으로 같은 것을 보거나 동시에 한 곳을 보는 공동 관심
- 사물(혹은 사람)을 가리키고 다른 사람에게 '저것 봐요.'라고 알리는 명시적인 지시

셰랫과 피터(Sherrat & Peter, 2002)는 비장애아동이 경험하는 놀이 기반 학습 과정 '놀이-극 중재(Play-Drama Intervention: PDI)'를 통해 놀이를 할 때 하는 관습적인 행동들을 연극 안에 확고하게 자리잡게 하고자 했다. 그러나 최중도중복장애학생들은 '사회적으로 도전'을 받기 때문에 놀이에 참여하는 것도 어려울 수 있다. 상상력에 대한 작업, 신념과 이야기에 대한 탐구, 의사소통, 사회적 상호작용 및 창의적이고 유연하게 사고하는 역량의 3가지 요소를 향상시킬 수 있는 기회가 된다. "아동이 놀이에 참여하는 능력과 그에 따른 사회적 능력에 도전을 받고 있다는 것은 지금보다 더 많은 역량이 필요한 것이라고 가정할 수 있다."(Peter, 2002, p. 6)

피터(2003)는 비장애아동이 사회적인 역량을 발휘하는 경로가 자발적으로 참여하는 가장놀이에 참여함으로써 이루어진다고 가정하고, 이와 같은 드라마적 맥락에서 학생이 활동할 수 있도록 하였다.

> 모든 드라마의 핵심은…… 역할 수행 과정을 통한 자신이 타인에 대해 상상할 기회, 자신을 다른 사람으로 상상할 기회, 타인에게서 자신을 발견하거나 발견하려고 시도할 기회, 자신 안에 있는 타인에 대해 인지할 수 있는 기회를 제공하는 것이다.
>
> (Neelands, 2002, p. 7)

물론 드라마에는 "인류 역사의 대부분 동안 소설과 시라는 '문학'은 쓰고 듣지도 않고, 읽지도 않은 채 내레이션해 왔다."는 데 바탕을 두고 있는 스토리텔링(내러티브)과 시가 포함된다. 시는 중·고등학생의 연령에 적합한 관점을 제공한다(Park, 1999b). 독자들은 니콜라 그로브(Nicola Grove)의 작품 속에서 생각을 자극할 만큼 광범위한 이야기와 학습에서의 어려움을 찾아보는 것이 좋다(Grove, 2005, 2010, 2012). 드라마 게임의 중요성 또한 과소평가되어서는 안 되는데, 이는 주저하는 방문객이 드라마 속으로 들어가는 훌륭한 통로를 제공하기 때문이다.

니콜라 그로브와 키이스 박의 여러 작품, 예를 들어 『Odyssey Now』(Grove & Park, 1996), 『Macbeth in Mind』(Grove & Park, 2001) 및 『Dickens for All』(Park, 1998c)이 형태의 고전들이다. 팍의 작품은 모두 접근 가능하고 매우 실용적이다(Park, 1998a, 1998b, 1998c, 1999a, 1999b, 2002, 2003, 2004, 2006, 2009a, 2009b, 2010, 2011). 키이츠(Keith)의 전학생(ex-student)인 필처(P. J. Pilcher)가 맨틀을 맡았으며 무대에서 멋진 '발신자'(그리고 ad-libber) 역할을 하는 것 외에도 몇 가지 훌륭한 대본을 제작했다(Pilcher, 2009, 2012). 『Odyssey Now』는 창의적인 예술 과정의 발판으로, 전체론적 환경에서 창의적인 작업에 익숙하지 않은 교사와 지원인력은 이것을 일종의 입문자를 위한 작품집으로 사용하는 것이 좋다. 반 학기당 한 장면을 위한 충분한 장면들이 있고(원하는 경우 1년 동안의 작업을 나타냄) 독립적이고 다양한 아이디어와 옵션을 제공하며 8세 이상의 모든 학생에게 훌륭한 방식이다. 또한 쉽게 여섯 번째 형식의 프로젝트로 받아들여질 수 있고 원한다면 수행할 수 있으며(그로브와 박의 목표는 아니지만) 최중도중복장애학생의 통합을 위한 포괄적인 작업을 제공하는 훌륭한 수단이 된다.

드라마의 핵심 요소가 집중, 긴장, 공간, 분위기, 대비, 상징과 역할이라면 이러한 요소는 중도장애를 가진 사람들에게 어떠한 의미를 가질 수 있는가?

집중력(focus) 집중하는 능력의 본질은 동기를 요구한다. 즉, 아이들은 처음에는 사람의 얼굴, 빛나는 모빌이나 젖꼭지와 같은 그들이 집중하고 있는 것에 동기를 부여함으로써 집중하는 법을 배운다. 본질적으로 동기를 부여하는 드라마의 능력은 집중을 연습하고 학생들이 더 긴 시간 동안 더 광범위한 활동에 집중할 수 있는 능력을 확장할 수 있는 이상적인 수단을 제공한다.

긴장감(tension) 모든 드라마는 그 중심에 긴장감을 가지고 있다. 즉, 극적인 요소는 모순에서 파생되어 기대를 혼란스럽게 하고 감성적인 콘텐츠를 만들어 낸다. 이러한 긴장은 우리가 알고 있는 것과 편안한 것에서 벗어나 있게 하고 생각할 것을 요구하기 때문에 의문스럽다.

공간(space) 드라마는 정적인 예술이 아니라 무대를 가로질러 끊임없이 움직이고 재구성된다. 무대 안의 공간, 배우 주변 공간은 형태와 공간에서 실용적인 수학적 차원의 요소를 취하고 있다.

분위기(mood) 드라마는 게으름, 질투, 분노와 불안을 가진 사람의 특성을 맡는 역할극 과정에서 그러한 단어를 추상이 아닌 현실로 가져가기 때문에 감성 지능을 가르치고 배우기 위한 핵심 수단이다. 장애학생이 같은 연령대의 비장애학생들과 같은 방식으로 '정신 상태'와 같은 단어를 자동으로 이해하는 것을 기대할 수는 없는데, 이는 단어의 기본 의미 중 많은 부분이 놀이를 통해 '가르침을 받았고' '배웠기' 때문이다. 그리고 물론 지적장애학생은 같은 방식으로 협동 놀이를 배우지 못했을 것이며 실제로 많은 학생이 협력적으로 놀이하는 것을 전혀 배우지 못했을 것이다. 힌치클리프(1996b, 1999)는 중도장애 중·고등학생을 위해 연극, 드라마, 동화, 심지어 TV 연속극의 스토리라인을 이용하여 학생들에게 사람들의 내부 상태(욕망, 신념, 감정 및 의도)에 주의를 끌 수 있는 상호작용적이고 참여적인 매체를 제공한다. 드라마와 연극에서 흔히 볼 수 있는 기술(예: '분할 브리핑' 및 '디브리핑')을 사용하여 힌치클리프는 이야기 주인공의 추론된 마음 상태에 대한 아동의 이해를 탐구하고, 이것이 아이들이 자신과 다른 사람의 심리 상태와 감정에 대해 배울 수 있는 풍부한 매체라는 것을 발견했다. 저자는 이 분야가 사회적 이해에 중요하다고 말한다.

대비(contrast) 대비는 중도장애가 있는 사람들에게 필요한 핵심 영역인데, 교사들이 주로 반복하고 일관성을 확립하기 위한 방식으로 가르치기 때문에 중도장애 학생들에게 대비와 관련된 요소에 관한 학습이 부족하고, 이에 대한 것이 필요하다. 드라마는 안전과 두려움(『곰 사냥을 떠나자』), 사랑과 질투(『오델로』), 탐욕과 이타주의(『크리스마스 캐롤』)의 대조되는 본성을 탐구하게 한다. 중도장애학생들을 위한 대조

되는 단어가 실제로 의미하는 바에 대한 이해를 탐구하는 것만으로도 1년 동안의 드라마에 대해 완벽하게 수용 가능하고 장기적이면서 중요한 목표를 형성할 수 있다.

상징(symbol) 비고츠키(Vygotsky, 1978)는 연극이 상징적 사고의 중심이며 이해를 내재화하는 방식이라고 말하였다. 우리는 연극을 통해 장애학생들을 가르치는 매체로 드라마가 어떻게 사용될 수 있는지 이야기할 수 있다. 아동들은 나이가 들면서 장난감 같은 상징에 의존한다. 그들은 이러한 축을 상상력과 추상적인 개념으로 내면화하면서 세상을 이해하게 된다. '아동의 놀이는 행동하는 상상력이다.'라는 옛 격언은 뒤집힐 수 있다. 우리는 청소년과 학령기 아동 상상력은 행동 없이 노는 것이라고 말할 수 있다(Vygotsky, 1978).

- 특정 극적인 요소를 '나에게 의미하는 바'와 연관시켜 상징적 이해를 탐구할 수 있다.
- 누가 나를 사랑하는가? 누가 나를 위협하는가? 누가 나를 믿는가? 내가 믿는 사람은 누구인가? 무엇이 나를 화나게 하는가? 누가 나를 화나게 만드는가?
- '나에게 의미하는 바'를 질문하면서 상징적 이해를 발달시킬 수 있다.

역할(role) 역할은 감정 상태와 정신 상태 단어에 대한 구체적인 이해를 가르칠 수 있는 이상적인 기회이다. 학습장애가 있는 성인과 아동, 청소년이 접근할 수 있도록 단어, 구, 개념을 만드는 것이 핵심이다. 이는 'The Farmer's in the Den'의 가족 역할에 대한 단순한 이해부터 『햄릿(Hamlet)』에서 묻는 훨씬 더 복잡한 범위에 이르기까지 다양하다. 마음 이론과 정서지능 이론을 실제 지도 가능하게 하는, 타인이 세상을 바라보는 방식과 다양한 역할을 수행할 수 있는 무수한 기회가 있다.

일반적인 드라마와 예술에 대한 추가 자료는 이퀄스(Equals)가 출판한 『예술/창의성 이해』를 참고해 볼 수 있다. 이는 다음을 목표로 한다.

- 학급 교사와 학교 교육과정 관리자에게 창의적 예술에 대한 지침 제공
- 웹사이트 및 현장 전문가를 통해 모범 사례 학교와 함께 '학습 공동체' 만들기
- 미래 최상의 실제 워크숍을 위한 기본 다지기

관련 정보는 이퀄스 웹사이트(www.equals.co.uk)에서 얻을 수 있다.

댄스

체육 교육과정 영역에 댄스가 개설되는 이유는 신체 운동에서 움직임을 지시하는 마음의 특성과 관련이 있다. 이것은 의심의 여지 없이 유용하다.

> 개방적 창의적 움직임은 또 다른 차원에 기여할 수 있다. 그것은 신체적 활동 그 이상의 것을 의미한다. 그것은 사람의 지적 · 정서적 · 직관적 측면의 통합을 포함한다. 즉, 마음의 활동을 자극하는 움직임, 이것은 그 자체로 교육과정의 중심으로서 동작과 댄스 교육에 대한 정당성을 제공해야 한다.
>
> (Peter, 1997, p. 5)

기술적으로 댄스의 기본 요소는 다음에 중점을 두고 있다.

- 신체: 몸의 어느 부분이 움직이고 있는지, 강조되는 것, 몸이 어떤 모양을 하는지, 어떤 대칭 혹은 비대칭으로?
- 동작: 무엇이 움직이고 어떤 동작이 수행되고 있는가?
- 공간: 가고 있는 곳, 동작의 크기, 동작이 개인적인가 혹은 일반적인가, 어떤 경로를 따르는가?
- 역동성: 어떻게 움직이는가? 동작의 질은 어떠한가? 움직임에 소요되는 시간은? 공간의 흐름은 무엇인가? 동작의 긴장감은 어떻게 반영되는가?
- 관계: 댄서는 누구와 함께 움직이고 있는가? 다른 사람, 사물, 공간 자체와 동반된 것의 관계는 무엇인가?

따라서 댄스는 관계적 접촉의 전체 문제를 탐구하기 위한 좋은 기회를 제공하는데, 이는 종종 중등교육(Post-11)을 방해하기도 한다. 이는 비장애아동이 경험하는 초기 신체적 움직임(예를 들어, 거칠게 행동하거나 추락하는)이 발달하지 않았을 수도 있기 때문에 중도장애 및 최중도중복장애학생에게 특히 적절하다. 셔본(Sherborne) 이후 댄스, 교육, 특수교육에 대한 많은 작품이 없는 상황에서 쓰여진 작품은 중요

한 의미를 띠고 있으며 멜라니 피터(Melanie Peter)의 『Making Dance Special』은 확실히 이 범주에 속한다. 그는 학생들과 함께 작업하는 성인과 학생들이 신뢰할 수 있는 보호자의 역할을 해 줄 것을 권고하였다.

> 보호자가 제공하는 접촉의 질은 중요하다. 촉각을 통해 많은 부분이 전달된다. 이는 어느 정도의 사회적 성숙과 책임감을 필요로 한다. 그러나 운동 경험 자체를 통해 개발될 수도 있다. 즉, '그 일을 하는 동안 운동하는 방법을 배우는 것'이다.
>
> (Peter, 1997, p. 29)

댄스는 그것을 하면서 그것을 하는 법을 배우는 또 다른 과정 기반의 교수 · 학습 기회이다. 학습의 어려움이 있는 사람들에게 묶음 기술을 지도하는 것은 주요 목표가 아닌 부산물로 간주되어야 한다. 헨과 월터(Hen & Walter, 2012)는 "개인적인 반응에 개방적이고 비판적이지 않으며 성취와 성공의 개념에 확고히 뿌리내린 환경"에서 동작 경험이 제시되어야 한다고 주장한다(p. 11). 이는 학생들을 더 나은 댄서로 만들기 위한 것이어서는 안 되고, 드라마, 예술, 음악 그 이상의 무언가가 반드시 이 학생들을 더 나은 배우, 예술가 또는 음악가로 만드는 것이다. 댄스는 학생이 더 잘 움직이거나 더 잘 협응하거나 더 잘 조정되고, 더 잘 어울리며 더 유연하고 더 잘 맞도록 만드는 것이 아니어야 하지만, 이렇게 될 가능성이 높고 아마 피할 수 없을 것이다. 그것들은 실제로 부산물로 간주되어야 한다. 댄스는 다른 창작 예술과 마찬가지로 개인의 중심에 도달하고 개인에 대한 자신감의 중심 주제를 발전시킬 수 있는 진정한 기회이며, 동시에 중요한 것은 학생이 성공할 수 있다는 것을 지지하는 자신감을 얻을 수 있는 기회이다.

중도장애 아동, 청소년 및 성인과 춤을 추고 움직인다는 것은 라벤(Laban, 1948)의 아이디어를 택한 베로니카 셔본(Veronica Sherborne, 1990)의 선구적인 작품에서 강력하게 주장되는 것이며, 셔본 발달적 움직임(The Sherborne Developmental Movement: SDM) 프로그램은 여전히 철학으로서 활발하게 교수되고 있다. 이 교육과정에 관심이 있는 분들은 www.sherbornemovementuk.org를 방문하기 바란다. 그러나 우리는 종종 교사와 교육 지도자들을 혼동시킬 수 있는 치료법, 심리치료법, 그리고 심리 역학과 같은 용어를 사용하는 것에 대한 중도장애학생의 장점(Hill,

2006; Filer, 2006; Hen & Walter, 2012)을 논의하는 연구자들 사이에 강한 성향이 있기 때문에 사용된 언어를 다루는 데 시간을 보내야 한다. 이것이 교육인가 아니면 치료인가에 대한 고민이 필요하다. 그리고 한쪽이 다른 쪽을 상쇄시키는가 혹은 서로 호환 가능한가도 살펴야 한다.

교육계에는 종종 치료에 대한 근본적인 의심이 있으며, 일부 교육자와 학자들은 교육과정 어딘가에 나타나는 이 개념을 격렬히 반대하고 있다.[3] 그러나 그러한 견해는 거의 전적으로 학문적 교육과정과 관련된 경향이 있으며 대부분의 서구 사회에 지속적으로 유해하고 무수한 사회 문제에 대해 더 쉽고 비용이 덜 드는 해결책인 정서지능과 같은 개념을 촉진하려는 정부와 지방 교육 당국의 성향에 기반을 두고 있다(Ecclestone & Hayes, 2009). 그들은 실패한 사회 정책을 지지하는 것은 교육의 일이 아니라고 주장한다.

그러나 중도장애 및 최중도중복장애 학생들의 교육 내에서 치료의 효과에 대해 더 개방적인 견해가 있을 수 있고, 의심할 여지 없이 초기에는 말과 언어치료, 작업치료와 물리치료 같은 세 가지 치료법과 매우 긴밀하고 긴 역사적 연관성을 가진 것에서 비롯되었다. 실제로 댄스와 동작 치료, 예술치료, 음악치료와 같은 정신역동적 치료들이 교사들을 단지 사실 전달자와 기술 지도자로 보면서 교육을 더 의심스럽게 보고 있다고 말하는 것은 사실일 것이다. 우리는 이미 의료적 치료와 교육 사이의 장벽을 제거하기 위한 사례를 만들었으며 우리는 이 장이 중도장애 및 최중도중복장애 학생에 대해 순전히 교훈적인 접근 방식을 거부하는 것과 동등하게 강력한 주장을 한다고 확실히 말할 것이다.

베로니카 셔본 자신은 움직임 어휘와 사회적 발달 측면에서 중도장애학생 프로그램에 참여하는 사람들에게 큰 도움이 되었다고 주장했다. 자신감과 자존감, 자아상 및 자아인식은 핵심 개념을 구성하며, 움직임을 통한 관계 형성, 신체 숙달과 같은 중요성들을 얻게 된다(Sherborne, 1990). 자아에 대한 인식은 우리가 평소 보고 생각하는 방식보다는 '신체적 접촉을 통해 듣고' '내적 신체 감각의 느낌'에 의해 신체적으로 집중할 수 있도록 도와주는 움직임 경험을 통해 얻어진다. 이것은 자아비

3) 엑셀스톤과 헤브즈(Ecclestone & Hayes, 2009)의 책『치료교육의 위험한 부상(The Dangerous Rise of Therapeutic Education)』이 모든 것을 말해 주고 있다.

판을 줄이도록 도와주고 학습에 어려움을 겪는 사람들에게 신체적 · 정서적 차원에서 자존감과 자신감이 성장할 수 있게 해 준다. 다음 단계는 긍정적 관계 구축과 신뢰를 더욱 발전시키는 방법으로 다른 사람들과 움직이고 상호작용하는 법을 배움으로써 다른 사람들에 대한 인식을 발전시키는 것이라고 그녀는 주장한다. 이러한 움직임 경험은 공유된 움직임 활동을 통해 그 사람의 독특한 창조성을 탐구하도록 장려하는 동시에 적절한 지원을 받을 수 있게 하며, 프로그램에 직접적 실천 전략을 효과적으로 구성하는 다양한 기본적인 움직임이 포함되어야 한다.

그러나 중요한 것은 '가르치기'보다 '함께 하기'이다. 특히 창조적 예술 내에서 중도장애학생들을 가르치는 것은 교사가 학생에게 바르게 움직이도록 교정시키는 교수적 절차가 되기 십상이다. 교사는 안무가로서 전형적 발달에 대한 아이디어를 따르고, 학습자에게 동작을 시연하며, 학습자는 할 수 있는 한 최선을 다해 모방한다. 이러한 동작(흔히 기억하기 쉽게 짧은 동작으로 가르침)은 반복 연습된 다음, 연결시켜 공연 댄스로 만들어진다. 이런 방식으로 지도하는 이유는 그것이 바람직한 것보다 개인 교수에서 측정 가능한 것과 훨씬 더 관련이 있다. 우리는 어떻게 자기비판의 감소, 자긍심의 증가, 학습자의 잠재력에 대한 믿음을 가진 성인들의 지지층 확대, 그리고 헨과 웰터(Hen & Walter, 2012)의 표현대로 "그 학생의 감정, 인지, 신체적 · 사회적 통합 향상"을 측정할 것인가?(p. 11) 우리가 이런 것들을 측정할 수 있다고 해도 어떻게 그 효과가 훌륭한 댄스 교습 때문이라고 확신할 수 있을까? 그리고 이러한 '목표들'은 교육의 문제인가 아니면 치료 영역에 들어가야 하는가?

중도장애 및 최중도중복장애 교육과정 개발의 핵심 질문으로 다시 돌아가 보겠다. 왜 우리는 가르치고 있고, 무엇을 달성하려고 노력하고 있으며, 변화를 만들고 있는가? 물론 다양한 움직임과 확장을 지도하는 것도 중요하지만, 교육은 확실히 정서지능과 공감, 자신감, 자부심이라는 큰 문제들을 다루어야 하고, 개인들이 그들이 속한 공동체의 동등한 구성원으로서 스스로를 평가하도록 격려해야 한다. 확실히 이것은 장애학생이 겪는 이차적 장애의 현실적인 위험[4] 때문에 중도장애 및 최중도중복장애 학생 교육에 더 근본적인 것이다(Sinason, 1994). 어떤 분야에서든 '능

4) 발레리 시나손(Valerie Sinason)은 학습장애나 지체장애 학생들이 자신을 다른 사람보다 낮다고 생각하는 경향에 대해 이야기한 것으로, 이로써 그들에게 '이차적' 장애가 부과된다고 하였다.

력'을 사용할 수 있는 자신감이 없다면 어떤 가치가 있는지 고려해 볼 가치가 있다.

마지막으로, 교육과정에 정서교육을 포함시키는 것은 학생들이 댄스뿐 아니라 드라마, 예술, 음악에서도 정서적으로 크게 영향을 받을 수 있는 상황을 마주하도록 힘을 실어 주는 이론적 근거에 기초한다. 이는 전체적으로 안전하고 안심할 수 있는 환경에서 감정에 직접적으로 관여할 수 있는 기회이다. 이것은 그러한 결과와 선택이 약화되는 것 없이 결과와 선택들에 대해 배울 수 있는 기회이다. 기본적인 전제는 그들 자신의 감정을 능숙하게 다룰 수 있는 것이 다른 사람들의 감정을 자신 있게, 능숙하게, 그리고 안전하게 다룰 수 있는 첫 번째 단계라는 것이다(Hinchcliffe, 1996a). 이러한 문제는 제15장('중도장애 및 최중도중복장애 학생을 위한 시민성 교육과정')에서 보다 자세히 다룬다.

예술

'예술'이 수학으로 이름이 바뀌게 된다면 학생들을 지도하기 위해 전문 '수학자'를 고용하지 않은 학교가 있을지와 해당 과목이 현재보다 훨씬 더 높은 지위를 차지할 것인지 사람들은 궁금해한다. 결국 수학자들은 패턴, 촉감, 색상, 선, 톤, 모양, 형태 및 공간을 가르칠 책임이 있다.

그러나 예술은 단지 수학이 아니라 언어와 의사소통, 움직임과 신체, 지리, 역사, 과학과 기술이며, 예술은 독립적으로 작동하지 않고 전체적인 경험으로 접근해야 한다는 원리를 보여 준다. 무엇보다도 그것은 교육에 필요한 미학의 일부를 형성하며(Taylor, 1992), SMART[5] 목표를 초과 달성할 수 있을 잠재적 미학과의 균형을 제공한다.

패턴 패턴은 시행착오를 통해 발견되어야 하는 것이지만, 예를 들어 카펫을 만들거나 윌리엄 모리스(William Morris) 스타일의 벽지를 디자인하고 만드는 것 등을 통해 발견할 수 있는 많은 기회를 제공할 수 있다. 패턴은 헨리 포드(Henry Ford) 스타일의 노동 분업을 통해 협동 작업을 설정하는 데 개방되어 있으므로, 생산 라인 시

---

5) 역주: Specific(구체적인), Measurable(측정 가능한), Attainable(성취 가능한), Results-oriented(결과 지향적인), Time-bound(시간제한적인)의 약어로 학생의 목표 설정 시 점검 요인으로 활용된다.

스템이 완제품을 생산하지만, 그룹이 진행됨에 따라 패턴이 발전하는 것을 볼 수 있다. 자폐스펙트럼장애학생들은 이것을 매우 쉽게 받아들이겠지만, 개인이 전체 패턴 내에서 작은 패턴을 볼 수 있는 기회를 가질 수 있도록 반드시 4~5주마다 생산에서의 역할을 바꾸어야 한다.

촉감 자연스럽고 인간이 만든 촉감에 초점을 맞추고, 느끼고 설명해야 한다. 문지르거나 복사하여 다른 예술 작품에 통합할 수 있다. 촉감 연구는 언어를 맥락화할 있는 진정한 기회를 제공하므로 거칠고, 매끄럽고, 털이 많고, 반짝이고, 자갈과 모래의 질감 등 다중 감각 경험을 통해 의미를 전달한다. 형태 차이와 마찬가지로, 가장 넓은 구별이 먼저 인식되고 점차 더 미세한 구별로 진행된다. 주제에 가정, 학교, 애완동물, 놀이 및 여가 활동, 휴일 및 최근의 외출에서 있었던 익숙한 상황이 포함되어야 한다. 또한 이러한 활동은 특히 좋아하는 활동 및 이벤트의 즐겁고 기대되는 요소를 확대하기 위한 '확장' 활동에 도움이 될 수 있다(Lyons et al., 2011).

색상 색상은 중도장애학생들에게 항상 큰 문제로 작용하며 아마도 습득하지 못하는 개념(수처럼)일 수 있다. 당신이 무엇을 하든지 그것은 매우 짧은 시간 후 자동적으로 갈색으로 변하기 때문에 그것을 습득하지 못하는 사람들을 위해 페인트로 너무 많은 채색 작업을 하는 것은 피하는 것이 가장 좋다. 대신 아이패드나 태블릿을 사용해 보라. 조지(George, 1985)는 다음과 같이 제안했다.

> 지각에 중요한 4가지 색상은 빨강, 파랑, 노랑 및 녹색이며, 4가지 색상의 식별에서 시작하여 각각의 색상의 특성에 개별적으로 초점을 맞추는 것이 논리적이다. 예를 들어, 빨간색 사물은 어딘가를 방문해서도 발견할 수 있고, 교실에서도 볼 수 있다. 인쇄, 콜라주, 패턴 및 모양에 빨간색을 선택할 수 있으며, 녹색 바탕에 작품을 창작하여 빨간색을 강조할 수 있다. 적열 상태(redness)는 토마토, 우체국, 불, 산타크로스 및 상기된 볼을 통해 강조될 수 있다. 갈색, 분홍색, 그리고 회색은 논리적으로 다음에 소개될 수 있고, 그다음에 색소 원리의 혼합인 보라색, 주황색이 도입될 수 있다. 주 색상인 빨강, 파랑, 노랑, 그리고 광학적 주 색상인 빨강, 파랑, 초록은 혼합 시 다르게 반응한다는 것에 주목할 필요가 있다.
>
> (pp. 163-164)

선 선은 똑바르거나 리드미컬한 영역뿐 아니라 창문에 맺힌 수증기, 모래와 진흙, 젖은 땅에 손가락으로 만든 영역도 포함된다. 선은 대근육 동작으로 만들어질 수 있고, 비디오 아트를 활용하면 보다 쉽게 이를 확인할 수 있다. 즉, 영상을 찍어 놓으면 학생들은 시간이 지난 후에도 자신이 빨간 불을 들고 움직이는 것을 볼 수 있다. 중도장애학생들은 거의 항상 영화와 사진에서 자신을 보는 것에 동기부여를 받고 있으며, 사진과 비디오 아트는 학교 로비의 TV 화면에 무한 반복으로 전시하기에 적합하다. 철도, 도로, 강 운하, 울타리, 전봇줄, 머리카락, 창가로 흐르는 빗물 등 환경 속의 선에 초점을 맞추고 끈, 양모, 찢어진 종이, 콜라주에 흐르는 모래 그리고 간단한 프린트로 표현한다. 어두운 종이에 밝은 선을 긋고 플라스틱이나 점토에 선을 긁으라. 각 아동이 자신의 작업 규모를 선택하도록 하되, '자유롭게' 자신의 작업을 제어하고 '긴장된' 사람들이 긴장을 풀 수 있도록 장려할 수 있다.

톤 톤은 빛과 어둠의 대비를 사용하여 초점을 맞출 수 있는 감각통합실과 어두운 공간에서 작업할 수 있다. 빛에 대한 어둠, 어둠에 대한 빛, 중간 톤의 빛과 어둠은 예술 작품의 모든 측면에서 강조되는 특징들이다. 이를 위해 검은색, 흰색 및 회색뿐 아니라 밝은 색조와 어두운 색조로 작업할 수 있다.

모양 모양은 중도장애학생들을 위한 수학 수업에 자주 등장하는 2차원 원, 정사각형, 삼각형 및 직사각형의 진부한 표현을 피하고 대신 큰 것과 작은 것, 뚱뚱한 것과 얇은 것, 긴 것과 짧은 것을 구별하는 데 집중해야 한다. 정말 크고 뚱뚱하고 둥근 사람과 정말 마른 로리(Lowy) 막대기 모양의 사람들을 그리라. 거인과 난쟁이들도 똑같이 하라. 풍선 콜라주, 과일 콜라주를 만들거나 뚜껑, 당근, 잘라 낸 카드 모양으로 동그란 모양을 인쇄하되 명확히 비교되게 하라. 이것은 생산 라인/협동 작업 전략에 열려 있는 또 다른 영역이므로, 학생들은 한 번에 한 가지 일에 집중하면 되고 전체 조각을 합칠 때 그룹으로 비교할 수 있다. 생산 라인 역할은 반 학기마다 변경할 수 있다.

형태 점토와 플라스틱을 만지고, 밀고 당기고, 구멍을 내고, 모양을 바꾸고, 부수고, 쌓아 올려서 (추상적이 아니라) 형태를 구체적으로 만들 수 있으며, 대비를 크

고 분명하게 하는 것이 중요하다. 두세 명의 학생이 거대한 점토 눈사람을 만들기 위해 함께 작업하도록 격려하거나, 철사 틀에 종이 조각이 있는 헨리 무어(Henry Moore) 스타일의 작업을 하여 좀 더 추상적인 작업을 하도록 격려하라. 학생들이 크게 생각하도록 하면 할수록 좋다. 이것은 1년 동안의 프로젝트가 될 수 있다.

공간 예술의 공간은 작품의 구성 요소 주변, 사이 또는 내부의 거리 또는 영역을 나타낸다. 공간은 개방 또는 폐쇄되어 있으며, 얕거나 깊을 수 있고, 2차원 또는 3차원의 공간일 수 있다. 예술의 모든 분야와 마찬가지로(그리고 실제로 예술은) 옳고 그른 것이 없다. 이것은 발견의 과정이다. 학생들은 학교의 입구(현관)나 운동장 구석에 여러 가지 작품 설치물을 배치할 수 있다. 학생들은 다음 두세 사람이 전체를 만들 때 매주 바뀌는 레이아웃을 결정하기 위해 둘이나 셋이 함께 작업할 수 있다. 이것이 개념적으로 너무 어렵다고 생각하는 사람들을 위해 실제로 전시장에서 그들과 협력 놀이 세션을 가질 수 있으며, 작품을 만들기 위해 항목을 남겨 둘 수 있다. 이 작품은 매 놀이 시간 후에 변경되지만 다른 사람들을 위한 의견과 사고의 포인트가 된다.

예술에 대한 이 짧은 절을 마무리하면서, 로드 테일러와 멜라니 피터(Rod Taylor & Melanie Peter)가 영국 국가수준 교육과정의 수정에 기여한 것 외에 중도장애 및 최중도중복장애 학생들에게 적합한 접근법에 대해 조언하는 서면 자료가 부족한 것으로 보인다는 것을 언급할 필요가 있다(Taylor, 1992; Peter, 1996, 2001). 다른 '창작 예술(Creative Arts)'에는 많지 않지만 예술은 유난히 부족한 것 같다. 이것은 예술이 학교 지도자에 좌우되면서 낮은 평가를 받는다고 가정해야 한다. 그것은 사소한 과목으로, 수학, 영어, 과학만큼 중요하지 않다. 진정한 학습은 예술에서 일어나지 않는다. 우리는 모두 색상의 차이를 구별할 수 있다. 우리는 모두 플라스틱이나 점토를 굴릴 수 있으며, 그래서 누구나 그것을 가르칠 수 있다. 전문 미술교사(또는 연극교사, 음악교사 또는 댄스교사)를 고용하는 학교는 거의 없기 때문에 실제로 일어날 수 있는 학습의 깊이를 발견하게 되고 주변에 그들의 경험을 쓸 수 있는 교사는 거의 없다. 중도장애 및 최중도중복장애 교육학에 능숙한 예술가(댄서, 배우 및 음악가)들을 주목해 달라.

음악

일반적으로 중도장애 및 최중도중복장애 학생들과의 음악에 대한 애덤 오클퍼드(Adam Ockleford)의 연구(Ockleford, 1998, 2000, 2006; Ockleford, Welch, & Zimmerman, 2002), 특히 『Sounds of Intent』(Ockleford, 2008)는 그의 광범위한 산출물의 작은 표본을 제공하며 이 분야에서 일하는 모든 사람이 상당한 관심을 가질 것이다. 원래 최중도중복장애학생들이 음악에 접근할 수 있도록 설계되었지만, 이제는 더 넓은 범위로 개발되어 중도장애 및 최중도중복장애 학생을 포함한다. 『Sounds of Intent』는 복잡한 요구를 가진 아동과 청소년의 음악적 행동과 발달을 '지도'한다. 그것은 음악적 표현을 반응적 · 능동적 · 상호적의 세 영역으로 나누고,

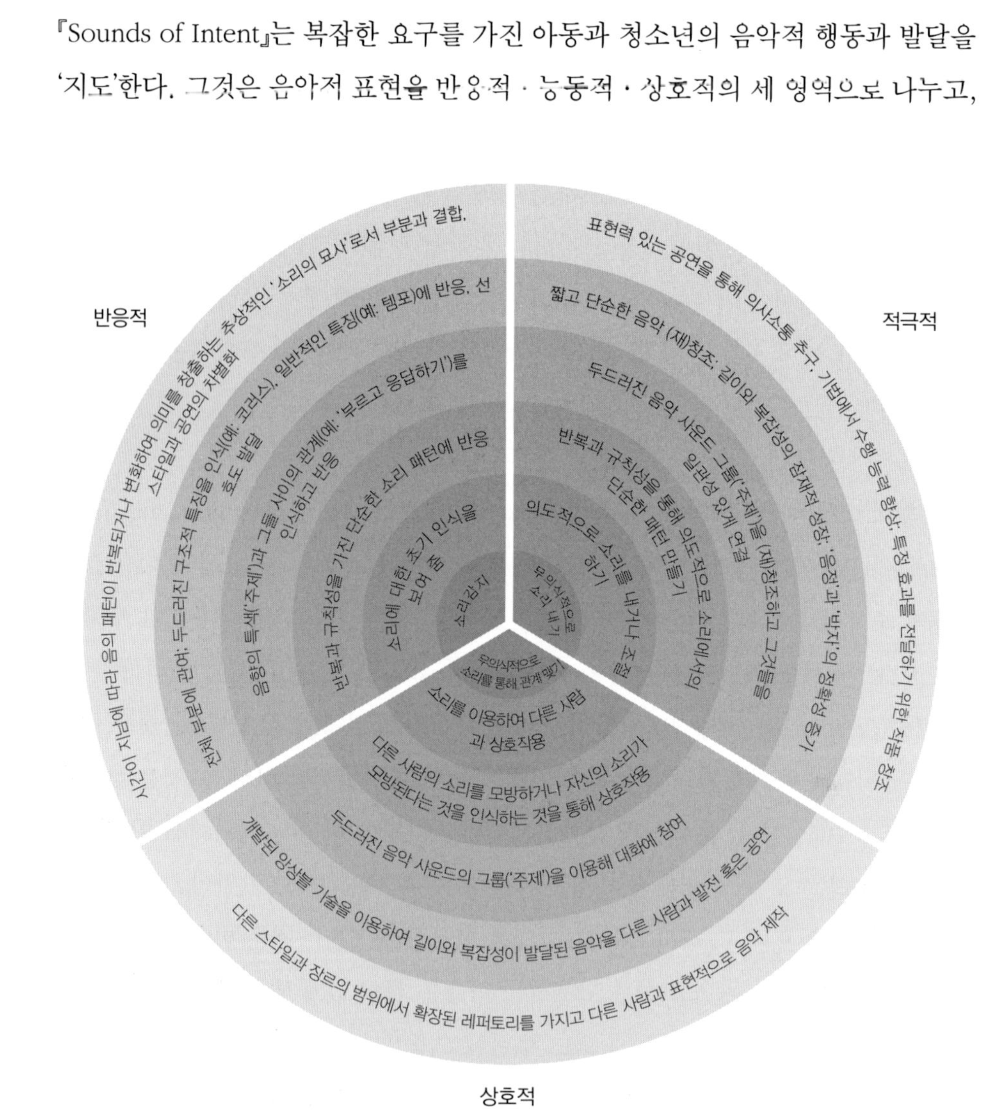

[그림 12-1] 『The Sounds of Intent』 구조

비선형적이고 비계층적인 발달지도를 제공하려고 한다.『Sounds of Intent』는 웹사이트(www.soundsofintent.org)를 통해 무료로 이용할 수 있다.

이 책에서 다루는 많은 교육과정 영역과 마찬가지로, 예술의 다른 영역(드라마 제외)에서처럼, 오클퍼드(Ockleford, 2008)는 중도장애 및 최중도중복장애 학생들을 위한 음악과 관련하여 교사들이 참고할 만한 연구 및 일반적인 조언의 부족을 지적하고 있다. 기존의 비장애아동에 대한 출판물은 많지만, 평균을 벗어난 아동을 위한 구체적인 음악교육 내용은 거의 없다. 소수의 자료는 음악치료 안에 존재한다. 레이시(1996)와 피터(1998a)는 교육에서 음악이 치료로 취급되는 것에 대해 경고하며, 교육 분야의 예술이 치료로서의 예술과 경쟁하지 않고 보완적인 것으로 간주하는 대신, '치료'의 의미로 다뤄지는 것을 선호한다. 오클퍼드(2008)는 중도장애 및 최중도중복장애 학생이 훈련된 치료사로부터 정기적인 음악치료를 받을 기회는 거의 없다는 사실에 주목한다. 치료와 교육 사이에 긴장감이 있다는 것이 아니라, 음악에 관한 적절하고 특별한 훈련을 받은 사람들이 치료와 교육, 어느 쪽에도 거의 없다는 것이다. 오클퍼드는 둘 중 하나의 경우가 되어서는 안 된다고 주장하며, 두 가지 모두 우리가 주제를 정의하고 학생들의 학습 잠재력을 극대화하기 위해 필수적이라는 설득력 있는 사례를 만들었다.

음악 이해의 수준이 생후 1년 이내에 뚜렷하게 나타나지만(Trehub, 1990; Lecanuet, 1996; H. Papousek, 1996; M. Papousek, 1996), 중도장애나 최중도중복장애 학생들이 (비록 느린 속도이지만) 같은 음악적 경로를 따르는지 여부는 논쟁의 문제이다. 오클퍼드(2008)는 흥미롭게도 영어와 수학에 대한『학습 경로』(WAG, 2006)와 발달 기반 영국 P척도(QCA, 2001)와 같은 평가 체계의 기본 전제가 대체로 일치한다고 주장한다.

> 복합적인 교육적 요구를 지닌 아동과 청소년의 음악적 발달은 대부분 다른 사람들과 거의 동일한 과정을 따르며 내부적으로 일관되고 현재까지 수집된 자료에 맞는『Sounds of Intent』발달 프레임워크의 지원을 받는다.
>
> 이 모델은 (모든 청각적 처리 과정은 공통적인 바탕이 있다는 것을 인정하는 반면,)음악적 흥미, 능력 및 선호의 발달에만 초점을 맞춘다는 점에서 지금까지 공식화된 다른 모델과 다르다. 그 의도는 음악적 요소와 비음악적 요소가 결합된 다른 모델(음악에 대한 QCA

> 의 'P레벨' 포함)에 취약함을 피하는 것이다. 이러한 개념적 혼합은 음악적 발전이 실제로 무엇으로 구성되어 있는지에 대한 무지에서 비롯된 것으로 보이며, 역설적으로 더 넓은 학습과 발전을 알리는 음악의 진정한 능력에 대한 인식을 제한하는 경향이 있다.
>
> (Ockleford, 2008, p. 111)

오클퍼드는 음악이 움직임, 학습, 의사소통 및 사회화를 투과시키는 매우 효과적인 통로가 될 수 있다고 주장하며 특정한 개인의 능력은 전문적인 육성이 필요하다고 주장한다. 많은 사람에게 정교한 음악 전략을 활용하는 능력은 전적으로 직관적일 수 있지만, 만약 형식적이고 개별적인 음악교육이 거부된다면 그러한 능력은 숨겨질 것이다. 또한 숙련된 음악교육이 가능한 경우에도 교육학은 최중도중복장애 학생의 요구를 다루지 않는 통합된 국가수준 교육과정 모델에 대한 실행 가능한 대안을 개발하려는 공동의 시도는 없었다.

> 궁극적으로, 우리는 젊은 사람의 음악성의 가치가 타인의 음악성과 관련하여 있는 것이 아니라, 그것이 관련된 개인의 삶의 질을 높이고 그 사람이 종사할 수 있는 더 넓은 범위를 확대하기 위함임을 기억해야 한다.
>
> (Ockleford, 2008, p. 264)

음악적 상호작용

제6장에서 언급한 바와 같이 웬디 프리베저(Wendy Prevezer, 2000)와 마가릿 코크(Margaret Corke, 2002, 2011)는 집중적 상호작용을 흥미롭게 변형시켜서 음악적 상호작용(Musical Interaction)을 개발하였다. 음악적 상호작용은 다음에 제시한 집중적 상호작용의 원칙과 음악치료의 원칙을 기반으로 하였다. 유효하고 타당한 음악적 경험과 개별적인 상호작용을 허용하고 장려한다. 동기를 부여하는 의사소통 도구로, 의사소통 발달의 초기 단계에 있는 모든 학생(최중도중복장애학생, 중도장애학생, 자폐스펙트럼장애학생)에게 적용하기에 적합하다. 그리고 교사에게 음악적 능력을 요구하지 않는다.

음악적 상호작용에는 다음이 필요하다.

- **상호작용자:** 얼굴, 신체 언어 및 음성을 통해 상호작용
- **사회적 상호작용 게임:** 버스트(burst)－일시 중지와 같은, 기대/예측 게임, 몸싸움 게임, 주고받기, 신체 활동(박수, 간지럼 태우기, 흔들기, 조정, 까꿍, 숨바꼭질, 물건을 앞뒤로 던지기)
- **음악:** 비록 우리가 인식할 수 있는 음을 가진 전통적인 음악이라 할 수 있는 정도는 아니더라도 목소리를 포함하여 소리를 낼 수 있는 것이라면 무엇이든 충분하다.
- **수업의 구조:** 모두 원을 그리며, 음악적인 소개, (연령에 적합한) 안녕 노래, 소그룹 및 동료와의 상호작용하는 시간, 일대일로 상호작용하는 시간, (연령에 적합한) 작별 노래

코크(2002, 2011)는 학생의 자발적이고 적극적인 시작 행동(투입)이 성장과 학습이 발생하는 데 절대적이고 필수적이라고 설득력 있는 주장을 하고 있다. 그는 평범한 음악만 연주하는 전통적인 방식으로 연주하는 것과는 달리 음악을 매개로 하여 상호작용을 시도하고 의사소통 기술을 가르칠 수 있는 방법으로 활용할 수 있다고 주장한다. 음악적 상호작용은 효과적인 음악적 경험을 허용하고 장려하는 수단, 개인적 상호작용을 허용하고 장려하는 수단, 그리고 동기를 부여하는 의사소통 도구가 될 수 있게 한다. 교사의 음악적 능력은 도움이 되지만 모든 당사자가 음악적 경험을 즐기는 한 필수적인 것은 아니다.

최중도중복장애학생들을 위한 '전통적인' 음악교육과 관련하여 펫 로이드(Pat Lloyd, 2008)는 상호작용적인 그룹 작업에 사용할 수 있는 많은 곡을 작사 · 편곡했다. 로이드(Lloyd, 2008)와 크로스비(Crosby, 2002)는 의사소통 학습 보조로 음악을 사용하는데 모든 예술에도 동일하게 적용될 수 있는 매우 유용한 '기본 원리'를 제공한다.

- 재미있게 노는 상태를 유지하라.
- 응답을 기다리고, 도움을 요청하기 전에 기다리라. 응답할 기회를 제공하라.
- 협동 놀이와 강압적 놀이에는 차이가 있다는 것을 기억하라. 학생의 손을 북에 부딪치는 것은 학생이 창의적인 것이 아니라 성인이 학생을 조정하는 것이다.

당신의 촉진에 주의하라.

- 학생의 주도를 따르고 그에 따라 활동을 전개하라.
- 어떤 반응이든 의도적이고 가치 있는 것으로 수용하라. 음악 안에서 창의적으로 활용하라.
- 학생의 비구어 신호를 주의 깊게 읽으라.
- 음악을 학생에게 맞추고 그 반대가 되지 않게 하라.

여가 활동으로 음악 듣기

예술과 관련된 다른 이슈와 학습장애 학생들과 관련하여 많이 언급되지 않은 이슈는(Sounds of Intent 프레임워크 내의 세 가지 영역 중 하나로, '반응' 요소에 대한 집중을 제외하고) 여가 활동의 기초로서 그것의 진정한 중요성이다. 모든 예술, 특히 음악과 미술은 '나'라는 것이 무엇을 의미하는지 탐구하는 수단으로서, '내가 원하는 것을 하기 위해' 시간을 사용하는 것, 즉 자기참여를 통해 엄청난 가치를 지닌다는 것을 기억해야 한다. 중도장애 및 최중도중복장애 학생들이 학교를 떠나기 전과 특히 학교를 떠난 직후 상당한 여가 시간을 가질 가능성이 매우 높기 때문에, 교사로서 그들에게 좋고 싫음에 관한 개인적인 선택을 할 수 있는 능력을 가르치는 것이 필수적이다. 이것은 그들이 매우 정기적으로 가능한 다양한 예술 형태에 노출되어야 한다는 것을 의미한다. 20대 중도장애인이 〈Wheels on the Bus〉 음악을 듣고 싶어 한다면, 우리는 그가 가능한 한 다양한 음악적 형태와 장르를 경험할 수 있도록 해야 한다. 이것은 시간이 걸리더라도 수업 시간에 들을 수 있는 기회를 마련해야 한다.

Part 3–창작 예술의 필수 요소

창작 예술에서 제시하는 필수 요소들은 중도장애 및 최중도중복장애 학생들을 가르치는 모든 영역에서 필수 요소로 여겨질 수 있지만 특히 예술 영역에서 그러하다. 이는 다음과 같다.

1. 학생을 관찰하라.
2. 동기부여가 될 만한 것을 찾으라.

3. 신중한 접근 방식을 택하라.
4. 구조화하라.

1. 학생을 관찰하라

학생이 어떤 관심사를 가지고 있는지, 어떤 활동에 관심이 있는지 확인하거나 더 많은 집단 기반 작업의 경우 집단 역동성과 작업에 필요한 요소를 기반으로 '강점/요구' 차트를 작성할 수 있다. 지원 담당자, 물리 및 작업 치료사의 아이디어를 채택할 수 있도록 다학문적인 방식으로 이 문제를 해결할 수 있다. 집단 작업에서는 가능한 한 집단적인 느낌을 최대한 많이 받고 서로를 피드백할 수 있는 학생을 찾는 것이 중요하다. 다른 어떤 가르침보다, 예술은 교사로서가 아니라 탐험가로서의 역할이 필요하다는 것을 기억하라.

아이디어와 교류를 주도하는 것으로 보이는 유능한 학생이 있을 수 있고, 특히 그들이 구어를 하고 합리적 의사소통자일 때는 더욱 그러하지만 덜 유능한 학생(아마 자신감이 낮은)은 참여 수준을 높이기 위해 더 많은 시간이 소요될 것이다. 키이스 박과 같은 숙련된 실무자들은 가능성에 대한 모델링을 위해 매우 의도적으로 유능한 학생을 활용한다는 점에 주목하는 것이 흥미롭다(Pilcher, 2009; Park & Pilcher, 2010).

페니 레이시(Penny Lacey)는 '강점/요구'에 대한 차트를 만들 때 '지금 당장' 요구와 '다음' 요구로 구분하여 작성할 것을 제안하였다(Lacey, 2010). 이것은 학습 의도(또는 그의 용어로 'SCRUFFY 목표')가 될 수 있으므로 학생의 진행 방향에 대해 천천히 파악할 수 있다. 그러나 방향이 바뀌도록 준비하고 학생이 학습을 서쪽이 아닌 동쪽으로 이동하기로 결정하면 그 방향으로 진행하는 데 협력해야 한다. 카펜터와 동료들(Carpenter et al., 2010)의 참여 척도는 학생에게 최적의 참여 수준을 찾는 수단으로 도움이 될 수 있다.

카코우와 글라스먼(Karkou & Glassman, 2004)은 교사가 음악, 예술, 댄스, 또는 드라마로 간주될 수 있는 활동에 유연한 접근 방식을 가져야 한다고 제안하고 있다. 교사는 학생들에게 표현과 의사소통의 형태로 예술을 사용할 기회를 최대한 많이 제공하는 것이 정말 중요하다.

학생이 어디에서 기능적으로 활동하는지 파악하라. 만약 학생이 자기중심적인 수준에서 기능하고 있다면 공유를 기대하지 말고 가능한 한 수준을 확장할 수 있도록 준비시키는 것도 필요하다. 편안함을 주되, 무한정 그곳에 머물게는 하지 않아야 한다. 학생의 생활 연령이 아닌 정신 발달 수준에서 작업하라. 하지만 더 이상 어린 아이가 아니므로 사람들과 함께 작업할 때 유치한 자료를 사용하지 않도록 해야 한다. 14세 학생은 공개 마이크 세션에서 〈Wheels on the Bus〉를 부르고 싶을 수 있고 이 자유로운 표현은 계속 장려되어야 하지만, 아마도 학생에게 익숙한 다른 것을 만들어 보도록 장려해 볼 수 있다. 랩 버전은 어떨까? 이것은 결국 특정 기술을 일반화시키는 것이다.

2. 동기부여가 될 만한 것을 찾으라

창작 예술은 종종 교사가 이미 흥미를 가지고 있는 것을 사용하는 가장 적절한 분야이다. 왜냐하면 이것은 학생의 기존 강점일 가능성이 있기 때문이다. 학급의 댄스 안무에 사용할 수 있는 좋아하는 '자기만의 동작(flapper)'을 가지고 있고, 특정 악기를 선호할 수 있으며, 음악이나 춤을 교차해서 사용할 수 있는 특정 장르의 음악을 선호하는 그런 학생일 수 있다. 학생들은 아마도 그들이 흥미 있어 하고 선호하는 특정 예술 매체가 있을 것이지만, 다른 사람들로부터 멀어져 수줍어할 것이며 특히 감각적 어려움이 있는 경우에는 더욱 그럴 것이다. 힌치클리프(1991, 1996b)와 피터(2009)는 모두 연극에서 '실제' 상황을 사용하여 학생이 장면을 이해하고 맥락을 이해할 수 있도록 촉진하였다.

어쨌든, 대부분의 학생은 예술이 '학습 과정에서 학생들이 통제력과 책임을 지도록 하는 강력한 개념'(Peter, 1998b)이 있고, 또한 매우 재미있기 때문에 본질적으로 동기부여를 한다는 공통된 의견이 있다. 앞서 언급한 셰랫과 피터(Sherrat & Peter, 2002)와 같이 놀이의 연장선상에 있다.

3. 신중한 접근 방식을 택하라

학생이 예술적 경험을 처음 접하는 경우, 특히 근접성과 소음에 대한 감각적 문제가 있는 경우 경험할 수 있는 불안감을 가능한 최소화해야 한다. 반복 가능한 루틴을 도입부에 설정하고 각 세션에 대해 명확하고 반복 가능한 구조를 갖도록 한다. 성인은 먼저 움직임, 시나리오, 리듬 또는 예술 형식으로 된 모델에 준비되어야 한다.

반복을 활용하면 불안감을 최소화할 수 있다. 매주 세션마다 전체를 변경하지 말고 작은 부분만 바꾸고 익숙해질 때까지 익숙한 부분 중심으로 이 변화들을 만들어 가라.

익숙한 것을 사용하면 불안이 최소화된다. 학생을 위해 맥락이 있는 설정, 시나리오, 자료, 도구, 동작을 채택하고 해당 맥락을 매주 세션 간 계속 유지한다.

학생이 구조화된 세션의 다른 부분을 나타내는 데 사용되는 단어와 구문에 익숙해질 수 있도록 당신의 언어에 대해 생각해 보라.

4. 구조화하라

예술은 문제해결과 사고에 대한 작업을 할 수 있는 훌륭한 기회이지만, 창의력을 발휘할 수 있는 방법을 생각하기 전에 구조를 만드는 것이 필요할 것이다. "학생은 창조할 수 있는 정확한 경계를 요구할 수 있다. 역설적이게도 창의성, 독창성은 실제로 제약 조건 안에서 일어난다." (Peter, 1997, p. 93)

그럼에도 불구하고, 창의적일 수 있는 기회를 제시하는 것은 거의 필연적으로 선택을 수반하며, 결국 성과물을 낳을 것이다. 우리는 이것이 잠재적으로 스트레스가 될 수 있음을 인식해야 한다. 재미 요소를 강조하고 개별적으로나 집단적으로 학생에게 가능한 많은 통제권을 부여하여 예술에 참여할 수 있는 '저항할 수 없는 초대'를 제공할 수 있다면 창의력이 발휘될 수 있다. 그러나 천천히 진행해야 하며 계획적이고 일관적이며 반복적이고 친숙한 구조를 중심으로 일주일에 한두 가지 정도만 변경해야 한다.

결론

예술을 통한 작업은 학습자가 이해할 수 있고 편안하면서도 동시에 도전적이고 사고를 자극하는 상징적인 세계를 구축하는 데 매우 효과적인 방법이다. 목표는 상징적 놀이가 현실과 거리를 제공하고 다음의 것들을 허용하고 장려하기 때문에 상징을 통해 현실을 대체할 수 있음을 배우는 것이다.

- 표현 언어와 수용 언어에서 모든 종류의 의사소통 형태를 실험
- 사회화를 실험
- 공간과 움직임을 실험
- 우리 자신을 발견
- 타인을 발견
- 안전함 속에서 학습
- 실수 저지르기
- 위험 감수
- 생각 및 문제해결
- 학습 과정 반복
- 즐겁게 인생 즐기기

제13장

중도장애학생을 위한 문제해결과 사고 교육과정

지적장애학생은 추상적 사고를 하는 데 어려움을 가지지만 구체적인 원리에만 바탕을 둔 교수 체계는 학생들이 높은 수준의 사고를 할 기회를 주지 않는다. 구체적인 원리를 지도하는 것이 필요하지만 더 높은 추상적인 원리들을 학습할 수 있는 디딤돌로 여겨져야 한다.

(Vygotsky, 1978, p. 89)

기존의 통합 교육과정 모델에서는 인지(사고와 이해), 문제해결(이해에 따른 행동) 및 초인지(사고에 대한 사고)가 일상적인 수업의 일반적 형식과 맥락 안에 배치될 것이다. 우수하고 유명한 학교에서는 많은 인지 과정이 블룸(Bloom)의 교육목표분류(Bloom et al., 1956)와 같은 전략에 들어가 있으므로 학생은 사실에 대한 얕고 피상적인 기억과 반대되는 깊고 의미 있는 학습을 향해 끊임없이 나아가게 된다.

예를 들어, 노르만 정복에 관한 역사 수업에서 많은 것을 배울 수 있을 것이다. 헤이스팅스 전투는 1066년에 일어났으며, 노르망디 출신의 윌리엄(William)은 색슨 왕정을 방어하는 해럴드(Harold)의 군대를 격파하고, 해럴드는 눈에 화살을 맞고 죽었고, 이 전투는 바이외 태피스트리(Bayeux Tapestry)에 의해 기념되었다. 이러한 사실들은 잘 알려져 있지만, 사건의 중요성에 대한 어떠한 이해도 전달하지 못하면서 수

많은 질문만 제기하고 있다. 이것이 영국인들에게 어떤 의미가 있었을지, 시간이 흘러가며 그들의 삶은 어떻게 변했는지, 윌리엄이 침입하지 않았다면 어떻게 되었을지, 해럴드가 승리했다면 어떻게 되었을지에 대한 질문은 없다.

이러한 질문의 목적은 기억에서 이해, 응용, 분석, 평가 및 창작 능력에서 찾을 수 있는 더 높은 수준의 학습으로 배움을 확장하는 것이다. 중도장애학생은 ① 장기 기억에 저장하기 위해 기술을 수백 번 반복할 필요가 있고, ② 중도장애학생은 일반화가 매우 어려운 경향이 있기 때문에(Lacey, 2009) ③ 우리는 종종 순서, 구조, 루틴 및 확실성을 학생들에게 제공해야 한다는 필요를 느낀다. 특히 중도장애학생 및 자폐스펙트럼장애를 중복장애로 가진 학생의 경우 특수학교는 루틴, 순서, 구조 및 확실성을 제공하는 데 탁월하다.

이러한 원칙에 기초한 TEACCH, 응용행동분석(ABA) 접근이 있으며, 특히 인지발달 초기 단계의 기능을 보이는 학생들에게 루틴은 학습의 주요 기회이다. 루틴, 순서, 구조 및 확실성을 유지하는 것이 학생에게 스트레스를 덜 준다고 고려되기에 이를 유지하게 된다. 학습에 어려움을 겪는 많은 사람처럼 자신의 삶을 통제하지 못한다면, 다른 누군가가 그렇다는 것을 아는 것이 안전하다는 것을 이해할 수 있다. 이는 루틴, 순서, 구조 및 확실성이 선택 옵션이 아닌 필수 요소가 된다는 것을 의미한다.

하지만 이를 받아들임으로써 우리는 학생들이 사고하고 문제를 해결할 것으로 기대하지 않기 때문에 배움의 기회를 제한할 수 있다. 필연적으로 그렇듯, 문제와 어려움에 직면했을 때 루틴, 순서, 구조 및 확실성에 의존하는 법을 배운 학생들은 뒤로 물러날 기술이나 전략이 없을 것이다. 이러한 상황에서 그들의 고통은 훨씬 더 클 것이다. 이 장은 중도장애학생들이 가능한 한 독립적으로 사고하고 문제를 해결하도록 가르치는 것이 선택이 아닌 필수임을 제안한다.

페니 레이시(Penny Lacey)는 중도장애 교육과정의 핵심에 사고와 문제해결을 두도록 캠페인을 벌였다. 다음은 이슈의 핵심에 해당하는 내용이다.

> 세상에 대한 관심이 부족할 수 있는 중도장애학생은 일반적으로 도전적일 수 있으나 흥미로운 활동이 관심을 유도하는 데 도움이 될 수 있다. 우리는 아동에게 다양한 종류의 동물을 소개하고, 날씨를 직접 경험하고, 예술가들과 함께 일하고, 영화를 만들고, 특이한 장소, 사람들, 물건들을 직접 경험하고, 승마에서 보트 타기, 스케이트에 이르기까지 다양한 신체

움직임을 경험할 수 있도록 해야 한다. 텐트를 치고 집에서 만든 팝콘을 먹는 것만으로도 많은 사고력을 자극할 수 있다. 연결되지 않은 경험의 목록을 제공하지 않도록 조심해야 하지만 일상을 넘어서는 넓은 세상을 발견할 수 있다. 사고와 문제해결의 연관성은 아주 명백히 드러나야 하는데, 그렇지 않으면 학생들이 알아차리지 못할 것이다.

(Lacey, 2009, p. 22)

중도장애 아동과 청소년, 성인의 사고와 문제해결 이론

과제 1

- 4 Step-by Step VOCAs(음성 출력 의사소통 보조기기)를 사용하여 이야기 수업 계획을 세운다.
- 수업은 10시 시작 예정이다.
- 9시 55분에 당신은 마지막 사용 후에 교실 수납함에 놓아둔 도구를 꺼내러 갔는데 오직 한 개만 있었다.
- 그것은 작동하지 않는다.
- 어떻게 할 것인가?

일반적인 수업 과정에서 교사들은 자료가 적절히 준비되고 완전히 작동하며, 사용 준비가 되어 있는지 확인하지만 바쁜 교실에서 이것이 가능하지 않은 경우가 종종 생길 수 있다. 이것은 문제해결의 연습으로서 단지 그런 경우들 중 하나일 뿐이다.

과제 2

딜레마를 해결하기 위한 단계를 분석하고 적어 볼 수 있다. 문제해결에는 기본적으로 다음 네 가지 중요한 정신 과정이 포함된다.

1. 지각

2. 사고
3. 행동
4. 평가

- 지각(perception): ① 문제를 인지하고 파악하는 것, ② 기회를 인지하는 것을 포함한다.
- 사고(thinking): ① 문제를 하위 요소로 나누는 것, ② 문제의 관련된 특징에 대한 생각, ③ 문제의 해결 방법을 계획하는 것을 포함한다.
- 행동(action): 문제해결 방법을 기억하는 것과 이 기억을 실행하는 것을 포함한다.
- 평가(evaluation): ① 계획이 어떻게 작용했는지 평가하고, ② 기존 계획과 전략이 변경되어야 할 때를 인식하는 것이 포함된다. 이 안에는 개인이 다음을 통해 자신의 학습 성과를 향상시킬 필요가 있다는 인식이 있다.
  - 과제를 수행하는 이유와 그에 수반되는 사항 및 완료 시기를 인식하는 것
  - 선호도와 선택에 대한 의사소통
  - 개인의 강점과 약점에 대한 인식
  - 주의력과 집중력 개발

레이시(2009)는 중도장애학생이 작업 기억의 어려움, 주의력 부족, 언어와 의사소통의 어려움으로 사고와 문제해결에 항상 어려움을 가질 것이라고 지적한다. 흄과 맥켄지(Hulme & Mackenzie, 1992)는 기억의 어려움을 다른 인지 능력 특히 읽기와 수학에 추가적인 부담을 주는 것으로 간주한다. 콜리스와 라세이(Collis & Lacey, 1996)의 사고와 문제해결, 사고와 문제해결에 대한 교수는 불가분의 관계에 있다.

> 가르친다는 것은 학생들이 주어진 실제 문제에 대해 가능한 다양한 반응을 가지도록 하는 과정일 뿐만 아니라, 학생들이 이를 실제 활용하는 것에 대한 필요성을 인식하도록 하는 과정이 된다. 그들은 어떤 학습 전략이 어떤 상황에 적합한지 이해해야만 한다.
>
> (p. 10)

레이시(2009)는 또한 위셔트(Wishart, 1988) 그리고 제럴드와 동료들(Jarrold et al.,

2008)이 다운증후군 아동, 성인과 함께 수행한 연구를 가리키며, 중도장애학생들은 학습과 관련된 것을 보고 만질 수 있을 때 더 잘 배울 수 있다는 결론을 합리적으로 도출해 내었다고 하였다. 즉, 글이나 말과 같은 추상적인 의사소통 방식으로 가르치는 것이 아니라 실제 경험을 통해 구체적인 방식으로 가르칠 때 더 많은 학습 성과를 기대할 수 있다. 실제 상황에서 사고 및 문제해결을 하는 것을 실시간으로 연습할 수 있다면 학습이 강화될 가능성이 높아진다는 것을 의미한다.

학습된 무력감의 위험[1)]

교사들은 '근접발달영역(zone of proximal development: ZPD)' 개념을 잘 알고 있을 것이다. 이는 독립적 문제해결이 가능한 실제 발달 수준과 성인의 안내 혹은 보다 유능한 또래와의 협력으로 문제를 해결하는 것을 통해 결정되는 잠재적 발달 수준 사이의 격차로 설명될 수 있다(Vygotsky, 1978). 성인 사다리와 발판은 학습자가 스스로 자신의 문제를 해결하며 독립성이 커 갈수록 점차 사라지게 된다. 중도장애학생에게는 종종 이런 발판을 줄여 나가는 것을 잊는다는 것은 불행한 일이다.

이는 때때로 학습자를 통제하고 보호할 필요성 때문이고 때로는 학습자가 우리가 정리해야 할 일을 엉망으로 만드는 것을 막아야 할 필요성, 혹은 학습자가 실패하기를 원하지 않거나 학습자 스스로 무언가를 할 수 없다고 믿는 것 때문이다. 중도장애학생을 지도하는 모든 좋은 교사가 이를 극복하기 위해 노력한다고 해도 학습된 무기력이 계속되는 핵심적인 이유 중의 하나는 시간이다.

교사, 행정가와 감독자는 시간에 집착할 수 있고 정해진 교육과정의 모든 요소를 주간 일정이나 시간표에 주입해 교육과정 적용 범위를 확보하려는 경향이 있다. 과목 기반 교육과정이 채택되면서 독립적으로 행동하고 사고하는 능력보다 사실을 가르치는 경향이 나타났다. 이는 단기의 '결과' 지향적인 움직임이다. 결과적으로

---

1) 이 이슈는 이미 제5장('최중도중복장애학생을 위한 인지 교육과정')에서 다루어진 바 있다. 반복을 피하려 노력했지만 중도장애학생에게는 접근법에서 미묘한 차이가 많이 있다. 학습된 무기력의 문제는 중도장애와 최중도중복장애 학생 교육에 매우 중요하므로 이를 다시 적용하였다.

우리는 지리, 종교교육(religious education) 또는 과학이 할당된 시간을 가질 수 있도록 영어, 수학 또는 역사를 서둘러 끝내는 것을 발견할 수 있다. 이는 중도장애학생에게 개별화된 학습 기회뿐만 아니라 문제를 해결하고 깊이 도달할 수 있는 학습의 기회를 제공하는 것을 방해한다. 중도장애학생의 경우, 딥러닝을 하는 데 종종 상당한 시간이 걸린다.

시간 부족이 그렇게 많은 학습된 무력감의 주원인 중 하나라는 것은 과장이 아니다. 마틴 셀리그먼에 의해 제안된 용어(Seligman, 1975)인 학습된 무기력은 아이들이 스스로 할 수 있는 일들을 어른들이 아이들을 위해 해 주는 좋은 결과로 여겨서는 안 된다. 셀리그먼은 단호하게 그 현상을 매우 위험하다고 여겼는데, 그 이유는 스스로 일을 할 수 없다고 확신하는 사람들은 '통제자'에게 지나치게 의존하게 될 가능성이 매우 높아지기 때문이며, 심지어 그렇게 하는 것이 분명히 스스로 할 수 있는 능력이 자신 안에 있더라도 그 어떤 시도도 하지 못하기 때문이다. 셀리그먼은 이것이 차례로 권태와 더 나아가 뿌리 깊은 우울증의 상태로 발전할 수 있다고 하였다. 이러한 관점에서 우리는 학습된 무기력이 복합적인 학습의 어려움과 장애학생들 사이에서 정신 건강 문제를 유발하는 데 주요하게 기여하는 요인인지에 대한 의문을 제기할 수 있다(Carpenter, 2011).

그러나 일선 학급과 학교에서 정기적으로 논의하고 동의하는 명확하고 모호하지 않은 전략을 채택함으로써 학습된 무력감을 감소시킬 수 있다.

1. **독립적 발달을 가능하게 하는 건강한 애착 쌓기** 혹은 더 단순하게, 독립적 발달을 적극적으로 장려하지 않는 어떤 일이나 사회적 관계가 자명하게 해롭다는 것을 인식하는 것이다.
2. **높은 기대 가지기** 이것은 그들이 비현실적이 되어야 한다는 것을 의미하지는 않지만, 학생이 스스로 행동할 수 있다는 높은 기대를 갖는 것(예: 그림을 그리고 그 후에 다시 정리하기 위해 자신의 소지품을 꺼내는 것)은 추가 시간을 주는 것을 의미할 것이고, 예를 들어 학생이 정리하면서 어질러진 것을 정리하는 것과 같이 성인은 추가적인 일을 하게 될 것이다. 이것은 특히 학생이 처음 무언가를 요청할 때 '정확하게' 할 것을 기대할 수 없기 때문이다. 처음부터 학생이 '정확하게' 행동하기를 기대하지 않을 수도 있다! 우리가 기대할 수 있는 것은

더 많은 연습으로 그들이 향상되는 것이다.

3. **실패에 대한 바람직한 인식 갖기** 실패하는 것은 아무 문제가 되지 않으며 우리 모두가 실수/실패를 통해 배우고 있다. 하지만 어린아이가 달리기 경주에서 이길 수 있도록 두긴 하지만 우리는 취약한 능력의 학생들을 실패하지 않도록 보호하려고 노력하고, 그들이 실패했을 때 성공한 것처럼 가장하려고 노력하곤 한다. 끈기(또는 인내)를 독려한다는 것은 학생들에게 스스로 성공할 수 있는 기회를 준다는 것을 의미한다. 교사는 실수를 하는 것이 지극히 정상이라는 것에 대해 깊고 지속적인 이해를 시키는 과정이 필요하다. 물론 실패에 박수를 보내서는 안 되지만, 비록 결과가 실패일지라도 노력에 대해서는 박수를 보내야 한다.
4. **예측 가능한 환경 제공하기** 중도장애, 특히 자폐나 ADHD 등의 장애가 있는 학생이 만약 어떤 일이 일어나고 있는지, 누구와 얼마나 오래 있는지 등에 대해 걱정하거나 불안해하고 초조해한다면 아마도 배울 수 없을 것이다. 특히 이런 학생에게 새로운 작업 방식으로 확장하고 위험을 감수하기 전에 루틴, 순서, 구조 및 확실성을 제공하는 것은 중요하다.
5. 긍정적이고 전적으로 고무적인 반응과 새로운 행동을 반복하고 실제로 그것을 확장해 갈 수 있는 즉각적이고 연속적인 기회를 통해 **독립적인 행동에 보상 제공하기**
6. **학생들과 그들의 수준에서 의사소통하기** 단지 바닥에 앉아 있는 학생들과 함께 작업하거나 무릎을 꿇는 것뿐만이 아니라 너무 많이 사용하고 생각 없이 문맥을 벗어나면 언어가 통제 수단이 될 수 있다는 것을 기억하는 것이다.
7. **학생의 시작 행동을 인식하고 반응하며 강화하기** 각 개별 학생에 대한 세부적 사고가 필요하다. 그들이 선호하는 의사소통 방법은 무엇인지, 그들은 무엇에 관심이 있는지, 우리가 항상 긍정적으로 반응한다고 확신하는지, 학습자의 시작 행동이 도전행동으로 나타나고 있는지, 그렇다면 그러한 시작 행동을 긍정적으로 만들기 위해 무엇을 할 수 있는지 등에 대한 고려가 필요하다.
8. **가능한 한 빨리 촉진 소거하기** 학생 스스로 무언가를 시도해 볼 수 있는 기회를 얻을 수 있다. 그것은 실패로 끝날 수도 있지만, 배울 수 있는 또 다른 기회일 뿐이다. 개인 지원하는 성인이 학습자에게 매일, 그리고 일상의 모든 부분에

서 도움을 주는 양을 생각하고, 학습자가 시작 행동을 하는지 보기 위해 도움을 주기 전에 잠시 멈추기를 바란다. 그 멈춤은 종종 상당히 길 수 있으며 학생이 독립적으로 행동하는 데 도전하도록 하기 위해 주의 깊게 생각한 촉진과 질문을 제공해야 할 수도 있다.

9. (피상적인 선택과 반대로) **진정한 선택안 제공하기** 그들이 '아니요'라고 말할 수 있고, 그들이 '아니요'라고 했을 때 그 의도를 수용해 주는 것이다. 중복장애학생에 대해 제8장('최중도중복장애학생을 위한 돌봄 교육과정')에서 상당히 자세하게 논의하였다. 이 원칙은 중도장애학생에게 동일하게 적용된다.

10. **학생이 관심 있어 하는 것 활용하기** 독립적인 행동을 배우고 확장할 수 있도록 동기부여를 할 수 있기 때문이다. 학생을 참여시키는 가장 좋은 방법에 대해 더 많이 알고자 하는 사람들은 배리 카펜터의 참여 척도(Engagement Scales; Carpenter, 2010)를 살펴보고 교실에서 학생과 시간을 보내야 한다.

11. **위험 감수하기와 학습자들이 새로운 경험을 두려워하지 않도록 격려하기** 이것은 새로운 것을 도입하기 전에 기존의 방식 내에의 순서, 구조, 루틴과 확실성을 많이 가지고 있어야 한다는 것을 의미한다. 학습자에게 위험을 감수하도록 격려하려면 교사는 상당히 주의를 기울여야 하고 매우 천천히 수행해야 할 것이다. 특히 재미를 가지고 개별적으로 동기를 부여하는 활동을 통해 가르치는 데 중점을 둔 경우, 실험할 기회가 많은 장기적인 접근이 최선의 선택일 수 있다. 여기에는 길을 건너는 것이 안전할 때 학습자 스스로 결정을 내리도록 유도하는 것과 같이 교사와 지원인력 스스로 위험을 감수할 준비가 되어 있어야 한다. 점진적으로 시간이 흐르면서 교사들은 더 개방적이고 모험적인 반응을 장려할 수 있다.

12. **학생이 해낼 수 있는 시간 주기** 앞서 언급한 모든 전략 중에서 가장 중요하다. 이것은 수업이나 세션 자체의 관점에서만이 아니라 중도장애학생의 학습 시간이 대다수 비장애인의 학습 시간과 크게 다를 수 있다는 것을 인식하는 데 있다. 어떤 것들은 성취하는 데 몇 주, 몇 달, 그리고 아마도 몇 년의 꾸준한 연습이 필요할 것이다. 그리고 물론 학생에게 성공할 시간을 준다면 학습자에게 더 많은 시간을 주는 생각에 익숙해져야 한다.

실질적인 측면에서 교사, 부모, 보호자는 다음에 대해 생각해야 한다.

- 얼마나 자주 그리고 얼마나 쉽게 학생들을 위해 일을 하는지
- 얼마나 자주 그리고 얼마나 쉽게 단서를 줄 것인지
- 얼마나 도와주기를 기대하는지
- 이것이 '건강한 애착'을 구성하는지

중도장애학생의 사고와 문제해결 연습

태거트와 동료들(Taggart et al., 2005)의 연구는 사고 과정에서 초인지와 관련된 단어의 중요성을 지적하고 사고, 인지, 추측, 기억, 망각, 의미, 만약, 왜 등과 같은 단어를 사용하여 연습할 것을 권유한다. 언어 발달 초기 단계에 있는 아이들은 그들이 사용하는 단어들을 의미 있는 문맥과 연결시킬 필요가 있다(Hinchcliffe, 1991). 이것은 학습에 어려움이 있는 학생들에게 '나는 그것이 다음에 조립될 것이라는 것을 안다.' 또는 '만약 코트 없이 외출한다면, 나는 매우 추울 것이다.'와 같은 문구 안에 있는 단어들을 사용하여 연습하는 것을 의미할 것이다.

힌치클리프와 로버츠(Hinchcliffe & Roberts, 1987)는 유사한 접근 방식을 사용했지만 게임, 이야기 시나리오와 드라마 등에서 그 단어를 사용하는 데 집중했다. 중도장애학생과 비장애학생을 대상으로 한 저자들의 연구는 의도, 욕구, 신념 및 내적 감정 상태와 관련된 언어가 학생들의 문제해결능력과 자기옹호 기술을 향상시키는 데 유의하다는 것을 보여 주었다. 힌치클리프와 로버츠는 2세에서 11세 사이의 다운증후군 아이들의 자발어에 대한 부모의 보고서를 분석했다. 저자들은 샘플에서 정신 상태 언어 사용이 부족하다는 것을 발견했다. 중도장애아동들 사이에서 내적 상태 언어(의도, 인식 및 느낌 상태를 참조하는 단어)의 빈도와 유형을 조사한 힌치클리프의 후속 연구(1995)의 결과에서도 내적 상태 언어의 빈약함을 보여 주었다. 힌치클리프(1994, 1995, 1996b, 1999)는 정신적인 사건과 감정에 대한 아이들의 의식적 인식과 그에 대한 능력을 개발하는 데 사용되는 '표적' 단어를 가르치는 데 효과적인 특정 교육 전략을 발견했다. 콜리스와 레이시(Collis & Lacey, 1996)는 『상호작용적

교수 접근법(Interactive Approaches to Teaching)』에서 유사한 주제를 깊이 숙고했다.

제11장('중도장애학생을 위한 수학적 사고 교육과정')에서는 우리 주변의 모든 것에 관련된 수학들을 살펴보았는데, 물론 우리 주변에 있는 사고와 문제를 해결할 수 있는 기회에도 같은 원칙이 적용된다. 학습자들이 케이크를 굽고 있을 때 일어나는 수학적 학습에 대해 살펴보았다. 이제 동일한 과정에서 우리가 만들 수 있는 사고와 문제해결의 기회를 나열해 보면 다음과 같다.

- 레시피는 어디에서 찾을 수 있는가?
- 재료는 어디에 있는가?
- 그것을 구할 수 없을 때 어떻게 해야 하는가?
- 케이크를 만들 충분한 재료가 있는가?
- 없다면 어떻게 해야 하는가?
- 그런 다음, 케이크를 만들 재료는 충분한가?
- 조리도구는 어디에 있는가?
- 작업에 필요한 것은 무엇인가?
- 필요한 양을 측정하면 재료는 어디에 두어야 하는가?
- 혼합물에 한 가지 성분을 너무 많이 넣으면 어떻게 해야 하는가?
- 얼마나 많은 시간을 구워야 하는가?
- 시간을 어떻게 측정하는가?
- 누가 오븐을 끌 것인가?
- 세척 및 정리에 충분한 시간이 있는가?
- 없다면 어떻게 해야 하는가?
- 케이크가 구워지면 어떻게 해야 하는가?

제14장('중도장애학생을 위한 놀이 교육과정')에서 재미와 학습 동기를 유발하기 위한 게임의 효과를 구체적으로 살펴보고, 새로운 게임을 고안하고 학습자에 맞게 기존 게임을 조정하는 것에 대해 구체적으로 다룰 것이다. 이제 게임을 하는 과정에서 우리가 만들어 낼 수 있는 사고와 문제해결의 기회를 나열해 보면 다음과 같다.

- 어떤 게임을 할지 어떻게 결정하는가?
- 게임을 시작하기 위한 재료는 어디에 보관하는가?
- 하나 이상의 자료가 누락된 경우 어떻게 해야 하는가?
- 규칙을 알고 있는가?
- 몇 명의 참여자가 필요한가?
- 참여자가 너무 적으면 어떻게 해야 하는가?
- 참여자가 너무 많으면 어떻게 해야 하는가?
- 팀으로 나눌 필요가 있는가?
- 팀을 나누는 방법을 어떻게 결정하는가?
- 도움이 필요하면 어떻게 하는가?
- 도움이 필요한 사람이 있는가? 이에 대해 어떻게 해야 하는가?
- 게임을 실행할 수 있는 충분한 공간이 있는가?
- 그렇지 않다면 어디로 갈 수 있는가?
- 몇 시까지 끝내야 하는가?
- 정리하기 위해 게임 자료는 어디에 보관되어 있는가?

사고와 문제해결 기회를 제공하는 사람이 주로 교사, 지원인력, 부모, 보호자라는 것을 기억해야 한다. 기회를 제공하는 주체가 되기 위해서는 노력이 필요하다. 교사들은 발달적 접근법이 다음과 같은 경향을 보인다는 것을 알게 될 것이다.

- 중도장애/최중도중복장애 교수를 위한 '전통적으로 우수한 실제'를 채택한다.
- 교육과정을 지도한다.
- 특정 목표에 초점을 둔다.
- 연습을 위해 많은 기회를 가지고 한 번에 하나의 작은 단계를 지도한다.
- 혼돈을 피하기 위해 같은 재료를 사용한다.
- 암기 학습을 활용한다.

불행히도, 이것은 또한 학습자들을 '편안함의 함정'으로 이끌 수 있다. 여기에서 확인한 바와 같이 루틴, 순서, 구조, 확실성은 효과적인 학습에 절대적으로 중요하다. 그러나 항상 루틴, 순서, 구조, 확실성을 적용한다면 학습은 극대화되거나 심화되지 않을 것이다.

그렇다면 어떻게 이 두 가지 접근 방식이 조화를 이루게 하며 학생들에게 안정적인 루틴 순서와 구조를 제공하고 동시에 예측 불가능성과 문제해결 요소를 제공할 수 있을까? 다음에 몇 가지 답이 있다.

- 학습자가 루틴을 따르게 되면, 제2의 습관이 되도록 루틴, 순서, 구조 및 확실성을 구축한 후 그것을 바꾼다. 항상 그것을 바꾸면 혼란스럽기 때문에 안 되며 변화는 항상 가능한 한 계획적으로 이루어져야 한다. 학습자에게 사고와 문제해결을 가르치고 있다는 것을 기억해야 한다.
- 어떤 경우에도 '편안함'을 실제 위험 신호로 삼는다.
- 종종 수업에서 시작, 진행, 끝을 다르게 한다. 통제할 수 없는 어려움을 설정한다. '오늘 화이트보드가 망가졌어요. 어떻게 아침인사를 할 수 있을까요?'
- 학생들은 교사를 모든 지혜의 근원으로 바라볼 것이므로 교사는 무엇을 해야 할지 전혀 알지 못한다는 것을 학생들에게 분명히 해야 한다. 교사 또한 문제를 가지고 있다는 것을 인식하는 것은 학생들에게 그들 스스로를 수용하는 데 자신감을 줄 것이다.
- 학생들이 찾을 수 있도록 서로 다른 장소에 있는 장비와 방을 교환한다.
- 교구장에 상징이 있는 라벨을 붙이지 말라. 학습자는 각 교구장을 살펴보고 물건이 어디 있는지 기억해야 한다. 그것은 결국 우리 모두가 집에서 하는 일이다.
- 물건이 어디에 있는지 기억하는 게 확실하면 모든 것을 바꾸라. 그것은 슈퍼마켓에서 자주 일어나는 일이므로 학생들은 익숙해져야 한다.
- 교직원을 교체하거나 '무시하는 척' 하고 '모르는 척' 행동하게 한다. 어떤 경우에도 학생들을 위해 무언가를 하지 말라.
- 다른 공원, 산책로, 상점, 카페, 슈퍼마켓을 이용하라.
- 현장 학습 시 다른 곳으로 이동하여 학생에게 돌아가기 위한 방법을 물어보라.
- 후진연쇄법을 사용하라.
- 학생들이 틀렸다는 것을 말해 주지 말고 그들 스스로 알아낼 기회를 제공하라. 예를 들어, 그들에게 수프를 위한 포크를 주고, 큰 벽돌이 필요할 때 작은 벽돌

만을 제공하고, 댄스 수업을 아주 협소한 교실에서 시작하라. 학생들에게 무엇이 잘못되었는지 질문하라. 그리고 더 나은 방법이 있는지 질문하라.

- 실패를 허용하라.
- 시도한 것에 대해 칭찬하라.
- 가능하다면, 언제든지 낮은 수준의 파괴 활동을 보장하라.
- 도움을 요청하도록 권장하라. 실수를 하는 것은 괜찮으며 무언가를 잘못하거나 무언가를 해 나가는 것은 긍정적이다. 이것은 우리가 배우고 사고를 확장해 가는 방법이다.
- 가능한 한 '틀렸다'라는 단어를 사용하지 말라.
- 학생은 실패에 익숙해지지 않아야 한다.
- 우리가 하는 모든 일은 어떻게든 문제해결과 관련되지만 비장애학생들에게는 그것이 자연스럽고 일상적인 것으로 보인다. 우리는 대부분의 삶을 무의식적으로 미리 생각하고, 계획하고, 조직하고, 문제가 최소화되도록 노력한다. 이것이 우리가 의도적으로 문제를 만들어 내기 위해 매우 열심히 집중해야 하는 이유이다. 그것은 자연스럽게 되지 않는다.
- 질문은 자신감을 길러 준다.
- 빨간색을 제시하고 주황색 공인지 묻는다.
- 마지막으로 들은 것을 반복하는 학습된 반향어를 피하기 위해 '예' 또는 '아니요'를 말하도록 요청한다.
- 기술이 확립되면 '아니요' 또는 '예'로 물어봐야 한다. 그들이 생각하기를 원하기 때문이다.
- 자신감을 키우는 마지막 부분은 '그게 정말 빨간색인가요?'라는 질문에 대한 대답이다. 예를 들어, '이것이 학교로 돌아가는 올바른 길이라고 확신하는가?'와 같이 이것은 모든 학습에 적용된다.
- 학생들이 하고 있는 것에 대해 질문하는 습관을 들여야 한다.
- 질문에 대한 답변(정답인 경우에도)을 확인하여 선택과 결정을 내릴 수 있는 자기확신과 자신감을 발전시킨다.
- 쇼핑을 할 때 500원짜리 동전이 아닌 50원짜리 동전 하나를 주고 어떤 일이 일어나는지 살펴본다. 용감하게 위험을 감수해야 하며 그렇지 않으면 학습은 일

어나지 않는다.

- 더 유능한 학생을 위해 그들의 결정을 정당화하고 교사의 결정에 의문을 제기할 수 있는 능력을 장려하라. 교사가 어른이라고 해서 항상 옳은 것은 아니다.
- 정서적이고 효과적인 의사소통 기술을 지도하는 데 집중하라. 중도장애학생은 과제를 완료하거나 어떤 일을 하는 방법을 알 수는 있지만 그것을 도움 없이 할 수 있는 의사소통 능력이나 신체적 기술을 가지고 있지 않을 수 있다. 그것을 소통하는 것은 종종 필수적이다.
- 문제해결이 가장 효과적이기 위해서는 학습이 일반화되어야 한다.
- 학습자에게 일반화를 요구하기 전에 기술이 숙달되어야 한다. 예를 들어, 토스트를 만들 때 학생들은 토스터의 플러그를 안전하게 꽂고 빼는 방법을 알아야 하며 이러한 기술을 반복적으로 연습해야 한다. 핵심적인 기초 기술이 엉성할 때 문제해결은 어려워진다.
- '생각하고 실천하는 시간'을 만든다. 내 코트가 어디 있지? 뭐가 필요하지? 돈이 얼마지? 어디에 보관하지? 뭘 살까? 가방이 있나? 사례에서 그러한 시간은 대부분의 수업에서 필요할 수 있어서 교사가 계획한 것을 할 수 있는 시간이 남아 있지 않을 수 있다. 이것을 받아들일 용기가 필요하다. 속도가 빨라지겠지만 연습을 통해서만 가능하다.
- 학습자에게 도움을 요청하는 방법을 가르쳐야 하며 학습자에게 서로 도움을 요청하는 방법을 가르쳐야 한다. 팀워크와 그룹 의사결정이 장려되어야 하는데, 이는 교사가 항상 그곳에 있는 것이 아니며, 성인이 항상 현명한 사람이 아니고, 학습자는 곧 성인이 될 것이기 때문이다. 누군가가 그것을 하지 못하면, 그룹에게 문제를 주고 그룹 내 누군가에게 문제를 풀어 보라고 할 수 있다. 좀 더 유능한 학생은 문제를 가장 먼저 해결하고 학습을 해낼 것이다. 이를 통해 할 수 있는 것을 상호 협력적 학습과 모델링이라고 한다.
- 6명의 학생에게 3개 묶음으로 된 요리 과제를 제시한다. 어떻게 해야 하는가?
- 책상을 이동시켜 모은다. 책, 건포도 한 상자, 감자칩 한통 등을 공유한다.
- 시간, 동기, 실패와 성공의 중요성을 기억하라.
- 문제해결과 사고는 학생들이 해결책을 찾고자 할 때 항상 가장 잘 작동한다. 재미있게 하라!

- 그들이 진정으로 즐기는 활동을 통해 앞의 것을 수행한다.
- 성공할 시간을 많이 제공하라.
- 실패 같은 것은 없다. 그것은 단지 성공하기 위한 또 다른 기회일 뿐이다.

제14장

중도장애학생을 위한 놀이 교육과정

해변에서 두 어린 아동을 보고 있다고 상상해 보라. 그들은 작은 양동이와 삽을 들고 있다. 그들은 두 개의 외벽이 있는 모래성을 지었는데, 첫 번째 성이 밀물에 점차 사라지고 있다. 한 아이는 실망하며 비명을 지르지만 다른 아이는 침착하게 그 상황을 즐긴다. 그들이 무엇을 하는 것 같은가? 그들은 성의 붕괴를 목격하는 것을 포함한 많은 것을 할 수 있는데, 그것이 무엇이든 아마도 상상적이고 협력적인 놀이들을 포함하고 있을 것이다.

1977년 지체장애아동의 놀이 집단에 대한 보고에서 크리스틴 사이몬즈(Christine Simons)는 다음과 같이 기록했다.

> 아동은 자신의 아이디어와 역할을 교류할 수 있는 집단 속에서 어떻게 해야 하는지 방법을 몰라서 함께 노는 것의 장점을 모르는 것처럼 보인다. 대부분의 아동은 어른과의 일대일 관계에 익숙하고 또래들과 관계를 맺고 협력하는 것을 어려워한다.
>
> (Simons, 1977, p. 17)

이것이 꽤 많은 특수학교 운동장에서 볼 수 있는 모습이라는 것은, 중도장애학생과 최중도중복장애학생에게 놀이가 반드시 가르치고 배워야 할 '과목'으로 받아들여지지 않는다는 것을 보여 준다. 놀이가 모든 아동에게 유익하다는 것은 의심할 여지가 없으며, 이런 자명한 사실을 정당화하기 위한 설명은 더 이상 할 필요가 없다. 그러나 이는 중도장애학생과 최중도중복장애학생에게 놀이의 중요성을 평가하고, 학교생활 속에서 놀이를 가르치는 데 충분한 시간이 주어졌다는 것을 의미하지는 않는다. 따라서 이 장에서는 중도장애학생과 최중도중복장애학생의 놀이교육에 대해 다루고자 한다.

중도장애학생에게 중요하다고 여겨지는 다른 학습 영역에 대한 연구가 부족함을 느낀다면 새로운 관점에서 살펴볼 필요가 있다. 우리는 이런 아동들이 학교에 가기 전 놀이 집단에서 하는 일이기 때문에 생각하지 못했다고 볼 수 있다. 우리가 생각하기에도 수학이나 과학, 영어를 훨씬 더 중요하게 여기고 있다. 놀이는 여가 시간에 놀이터나 학교 밖에서 일어난다. 아동들은 어른의 도움 없이 스스로, 그리고 서로 함께 노는 법을 배운다. 문제는 중도장애아동들은 우연히 놀이를 배우는 것이 어렵다는 것이다. 이에 대한 많은 이유가 있다.

- 그들은 자발적으로 배우고 일반화하기가 어렵다.
- 지난번에 어떤 게임을 했는지, 누구와 했는지와 규칙을 기억하는 데 어려움이 있다.
- 표현 언어와 수용 언어 모두 부족한 의사소통 기술을 가지고 있다. 의사소통이 어려우면 아동과 새로운 다른 게임을 하는 것 자체가 도전이고, 다른 비장애아동들에게 주도권을 빼앗기며, 빠른 변화를 따라가는 것이 어렵다.
- 의사소통 단절을 회복하는 데 어려움이 있다. 싸움으로 끝난 놀이는 중단된다.
- 집중력이 떨어져 '규칙'을 따르지 못할 수 있고, 이는 분 단위로 변경될 수 있다. 그들은 게임 중에도 단시간 내 다른 관심거리로 주의를 분산시켜 돌아다니기도 한다.
- 게임 구성, 다양한 시나리오의 개념화 등 추상적인 개념에 어려움을 겪는다.
- 놀이 중에 서로가 하는 말을 해석하거나 이해하기 어려울 수 있다. 언어는 협력 놀이에 있어 필수적인 요소이다.
- 중도장애학생이 필요로 하는 학습 기회가 수백 개일 때(최중도중복장애학생은

수천 개) 놀이는 너무 빨리 끝날 수 있다.

- 놀이를 주도할 수 있는 담화 감각이 부족하다. 담화는 매우 복잡하고 어려우며 중도장애학생이 학습하는 데 수년이 걸릴 수 있다.
- 중도장애학생들은 다른 아동이 제시한 지시를 이해하는 데 어려움을 겪을 수 있으며, 매우 어린 아동들도 빠르게 진행되는 자유로운 흐름의 시나리오 속에서 부여되는 요구에 혼란스러워할 수 있다.
- 중도장애학생들은 상징놀이에서 중요하다고 할 수 있는 표상을 이해하는 것이 지체될 수 있다.

자폐스펙트럼장애를 진단받은 경우 이 목록에 다음과 같은 사회적으로 훨씬 어려운 상태들이 추가될 수 있다.

- 놀이 기술 발달의 장애가 되는 엄격한 일상과 의식의 수행으로 유연한 사고가 어려움
- 사회적 상호호혜성의 결여
- 반복 패턴의 순환되는 행동을 보임
- 자연스럽게 고립을 선호하는 경향이 있어 사회적인 소통 동기 결여
- 사회적 · 정서적 지향성 결여
- 일상의 의식에 대한 높은 수준의 강박을 가짐
- 비구조화된 상황에서 제한된 의사소통 능력
- 단순한 요구하기를 넘어서는 의사소통 능력의 제한
- 부적절한 언어 사용과 과제를 하는 데 필요한 언어를 매핑하는 것의 어려움
- 비구어 의사소통 이해의 어려움
- 무엇이 사람들을 움직이게 하는지를 이해하게 하는 타인의 '대중적 심리'에 대한 결함
- 사람에 대한 정서적 개입의 어려움
- 관습적으로 나타나는 타인의 감정에 대한 제한적 이해
- 타인의 의도와 내적 상태의 원인에 대한 인식 부족

중도장애학생을 위한 교육과정의 핵심 특징으로서의 놀이

후세인(Hussein, 2010)은 아동들이 건강하고 행복하게 발달해 가는 데 필수적인 부분으로 놀이를 교육으로 인식해야 한다고 주장한다. 부스와 동료들(Booth et al., 2006)에게 놀이는 조기교육의 핵심이다. 애덤스와 동료들(Adams et al., 2000)은 놀이에 대한 바람직한 이론적 이해가 효과적 지도와 성찰에 도움을 준다고 언급했다. 세취(Seach, 2007)도 다음과 같이 주장하고 있다.

> 아동들이 활동에 즐겁게 참여한다는 것은 아동들이 마주치는 모든 것과 대화를 나눌 수 있게 하고, 정서적 행복을 촉진하는 경험을 만들고, 지식을 변화시키고, 특정 사회문화 집단에 소속감을 준다.
>
> (p. 1)

제닝스(Jennings, 2012)는 건강한 애착 발달을 위한 놀이의 중요성을 언급했고, 앳킨과 동료들(Aitken et al., 2000)은 〈즐겁게 춤을 추다가〉와 같이 리듬, 노래를 통해 총체적인 대근육 동작을 연습할 수 있다고 언급했다. 학습에 어려움을 겪고 있는 학생을 지도하는 교사로서, 학생들에게 수업과 바람직한 행동, 관계에 대한 학교의 규칙을 지도하기 위해 많은 시간을 들이고 있고, 비장애학생들이 놀이를 통해 이러한 필수적인 요소들을 배운다는 것을 잊어버리는 경향이 있다. 예를 들어, 비고츠키(Vygotsky, 1978)는 아동이 가족 놀이를 하며 다른 가족 구성원의 역할을 받아들이고 있다고 언급하면서, 상세하게 두 자매가 실제로 자매의 역할을 하며 노는 예를 인용한다. 일상생활에서 대체로 눈에 띄지 않는 그들 관계의 규칙은 놀이를 통해 의식적으로 습득된다.

루이스와 동료들(Lewis et al., 2000)은 가장 놀이(pretend play)가 표현 언어와 수용 언어 모두와 유의한 상관관계가 있다고 밝혔다. 맥큔(McCune, 1995)의 연구는 가장 놀이와 언어 발달 간의 관계에 대한 세 가지 가설을 실험했다. 그 세 가지 관계는, 가장 놀이 시작과 함께 사용 어휘 수준의 심화, 상징놀이의 시작과 언어의 결합, 놀이의 구조적 결합과 관련된 문법 규칙으로 된 언어 시작이다. 이 연구는 아동이 놀

이 발달과 같은 수준의 언어 습득이 동시에 이루어진다는 것을 발견했다(McCune, 1995). 그러나 어떤 것이 먼저인지는 분명하지 않지만, 효과적으로 의사소통할 수 있는 능력이 손상된 경우 협동 놀이 능력이 심각하게 손상될 수 있다는 것은 분명하다.

비고츠키(1978)는 또한 앞에서 언급한 자매들이 함께 놀이를 하면서 아동이 사회적 규칙뿐만 아니라 자기규제를 습득한다는 것을 밝혔다. 예를 들어, 아동이 달리기 경주의 출발선에 섰을 때, 결승선에 먼저 도달하기 위해 먼저 달리고 싶겠지만 경기의 사회적 규칙과 경기를 즐기려는 열망으로, 아동 스스로 충동을 조절하고 출발 신호를 기다릴 수 있게 해 준다. 놀이는 감정 조절(Seja & Russ, 1999), 사회적 능력(McAloney & Stagnitti, 2009), 문제해결(Russ, 1998), 이야기 이해(Peter, 2003)와 같은 필수적인 속성을 개발할 수 있는 강력한 방법이다.

> 장애학생들은 친구들과 교류하고, 다른 사람들과 대화하고, 놀이 상대자로 참여하는 것과 같은 능력을 뒷받침하는 복잡한 놀이 기술을 개발하지 못할 위험에 처해 있다. 아동이 학교 공동체와 집, 그리고 친구들과 함께 참여할 수 있도록 아동들에게 이러한 기술을 촉진하는 것이 가장 중요하다.
>
> (Stagnitti et al., 2012, p. 302)

역동적 과정으로서의 놀이

맥콘키(McConkey, 2006)는 놀이를 교육적인 활동으로 간주해야 하는 것에 대해 명확히 밝혔다. "놀이는 결과보다는 과정, 활동보다는 행동, 명사보다는 동사로 생각해야 한다."(McConkey, 2006, p. 8) 그는 놀이가 성인과 아동의 상호작용에서 시작되는 역동적인 연속체이기 때문에 "우리는 갓난아이의 유일한 참여 방법이 응시, 졸음 또는 하품뿐이어도 부모는 이들과 어떻게 놀 수 있는지를 안다."고 지적했다(McConkey, 2006, p. 8).

놀이는 집중적 상호작용의 핵심이고(Nind & Hewett, 1994, 2001, 2006; Hewett & Nind, 1998), 기본적인 의사소통과 타인과의 관계를 형성하고 유지하는 데 어려움을 겪는 모든 연령대의 학생들에게 출발점이자 실제적인 초석이 된다. 집중적 상호작용의 기본은 상당히 단순하고 직관적이기는 하지만, 맥콘키가 제안한 역동적인 움직임을 유지하는 능력은 그렇게 단순하지만은 않다. 최중도중복장애학생에게 역동성은 교사, 지원인력, 가족, 친구, 동료 등 대부분 상호작용자에게 의존하게 되며, 학교 안에 있는 관련된 모든 사람, 특히 집중적 상호작용의 과정을 처음 접하는 상호작용자에게는 정기적인 훈련이 제공될 필요가 있다. 같은 나이 든 사람들과 똑같이 오래된 게임을 하는 것은 모두에게 매우 지루할 수 있고, 특히 최중도중복장애인과 친숙한 사람들은 말할 것이 없지만, 역동성에 대한 정기적인 변화가 필요하다.

또래 비장애아동과의 놀이

로이어즈(Roeyers, 1995)와 트레바튼 등(Trevarthen et al., 1998)은 일반적으로 아동이 어른보다 더 좋은 놀이 친구를 만든다고 지적하고 있지만, 앞에서 언급한 여러 이유로 중도장애아동은 서로 협력하여 노는 데 큰 어려움이 있다. 협동 놀이(co-operative play)를 할 때 한 아동만 어려워해도 놀이 자체가 어려워지지만, 두 아동 모두 그럴 경우 협동 놀이가 일어날 가능성은 희박해진다. 이런 경우, 놀이 기술에 능숙하고 의사소통 능력이 충분한 중재자가 필요하며, 다른 또래 비장애아동들에게 의지할 수 있다. 이런 경우 다양한 기회를 만들 수 있겠지만 신중하게 접근해야 한다. 그 비장애아동은 상당한 훈련이 필요할 뿐만 아니라 성인은 적극적인 관찰과 모델링, 재모델링 등의 역할을 지원해야 한다. 놀이 지원에서 성인의 역할은 놀이터의 감독자와 같이 안전 등에 대해 고려하는 것뿐 아니라, 중도장애학생에게 놀이를 적극적으로 가르치는 것이다. 또래 비장애아동에게 필요한 훈련은 그들이 어린 형제자매를 대하듯 하거나 더 심하게는 어린 아가를 다루듯 하며 중도장애학생과 상호작용하지 않도록 하는 것이다. 그러한 과정은 학습된 무력감의 끔찍한 결과를 가져온다.

놀이 결핍 혹은 다른 학습 방식?

중도장애아동들은 협동 놀이에 필요한 경험을 쌓는 데 상당한 노력이 필요하다.

통합 상황에서 놀이를 지원하는 데 필요한 조건을 살펴본 파니 테오도로와 멜라니 닌드(Fani Theodorou & Melanie Nind)의 연구는 자폐스펙트럼장애 진단을 받았지만 학습의 어려움은 없는 한 아동을 관찰했다. 연구자들은 교사가 놀이의 지지자, 놀이의 중재자, 활동적인 놀이 상대자의 세 가지 역할을 해야 한다고 주장한다(Theodorou & Nind, 2010).

테오도로와 닌드는 자폐스펙트럼장애학생과 또래 비장애학생 사이의 놀이 기회를 적극적으로 지원할 필요가 있다는 점을 주장하면서, 결핍 주도의 의료 모델에 집중하는 지나치게 구조화된 놀이 이론은 제외시켰다. 이들은 놀이의 범주화로 인해 자폐스펙트럼장애아동의 실제 놀이 능력에 대한 오해와 혼란이 있을 수 있다고 지적한다. 예를 들어, 트레바튼과 동료들(Trevarthen et al., 1998)은 "많은 종류의 놀이가 자폐아들에게 예상보다 덜 영향을 미친다는 결론에 도달했다."고 주장한다(p. 109). 테오도로와 닌드(2010)는 다음과 같이 언급했다.

> 놀이 결핍에 초점을 맞춘 연구 유형뿐만이 아니라 이론 및 환경적 요인도 기여한다. 놀이 문헌에서 인지발달 이론은 발달장애 아동의 놀이 결핍을 강조하고 있다(Seach, 2007). 동시에, 아동들은 성인 주도의 철학에 기반한 구조화된 프로그램 개입으로 놀이 기회가 줄어든다(Greenspan & Wieder, 2003). 보편적으로 사용되는 자폐스펙트럼장애아동들을 위한 특정 기술은 실제로 또래와의 상호작용을 감소시켰고, 이는 자폐스펙트럼장애아동의 놀이 발달을 지연시킬 수 있다.
>
> (p. 103)

테오도로와 닌드가 그린스펀(Greenspan)과 위더(Wieder)의 마루놀이(floortime) 시간에 이루어지는 상호작용 방법론에 대해 지나치게 가혹하다고 주장하였는데, 이는 문헌에서 의도한 것보다 더 높은 수준의 성인 주도의 철학을 의미하며(성인과의 상호작용과 반대되는), 일부는 결핍 모델이 본질적으로 위험하다는 주장에서 정치적 요소(혹은 최소한 통합교육 모델에 대한 정치적 성향)를 발견할 수도 있다.

> 그러나 그들은 자폐스펙트럼장애아동이 직면한 어려움에 대한 '사실'을 부정하는 것이 아니라 규범적 기준의 유용성과 그들이 이끄는 중재 경로에 대한 도전이라고 주장하는 잠

재적 책임에 반박한다. 자폐스펙트럼장애아동을 놀이에 참여시키는 것에 대한 지지와 상호작용에 대한 상세한 조사가 필요하다고 주장한다.

(p. 103)

이 책의 첫 장에서 언급한 바와 같이, '규범적 기준(normative benchmarks)'의 개념은 다름에 대한 논쟁의 딜레마와 관련하여 제시하고 있다. 조던(Jordan, 2005)의 주장대로 자폐스펙트럼장애아동은 다르게 배우는지(따라서 다르게 가르쳐야 하는지)에 대한 의견을 나누는 것은 우리가 하고자 하는 바가 아니다. 조던(2005)의 주장과 관계없이, 중도장애와 중도중복장애 학생들이 다르게 배운다는 사실에 대한 사례를 발견하였다. 그렇다면 놀이와 관련하여 교육학 전체가 근본적으로 달라질 필요가 있다. 결핍 모델은 자폐스펙트럼장애아동, 중도장애 또는 최중도중복장애 아동이 할 수 없는 것을 지적하는 경향이 있다는 테오도로와 닌드의 의견에 동의한다. 우리는 자폐스펙트럼장애아동, 중도장애 또는 최중도중복장애 아동을 평생 바꿀 수 없다. 많은 교육자는 최중도중복장애, 자폐스펙트럼장애 아동들이 일반적인 방식으로 놀이를 학습할 수 없다는 것을 놀이를 가르치지 않는 이유로 받아들일 수 있다. 이러한 견해를 수용하지 않음에도 불구하고, 다른 진입 지점을 찾기 위해 이들이 하지 못한다는 것을 이해하고 인정하는 것이 중요하다. 중도장애와 최중도중복장애, 또는 자폐스펙트럼장애아동이 협동 놀이를 하지 못하는 것이 아니라, 아동이 하는 법을 다르게 배우기 때문에 우리는 그들을 다르게 가르쳐야 한다.

놀이의 유형과 단계

울프(Wolff, 1979)는 다음과 같이 놀이를 6가지 유형으로 범주화했다.

1. **혼자 놀이**: 다른 사람과 상호작용하지 않고 혼자 하는 활동으로 정의된다. 이런 유형의 놀이는 사회적 기술이 아닌 프라이버시를 지원한다.
2. **평행 놀이**: 언어적 또는 신체적으로 또래와 상호작용하지 않으면서 비슷한 활동을 하는 것을 말한다.

3. **또래와의 긍정적인 상호작용**: 구어 의사소통을 동반한 아이들끼리의 놀이 행동이다. 이 유형은 나눔과 같은 사회적 기술을 제공한다. 예를 들어, 이야기를 하면서 함께 미끄럼틀을 올라가거나 미끄러져 내려가는 것 등이 있다.
4. **또래와의 부정적 상호작용**: 싸움, 놀이에서의 어떠한 공유도 거부하는 것, 또래와 함께 하는 것을 꺼리는 등의 공격적인 행동을 포함하는 놀이 유형이다.
5. **성인과의 긍정적 상호작용**: 아동이 자발적으로 도움을 제공하여 어른과 함께 하는 것이다. 이 놀이 유형은 의사소통과 같은 사회적 기술을 제공한다.
6. **성인과의 부정적 상호작용**: 예를 들어 아동이 성인에게 비협조적일 때 상호작용에 저항하거나 발길질을 하고 소리를 지르는 것과 같은 것이다.

최중도중복장애가 아닌 자폐스펙트럼장애인에게 연극과 드라마를 가르치는 것의 본질을 논한 셔랫과 피터(Sherratt & Peter, 2002)는 놀이의 사회적 관점과 수준 모두를 설명한다. 그들은 놀이의 수준을 다음과 같이 묘사할 수 있다고 주장한다.

- **감각운동 놀이**: 물체의 성질을 느끼고, 빨고, 흔들고, 냄새 맡고, 입에 넣는 등의 주로 탐색적인 것으로 성인들도 여전히 사용하는 것이다.
- **관계형 놀이**: 물체를 탐색하면서 그 특성을 통해 물체가 부딪치거나 눌렸을 때 소리가 나거나 큰 상자에 잘 들어맞는 것 등을 알게 되는 것이다.
- **기능적 놀이**: 특정한 목적을 위해 설계된 특정 장난감을 사용하는 경우로 자동차, 인형, 찻잔 등이 포함된다. 아동과 장난감의 관계는 기능적이지만 자동차 경주를 하거나 충돌하고, 인형을 먹이거나 하는 등의 가상성이 나타날 수 있다는 점에 주목해야 한다.
- **상징놀이**: 막대기가 칼이 되는 것과 같이, 어떤 무생물(막대기)을 특정 사물(칼인 척)로 상징하게 된다.
- **역할극 놀이**(socio-dramatic play): 어떤 상황에서 역할을 부여받고 연기한다. 그러나 여기에 아동 또는 성인의 다른 놀이 참가자는 필요하지 않다. 한 명의 배우가 여러 역할을 맡는 멀티 캐스팅의 형태이다.

셔랫과 피터(2002)는 놀이의 사회적 단계와 관련하여 다음과 같이 제시했다.

- 혼자(solitary) 놀이
- 평행(parallel) 놀이: 서로 교류하지는 않지만 나란히 앉아 각자의 놀이를 함께 하는 것이고, 상대방의 존재를 인정하거나 인식하지 않을 수도 있다.
- 함께(shared) 놀이: 자료나 사물을 공유하고 상대방을 인식하지만 지속적이기보다 일시적이다.
- 차례 주고받기(turn-taking) 놀이: 놀이 활동에 다른 사람의 참여 사실을 명확히 인식하는, 첫 번째 협동 놀이의 시작
- 협동 놀이

이 단계에서 놀이의 유형과 사회적 단계는 광범위한 발달 지표이지만, 비장애학생의 전형적 놀이 발달이 광범위하게 적용되나 선형적이지 않고, 다음 단계로의 '진전'이 이전 단계의 성취에 의존하지 않는다는 점을 유념하는 것은 매우 중요하다.

고찰

이러한 단계와 관련하여, 학습에 어려움을 겪고 있는 중도장애학생들을 놀이에 참여시키려고 하지만 테오도로와 닌드가 지적한 규범적 벤치마크인 (영국에서는 적어도) 5세나 6세 이상의 공식적인 교육 감각을 수행하지 못하는 경향이 있다. 왜냐하면 대체로 비장애학생들은 놀이 기술을 완전히 형성한 후 사회화된 존재가 되어 학교에 입학을 하기 때문에, 규범적 벤치마크인 5, 6세 이상의 공식적인 교육에 대한 상세화가 필요하지 않다. 영국에서 국가 영유아 교육 및 보육 교육과정(Early Years Foundation Stage: EYFS)은 놀이로 가득 차 있다. 놀이가 핵심적인 부분으로, 높은 위상을 차지하고 있다. 반면, 국가수준 교육과정은 그것을 역할극 관점에서만 언급하고 아동들은 체육교육(PE)에서 공식 경기(축구, 농구, 하키 등)와 같이 다양한 것을 배우기 위해 참여할 수 있다. 일반 교육과정은 아동이 5, 6세 정도이면 노는 법을 배울 것이라고 가정한다. 학습과 실행적인 측면에서 놀이는 비장애아동이 하는 것으로 되돌아가며, 그들은 스스로 자발적인 상황에서 다른 아동과 함께 논다. 앞에서 지적한 울프(Wolff)의 또래와의 부정적 상호작용에서와 같이, 성인의 역할은 안전성과 갈등을 해결해 주는 것이다.

그러나 중도장애학생은 수학이나 문학에 대한 전형적 이해에 얽매여 있고, 거의 같은 방식으로 아동 발달단계 어딘가에서 고착되어 있다고 보게 된다. 문제는 인지적 어려움, 즉 결손에 있을 가능성이 높기 때문에 그들이 고착되어 있는 그것들을 더 많이 주지 않아야 한다. 그러므로 우리가 해야 할 일은 그다음 단계로 점프하는 것이고, 개인에게 맞춰 돌아오게 하는 것이다. 높은 금액의 동전과 저액권 지폐로 다시 시작해서 거꾸로 공부함으로써 돈을 가르치는 것보다 학생이 성취할 수 있는 수준의 놀이부터 시작해서 거꾸로 지도해야 할 수도 있다.

저자 중 한 명이 수행한 중도장애학생 세 명을 대상으로 한 소집단 사례 연구(Imray, 1996)에서 체험형 놀이를 설정하였다. 체험형 놀이(heuristic play)는 골드슈마이더와 잭슨(Goldschmeid & Jackson, 1994)이 만든 용어로, 그리스어 유레카(eureka)에서 어근을 가져와 '찾았다'는 뜻의 놀이 이름이다. 골드쉬메이드와 잭슨은 생후 6개월에서 3세까지의 어린 유아들이 천연재료로 만들어진 일상 생활용품을 가지고 상호작용을 하며 '놀이'를 발견할 수 있다고 주장했다. 현재 '보물바구니(Treasure Baskets)'(Gascoyne, 2012) 등 다양하게 변형하여 상용화된 제품들이 있으며, 비장애아동을 위한 이러한 놀이 기술의 원리들은 잘 확립되고 있다. 5세까지 아동을 위해 마련된 영국의 새 교육과정인 국가 영유아 교육 및 보육 교육과정(Early Years Foundation Stage)의 핵심은 체험형 놀이와 같은 놀이의 일반적이고 구체적인 것들을 제시하고 있다.

중복장애학생 그룹은 독립 보행이 가능하고, 최중도중복장애학생과 비교하면 꽤 유능하다. 한 명의 남아와 두 명의 여아로 구성된 학생 그룹은 생활 연령은 11세에서 13세 사이지만 영국의 교육과정으로 보면 P2에서 P4에 해당된다. 두 명은 집중적 상호작용에 뛰어났고(이 두 학생은 P4 학생으로, 항상 솔선수범하고 있고 성인과의 상호작용에서 주도적이다), 나머지 한 명은 어른들만을 대상으로 하긴 하나 꽤 좋은 대인관계 기술을 가지고 있다. 이 세 명은 모두 운동량이 좋았고 신체적 능력 때문에 학교를 쉬는 시간이 거의 없고 전체 학년 동안 확장된 실험에 참여했다. 같은 교실에서 같은 날 오전에 약 45분 동안 매 회기가 지속되기 전에는 교실 중앙에 학생들이 공간을 옮겨 다니며 사물들을 조작할 수 있는 충분한 공간을 마련하였고, 가능한 많은 의자와 가구를 치워 놓았다. 테니스공, 금속 체인, 유색 천 조각, 털실 공, 나무로 된 옷걸이, 주걱 등의 주방기구, 그리고 다양한 크기의 많은 상자와 깡통이 있었다. 첫 번째 저자는 모든 세션을 관찰했지만 개입하지 않았는데, 이는 학생들이 스스로 또는 서로에게 부상을 입히지 않도록 하기 위해서였다. 때때로 직원 한 명이 참석했는데 그들은 가능한 한 침묵하고 방해하지 말라는 엄격한 지시를 받았다. 한 해 동안 총 33회의 세션이 있었다.

학생들은 자신이나 서로에게 상처를 입히지는 않았지만 다른 어떤 것도 하지 않았다. 한 여자 아동은 손으로 자기 몸을 움직이며 방을 돌아다녔고, 다른 여자 아동은 바닥에 앉아 부드럽게 흔들며 조용히 노래를 불렀다. 다른 남자 아동은 대부분 바닥에 앉아 꽤 일정한 간격으로 방에 있는 성인 중 한 명에게 가서 말을 건네고, 아주 가끔 테니스공을 집어 들었다. 뒤에 언급된 활동을 제외하고는 세 아동 모두 어떤 환경에서든 그들 혼자 남겨졌을 때 당연히 한 일이었다(Imray, 1996).

학생들의 인지장애로 인해 자발적인 참여와 놀이를 발견하고 도약하는 것이 어려웠다고 가정하고, 이듬해 11세와 12세 중도장애학생 네 명으로 또 다른 그룹을 구성하였다. 영국의 P척도로 평가하면 P5와 P7 사이의 기능 정도를 가지고 있는 학생들이었다. 인지 수준에 맞게 놀이할 수 있도록 실내 놀이 텐트를 구입하고 그 안에 다양한 생활용품을 배치하였다. 대형 트럭과 놀이 주방 장비와 같은 다른 전통적 장난감들도 제공했고 일 년 반 동안 옷 입히기 박스가 추가되었다. 성인이 개입하지 않는다는 동일한 원칙이 적용되었다. 학년 내내 총 45분 27세션이 있었는데, 다시 한 번 각 세션마다 한 연구자가 참석했다.

어떤 면에서 이 두 번째 그룹은 인지 능력이 더 뛰어난 그룹으로, 놀이 자료와 실제로 상호작용했다. 자연스러운 체험형 놀이 재료는 전혀 사용하지 않았지만 텐트와 집은 상당히 많이 사용했고 전통적 장난감도 때때로 사용했다. 일단 학생들이 그 환경에 익숙해졌고 성인이 아무것도 조직하지 않을 것이라는 것을 인식하자 놀이의 유형이 나타나기 시작했다. 다른 학생들보다 언어 능력이 매우 뛰어나고 인지 수준은 비슷한 학생(키이스)은 부모/교사/성인의 역할을 맡았다. 비록 네 번째 아이(파이살)가 놀이에 참여하지 않고 창밖만을 응시했지만, 다른 두 소년(앨런과 이안)은 참여하지 않은 아이에게 역할을 부여하기보다는 재빠르게 그를 인정하고 놀이를 했다. 키이스는 다른 사람들이 자신이 원하는 것을 하지 않는다며 화를 내거나 가끔 공격적인 모습을 보였다. 흥미롭게도 이안은 키이스에 대해서는 드물지만 키이스가 앨런에게 야단친 것에 대해 불만을 표현했다. 이 세션이 1년 동안 계속되면서 그

역할은 설정되고 확립되어 참가자 중 누구도 바꿀 수 없을 것 같은 행동 유형이 되어 갔다(Imray, 1997).

이 두 사례에 대한 요점은, 첫째, 연구자 입장에서 보았을 때 시간과 기회가 주어지면 두 집단 학생 중 일부 또는 모두가 인지발달이 되리라는 기대이다. 그러나 이러한 기대가 혼란스러웠다는 사실은 테오도로와 닌드의 놀이 지지자, 놀이 중재자, 활동적인 놀이 파트너 역할에 성인이 없었다는 점뿐만 아니라 중도장애학생과 최중도중복장애학생이 겪었을 극도의 어려움을 지적하고 있다. 문제해결과 사고하는 방법을 가르칠 때처럼, 놀이에서 우리는 구조화를 제거하기 전에 구조화를 미리 마련해 두어야 한다는 것을 확인해야 할 수도 있다.

놀이 기술 지도: 놀이 '하기'

스테그니티(Stagnitti, 2010)는 놀이의 행위가 놀이의 '행동'(놀이 기술 개발), 놀이의 '존재'(자신의 표현), 그리고 놀이 참여자의 '역할'(의미 있는 상호작용에 다른 사람과 참여)을 포함하는 것으로, 놀이가 협동으로 확장되기 전에 필요한 전제 조건이라고 제안하고 있다. 비장애학생이 전형적인 학습자로 발달함에 따라 이러한 능력은 협동적으로 놀이하는 데 필요한 의사소통 기술과 함께 결합하고 발전하는 경향이 있다. 중도장애학생들은 그러한 의사소통 기술에 결코 도달하지 못할 수도 있고, 의사소통 기술을 발달시키는 데 엄청나게 오랜 시간이 걸릴 수도 있다.

긍정적인 애착과 성공적인 학습(Positive Attachments and Learning to Success: PALS; Chaloner, 2001)과 수업 중 놀이(Everyone Playing in Class: EPIC; Woolf, 2008, 2011)와 같은 심리치료적 놀이 기반 프로그램은 정서, 사회성 및 행동적 어려움을 가진 학생들을 위한 미국과 영국의 통합학교 및 특수학교 교육 프로그램이라는 특징이 있다. 이러한 프로그램의 핵심적 특징은 애착 이론의 지식을 바탕으로 기본적으로 양육자와 유사한 강한 유대감이 교사와 학생 사이에 확립되어야 한다는 것을 근거로 한다. 그러한 고려사항은 일반적으로 중도장애학생들에게 적용되지 않지만[1] 그러한 프로그램의 놀이 요소를 분리하여 중도장애학생에게 적용할 수도 있다.

마찬가지로, 스테그니티 등 연구진(2012)은 아동이 자기주도적인 놀이 기술을 개발하는 것을 목표로 하는 아동 주도 놀이 기반 중재인 '놀이 학습(Learn to Play)'이라는 작업치료에서 유래된 프로그램을 설명한다. 이 프로그램은 놀이 학습을 단계 수준으로 나누는데(Stagnitti, 2009), 이것은 정해진 기간 동안 전형적 발달을 보이는 아동들의 놀이를 반영하는 1단계(18개월에서 2세 반), 2단계(3세), 3단계(4~5세)로 나뉜다. 이 장의 관점에서 1단계와 2단계는 특히 흥미로워 보인다. 왜냐하면 적어도 초기에는 곰 인형을 침대에 눕히고, 공원에서 인형을 산책시키고, 관찰자에서 능동적인 참가자로 아동이 참여하고, 반복이 핵심 요소인 세트로 된 시나리오를 기반으로 하기 때문이다.

2012년 연구 중 연구자들은 일주일에 두 번, 6개월에 걸쳐 1시간씩 세션을 진행한 후 다음과 같이 결론을 내렸다.

> 일반적인 놀이 지표에서 사회적 상호작용이 47.3% 증가했고, 사회적 연결은 36% 증가했다. 언어의 경우 사물 대체 능력이 50%를 차지했는데 이는 기초선보다 27% 증가한 수치이다.
>
> (Stagnitti et al., 2012, p. 302)

테오도로와 닌드의 중재 기술인 '놀이 학습'[2]처럼, PALS와 EPIC은 중도장애학생의 놀이 학습 방법에 대한 이론을 기반으로 하지 않고, 전적으로 자유 놀이를 기반으로 하였다. 네 가지 기법 모두 자폐스펙트럼장애학생에 대한 연구와 밀접한 관련이 있다. 특히 '놀이 학습'을 통해 초기에는 일정 부분 성인 모델링이 필요하지만, 중도장애학생이 빠르게 움직이는 자유 놀이로 이동할 것이라는 기대가 있을 수 있다. 최중도중복장애학생들을 위한 놀이 이론은 집중적 상호작용과 같은 전략 외에는 실제로 존재하지 않는다. 그렇다면 분명히 관계적 놀이를 위한 기반을 형성해야 한다. 그러나 우리에게 필요한 것은 두 사람 간의 관계 맺기이기 때문에 학생들이 먼저 집

1) 우리는 애착 이론이 일부 학생과 중도장애학생이나 최중도중복장애학생들에게 문제가 아니라고 말하는 것이 아니라, 단지 ESBD를 가진 학생들에게 문제가 될 수 있는 것처럼 일반적인 문제가 아닐 수 있다.

2) '놀이 학습(Learn to Play)' 연구는 5세에서 8세 사이의 학생들 19명이 참여했다. 그중 17명은 경도 혹은 중등도장애학생이었고, 11명은 자폐스펙트럼장애학생이었으며, 나머지 2명은 중도장애학생이었다.

중적 상호작용을 통해 관계 형성에 대해 배우고, 그런 다음에 노는 것에 대해 배우는 것이 필요하고, '놀이 학습'과 같은 상징놀이 계획이 필요하다. 중간 부분인 'playing bridge'는 게임에 포함될 수 있다. "게임은 실제 과제에서 벗어나는 일이 아니라, 우리가 할 수 있는 가장 집중적인 발달과제이다."(Nind & Hewett, 2001, p. 66)

게임을 통해 놀이를 가르친다는 것은 중도장애학생에게 다음과 같은 많은 이점이 있다.

- 게임은 구조적이고 명확한 규칙을 가지고 있고 참가자들이 규칙을 이해하는 인지 능력이 있는 한 모든 사람이 할 수 있다. 많은 게임은 매우 간단한 규칙들이 존재한다.
- 게임은 끝없는 반복을 가능하게 한다. 이러한 반복적 구조는 기억하고, 따르고, 구축할 수 있는 더 많은 기회를 제공한다.
- 중도장애학생들은 높은 수준의 반복을 지루해하지 않는 경향이 있다. 왜냐하면 반복을 통해 그들이 이해할 시간을 갖고 무슨 일이 일어나는지에 직접적으로 관여하기 때문이다.
- 일반적으로 생성된 흥분은 그들이 규칙을 숙지하고 실천하는 동안 모든 것을 휩쓸고 참여 가능성이 상당히 높아질 것이다.
- 기대감과 흥미 있는 분위기에서 다른 아동들과 계속 함께 게임에 참여한다.
- 게임은 아동에게 사물과 사람 간에 관계 맺는 방법을 가르친다.
- 게임은 공유된 경험의 즐거움을 강화한다.
- 차례 주고받기, 연계하기, 해석하기, 단어와 행동을 연결하기와 같은 기본적인 기술을 꾸준히 연습하고 학습한다.
- 게임은 '흥분' '느낌' '위험' '기회' '실망' '상쾌함' '질투' '부러움' 등과 같은 '정신 상태' 단어를 적극적으로 탐구할 수 있는 기회를 제공한다.
- 게임은 '내 주변 팀'의 개념을 발달시켜 협동 놀이의 초기 경험을 제공한다.
- 게임은 아이들이 이기고 지는 개념에 익숙해지도록 한다.
- 게임을 통해 실패와 패배를 일상적인 일로 받아들인다. 시도하고 '해 본다'는 개념은 실패에 대한 두려움 이상으로 높아진다.
- 게임은 한 개인에게 집중하기보다는 팀 간에 실패를 분산시킨다. 공유된 그룹

의 기쁨을 전달하여 성공이 높아지고, 개인의 잘못이 아니기 때문에 이기지 못하는 것에 대한 중요성이 줄어든다.
- 게임은 문제해결 및 사고 기술을 집단적으로 연습할 수 있는 상당히 좋은 기회를 제공한다.
- 규칙 변경이 명확하게 합의된 경우, 게임은 전적으로 규칙 변경에 열려 있다. 이러한 방식으로, 변화와 유연성, 일반화에 대한 교육을 강화할 수 있다.
- 게임을 할 수 있는 능력은 아동을 또래 사이에서 더 매력적으로 보이게 하고, 특수학교나 통합 환경에서 접촉 기회를 증가시킨다.
- 게임은 아동들이 휴식 시간이나 점심시간에도 계속할 수 있다.

그리고 우리가 이 마지막 단계에 이르면 아동들이 주도하는 자유 협동 놀이를 할 준비가 되었다는 것을 확실히 알 수 있다.

우리는 어떤 게임을 할 수 있는가

- **1:1 또는 소그룹 게임:** 나이 어린 학습자들과 하는 간지럼 괴물, 노 젓기, 공을 굴리거나 던지고 잡기, 까꿍놀이, 정원을 빙글빙글 돌기, 땅에 떨어지기 전에 비눗방울을 불어 터트리기 등이 있다.
- **'활동' 게임:** 그네가 있는 평범한 운동장과 특히 어드벤처 놀이공원과 같이, 그 발달단계에 있는 학생들을 위한 자유놀이로 빠르게 발전할 수 있다. 수영장에서 하는 '상어 공격'과 같은 수많은 게임과 비치볼 잡기, 수구 등이 있다.
- **볼풀에서 하는 게임들:** 특히 거칠게 굴러다니는 게임이나 '성의 왕'에 좋다. 교사들은 그러한 게임을 종종 경계하는데, 이는 때때로 빠르고, 걷잡을 수 없게 되고, 아동들이 다칠 위험이 있기 때문이다. 그러나 아동들이 실제로 해 보지 않으면 적절한 정도의 거친 행동을 배울 가능성은 없다. 세션은 하루 중 1~2분 정도 매우 짧은 시간부터 시작하여 점차 시간을 늘려 나갈 수 있다. 그러한 활동은 학생들이 기운을 낼 수 있는 기회를 줄 뿐 아니라 신체적인 교과과정에도 포함될 수 있다.

- **모래와 물놀이:** 모래 구덩이의 크기와 물의 양이 여러 성인과 아동들이 함께 놀 수 있다면, 물을 붓고 모래를 파헤치는 데에 양동이, 삽, 숟가락, 주전자, 그릇, 컵 등이 많이 사용된다. 펌프에 의해 흐르는 물이 긴 수로를 따라 작은 웅덩이로 흘러들면, 이는 모든 연령대의 아동에게 특히 매력적이며 놀이방보다 큰 비용이 드는 것을 정당화할 수 있다. 확실히 많이 활용될 가능성이 높고 고장 가능성이 훨씬 적고 전원을 켜는 것이 복잡하지 않다!
- **소그룹이나 일대일 게임:** 숨바꼭질, 당나귀 꼬리 달기, 소포 전달하기, 의자 빼앗기, 숫자 따라 걷다가 멈추는 게임(prize walk number game: 바닥에 큰 원이 그려져 있고 숫자가 쓰인 뮤지컬 체어가 있다), 사이먼 가라사대 게임, 잠자는 사자, 풍선과 숟가락 릴레이 경기 등과 같은 것이 포함된다. '숫자 따라 걷다가 멈추는 게임'은 음악이 멈추면 아동들이 따라 달리던 원 위의 숫자 칸에 서야 한다. 큰 주사위가 던져지고 그 숫자 위에 서 있는 사람이 우승자이다. 이것은 쉽게 팀 게임으로 할 수 있기 때문에 점수가 합산되고 가장 높은 점수를 받은 팀이 승리한다. 빈백 토스 게임은 점수에 따라 크기가 다른 구멍으로 이동하는 것이다. 'Ring-Ring' Rose 등의 게임도 있다. '소굴 속에 있는 농부(The Farmer in the Den)'와 같은 게임은 어린이들이 농부, 아내, 어린이, 개가 될 수 있는 기회를 갖는 '마음 이론'(Baron-Cohen, 1997)을 학습하기에 매우 좋다. 이 게임은 전 세계적으로 다른 문화적 의미를 가진 수많은 변형을 가지고 있다. 이것에 대해 잘 훈련된 전승가는 아동들이 다음 행동이 어떤 것인지 주도할 수 있도록 잠시 멈추게 될 것이다. '호키포키'와 같은 노래는 게임이 조금 소란스러워지면 아동들을 다시 집중 모드로 모으는 데 탁월하며, 학생들이 상어에 잡히지 않도록 복도나 운동장에서 다른 곳으로 뛰어야 하는 '상어 공격'과 같은 변형도 있다. 아이들은 그들이 먹히면 상어가 되고 좀 더 나이 든 아동들은 좀비로 변형될 수 있다.
- **보드게임:** 나이가 많은 학생을 위한 게임으로 로또/빙고, 뱀과 사다리 등이 있다.
- **카드게임:** 스냅(snap), 펄맨식 기억 게임(pelmanism)이 있다.

다음에 나열된 게임에 관한 많은 책이 있지만 이 목록 중 하나만이 장애를 염두에 두고 특별히 작성되었다(Barratt et al., 2000). 이것조차도 중도장애학생에게 적합하도록 약간의 수정이 필요하므로 교직원 회의를 통해 아이디어를 모을 수 있다.

게임을 위한 추천 도서

Barratt, P., Border, J., Joy, H., Parkinson, A., Potter, M. and Thomas, G. (2000) *Developing Pupils' Social Communication Skills*. London: David Fulton.

Barron, P. (2008) *Classroom Gems: Practical Ideas, Games and Activities for the Primary Classroom*. Harlow: Pearson Education.

Barron, P. (2009) *Classroom Gems: Outdoor Learning: Games, Ideas and Activities for Learning Outside the Primary Classroom*. Harlow: Pearson Education.

Delmain, C. and Spring, J. (2003) *Speaking, Listening and Understanding: Games for Young Children*. Bicester: Speechmark.

Leach, B. J. (2000) *10-Minute Games*. Witney, Oxfordshire: Scholastic.

Ludwig, A. and Swan, A. (2007) *101 Great Classroom Games*. New York: Mcgraw-Hill.

놀이의 확장

게임을 향상시키는 목적은 자폐스펙트럼장애 진단이 있든 없든 중도장애학생에게 필요한 놀이의 구조화를 초기에 제공하는 것으로, 앞에서 언급한 카렌 스테그니티(Karen Stagnitti)의 '놀이 학습'과 같은 반구조화된 방법을 사용하여 자유 놀이를 향해 점진적으로 구축해 나가는 것이 중요하다. 중도장애학생에게 접근할 수 있도록 더 많은 작업이 필요하지만 그것은 분명히 가능성이 있는 것처럼 보인다.

또한 매우 중요한 것은 공식적 수학을 비장애학생 교육과정에 채택하는 것처럼 놀이를 중도장애학생을 위한 교육학 및 교육과정의 일부로 채택해야 한다. 중도장애학생에게 '놀이' 과목을 강조할 필요가 있다. 기본 원칙은 놀이가 운동장에서 방금 행해진 어떤 것으로 폄하되지 않고, 학생이 자신의 시간에 자신의 수준을 찾도록 내버려 두지 않는다는 것이다. 또한 아동들이 어릴 때부터 학령기에 접어들었을 때까지 놀이에 대한 생각을 멈춰서는 안된다. 중도장애학생의 경우 놀이를 배우는 것은 6세에 끝나지 않으며, 많은 학생에게 그것은 2차 단계를 통해 바로 진행될 것이

다. 놀이는 드라마와 창의적 교육과정의 다른 영역으로 변형될 수 있으며, 놀이가 창의적 교육과정 내에 설정되어야 한다고 제안하는 매우 강력한 사례가 있고, 더 광범위하고 차별화되며 전문화된 중등 교육과정의 기본 시작을 형성할 것이다. 놀이는 배워야 할 주제이며 우리는 그것을 진지하게 고려해야 할 것이다.

제15장

중도장애 및 최중도중복장애 학생을 위한 시민성 교육과정

이 장은 이 책에서 최중도중복장애 섹션이 있는 공동 장(chapter)에 가까울 것이다. 이 장은 ① 선택, 민주주의와 지역사회 참여, ② 행동, ③ 성 및 관계 교육(Sex and Relationships Education: SRE), ④ 작업의 세계 등으로 구분되지만 서로의 관련성은 매우 높다. 이 장의 마지막 부분은 최중도중복장애인에게는 적용되지 않으나 많은 논쟁거리가 제시되어 있으며, 이는 공론화되어야 할 문제이기에 이 장에서 언급하고자 한다.

시민성과 지역사회 참여

시민성은 모든 시민이 그들 주변의 모든 다양한 지역사회의 일부라는 관념을 수반해야 한다(Cole, 1989). 물론 개인이나 개인의 집단이 전체로부터 특별히 배제되기로 선택하지 않는 한 말이다. 최중도중복장애학생이나 중도장애학생(특히 자폐스펙트럼장애가 있는 경우) 중 일부는 배제를 선택할 수 있으며, 이러한 입장은 존중되어야 하겠지만, 우리는 그렇지 않다고 생각한다.

이것은 개인의 전반적인 삶의 질 중 일부이고, 행복의 기본 구성 요소로 인식될 수 있다. 우리 대부분에게 행복은 주변의 지역사회에서 활발하고 평등하게 참여하는 것에 달려 있다. 우리는 교육자로서 최중도중복장애학생이 추가적인 교육 혜택을 받지 않더라도 주변 지역사회 구성원의 일부가 될 수 있도록 특별한 노력을 기울여야 할 것이다. 즉, 최중도중복장애학생이 완전한 시민이 될 수 있게 하려면 지역사회 참여 자체가 목적이 되어야 한다. 이는 교과 시간과 매주 교외에서 보내는 교육과정 시간을 의미할 것이다. 이는 최중도중복장애학생의 지역사회에의 접근을 지원하기 위해 통합학교 안에 자원봉사자와 도우미, 학생자치회 등을 조직하는 것을 의미한다. 여기에 동네의 가게, 카페, 도서관, 학교, 박물관, 농장, 공장 등에 있는 주변 사람들과 정기적으로 사회적인 관계를 맺는 것을 포함한다. 이러한 포용력은 최중도중복장애학생뿐만 아니라 사회 구성원 모두에게 긍정적인 이득을 주게 된다는 것을 주변 사람들에게 설득하는 것이 철학과 실천의 중심이 된다.

시민성과 선택, 민주주의와 행복

중도장애학생이 주변 지역사회에 참여하는 것이, 여행이나 쇼핑처럼 더 자연스럽게 교육과정의 일부가 되면 의식적으로 노력할 필요가 없다. 그러나 두 집단 모두 시민성의 개념은 더 넓은 지역사회와의 상호작용 이상을 생성해야 하고, 그것은 학교 교육의 범위 내에서 달성되어야 한다. 즉, 민주사회에서 살아간다는 개념의 도입은 학교의 능력과 교육과정을 개별화하고자 하는 것에서 시작하여, 적극적이고 현실적인 선택이 항상 실행될 수 있게 해야 한다. 교육은 학생에게 행해지는 것이 아니라 학생과 함께 행하는 것이어야 한다. 학교 협의회가 형식적인 기구가 되지 않도록 최대한 신중해야 한다.

중도장애학생(최중도중복장애학생을 고사하고)이 문제해결과 사고 교육과정(제13장 참조) 내에서 엄청난 양의 선행 학습 없이 학교 협의회에서 능동적이고 독립적인 목소리를 낼 수 있다는 생각은 솔직히 의문이다. 중도장애학생과 최중도중복장애학생이 학교협의회에 참여한다는 사실이 자동적으로 선택이나 민주주의와 동일하다고 할 수 없으며, 그러한 참여가 전적으로 명목적인 것에 지나지 않을 위험성이 있다.

최중도중복장애 및 중도장애 학생들은 개별화된 학습을 통해 학습의 과정을 수행해 나감으로써 선택, 민주주의 및 시민성이 일상적인 일이 되도록 해야 한다.

21세기 맥락에서 개별화된 학습(DeFinizio, 2011)을 작성하기 전에 브리스톨 브루넬 아카데미(Bristol Brunel Academy: 영국의 대규모 통합 중등 주립학교)의 교장인 아르만도 드피니지오(Armando DeFinizio)는 효과적인 개별화를 위한 5가지 주요 기준을 제시한다.

1. **학생들이 여전히 발달하고 있다는 것을 받아들인다.**[1] 그리고 학생들은 자신의 문제와 어려움들을 함께하고 있다는 것을 수용하게 될 것이다. 예를 들어, 분리(exclusions)가 필요한 이유가 무엇인가? 모든 학생들의 교육을 개별화하고 싶다면, 우리는 주변에 요구를 가진 학생들을 교육해야 한다.
2. **교육자로서, 전체 학생을 교육하는 것이 우리의 역할이다.** 교과 시간을 정하여 수학 시간에서 수학을 가르치고 또는 영어 시간에 의사소통만 한다고 가정하는 것과는 반대이다. 전체 학생을 교육하는 것은 학생이 생각하고, 문제를 해결하고, 선택하고, '아니요'라고 말하고, 가능한 한 독립적이고, 원하는 만큼 완전하고 적극적인 성생활(sex life)을 하도록 교육하는 것을 포함한다.
3. **교사 전문성은 교육학에 대한 학생의 이해에 있다.** 교사들은 더 이상 정보에 대한 독점권을 가지고 있지 않다. 중도장애 및 최중도중복장애아동, 청소년, 성인이 어떻게 학습하고, 교사가 학생을 어떻게 가장 효과적으로 가르칠 수 있는지에 대한 지식을 가지고 학생들이 그들만의 시간에, 그들만의 속도로 성장할 수 있게 해 줄 것이다. 최중도중복장애인에게 대부분의 교육과 학습은 미리 정의할 수 있는 '결과'가 아닌 '과정'이다.
4. **위계는 독립성, 창의성, 의사결정을 억누른다.** 교장의 과도한 통제가 교사의 진취성을 억누르게 되고, 과민한 교사는 학교 아동들의 진취성을 억누르게 된다. 교사들은 모든 것을 알고 있고 교사가 답을 주지 않으면 아동들은 아무것도 모른다는 가정에서 물러날 필요가 있다. 하지만 이것은 위험을 감수하는 것을

---

1) 이 다섯 가지 항목에서 강조 처리가 된 부분은 드피니지오(2011, p. 216)의 직접 인용문이며, 이에 대한 설명은 최중도중복장애인의 교육에 어떤 의미가 있을지에 대한 우리의 견해이다.

의미한다.

5. **소속감이 성장을 촉진한다.** 교육과정의 필수적인 부분이 되는 것이 핵심이다. 학생들은 소속에서 탈퇴를 선택할 수 있는 것뿐만 아니라 자신의 요구를 전하기 위해 도전행동을 할 필요가 없다. 학생들도 들을 것이고, 자신만의 목소리를 내서 원하는 바를 전달할 수 있다는 것을 알아야 한다.

이미 고든 라이온스와 미셸 카세봄(Gordon Lyons & Michael Cassebohm)(제2장 참조)이 제시한 삶의 질(QOL) 주장을 언급했지만 중도장애와 최중도중복장애를 가진 시민들에게 문명화된 사회가 바라는 행복 개념으로 돌아갈 가치가 있다. 결국 시민성은 개인과 사회적 상호작용의 양방향 과정이다.

루와 쉬(Lu & Shih, 1997)는 행복을 ① 긍정적 정서, ② 부정적 정서의 부재, ③ 삶 전체에 대한 만족, 이 세 가지 관련 요소로 구성되어 있다고 밝혔다. 이를 염두에 두고, 통합 개별화 및 민주주의의 개념을 직접 연관시킬 수 있을까? 데이비스와 플로리안(Davis & Florian, 2004)은 다음과 같이 말했다.

> 플로리안와 허가르티(2004)가 언급한 바와 같이, "특수교육요구(SEN)이라는 용어는 특정 손상에서 발생하는 문제부터 일부 학생이 때때로 경험하는 학습 및 행동의 어려움과 관련된 문제에 이르기까지 다양한 문제를 포괄한다. …… 많은 사람이 손상으로 인한 장애인일 수 있지만 상태에 따라 장애인이 될 수도 있고 그렇지 않을 수도 있다. 그러나 조절(accommodations)이 이루어지지 않는다면 학습의 장애물로 작용하는 몇 가지 조건과 손상이 뒤따르게 된다. 예를 들어, 시각장애인은 시각장애가 없는 사람과 동일한 기능을 수행하기 위해 어떤 지원이나 수정이 필요할 수 있다. …… 특수교육이라는 용어는 그러한 수정 절차를 지칭하는 것으로 종종 사용된다."
>
> (p. 34)

학습의 어려움이 없는 사람과 학습의 어려움이 있는 사람이 '어떤 지원이나 수정'을 통해 동일한 기능(행복 측면에서)을 성취할 수 있도록 하는 교육 시스템에 행복을 포함하는 것이 가능할지 의문이다. 앤드류 콜레이(Andrew Colley)는 최중도중복장애인의 교육에서 행복의 중요성에 대해 다음과 같이 서술했다.

> 내가 만약 통합된 학생들의 학급에서 수학을 가르친다면 나는 그들이 내 수업을 즐기길 바랄 것이다. 나는 그들이 행복하면 더 잘 배울 것이라는 것을 안다. 하지만 나는 또한 그들이 수학을 할 수 있기를 바란다. 이는 힘든 일이다. 그래서 수학에서 학생들을 어느 정도 수준까지 끌어올리려고 노력하다 보면, 학생의 행복을 위한 나의 노력이 자리를 조금 벗어나서 학생들이 배우고 성취하기를 바라는 열망으로 대체되기도 한다. 시험이 다가올수록 나는 그들의 행복에 전혀 관심이 없다는 것을 알게 될 것이다. 시험이 다가옴에 따라 학생의 행복에 대해 전혀 신경 쓰지 않는 내 자신을 발견한다.
>
> 최중도중복장애 학급은 그 반대이다. 행복은 항상 학생들의 웰빙 그 위에 있어야 한다. 왜냐하면 램지, 세미, 우샤가 웃을 때 그들의 웃음은 모두가 포용하는 것만큼 유효하고 현실적이다. 우리 모두가 그렇듯이, 그것은 그들이 행복하고 편안하다는 것을 의미한다. 그리고 그들 스스로도 편안하다는 것을 의미할 것이다. 평생을 관찰되고, 추적되고, 용변 처리를 도움받고, 차와 의자에 묶이고, 들어 올려지고, 먹여 주고, '아니요'라고 말하면서 보내게 된다면, 이것은 매우 소중한 것이다.
>
> 행복을 가르칠 수 있을까? 아마 그렇지 않겠지만, 그래도 모델링되고 권장될 수는 있다. 그것을 가능하게 하도록 외부 환경을 준비할 수 있다. 예를 들어, 학생이 자신의 개인적인 보살핌을 전문적이고 세심하게 다루면 훨씬 더 편안하고 행복할 수 있다. 또한 공간, 색상 및 음향을 사용하여 학생들의 편안함, 차분함 및 행복을 우선하는 환경을 조성할 수 있다.
>
> (Colley, 2013, p. 91)

비록 그들이 최중도중복장애학생(또는 중도장애학생)들을 위해 특별히 논쟁하고 있지는 않지만, 주로 통합된 학생의 교육에 주된 관심을 두고 있기 때문에 에셀스톤과 하이스(Ecclestone & Hayes, 2009)는 교육을 근본적으로 지식의 전달에 관한 것으로 간주하며, 교육을 받거나 그것을 전달하기 위해 행복할 필요가 없다고 보고 있다. "지식은 흥분하거나 화를 내거나 행복 혹은 만족하는 사람들에 의해 열정적으로 또는 무관심하게 지도될 수 있다. 그것은 중요하지 않다. 지식은 원래 있던 대로 모든 것을 극복한다."(Ecclestone & Hayes, 2009, p. 153) 이것은 똑같이 적절한 도스보이스 홀(Dotheboys Hall) 또는 토머스 그래드그린드(Thomas Gradgrind)가 『Hard Times』에 발표한 디킨스(Dickens)의 〈Wackford Squeers〉처럼 비참한 아동들을 가르치는 비참한 교사의 다소 당혹스러운 그림을 연상시킨다.

자, 내가 원한다는 것은 사실이다. 이 학생들에게 오직 사실만 가르치라. 인생에는 사실만이 필요하다. 다른 어떤 것도 심지 않고 다른 모든 것을 뿌리내리라. 사실을 바탕으로 추리하는 동물의 마음만 형성할 수 있다. 다른 어떤 것도 그들에게 도움이 되지 않을 것이다. 이것이 내가 내 아이들과 이러한 아이들을 키우는 원칙이다. 사실을 고수하라!

(Dickens, 1854)

비장애아동을 가르칠 때는 무관심한 지식교육이 효과적일 수 있지만 중도장애 및 최중도중복장애 학생들에게는 효과가 없을 것이며, 심사숙고해서는 안 된다. 좋은 가르침은 학생들과 함께 작업할 때 가장 효과적이다. 사회 전체를 위해 행복에 대한 공리주의적 관점을 채택할 수 있지만, 학생들의 행복이 우리가 할 수 있는 한 목표로 삼아야 할 것이라고 제안하는 것은 타당해 보인다. 라이온스와 카세봄(2010)의 제안처럼 이것이 유일한 목표인지 아닌지는 완전히 다른 문제이다.

시민성과 행동

최중도중복장애학생들이 보이는 도전행동 문제를 다룰 필요가 있다는 것은 분명하다. 해리스(Harris, 1995)는 정기적으로 도전행동을 나타내는 중도장애학교 모집단의 10~15%의 수치를 추정하면서, 중도장애 및 최중도중복장애 학생의 도전행동 가능성을 평균보다 상당히 높게 보았다(Allen et al., 2006). 에머슨(Emerson, 1995)은 6명 중 1명과 8명 중 1명(12.5%에서 16.5% 사이) 사이의 수치를 제시한 반면, 마레(Male)는 이 수치가 25%에 가깝다고 지적한다. 실제로 다운 마레 연구는 일부 영국 중도장애 학교에 이들 학생 수가 전체의 약 50%에 근접하여, 학교생활에서 다양한 시기에 도전행동을 보이는 것으로 보고하고 있는데, 이는 포터와 레이시(1999)가 수행한 연구를 뒷받침하는 수치이다.

적어도 영국에서는 한동안 도전행동의 문제가 빈도와 복잡성 모두에서 증가하고 있다는 인식이 분명히 있었다(Ofsted, 2006). 학교가 결과 중심의 교육환경에서 성취를 추구하며 일시적 및 영구적인 배제가 일반적이었지만(Waddell, 1998; Hanko, 2003), 최근에는 영구적인 배제에 도전하는 움직임이 있다(Ofsted, 2010). 그 결과,

학교에 추가적인 부담을 주었을 수 있으며, 특히 통합 분야(Axup & Gersch, 2008; Derrington, 2009)에서 학교 직원의 불만을 불러일으켰을 수 있다(Lloyd Bennet, 2006).

그러나 많은 영국 통합학교, 특히 중등과정에서 채택한 일반적으로 처벌적인 정책은 습관적인 도전행동을 다루지 않는다는 것을 의미한다. 그러한 학교들은 단지 일시적 혹은 영구적 분리 정책을 통해 다른 학교나 다른 기관으로 내보내거나 부모에게 보내게 했다. 영국 대부분의 통합학교는 그들이 문제를 가지고 있다는 것조차 인식하지 못하기 때문에, 변화에 대한 모든 책임이 학생에게 있다는 것을 확실히 하기 위해 노력하고 있다. 그들이 여전히 장애에 대한 의료적 모델을 추구한다고 가정해야 한다. 반면, 이 모델은 장애인이 지닌 문제나 어려움에 대하여 책임자들이 장애인들의 요구를 다루고자 하는 것이 아니라 학생 내부에 있는 것으로 간주한다. 드피니지오(2011)가 지지한 앞서 언급한 견해는 유감스럽게도 극히 드물고 논쟁의 여지가 있다. 통합학교는 습관적으로 도전행동을 보이는 학생들을 지원할 수 있는 보다 긍정적인 접근 방식을 찾아 반영할 필요가 있다(Imray, 2012).

중도장애 및 최중도중복장애 학생에게 특별히 적용되는 습관적인 도전행동과 관련된 여러 요소가 있는데, 채드윅, 쿠셀과 쿠디(Chadwick, Kussel & Cuddy, 2008)는 다음과 같은 사실을 발견했다.

> 원인의 방향은 불분명하지만 중단되거나 박탈된 모성 보호 이력, 아동에 대한 부모의 비판, 공격적인 부모의 벌 관행과 같은 가족 요소도 행동 문제와 관련이 있었다.
>
> (p. 864)

샤드윅 등의 연구진은 또한 성별, 사회적 불이익 및 뇌전증과 같은 요인이 이 집단에 유의미한 요인이 아니라는 것을 발견했다. 이것은 샤드윅, 워커, 버나드와 테일러(Chadwick, Walker, Bernard & Taylor, 2000)가 도전행동과 중도장애를 가진 아동 50명에 대한 종단 연구를 뒷받침했다. 이 종단 연구는 일생생활 기술과 독립성을 행사할 수 있는 능력의 한계가 중도장애인의 행동 문제에 대한 중요한 예측 변인이라는 것을 발견했다. 잔센, 슈엔젤과 스토크(Janssen, Schuengel & Stolk, 2002)의 연구에서는 중도장애학생이 비장애학생보다 스트레스를 더 잘 받는다는 것을 발견했고, 학생이 속한 집단이 학생의 스트레스를 다루는 데 있어 비효율적인 전략으로 대처하여 더욱 악화시키는 것으로 나타났다.

콜레이(2013)에게 도전행동은 도전을 하는 사람보다 도전을 받는 사람에 관한 것이다. 이것은 도전행동이 빈 방에서는 거의 발생하지 않는다[2]는 사실을 상기시키는 관점이다. 즉, 도전행동은 관계적인 개념이며, 우리는 왜 도전행동을 하는 학생이 문제 행동을 하는지 생각해 보아야 한다. 도전행동이 의사소통이라는 결론에 도달할 수밖에 없기 때문에 여기서 의도적으로 이 점을 설명하고자 한다. 도전행동이 의사소통 부족에 기인한다고 생각할 수 있지만 그럼에도 불구하고 도전행동은 의사소통이다. 중도장애 및 최중도중복장애의 주요 정의적 특성 중 하나가 수용 및 표현 의사소통 모두에 어려움이라는 것을 기억할 때 휴잇(Hewett, 1998b)이 '도전적인 행동이 정상적'이라고 생각하는 것은 놀라운 일이 아니다.

임레이(Imray, 2008)는 중도장애 및 최중도중복장애 학생이 나타내는 대부분의 도전행동이 해결 가능하다는 확고한 견해를 가지고 있으며, 설정된 기본 원칙을 채택하여 이러한 문제에 접근할 것을 제안한다.

- 도전행동을 효과적으로 해결하려면 학습 난이도의 확인이 필요하다.
- 도전행동의 문제해결은 학습 난이도의 성격에 따라 달라질 것이다. 학생의 지적장애가 중할수록 그들의 행동이 다른 사람들에게 미칠 영향을 이해할 가능성이 낮다. 많은 중도장애학생과 최중도중복장애학생은 그들의 행동이 다른 사람에게 어떻게 영향을 미치는지 이해하지 못한다. 아주 낮은 수준의 발달단계에 있는 누군가에게 꼬집고 물고 할퀴는 것을 멈추라고 요청하는 것은 생후 12개월 된 아기에게 우는 것을 멈추라고 하는 것과 비슷하다. 학생이 자폐스펙트럼장애를 중복으로 가지고 있는지 확인하는 것도 중요하다. 일반적으로 중도장애인/자폐스펙트럼장애인에게는 자폐스펙트럼장애가 핵심이고,[3] 최중도

---

2) 이에 대한 명백한 예외는 자해 행동(SIB)이다. 유감스럽게도, 이 책에는 이 주제를 정의할 수 있는 공간이 없지만, 향후 관심이 있는 사람들은『Turning the Tables on Challenging Behaviour』(Imray, 2008)를 참조할 수 있다.

3) 저자들이 알고 있는 한, 리타 조던(Rita Jordan)의『Autism With Severe Learning Difficulties』(2001)를 제외하고 자폐증과 중도장애에 관한 글은 거의 없다. 다행히도, 그것은 훌륭한 책이며 행동에 관심이 있는 사람들은 적어도 제8장은 읽는 것이 좋다.

중복장애인/자폐스펙트럼장애인에게는 심각한 학습장애가 핵심이다.

- 행동을 바꾸는 것은 단지 학생이 변하는 것이 아니라 우리가 변하는 것이다.
- 이유 없는 행동은 없다. 모든 행동 뒤에는 이유가 있고 그 이유는 항상 도전행동을 하는 사람에게 의미가 있다.
- 우리가 그 행동의 이면을 이해하고 받아들이려고 하지 않는 한, 우리는 그 행동이 바뀌기를 바랄 수 없다.
- 행동이 계속된다는 것은 더 나은 의사소통 방법을 지도하지 못했거나 도전행동을 하는 학생의 의사소통 행동을 듣지 않았다는 것을 의미한다.
- 도전행동 형성에서 학습의 어려움이 있다는 것을 인식하는 것은 정말 중요하다. 장애가 있는 대부분의 경우 교사에게 도전적인 행동을 하는 것은 계획적이거나 특정 결과를 얻기 위한 것이 아니며, '관심을 주세요.' 또는 '이것에서 나를 떼어 놓아주세요.'라는 가장 넓은 의미를 제외하고는 일상생활을 구성하는 많은 복잡한 일과에 어떻게 적응할 수 있는지 이해하지 못하는 학생들의 어려움을 반영한다.

임레이(2008)는 습관적인 도전행동과 장애학생들과 협업할 수 있는 열쇠인 '핵심 7'을 제시했다.

- 왜(이유)
- 일관성
- 긍정
- 보상
- 통제
- 성공
- 시간

이 요소를 하나씩 살펴보자.

왜(이유)는 항상 가장 먼저 물어봐야 할 질문이고, 다시 묻고 또 물어봐야 할 질문이다. 그러나 대부분 불확실성을 야기하는 것도 아마 이 질문일 것이다. 아마도 '왜'의 핵심은 가능한 이유를 단순화하는 것일 것이다. 특히 행동의 이유가 문제의 구름 안에 숨겨져 있는 경우 우리가 압도당할 위험이 있기 때문이다. 처음에 왜 이러한 행동이 일어나는지 관찰하고, 파일 및 기록을 확인하며, 다른 전문가들과 문제를 논의하고, 부모들과 문제를 상의하면서 알 수 있을 것이다.

적어도 중도장애학생이 ① 과제 회피나 ② 관심 끌기(Carr & Durand, 1985)의 두 가지 방법 중 하나로 도전행동을 표면화할 가능성이 있다는 것을 아는 것이 중요하다. 임레이(2008)는 이 두 가지 유형의 행동에 대한 해결도 간단하다고 제안한다. 주의를 끌기 위해 아동, 청소년 또는 성인이 습관적으로 도전행동을 나타내는 경우, 우리는 그가 요구하는 관심을 줄 필요가 있다. 아동, 청소년 또는 성인이 과제를 회피하기 위해 습관적으로 도전행동을 나타내는 경우 과제를 제거해 줄 필요가 있다.

관심 끌기 행동은 애착이론에 뿌리를 두고 있을 수 있지만(Bowlby, 1988; Ainsworth et al., 1978), 중도장애 및 최중도중복장애 학생과 관련한 연구는 거의 없다. 그럼에도 불구하고 라슈카와 동료들(Raaska et al., 2012)은 일반적인 경우보다 국제 입양된 장애아동들 사이에 더 흔하다는 것을 발견했고 스터켄버그 등(Sterkenberg et al., 2008)과 슈엔젤 등(2013)은 이 영역을 향후 연구에 매우 관련성이 높은 분야로 보고 있다. 드 쉬퍼(De Schipper et al., 2006) 및 드 쉬퍼와 슈엔젤(2010)은 지원인력과 같이 가까운 전문가와의 긴밀한 결합을 통해 애착장애를 해결할 수 있는 높은 확률에 대해 보고했다. 맥기와 동료들(McGee et al., 1987)이 제안한 온화한 교수와 닌드(Nind)와 휴잇(Hewett)의 집중적 상호작용에 관한 다양한 연구의 초기 아이디어를 여러 가지 측면에서 다시 검토해 보았다. 즉, 사랑은 장애와 도전행동을 가진 모든 이를 교육하는 데 중요한 요소이며, 그들 중 일부에게는 사랑을 직접 가르쳐야 한다.

의심할 여지 없이 많은 사람이 '사랑'을 애착장애에 대한 심리적 이론만큼이나 교육에 관한 것이라고 볼 것이다. 그들은 그러한 문제들이 치료나 치료적 모델과 더 관련이 있고 교실에서 설 자리가 없다고 주장할 것이다(Ecclestone & Hayes, 2009). 그러나 이러한 견해는 학교와 교직원들이 일부 가정과 지역사회가 제공할 수 없는 견고함, 일관성, 따뜻함, 긍정적인 피드백, 긍정적인 역할 모델 및 기타 기본적인 인간의 요구를 제공하는 데 있어서 가질 수 있는 엄청난 영향력을 고려하지 않는다.

우리는 도전행동에 대해 가족을 '비난'하지 않는다는 것을 분명히 하고 싶다. 가족이 충분한 지원과 피난처를 제공하지 못하는 데에는 여러 가지 이유가 있을 수 있다. 그것은 우리가 교육을 무엇이라고 생각하는지에 대한 질문이다. 즉, 콘웰과 월터(Cornwall & Walter, 2006)가 교육에서 '목표 주도 경제'라고 설명하는 것을 전면적으로 채택하면, 많은 아동, 특히 다른 사람들에게 상습적인 도전행동을 보이는 아동들을 자동적으로 부인하게 된다. 콘웰과 월터(2006)는 더 나아가 "학습 및 교육의 전체적인 성격과 학습자 상황의 생태를 무시하는 것은 어리석고 근시안적이며 완전히 위험하다."(p. 9)라고 주장한다.

그러나 이는 장기적으로 효과가 있는 유일한 옵션이긴 하지만 결코 손쉬운 옵션은 아니다. 극도로 관심을 구하는 행동을 하는 일부 학생에 대해 학교에서 일대일 집중적인 지원을 하는 것이 필요하다. 보통 지원인력은 이러한 학생 한 명을 지원해야 하며, 몇 달 혹은 몇 년의 상당 시간 동안 엄청난 도전행동의 폭격을 겪어야 할 수도 있다. 그러나 그런 학생들은 어차피 시간이 걸리기 때문에 실수하지 말아야 한다. 왜냐하면 학급에서는 이러한 도전행동이 두려워서 학생들을 자기 마음대로 하도록 내버려 둘 수 없기 때문이다.

과제를 없애면 과제를 회피하는 행동이 해결될 것이라는 생각은 간단하지만, 교육자의 역할은 분명히 교육을 요구한다. 따라서 우리에게 과제는 그렇게 끊임없이 회피한 활동을 다시 도입하는 것이며, 이는 매우 신중하고 천천히 이루어질 수 있을 것이다. 이것을 성취하는 고전적인 방법은 매우 큰 보상을 위해 아주 작은 작업을 제공하는 것이다. 이것은 학습자가 정말로 좋아하는 무언가를 선택하는 것이다. 학급팀은 종종 너무 빨리 밀어붙여 이 꽤 단순한 전략에 반하는 경우가 있으며, 도전행동 연속체의 극단적 측면에서 20분 동안 몇 초간의 '작업' 보상이 실제로 적절할 수 있다. 과제 회피 행동으로 학생은 자신이 성공할 수 있다는 것을 절대적으로 확신할 필요가 있으며 학생의 속도에 맞춰야만이 이를 달성할 수 있을 것이다. 일단 패턴이 확립되면 조금 더 강하게 밀어붙일 수 있지만, 학생에게 좋은 날뿐만 아니라 나쁜 날도 있을 수 있다는 점을 항상 염두에 두어야 하며, 그러한 나쁜 날에는 일시적으로 매우 안전한 목표로 되돌아가야 할 수도 있다.

접근 방식의 일관성이 모든 환경에서의 일관성과 반드시 관련된 것은 아니지만 이는 분명히 유익하다. 교육자로서 우리가 어떤 영향을 미칠 수 있는지 생각해야 할 수도 있으며, 학교 내에서와 마찬가지로 모든 행동 방침은 모든 사람이 자신의 일을 하고 있다면 거의 작동하지 않을 수 있다. 일관성을 유지하는 가장 좋은 방법은 모든 계획에 대해 공동 주도권을 갖는 것이며, 이는 전체 그룹의 회의가 매우 중요하다는 것을 의미한다.

습관적인 도전행동에 대한 **긍정적인 반응**은 항상 부정적인 반응보다 더 효과적이다. 그러므로 최중도중복장애학생의 상습적인 도전행동을 다룰 때 부정적인 언어를 사용하는 것에 매우 신중할 필요가 있다. 임레이(2012)가 자세히 설명한 매우 타당한 이유가 여러 가지 있지만 핵심적인 것은 다음과 같다.

- 벌은 자동적으로 우리 안에 있는 부정적인 면을 드러낸다.
- 그 중심에 두려움이 있기 때문에 학대로 이어질 수 있다.
- 모든 사람이 동일한 수준의 두려움을 지닐 수 있는 것은 아니다.
- 분노와 행동의 소용돌이를 일으킬 가능성이 높다.
- 벌을 핵심 요소로 사용할 경우, 행동이 일어나기를 기다리고 있기 때문에 행동이 항상 표면화된다.
- 부정을 사용하면 사람이 무엇을 해야 하는지가 아니라 하지 말아야 할 것을 가르친다. 그래서 '아니요' 또는 '그렇게 하지 마세요'라고 말하는 것으로 우리가 무언가를 하고 있다고 믿게 만든다. 사실, 우리는 아무것도 하지 않고 있다.[4)]
- 벌은 행동을 억제할 수는 있지만 해결하지는 못하는 단기적인 해결책이다.
- 벌은 종종 경계를 설정하는 것과 혼동된다. 그것은 전혀 동일하지 않으며 전적으로 긍정적인 반응을 보장하는 보상 시스템을 사용함으로써 경계를 세우는 것이 완벽하게 가능하다.
- 벌은 개인이 자신의 행동에 대해 책임을 지도록 장려하지 않는다.
- 문명사회는 부정적인 벌을 넘어 긍정적인 보상 속에서 투자의 정도에 의해 특징지어진다.

---

4) 긍정적인 언어를 사용할 때에도 수수께끼로 말하는 것에 매우 주의해야 한다. '손을 내리다'나 '부드러운 손'과 같은 구절은 우리에게 어떤 의미가 있을 수 있지만 우리가 소통하는 사람에게는 거의 의미가 없다. 대안적인 행동을 가르치려고 한다면 '손을 무릎에 대고' 또는 '박수 세 번'처럼 명확하고 구체적으로 말하라.

우리는 도전행동은 장애 없이도 존재할 수 없다는 것을 기억해야 한다. 도전행동으로 장애아동을 벌하는 것은 장애를 이유로 아동을 벌하는 것과 같다. 좋은 행동을 보상하는 것이 나쁜 행동을 벌하는 것보다 훨씬 더 효과적인 정책이다. 그것은 우리가 그 행동을 없앨 수 있는 상당히 더 장기적인 가능성을 가지고 있다는 것을 의미한다.

보상은 도전행동이 종종 문제 활동이나 상황에서 더 큰 관심이나 즉각적인 철회와 같은 즉각적인 보상을 가져올 수 있다는 점에서 학습자에게 매우 강력한 도구가 될 수 있다. 학습자의 강점, 관심사 및 집착을 보다 긍정적인 행동을 촉진하는 데 보상으로 활용하는 것을 고려한다면 기존 행동보다 훨씬 더 가치 있는 새로운 행동을 효과적으로 만들 수 있다.

실패할 행동 지원 프로그램(BSP)을 도입하는 것은 전혀 의미가 없기 때문에 **성공**은 분명히 핵심이다. 성공은 성공을 낳고 실패는 실패를 낳기 때문에 우리는 학생들이 가능한 한 쉽게 성공할 수 있도록 해야 한다. 애초에 행동을 확립하는 데 있어 장애 자체의 중요성을 기억해야 한다. 무엇을 하기로 결정하든 한 번에 모든 것을 변경하지 않는 것이 가장 좋다. 완벽은 평생의 프로젝트이다! 한 번에 한 가지 행동이나 규칙을 선택하고 행동을 다른 교과목처럼 학생들에게 가르쳐야 한다는 것을 기억하라. 이는 학습의 어려움을 염두에 둔 것이다. 때로는 가르쳐야 할 가장 중요한 과목이고, 때로는 가르쳐야 할 유일한 과목이다.

통제는 도전행동을 보이는 학생들에게 부족하고 그들이 추구하는 것이다. 모든 프로그램의 장기적인 목표는 학생이 자신의 행동을 통제하는 것으로 이는 매우 중요하지만, 중도장애 및 최중도중복장애 학생들은 자신의 삶의 상당 부분을 다른 사람들이 통제하는 경우가 많다. 일부 사람이 할 수 있는 유일한 방법으로 통제권을 행사하려고 하는 것은 놀라운 일이 아니다. 모든 사람은 '아니요'라고 말할 권리가 있고, 더 중요한 것은 모든 사람이 '아니요'라고 말할 때 경청받을 권리가 있다는 기본적인 인권을 명심하는 것이다. 그 권리를 빼앗는 것이 답은 아니지만, '아니요'라고 말하는 더 나은 방법을 가르칠 수 있다. 학습자에게 긍정적이고 보람 있는 방법은 모든 사람에게 장단기적인 혜택을 제공할 가능성이 훨씬 높다.

개념으로서의 **시간**은 장단기적으로 필수적이다. 중도장애학생에게 기본적인 행동 기법(긍정적 행동에 대한 보상)을 사용할 경우, 올바른 결정을 내렸다면 4주 이내에 상당한 변화를 볼 수 있을 것이다. 변화가 없다면 프로그램을 중지하고 7가지 핵심 요소를 모두 확인한 후 다른 것을 시도하라. 장기적인 전략은 항상 학습자가 자신의 행동을 통제하는 것이어야 한다. 물론 최중도중복장애학생, 관심을 끌려는 학생들과 함께 작업하는 것은 장기적인 해결책인 관계 변화를 수반하기 때문에 아마 오래 걸릴 것이다.

행동 지원 계획 작성

종종 도전행동을 하는 아동, 청소년 및 성인과 함께 자연스럽게 도전행동에 집중하며, 그들에 대한 생각과 관계에 지나치게 부정적이 될 수 있다. 우리가 매일 상처를 받는 것은 놀라운 일이 아니다. 이에 대처하려면 행동 지원 계획(Behavior Support Plan: BSP)을 위한 견고한 플랫폼을 제공하기 위해 행동 강도 및 요구사항 일지를 작성하는 것이 매우 유용하다.

A4 용지 가운데에 세로선을 그리고, 도전행동을 하는 학생을 잘 아는 다른 사람들과 함께, 그 학생에 대해 생각할 수 있는 모든 긍정적인 것에 대한 목록을 종이 왼쪽에 작성하라. 비록 중요하지 않아 보일지라도 특히 학생이 정말로 좋아하는 일에 집중하라. 적어도 10개의 목록이 있어야 한다. 이러한 긍정적인 것들을 자신의 행동을 포기한 학생에게 부여할 수 있는 보상의 기초로 사용하라.

학생이 능동적이고 상호작용적인 시민으로 변화하기 위해 도움이 필요하다고 생각하는 모든 행동 목록을 오른쪽에 기록한다. 조던(2001)이 지적한 바는 다음과 같다.

- 위험함: 자신, 타인 또는 재산
- 간섭 및 제한: 특히 행동 비율
- 다른 사람에게 영향을 미침
- 범죄 행위 또는 사회적으로 용납할 수 없는 행동

목록을 작성한 후 우선순위를 정한다. 단 한 가지만 변경할 수 있다면 어떻게 하겠는가? '하나의 규칙'을 갖는 것은 습관적으로 도전행동을 하는 학생들에게 우리가

설정한 과다한 규칙을 위반하는 것이 매시간 발생한다는 것을 기억하게 하는 유용한 방법이다. 그들은 항상 규칙들을 위반하고 있으며, 이는 물론 그들이 항상 실패한다는 것을 의미한다. 이 규칙만을 가지고 이 규칙에만 집중한다면 성공할 가능성이 훨씬 높아진다. 즉, 다른 규칙을 위반하는 것을 '허용'해야 하지만 하나의 규칙이 만들어지고 정해지면, 다음 규칙으로 넘어갈 수 있다. 우리가 학생의 성공을 돕지 않으면 그 학생은 항상 실패할 것이며, 우리도 항상 실패할 것이다.

SMART 목표는 일반적으로 이 책에 언급된 다른 학습 영역에 부적절한 수단이라는 주장에도 불구하고 중도장애 및 최중도중복장애 학생과 집단에게 도전행동은 규칙의 예외이다. 그러나 이는 종종 불이행 경향이 있기 때문에 학생의 인식보다는 교직원의 인식과 더 관련이 있으며 특히 행동 지원 계획이 잘 진행되고 있을 때 그렇다. 학생이 10분 동안 수행할 것으로 예상한다면 그 10분을 지켜야만 한다. 상태가 좋지 않은 날에는 10분을 6분으로 바꿀 수 있지만, 좋은 날이라고 해서 10분을 20분으로 만들 수는 없다.[5] 학생들은 교사가 약속한 부분을 지키고 있다는 사실을 알고 안심해야 한다. 학생은 도전행동을 나타내지 않기로 약속한다. 교사는 학생이 타이밍을 맞추어 행동을 관리하는 것에 대해 보상하기로 약속한다. SMART 목표를 가지면 교사들이 학생에게 일관된 방식으로 접근할 수 있다.

이러한 접근의 기본적인 원칙은 다음과 같다.

- **행동은 의사소통이다.** 그 이유를 알려 주기 때문에 행동에 집중해야 한다.
- **학생이 수행하고 있는 발달 수준에 유의하라.** 일반적인 수행 규칙으로 최중도중복장애학생에게 보상을 사용하는 것은 효과적이지 않을 것이며, 집중적 상호작용을 중심으로 하는 관계 중심의 유대 접근 방식을 사용하는 훨씬 더 장기적인 접근 방식을 취해야 한다(Nind & Hewett, 1998, 2001).
- **학생이 자폐스펙트럼장애를 중복으로 가지고 있는지 확인하라.** 일반적으로 핵심은 개인의 자폐증에 대한 깊은 지식이며, 우리는 그 이유로 관심 끌기에서 물러설

5) 물론 여러분은 주어진 시간이 끝날 때 '계속 일하기' 상징이 포함된 선택판을 제공함으로써 시간을 연장하는 것에 대한 학생들의 허락을 얻을 수 있다. 만약 학생이 이것을 선택하면 그녀는 다시 선택판을 받기 전에 10분 더 할 수 있다.

수 없다.

- **항상 긍정적인 관점에서 문제에 접근하라.** 이는 학생에게 대항하기보다는 협력하고 있다는 것을 의미한다.
- **가능한 한 많은 사람을 상황 안팎에서 참여시키라.** 동일한 접근 방식으로 대하는 사람이 많을수록 BSP의 일관성은 높아진다.
- **학생에게 기본적으로 동기를 부여하고 개인적인 보상을 사용하라.** 학생 자신의 흥미와 동기부여에 기반을 둔 보상 시스템을 사용하는 것은 새로운 접근 방식을 훨씬 더 효과적이게 만든다. 왜냐하면 학생이 과제를 하지 않거나 주의를 끌지 못하는 데 있어서 동일한 효과를 얻을 뿐만 아니라 보상도 받기 때문이다.
- **학생에게 통제권을 돌려주라.** 중도장애학생 또는 최중도중복장애학생 대부분의 도전행동은 자신의 통제를 완전히 벗어난 삶으로 일부 통제권을 되찾으려는 필사적인 시도임을 인식해야 한다. 학생들에게 통제권을 얻을 기회를 줌으로써 명분을 세울 수 있다.
- **목표 시간을 제한하도록 하라.** 이를 위해 모래시계나 알람시계와 같은 간단한 장치를 사용한다. 이것은 자신에게 기대되는 것이 무엇인지 모르는 학생들의 스트레스와 불안을 많이 제거할 수 있다.
- **성공이 핵심이다.** 습관적인 도전행동이 대개 과제를 회피하거나 관심을 끄는 데 꽤 효과적인 방법이라는 것을 인식할 필요가 있다. 학생 주변의 모든 지역사회에서 같은 효과를 얻기 위해 학생이 도전행동 대신 무엇을 해야 하는지 매우 현실적이고 구체적으로 가르쳐야 한다.
- **행동은 다른 과목과 마찬가지로 학습 과정이다.** 행동을 가르치고 있다는 사실을 기념하고 성공을 기록해야 한다. 재신타(Jacinta)가 시간당 20번 꼬집기에서 5번 꼬집기로 발전했다는 것에 학교 전체에서 기뻐하며 북을 치고 축하해야 한다. 이어서 재신타가 한 시간에 1번 꼬집기로 줄이고 하루에 2번 꼬집기로 줄이는 작업을 해야 한다. 학습의 과정은 계속되어야 하지만 항상 학생이 관리할 수 있는 속도로 진행되어야 한다.

마지막으로, 도전행동과 관련하여 이들 접근법은 이 연구자의 희망사항일 뿐 아니라 실제로 효과가 있다. 런던 북부 이즐링턴(Islington)에 있는 브리지 스쿨(Bridge

School)은 중도장애, 최중도중복장애, 자폐스펙트럼장애를 가진 160명의 아동, 청소년 및 성인을 위한 전 연령대(2~19세)를 대상으로 하는 학교로서, 1990년대 중반부터 이러한 접근 방식을 연구해 왔다. 영국 교육기준청(Ofsted)[6]은 현재 이 학교를 '뛰어난' 학교로 평가하고, 실제 모든 교직원은 전적으로 긍정적인 철학을 받아들이고 행동을 통제하는 수단으로 제재와 처벌을 사용하는 것을 거부한다. 브리지 스쿨은 대부분의 주정부 지원 특수학교와 마찬가지로 입학 여부를 결정하지 않으며, 극단적인 도전행동을 보이는 학생이 일정 비율 속해 있다. 그럼에도 불구하고, 이 학교는 1996년과 이 책의 출판일 사이에 영구적으로든 일시적으로든 언제든 어떤 이유로도 한 명의 학생도 배제하지 않았다(Barratt, 2013). 그것은 당연히 그래야 한다.

시민성, 성 및 관계 교육

교육과정의 이 특정 부분을 다루면서 특별하면서도 관련 있는 세 가지 측면을 살펴보고자 한다. 첫째, 중도장애 및 최중도중복장애를 가진, 전체 학교 집단 중 극소수에게 성 그리고 관계 교육(Sex and Relationships Education: SRE)을 지도하는 데 수반되는 어려움을 다루길 원한다. 둘째, 교육과정 전반, 특히 중등 장애학생들에게 SRE의 중요성과 핵심을 성찰하기를 원하고, 셋째, 모든 사회가 성찰해야 할 몇 가지 질문을 하고자 한다. 이 질문들에 대해 옳고 그른 답이 반드시 있는 것은 아니지만 그렇다고 해서 질문해야 할 필요성이 바뀌지는 않는다. 이 절의 대부분은 딕슨(Dixon, 1988), 크래프트(Craft, 1994), 다운즈와 크래프트(Downs & Craft, 1996), 크리세이(Crissey, 2005), 카를-에드워드와 스콧(Kerr-Edwards & Scott, 2005), 티솟(Tissot, 2009), 임레이와 앤드류(Imray & Andrews, 2012)의 저작에 기초한다. 확실히 매우 복잡하고 종종 논란이 되는 이 주제에 대한 이해에 대해 앤 크래프트, 캐롤라인 다운즈 및 힐러리 딕슨(Anne Craft, Caroline Downs & Hilary Dixon)의 논지를 과소평가할 수 없다.

6) 교육기준청(Office for Standards in Education: Ofsted)은 정해진 기준에 따라 학교의 성과를 평가하는 영국 중앙 자금 지원 독립기관이다. '뛰어남'은 최고의 평가이다(역주: 우리나라의 교육과정평가원에 해당하는 기관).

또한 진보적으로 서구 사회의 관점에서 이 문제를 다루고 있다는 것을 분명히 할 필요가 있다. 우리는 무엇이 정상적이고 수용 가능하며 바람직한 것인지에 대한 특정 가정을 해 왔다. 서구 자유주의 전통을 벗어난 많은 사회나 실제 자유주의 서구 사회 내의 개인이나 집단은 이러한 견해를 갖고 있지 않을 수 있다. 따라서 불쾌했다면 사과하겠지만 견해를 밝힌 것에 대해서는 사과하지 않겠다.

영국 배경

2008년 10월 23일, 영국 노동당 정부는 SRE 검토 운영 그룹의 보고서에 대한 답변을 발표했으며 SRE를 법으로 제정할 의사를 발표했다. 2010년 4월 이러한 계획들은 그해 5월 선거 전에 여러 가지 긴급 법안을 통과시키기 위해 철회되었는데, 물론 노동당 정부는 이 법안을 통과시키지 못했다. 2013년 3월, SRE에 대한 연합정부의 정책이 무엇인지, 국가수준 교육과정의 일반적인 재작성 통지 외에 SRE의 변경 의도가 무엇인지 불분명하다. 그러나 학교는 여전히 충분한 SRE 교육과정 시간을 준비해야 한다. 보수당과 자유민주당(현재 영국 연합정부를 구성하는 정당)이 SRE 의무화에 반대했고, 정치권에 확실한 것은 없지만 크게 변하지 않을 것으로 추정해도 무방할 것이다.

후속 영국 정부는 1987년에 설립된 자선 단체인 SRE와 관련된 많은 단체로부터 조언을 받아 왔으며, 이제는 학교에서 가정, 돌봄, 건강, 지역사회, 청소년 및 안전한 환경으로 초점을 확대했다. 포럼에서 SRE가 ① 평생학습의 필수적인 부분, ② 자격으로는 남학생, 여학생, 이성애자, 레즈비언, 게이 또는 양성애자, 신체적 · 학업적 또는 정서적 어려움을 가진 학생, 종교적 또는 신앙적 전통을 가진 학생을 포함, ③ 정서적 발달의 전체적인 맥락에서 제공되어야 한다고 주장한다(Sex Education Forum, 2005). 포럼에서는 SRE가 ① 정보 습득, ② 기술 개발, ③ 태도와 가치 탐색의 세 가지 핵심 요소가 있으며, 성에 대한 정보만으로는 결코 충분하지 않다고 경고한다. 이는 특히 학습에 어려움이 있는 학생들을 위한 것이며 이 절 뒤에 있는 사고의 주요 부분을 구성하는 사람들에게 특히 그렇다.

대답해야 할 몇 가지 철학적인 질문

특수교육 대상 학생들을 통합된 또래 학생들과 동일하게 교육하는 것이 통합교육의 혜택인가, 아니면 적어도 "가능한 한 통합된 또래의 기능에 가깝게" 교육해야 하는가?(Maddison, 2002, p. 21). 중도장애학생은 학교를 떠날 때까지 SRE에 대해 무엇을 이해할 수 있어야 하는가? 중도장애학생의 SRE 교육과정이 두 가지 모두를 반영할 수 있는가? 중도장애학생의 SRE 교육과정은 이 두 가지를 모두 반영해야 하는가?

성 지식 공유

자폐스펙트럼을 포함한 중증의 복합적인 요구를 가진 학생에게 SRE를 가르쳐야 할 주요 영역 중 하나는 성 지식을 공유하는 것을 놓쳤을 가능성이 매우 높다는 것이다. '사회적으로' 공유된 성 지식은 아마 사춘기 무렵에 정체 상태에 있을 수 있지만, 그것은 젊은이들의 성과 성관계 둘 다에 대한 본질적인 이해의 주요 부분을 형성하고 있다. 그러나 중도장애인 및 최중도중복장애인은 아마도 평균적인 성인의 사회 성숙도에 이르지 못했을 것이고, 효과적인 동료 관계를 발전시키지 못했을 것이며, 동일한 경험을 했을 가능성이 매우 낮다. 그들은 장애가 성생활의 가능성을 없앤 것처럼 실제로 그들의 성이 인식되지 않는 사회적 무성화의 희생자가 될 수 있다. 부모들, 다른 성인들, 그리고 또래들은 성적인 주제에 대해 불편해할 수 있고, 이것은 사회적 상황에서 더 큰 고립으로 이어질 수 있다. 그러한 10대들은 표현하려는 '성적 욕구'가 있을 수 있지만 그렇게 하면 (종종 부적절한 것으로 간주되는 시간 또는 방식으로) 그들의 행동은 '벌'을 받을 수 있다. 그 후 발생하는 갈등은 더 부적절한 행동으로 이어질 수 있고 나선형으로 이어진다. 그러나 중도장애 및 최중도중복장애를 가진 일부 청소년에게서 관찰되는 '과도한 성생활화'는 사회적 관습과 동의의 개념 모두에 대한 이해 부족의 결과로 간주될 수 있으며 특히 SRE 학교 프로그램에서 다루어야 할 영역이다.

사례 연구 1

데이비드는 18세이다. 그는 중도장애와 자폐스펙트럼장애를 가지고 있으며 국가수준 교육과정의 약 1/2 정도, 즉 5~6세의 발달단계로 활동하고 있다. 그는 여성에 대해 끊임없이 생각하고 있다고 말하며, 항상 문이 잠겨 있는지 확인하지만 집에서 샤워할 때 자주 자위를 한다. 그는 또한 그의 부모에게도 말했지만, 부모는 매우 혐오스럽게 반응했고 그가 계속한다면 엄하게 처벌을 받을 것이라고 말했다. 당연히 그는 이것에 대해 매우 걱정하고 있다.

중도장애인 또는 최중도중복장애인의 부모와 학교 간의 문화적 · 종교적 차이가 있을 수 있다. 엄밀히 말하면, 데이비드는 욕실 문을 잠그는 올바른 일을 하고, 자폐스펙트럼장애인에게서 흔히 볼 수 있는 그의 타고난 정직함은 사랑스러운 특성이다. 그러나 그의 부모는 그의 성적인 부분이 문제를 가지고 있고, 교직원들은 그의 나이에 자위행위가 지극히 정상적이라는 것을 그에게 확신시킬 필요가 있다. 학교는 또한 부모에게(매우 겸손하고 비판단적인 방식으로) 그들이 데이비드에게 조언한 것을 알려 줄 수도 있다.

사생활

앞에서 언급한 바와 같이 SRE 정책과 실천 방안을 수립할 때 고려해야 할 핵심 영역은 ① 프라이버시와 동의에 대한 사회적 이해와 ② 이 두 영역이 강력하게 상호 의존적이라는 것을 가르치는 것이다.

프라이버시 문제는 크게 두 가지 영역으로 나뉜다. 첫째, 내 몸과 다른 사람의 몸이 사적인 영역이고, 둘째, 사적인 공간과 사생활이 보장되는 영역이다. 중도장애인에게 사적인 것으로 간주되는 신체 부위의 이름을 구체적이고 정확하게 명명하는 것이 훨씬 좋다. 이러한 부분이 다른 것으로 불릴 수 있음을 인식하는 데 시간을 할애할 수 있지만, 예를 들어 음경을 음경이라 부르고 그 이후 항상 그렇게 언급하는 것이 중요한 첫 번째 단계이다. 또한 감각 문제를 가진 사람들, 특히 자폐스펙트럼 범주의 경우, 신체의 모든 부분이 완전히 사적인 것으로 간주될 수 있음을 인식해야

한다. 우리는 지난 20년 동안 누군가로부터 신체적 접촉을 받아들이는 데 있어서의 극도의 어려움에 대해 설득력 있게 말하는 템플 그랜딘(Temple Grandin)과 같이 자폐스펙트럼을 가진 저자들로부터 많은 것을 배웠다(Grandin & Scariano, 1986).

프라이버시의 두 번째 영역은 '사적인 공간'과 관련이 있다. 학교와 학부모/보호자 모두 중도장애를 가진 일부 학생이 개인적으로 시간을 가질 필요가 있음을 인식하는 것이 매우 중요하다. 이때 문은 내부에서 잠기지 않는다면 최소한 닫힐 수 있고, 아마도 '출입금지' 표지판이 걸릴 것이다. 화장실이 사생활 보호에 부적절한 장소라고 생각하는 사람들도 있지만, 적어도 학교에서 화장실을 빼앗는 것은 청소년이 사적인 공간을 사용할 수 없게 만들 가능성이 높으므로, 프라이버시는 잠긴 문과 같다는 황금 규칙을 가르치는 데 집중할 필요가 있다.

사례 연구 2

센은 13세 다운증후군이며 국가수준 교육과정의 레벨 1로 활동하고 있는데, 이는 국가수준 교육과정이 일반적으로 5세로 발달할 것으로 예상되는 수준이다. 최근 센은 다른 튜터 그룹의 학생들이 패드를 교체하는 것을 지켜보다 화장실에서 발견되었고, 다른 교실에서 패드를 꺼내는 것이 발견되었다. 그는 다른 학생과 함께 남학생 화장실의 소변기에서 발견되었는데, 둘 다 바지를 내린 채 자신의 음경을 만지고 있었다. 최근 센은 공공 수영장에서 5분 동안 실종됐고, 알몸인 다른 소년(류터 그룹)과 함께 칸막이에서 발견됐다. 직원들은 또한 센이 화장실에서 칸막이 문을 활짝 열어 둔 채 성기를 가지고 노는 모습을 두 번 이상 목격했다.

물론 여기에 과잉반응의 위험이 상당히 있으며, 사회복지에 필요한 요청과 실제로 그들의 대응이 조용히 언급되기를 바랄 것이다. 센의 상황은 센이 이전에 가진 여러 '이해'를 지속적으로 수정하고 유지해야 할 필요성을 강조한다. 그러나 성적 충동의 힘은 매우 강할 수 있으며, 이 경우 센이 지켜야 할 경계를 확실히 이해하도록 훨씬 더 개인적인 작업이 필요하다.

중도장애 젊은이들에게 공공장소와 사적 장소의 차이를 가르치는 것은 이것이 학교, 가정, 지역사회에서 있을 수 있는 장소를 명확하게 명명하고 그들이 어디에 있는지 이해하고 식별할 수 있도록 하는 데 최소한 학기 절반 정도를 소비하는 문제이다. 이것은 매우 중요한 영역으로 이 작업은 매년 반 학기 전체가 필요하지는 않지만 매년 반복되어야 할 것이다.

동의(허용)

다른 사람이 자신의 동의 없이 사적인 장소에서 자신을 만지지 않도록 하는 것 또한 비교적 간단하며, 구조화된 교실과 역할극 상황에서 '아니요'라고 말하는 연습을 할 수 있는 많은 기회가 있다. 이것은 학생들이 실제 상황에 대한 이해를 일반화할 수 있도록 (연간) 정기적이고 지속적으로 심도 있게 검토해야 하는 또 다른 영역이다.

그러나 동의의 문제는 학생들의 신체 부위를 사적으로 만져야 할 필요가 있는 사람들(부모, 의사, 간호사 및 가끔 교직원)과 관련하여 약간 복잡하고, 중도장애인들이 다른 사회 구성원처럼 누군가가 '사적인' 장소에서 그들을 만지기를 원할 가능성에 관해서는 극도로 복잡해진다. 즉, 그들이 다른 사람과 성관계를 맺고 싶을 수 있다.

특히 중도장애 및 최중도중복장애청소년에게 '예'라고 말하는 문제를 다루지 않고 '아니요'라고 아주 분명하게 말하도록 가르침으로써 개인을 탈성애화(또는 비인간화)시키는 현실적인 위험이 있다. 이것은 단지 성교에 대한 문제가 아니라 성적 관계에 관한 문제이고, 여기서 훨씬 더 복잡한 영역에 들어갈 수 있다. 어쨌든, 우리 사회는 몇 가지 탐색적인 질문을 해야 한다.

중도장애 및 최중도중복장애를 가진 사람들은 성관계를 할 권리가 있는가? 『Life Site News』에 따르면 호주와 덴마크의 사회복지부는 사회복지 지원의 일부로 장애인을 위한 성 노동자를 연계하고 비용을 지불할 수 있도록 되어 있다(www.lifesitenews.com/news/archive/ldn/1950/93/5093003 (2011년 11월 13일 접속). 특히 공식적인 의사소통 및 의사결정 수단이 없을 수 있는 사람들을 위해 효과적이고 기능적인 지원 체계에 대한 접근을 제공함에 있어 다른 기관이 여기에 나서야 한다는 점을 언급하는 것 외에는 이에 대해 언급하지 않겠다. 현재 영국에서는 장애인 삶의 어느 때라도 그러한 접근이 가능하다는 보장이 없으며, 우리 사회는 그것이 평등한지를 고려해야 한다.

사례 연구 3

줄리와 나짐은 둘 다 16세이고 꽤 오랫동안 친했다. 그들은 둘 다 중도장애지만 구어를 사용하고, 자신이 좋아하는 것과 싫어하는 것을 알고 결정을 내릴 수 있다. 그들은 최근에 운동장에서 만날 때 손을 잡고 서로 인사하고 작별키스를 하는 것에 익숙해졌다. 그들은 서로 사랑하고 결혼하고 싶다고 말한다. 그들은 둘 다 서로 성관계를 하고 싶다고 말한다.

중도장애인은 16세 이상의 성적 파트너에 대해 선택할 권리가 있는가? 요즘 우리는 청소년의 성 실험을 정상적인 성장의 일부로 받아들이는 경향이 있다. 점점 더 어린 나이에 이런 일이 일어나는 것처럼 보이지만, 표현의 자유와 결정의 자유에 대한 일반적인 원칙은 꽤 잘 확립되어 있다. 장애학생에게도 적용되는가? 예를 들어, 젊은 남성(그리고 젊은 여성) 중도장애인의 경우 동성 간의 성관계는 비장애 또래들에 해당하는 같은 자동적인 사회적 장벽을 제공하지 않는 것처럼 보인다. 즉, 중도장애를 가진 젊은 남녀들은 일반적으로 동성애자나 양성애자로 분류되는 개념 없이 동성 동료들과 성적인 실험을 하려는 경향이 훨씬 더 크다. 그들은 단지 그들 자신일 뿐이다.

그러나 언제 그들이 그러한 관계를 형성할 자유와 사생활을 가질 수 있을까? 확실히 학교는 아니다. 방과 후 클럽에서도 아니다. 아마 집에서도 아닐 것이다. 학습자들에게 공적인 것과 사적인 것에 대해 가르치는 것은 매우 좋지만, 다른 누군가와 사적인 관계를 갖는 것이 허락되지 않는다면 '예'라고 말한다는 생각은 대체로 학문적 이론에 불과하다. 더 나쁜 것은, 우리가 효과적으로 거짓말을 가르치고 있을지도 모른다는 것이다. '예'라고 말할 수는 있지만, 다른 사회와 달리 '예'가 되게 할 수는 없다는 것이다. 다시 말하지만, 이것은 잘못되었다. 장애가 심할수록 다른 모든 사람에게 부여된 자유를 박탈할 가능성이 높아진다. 1994년 힐러리 브라운(Hilary Brown)은 장애가 있는 사람들이 성적인 존재가 될 수 있는지에 대해 의문을 제기했으며(Brown, 1994), 사회적으로 우리는 그 사이에 그렇게 많은 발전을 이루지 못했을 수 있다. 가장 취약한 사람들을 보호하는 것과 그들에게 기회 균등을 허용함으로써 그들을 포함시키려는 열망을 균형 있게 조화시키는 것은 쉽지 않다.

2013년 초에 영국에서 SRE를 지도하는 입법적 위치는 2000년 교육과학부에서 발행한『성 및 관계 지침(Sex and Relationship Guidance)』에 이슈화하였다. 이것은 과학 교육과정에 인간 및 기타 생명체와 관련된 생물학적 사실이 포함될 가능성이 있으므로 국가수준 교육과정 과학 외부에서 제공되는 SRE 내용과 구성을 설명하는 최신 정책을 제공해야 한다고 명시한다. 이 정책은 본질적으로 학교장의 책임이며, 학부모/보호자들이 이를 개발하고 점검할 수 있도록 해야 한다. 분명히 여기에는 교장과 수석 리더십 팀의 상당한 지도가 필요하다. 중등학교는 성병 감염 및 HIV/AIDS에 대한 정보를 포함하는 SRE 프로그램을 제공해야 하지만, 특수학교는 별도의 조치를 취해야 할 수도 있다(DfES, 2000). 1993년「교육법」에 따라 모든 부모는 국가수준 교육과정의 과학 교과에 따라 필요한 인간 성장 및 생식의 생물학적 측면에 대한 교육을 제외하고 언제든지 성교육 프로그램의 전체 또는 일부에서 자녀를 철회할 법적 권리를 행사할 수 있다. 적어도 영국에서는 소수의 중도장애 중등학생들만 그러한 과학 수업에 참석할 가능성이 높으며, 정의에 따라 제공되는 정보의 복잡성으로 인해 인지 능력이 가장 뛰어난 학생들 외에는 세부사항을 이해하는 것이 어려울 것이다.

성인의 필수적인 역할

몇 년 전 중도장애학생들에게 성 문제를 가르치는 선구자 중 한 명인 앤 크래프트(Ann Craft)는 직원들이 교사, 상담사, 보호자, 중재자로서 특정 핵심 역할을 수행했다고 언급했다(Craft, 1994). 최고의 학교에서 크래프트가 추천하는 직원은 자격을 갖춘 교사만이 아니라는 점을 염두에 두고 한 번에 하나씩 살펴보겠다. 중도장애 및 최중도중복장애가 있는 많은 아동, 청소년 및 성인에게 가장 효과적인 '교사'는 그들을 가장 잘 아는 사람들이 될 것이다.

교사로서의 교직원

교직원은 SRE를 다루는 구조화된 프로그램을 설정하고 실행하는 데 능숙하고 편안해야 한다. 물론 그들은 자신이 가르칠 그룹을 아는 것뿐 아니라 개별적인 요구에

대한 명확한 이해를 갖는 뚜렷한 이점을 가질 것이다. 학교가 SRE를 다른 성별 그룹에서 가르치기로 의식적으로 결정하는 것일 수도 있고, 저자들은 그것이 필수적이라고 생각하지 않지만 어떤 점에서는 이것이 최선의 접근법일 수 있다. 이에 대한 결정은 교육받는 그룹의 성격에 따라 크게 달라지며 엄격한 규칙은 있을 수 없다. 그룹의 인지 능력을 확실히 볼 필요가 있을 것이고 그 핵심은 학생이 내년 정도에 성관계를 맺을 가능성에 크게 좌우될 수 있다.

상담자로서의 교직원

개인 관계에 대한 체계적인 프로그램과 관계없이 장애가 있는 일부 개인은 자신의 삶의 측면에 대한 개인 또는 커플 상담이 필요하며, 그것을 운에 맡기지 않고 이들이 누구인지 밝혀야 한다. 항상 그렇듯 조기 개입이 권장된다.

보호자로서의 교직원

그룹으로서, 장애가 있는 청소년은 잘 아는 사람들에 의해 성적 학대 및 성적 착취에 대한 취약성이 증가할 가능성이 높다. 낯선 사람에 의해 학대 또는 착취당할 가능성은 자연스럽게 제한적이다. 특히 그들이 오랜 시간 동안 혼자 있을 가능성이 매우 낮기 때문이다. 그리고 어떤 경우에도 중도장애인에게 '낯선 위험'을 효과적으로 가르칠 가능성은 어려움이 많기 때문이다. 왜냐하면 낯선 사람이라는 개념이 너무 추상적이기 때문에 중도장애인은 어려움을 겪는다. 두 사람이 전에 만난 적이 없고 서로에게 자신을 소개하면서 그 과정에서 서로를 만지는 것(예: 악수하는 것)은 여전히 낯선 사람인가? 관계의 어느 시점에서 낯선 사람은 낯선 사람이 되지 않는가? 관계의 어느 시점에서 새로운 친구를 신뢰해야 하는가? 직원은 기관 내에서 복잡한 요구를 가진 개인의 온전함과 안전에 대한 책임이 있지만, 위험을 회피하는 환경에서는 잠재적인 사회적 관계가 성적인 것으로 발전하는 것을 우려하여 억압할 위험이 있다. 따라서 두 가지 질문이 필요하다. 실제 위험이 존재하는가 그리고 우리가 지나치게 보호적인가이다.

중재자로서의 교직원

특정 성적 행동이 장애가 있는 사람을 법적 경계 및/또는 사회적 경계와 충돌시킬 경우 교직원이 개입하여 학생을 잠재적으로 복잡한 상황에서 멀어지게 해야 할 수 있다. 이것은 분명 재치, 이해 및 인내심을 가지고 행할 필요가 있다.

역량 강화자로서의 교직원

교직원은 격려, 촉진, 기술 전달을 통해 학생들이 자신의 삶에서 힘을 발휘하고 자신의 속도에 맞춰 선택을 할 수 있도록 하는 과정에서 분명히 핵심이다.

따라서 주요 기능은 다음과 같다.

- 직원의 중요한 역할에 대한 인식
- 모든 공식 · 비공식 SRE 프로그램의 중심에는 자아실현, 자기표현 및 자신감이 있다.
- 각 학생의 속도에 맞추어 진도를 나가야 하며, 개별 인지 능력을 염두에 두어야 한다.
- 모든 교육 프로그램이 '안내된' 의사결정의 전제로 구성될 수 있다.

사례 연구 4

카르윈은 12세 중도장애학생이고 영국 용어로 p5 정도로 활동한다. 즉, 그는 2~3세 정도로 세상을 볼 것이다. 카르윈은 하루 종일 강박적으로 자위행위를 하고, 멈췄을 때 종종 혼란스러워하고 방향감각을 잃는다. 그는 상당히 도전적이고 때로는 공격적인 행동을 보일 수 있다. 그는 때때로 자신의 신체를 사람에게 밀착해 자위하는 데 이용한다. 집에서 카르윈은 침대에서 어머니와 함께 자고 밤에 침대에서 자위한다. 그는 또한 그의 여동생들 앞에서 자위한다. 집에서 이런 행동을 다루기 위해 어떤 전략을 쓰는지 물었을 때, 엄마는 "나는 그를 손으로 때렸다. 매우 세게."라고 말했다.

카르윈(Kerwin)은 자위를 할 권리가 있으며, 그렇다면 언제 어디서 자위를 할 수 있는가? 무엇이 적절하고 어디에 적합한지 그에게 가르쳐 줄 수 있을까? 그는 아마도 자신의 환경, 시간표, 사생활에 대한 권리를 어느 정도 통제할 필요가 있을 것이다. 또한 부모와 다른 가족 구성원의 역할은 학교에서 배운 기술을 일반화하는 데 매우 중요하며 시간이 지남에 따라 부모의 참여와 기여가 자녀 교육을 직접적으로 형성할 것이라는 것에는 의심의 여지가 없다. 따라서 그들은 학생, 가족 및 학교를 포함하는 3자로 구성된 교육 경험의 필수적이고 적극적인 부분이 되어야 한다. 일부 부모와 가족은 이 역할을 원하지 않을지도 모르지만, 그렇다고 해서 그들의 참여를 극대화하려는 노력을 중단해서는 안 된다.

핵심 교육과정

이 책의 이 시점까지 실제 교육과정 문서를 구성하는 것에 대해 규범적이 되는 것을 피했다. 명확한 학습 경로를 따르는 규범적 교육과정이 일부 학생에게 적합할 수 있지만 결코 전부는 아니기 때문에 꽤 신중히 일반화에 대해 말했다. 우리는 아이디어가 있을 수 있지만 반드시 모든 답을 가지고 있는 것은 아니라는 것을 인정한다. 개별 학생과 집단에 대해 더 많이 알수록 더 많은 답을 얻게 될 것이다. 따라서 중도장애인 및 최중도중복장애인을 위한 많은 교육과정 문서의 핵심은 상당히 유연한 일련의 옵션을 제공할 수 있는 능력이다.

그러나 SRE 교육과정에 관하여, 학교는 가능성이 있는 것과 관련된 특정 철학적 결정을 내려야 할 수도 있다. 즉, 중도장애학생 중 과거에 다른 사람과 성관계를 맺은 학생이 몇 명인가? 과거에 얼마나 많은 사람이 플라토닉 관계를 형성했는가? 1~2년 후나 학교를 떠난 후 가까운 장래에 성관계를 할 가능성이 있는 사람은 몇 명인가? 필요한 것은 다음과 같은 핵심 교육과정 문서이다.

- 특정 시간에 개인의 필요에 따라 가르칠 수 있는 유연성
- 정기적인 재방문 가능성과 그에 따른 이전 학습 강화
- 선행학습을 기반으로 구축 가능

기본 SRE 교육과정은 다음과 같은 주요 영역으로 나눌 수 있다.

1. 내 몸을 아는 것
2. 나를 아는 것
3. 사적인 것과 공적인 것
4. 다른 사람을 만지고 다른 사람이 나를 만지도록 허용하는 것
5. 관계 형성
6. 성적인 친밀감

이를 하나씩 살펴보도록 하자.

내 몸을 아는 것 자연스럽게 신체 부위를 아는 것, 그들의 기능을 아는 것, 나이 차이와 성별 차이를 이해하는 것, 내 옷을 위에서 아래로 탐색하는 것, 그리고 특히 몸이 사춘기와 함께 변하기 시작할 때 개인 위생 문제를 보는 것으로 세분화될 수 있다. 또한 생리, 성적 감정, 자위를 다루는 과정을 시작할지도 모른다. 이 중에서는 성적 감정의 추상적이고 개인적인 본성과 자위를 가르치는 데 있어 극도의 어려움 때문에 항상 골머리를 앓고 있다. 여기에서 완전히 탐구할 문제는 아니지만, 중도장애인이 스스로 길을 찾도록 내버려 두지 말고 적극적으로 가르칠 가능성을 고려해야 한다. 왜냐하면 많은 사람은 지식이 없는 상태에서 결코 자신의 길을 찾지 못하고 기이하거나 안전하지 않은 관행을 쉽게 채택할 수 있기 때문이다. 마찬가지로 이것은 논의의 쟁점이 되어야 하며, 부모/보호자가 참여해야 하며, 이러한 목적을 위해 특별히 훈련된 성 전문가를 고용해야 할 수도 있다. 이것은 학습에 어려움이 없는 사람과 '동일한 기능을 달성하기 위한 어떤 종류의 지원이나 조정이 필요할지도 모른다는 플로리안과 히가르티(Florian & Hegarty, 2004)의 통합에 대한 관찰이 필요할 수 있는 또 다른 영역일 수 있다. 그러나 불행하게도 개별 학교가 이를 받아들일 가능성은 낮다. 법률 제정을 허용하는 중앙집권은 의심할 여지 없이 필요할 것이며 개혁 열의를 가진 영국 국회의원 한 명 이상이 이 책을 읽기를 바란다. 최소한 공개적으로 논의되어야 할 문제이다.

나를 아는 것　내가 좋아하는 것과 싫어하는 것을 반영하는 것으로 나눌 수 있다. 내가 좋아하는 사람과 싫어하는 사람, 내가 할 수 있는 것과 할 수 없는 것, 누군가를 신뢰하고 누구를 믿을 수 있는지 생각하는 것, 나 · 너 · 우리, 내 인생의 사람들(특히 친구, 가족, 선생님, 그리고 지역사회의 사람들 등), 긍정적인 자아상과 높은 자존감을 키우는 것 등으로 세분화할 수 있다.

사적인 것과 공적인 것　내 몸에 사적인 곳, 내 몸에 사적인 곳이 아닌 곳, 내가 혼자 있을 수 있는 곳, 내가 사적이 되게 갈 수 있는 곳, 다른 사람들과 시간을 보낼 수 있는 곳, 내 방으로 나눌 수 있다. 이는 철학적 관점(장애가 있는 사람이 혼자 있을 수 있도록 허용하는 데 수반되는 위험은 무엇인가)에서뿐만 아니라 순전히 공간의 실제 위치에서 많은 가족이 어려울 수 있는 미묘한 문제를 다룬다. 장애를 가진 사람이 자신의 방을 마련하는 것이 물리적으로 불가능한 가정에서 부모, 보호자 및 가족은 최소한 미리 짜인 정기적인 주 단위 개인 시간을 가질 수 있도록 침실 순환 시스템을 운영하는 것에 대해 생각해야 할 수 있다.

다른 사람을 만지고 다른 사람이 나를 만지도록 허용하는 것　공공장소와 사적인 장소를 탐색할 수 있을 뿐 아니라 공공장소에서 내가 나의 신체 중 만질 수 있는 곳, 공공장소에서 내 스스로를 만지기에 부적절한 곳, 나를 만지는 것이 부적절한 것, 내가 다른 사람을 만질 수 있는 곳, 만지기 전에 허락을 받는 것, 압박에 저항하고 '아니오'라고 말하는 것, '예'라고 말하는 것, 선택하는 것을 교육과정에서 다룬다. 다른 사람을 만지고 다른 사람이 나를 만지는 이 모든 영역이 효과적인 SRE 정책과 실천을 뒷받침하는 사고의 초석이 된다. 즉, 학습자에게 '아니요'라고 말하는 것, '아니요'라고 말하는 것이 그들이 할 수 있는 모든 것이 되어 개별 학습자를 보호하는 데 너무나 신경 쓰는 딜레마를 피해야 한다. 아마도 개인이 '예'라고 말하고 싶을 때가 있을 것이고 그 권리를 부정해서는 안 된다. 그 해답은 아마도 만질 수 있는 권한이 가능한 한 개인과 집단의 의식 안에 최대한 확고히 자리 잡도록 하는 데 있을 것이다. 그렇게 할 수 있는 권한이 있고 개인적으로 사적인 스킨십을 허락했을 때 친밀한 접촉도 가능하다. 관련된 사람들의 나이와 관련된 문제는 여전히 남아 있을 것이지만, 그것은 그들이 어디에 있든지 간에 합의된 연령 이하의 사람들은 대부분 철저한 감독을 받을 가능성이 높기 때문에 우리의 걱정거리 중 가장 적은 부분일 것이다.

관계 형성 특히 관계가 의미하는 바, 누군가를 좋아하는 것과 사랑하는 것의 차이, 가까운 친척을 사랑하는 것과 남자친구 또는 여자친구를 사랑하는 것의 차이, 데이트, 여자친구나 남자친구 사귀기, 동성 관계, 칭찬 주고받기, 특별한 시간이나 이벤트 공유하기 등에 대한 많은 질문과 탐구로 이어질 것이다.

성적인 친밀감 기본 교육과정의 마지막 부분으로서 모든 사람에게 적용되지 않을 수 있으며, 이미 성적 페르소나를 보여 주거나 이에 근접한 사람들에게만 지도할 수 있다. 따라서 여기에는 다른 사람과의 성행위를 구성할 수 있는 것에 대한 설명, 부드러움, 보살핌, 공감 등이 다른 사람과의 성행위의 핵심 요소라는 인식, 안전한 성관계, 특히 임신과 성병 관련 안전하지 않은 성행위의 가능한 결과 등이 포함된다. 포르노 이미지(특히 성행위에 대한 폭력적이고 지배적인 묘사)가 오늘날의 청소년들이 자신의 성적 정체성을 찾고 있는 시기에 공개적이고 자유롭게 이용될 수 있다는 것은 서구 자유민주주의 내의 다소 슬픈 현상이다. 그러한 이미지가 장애가 있는 사람들의 학습과 이해를 왜곡시키지 않기를 바란다.

캐서린 티솟(Catherine Tissot, 2009)은 우리가 자폐스펙트럼을 가진 사람들에게 효과적으로 SRE를 가르치는 것을 방해할 수 있는 문제에 대해 설득력 있게 글을 썼으며, 중도장애인과 최중도중복장애인에게 똑같이 적용될 수 있는 많은 어려움을 지적한다.

- 장애의 본질
- 부모의 종교적 · 문화적 신념
- 프라이버시의 구체적인 개념을 가르칠 때의 어려움
- 직원의 견해와 개인적 신념
- 특히 자위행위를 가르치는 것의 어려움과 관련된 법
- 실제로 성 정체성을 가능하게 함으로써 나타날 도전
- 사회의 신념

티숏(2009)은 또한 다음을 수행해야 한다고 제안한다.

- 부모를 포함시킨다.
- 다학문적이고 전체론적인 접근 방식을 채택한다.
- 모든 직원과 협력하여 교육과정을 개발한다.
- 모든 주요 단계에서 자료를 검사한다.
- 교육과정 개발 및 전달을 관리할 핵심 담당자를 지정한다.

중복장애인을 위한 SRE

중도장애인에게 SRE보다 더 논쟁적인 영역이 있다면, 최중도중복장애인에게 정확히 SRE가 무엇인지에 대한 질문일 수 있다. 분명히 합의의 전체 성격은 매우 큰 문제가 될 것이지만 그것이 이 주제에 대해 논의하는 것을 막아서는 안 되며, 매우 숙련된 관점에서 개인적으로 이 문제에 접근해야 할 수도 있다. 다시 말하지만, 이는 모든 시민의 포괄적인 '권리'와 직접 관련된 문제이며 성인기에 각 개인에게 선택권을 제공하는 것에 대해 매우 창의적으로 생각해야 할 수도 있다. 학교에서는 문제가 되지 않을 수 있지만 교육은 18~19세에 끝나지 않으며 배움에 대한 언급이 연령에 따라 제한되어야 한다는 것은 이 책의 의도가 아니다. 우리는 답을 모르지만, 그렇다고 해서 많은 가능성을 찾는 것을 멈추지 않아야 한다.

SRE 자료

- 런던 북부 이즐링턴에 있는 브리지 스쿨은 최중도중복장애, 중도장애, 자폐범주성장애 분야에서 일하는 모든 사람에게 SRE 교육을 제공한다. 맞춤형 교육과정은 학교 및 기타 조직에도 제공될 수 있다. www.thebridgelondon.co.uk으로 이동하여 교육 링크를 클릭하거나 training@thebridge.islington.sch.uk으로 이메일을 보내 정보를 요청하라.

- 수준 높은 교육을 지원함으로써 장애가 있는 아동·청소년의 삶을 개선하기 위해 노력하는 자선 단체인 이퀄스(Equals)는 SRE를 포함하는 조정된 PSHE 및 시민성 교육과정 문서를 발행한다. 이 정보는 www.equals.co.uk에서 확인할 수 있다.
- www.growingandlearning.co.uk은 부모와 보호자를 위한 지침, 팁, 지원을 다음과 같이 제공한다.
  - 장애가 있는 아동 및 청소년에게 성 및 성적 건강 문제에 대해 지도하는 것의 중요성
  - 의사소통에 어려움이 있는 청소년과 함께 일하는 것에 대한 징보 및 지원
  - 의사소통 기호 및 시각적 학습 방법에 대한 조언
  - 자폐스펙트럼장애 진단을 받은 청소년의 부모 및 보호자를 위한 정보
- SRE 교육을 위한 우수하고 명확한 DVD 자료는 www.lifesupportproductions.co.uk. 특히 Jason 및 Kylie DVD를 추천한다.
- www.starsinthesky.co.uk는 특수교육이 필요한 사람들을 위한 데이트 웹사이트이다.
- www.imageinaction.org에는 다수의 SRE 드라마와 게임 책자와 자료가 있다.
- 여전히 매우 관련성이 높고 잘 쓰인 두 권의 책은 많은 실용적인 수업 계획과 아이디어를 제공한다.

  (i) Ann Craft (ed) (1994) Practice Issues in Sexuality and Learning Disabilities. London. Routledge. (ii) Caroline Downs and Ann Craft (1996) Sex in Context. Pavilion이 있다.

시민권과 직업 세계

이 장의 서두에 언급했듯이 직업 세계에 대한 관찰은 아마도 논쟁의 성격에 더 가까울 것이다. 중도장애 및 최중도중복장애를 가진 사람들을 교육 시스템에 포함시키는 데 정부, 정부기관, 학계 및 미디어에서 제공한 엄청난 에너지와 의견은 영국 정부의 사실상 존재하지 않는 모든 사람에게 일할 권리를 주어야 한다는 약속과 비

교하여 놀랍게 보인다. 많은 중도장애 졸업생이 있으며, 아마도 대다수는 아니지만 정규 근무 주간으로 간주될 수 있는 모든 일을 완벽하게 수행할 수 있는 사람들이다. 그들이 해야 할 일은 숙련도가 낮고 반복적이어야 하며, 아마도 현재 다양한 종류의 기계가 수행할 수 있는 일이 될 것이다. 영국 경제사의 지난 300년 또는 400년 동안 사람들이 이전에 맡았던 많은 일을 이제는 기계가 수행하기 때문에 이것은 작업의 본질을 훼손하는 것이 아니다. 중도장애인에게 직업 세계를 개방하려면 중앙정부 차원에서 기계를 사람으로 대체할 제조 기업을 조직하기 위한 의식적인 노력이 필요하다. 그러한 기업의 철학은 다른 사업과 마찬가지로 이윤을 내고 자급자족하는 것이어야 한다. 왜냐하면 자선사업은 경체침체에서 단명할 수 있기 때문이다. 고용된 모든 사람이 상당한 국가 지원 혜택을 받을 것이기 때문에 임금이 높을 필요는 없지만, 자존감, 동지애, 시간 고용, 시민성, 평생학습의 측면에서 사회적 결과는 헤아릴 수 없을 것이다. 이것은 논의가 필요한 추가적인 딜레마인 '권리의 딜레마'일 수 있으며 중도장애인들보다 훨씬 더 많은 노동인구 비율을 포함할 수 있다!

제16장

7년이 지난 지금, 우리는 어디쯤 와 있는가*

저자들은 본 한국어판을 2021년에 출판하며 지난 2014년 영국판 초판의 핵심 주제 중 한 가지에 대해 더욱 확신을 얻게 되었다. 즉, 최중도중복장애와 중도장애 아동, 청소년 및 성인은 자폐스펙트럼장애의 수반 여부와 관계없이 비장애아동과는 다른 방식으로 학습한다는 점이다. 이들이 다른 방식으로 배운다면 우리는 이들을 다른 방식으로 가르쳐야 한다. 따라서 영국판 원저의 추가되는 이 장은 우리가 이를 어떻게 할 수 있는지, 영국의 특수학교들이 차별화된 접근이 아닌 다른 방식을 어떻게 점진적으로 적용해 왔는지를 설명하려고 한다.

우리는 최중도중복장애와 중도장애 아동, 청소년 및 성인의 경우 학습 장벽이 매우 높기 때문에 다르게 학습한다는 것을 확신한다. 임레이와 콜리(Imray & Colley, 2017)는 영국의 국가수준 교육과정이나 호주의 국가 교육과정, 미국의 기준 교육과정의 시작 수준 이하에 있는 학생들은, 연령에 관계없이 그들의 교육적 특성에 맞게 지속적으로 교육을 적용하며 학습의 진전을 보장할 수 있어야 한다고 주장한다. 이

* 역주: 이 장은 저자가 2021년에 추가적으로 작성한 것으로, 저서 집필된 후 7년이 지난 영국의 중도장애 및 최중도중복장애 교육에 대한 다층적 교육과정을 상세하게 안내하고 있다.

들은 장애아동이 어느 정도 다음과 같은 어려움을 가지고 있다고 가정한다.

- 의사소통의 어려움
- 추상적인 개념 학습의 어려움
- 집중력과 주의력 결핍
- 단기 및 장기 기억의 어려움
- 순차적 기억의 어려움
- 작업 기억의 결함
- 비효율적이고 느린 정보처리 속도
- 불안정한 일반화된 지식
- 느린 발달적 사고와 학습 전략
- 일반화 및 문제해결의 어려움(Imray & Colley, 2017, p. 38)

게다가 이러한 어려움들은 대부분 독립적으로 존재하는 것이 아니라 복합적으로 작용하여 학습하는 데 심각한 문제를 초래한다. 이러한 문제들이 독립적으로 나타나는 것이 아니라 전반적으로 같이 나타난다는 점에서, 해결책 또한 개별 문제로 분류하기보다는 문제들을 전체적으로 함께 고려하여 해결방안을 모색해야 한다. 만약 학생이 제시된 국가수준 교육과정(또는 영국의 국가수준 교육과정이든)의 시작 수준을 넘어서지 못하거나 학습을 하고 난 후에도 대부분이 시작 수준에 도달하지 못할 경우 이는 완전히 부적절한 교육과정이 된다. 이에 대해 임레이와 콜리는 다음과 같이 주장하고 있다.

> …… 중도장애 및 최중도중복장애 아동, 청소년 및 성인은 국가수준 교육과정에서 성공하지 못할 것이며, 비장애학생들을 위해 설계된 어떠한 교육과정에서도 성공하지 못할 것이다. 그들이 성공하지 못하는 것은 그들의 장애 수준이 중증이라서가 아니다. 그들이 성공하는 것은 거의 불가능에 가깝다. 만약 그들이 성공하였다면, 그들은 최중도중복장애학생이 아닐 것이다.
>
> (Imray & Colley, 2017, p. 58)

이러한 주장은 표준에 맞춰진 교육과정이 영국(잉글랜드와 웨일스 등)의 전체 학령기 아동의 2%에 달하는, 매우 복잡한 학습 요구를 가진 최중도중복장애학생과 중도장애학생에게 적합한 학습 모델이 될 수 없다는 이전의 주장들과 일맥상통한다 (Pinney, 2017).

> 특수교육요구를 가진 학생에 대한 정의를 살펴보면, 이들은 교수자로부터 일반적인 것과는 다른 특별한 반응을 필요로 한다. 성취도 분포곡선의 극단에 위치하고 있는 특수교육요구를 지닌 학생들을 수용하기 위한 구체적인(명시적인) 구조를 만드는 데 실패하면 이들 학생을 불가피하게 방치하는 결과를 초래하게 된다. 그들은 잊히게 된다. 이는 단지 조금 실패한 것에 그치는 것이 아니라 잦은 실패로 점철되게 된다.
>
> (Kauffman, 2002, p. 259)

이를 기본적인 사실로 삼아 영국에 기반을 둔 비영리 자선 단체인 이퀄스(Equals; www.equals.co.uk)는 2016년과 2021년에 걸쳐 최중도중복장애학생과 장애학생들을 위해 특별히 고안된 최초의 교육과정이라 할 수 있는 매우 상세한 교육과정 시리즈를 발표했다.

이 시리즈는 영국의 실무를 담당하고 있는 교사들이 작성했으며, 제1저자를 중심으로 고도로 숙련된 실무자들이 편집하였다. 영국 교육기준청(Ofsted) '우수' 학교 등급을 포함하여 점점 더 많은 수의 특수학교가 이퀄스 국가수준 교육과정을 운영하고 있으며, 이 다단계 모델은 학교가 확실하게 앞으로 나아갈 수 있는 견고한 기반을 제공한다.

이퀄스는 서로 관련되는 네 개의 교육과정을 작성하면서 장애(SLD spectrum) 내에 배치할 수 있는 두 가지 새로운 교육적 용어, 즉 중복장애(Complex Learning Difficulties: CLD)와 전반적인 학습장애(Global Learning Difficulties: GLD)를 도입했다.

중복장애(CLD)는 특히 선진국에서 나타나는 비교적 새로운 현상으로, 지난 20여 년 동안 발전한 첨단 의료 기술이 출생 생존율에 영향을 미쳤기 때문인 것으로 추측된다. 카펜터와 동료들(Carpenter et al., 2015)이 만든 중복장애(CLD)와 중복장애 및 장애(Complex Learning Difficulties and Disabilities: CLDD)를 혼동해서는 안 된다. 카펜터와 동료들이 제안한 이 용어는 중도장애부터 태아알코올증후군(FAS)과 같은 고기능장애학생에 이르기까지 훨씬 더 광범위하다. 반면, 중복장애는 중도장애의 범주에 포함되며 다음과 같은 특징을 가진 학생들을 일컫는다.

- 앞서 언급한 중도장애를 정의하는 용어에는 장애 정도의 복잡성이 있다. 즉, 중도장애라는 용어를 스펙트럼으로 간주하면 이러한 학생은 일관되게 스펙트럼의 극단에 위치한다. P척도로 보면 P4에서 P5 사이에 위치한다. 그러나 지시를 따를 수 있고, 원인과 결과를 매우 잘 이해할 수 있으며, 다른 사람의 행동을 모방할 수 있다는 점에서 학습에 큰 어려움이 없다는 점이 중요하다(예를 들어, 모델링을 통한 학습이 가능하다). 그러나 그들이 전통적인 교실에서 그러한 능력을 사용했는지 여부는 또 다른 문제이다. 일반적으로 이러한 학생은 보행과 이동성이 뛰어나며 상당히 좋은 대운동 기술과 소운동 기술을 보유하고 있다.
- 대부분 수반되는 장애로 자폐스펙트럼장애 진단을 받을 가능성이 높은 사회적 의사소통, 사회적 상호작용의 어려움, 사고 및 변화에 대한 행동의 경직성을 보인다.
- 감각 자극에 대한 민감성이 있다. 촉각, 청각, 시각, 미각 및 후각의 자기표현에 사용되는 주요 감각뿐만 아니라, 고유수용감각과 전정감각에서도 두드러지게 민감하게 반응한다.
- 제한적이고 전형적으로 '극단적'이며 매우 개인적인 관심사에 뚜렷하게 반응하는 경향을 보인다. 앞에서 언급한 주의력(attention)과 집중력(concentration)의 어려움은 일반적으로 학생의 특별한 관심사에는 적용되지 않는다는 점에 유의해야 하는데, 몇 시간 또는 며칠 동안 아무 문제 없이 여기에 집중할 수 있는 반면, 학교 과제의 경우 몇 분 또는 몇 초 이상 집중하지 '못'한다.
- 사회화보다 고립을 선호하거나 사회화가 선택된 경우 사회적 상황이 학생이 통제할 수 있는 패턴에 맞도록 고도로 조작된 행동을 보이는 경향이 있다.
- 권위에 도전하는 행동을 한다. 특히 학교에서 교사 또는 지원인력(TA), 언어치료사 또는 작업치료사의 지시에 따르지 않는다. 교사가 가르치고 학생이 배운 것을 실천하는 것과 같이 모든 학교 규율은 받아들여지지 않는다. 중복장애학생들은 대부분 자신이 하고 싶은 일에 열의를 보이고, 하고 싶지 않은 일에 열의가 없는 것으로 유명하다. 간단히 말해서, 그들은 표준 교육에 대한 도전적인 행동을 보이며 받아들이지 않는다. 나이가 들고 신체가 더 크고 힘이 세질

수록 이러한 문제행동 관리는 더욱 어려워지고 학습에서 배제될 가능성이 더욱 커진다. 중복장애학생들은 교육 시스템에서 분리된다.

이들은 '교육적으로 놓쳐진'(Carpenter, 2011) 학생들이다. 아무리 일반적인 전략들이 잘 고안되고 전달되어도 이러한 학생들에게는 통하지 않는다. 이퀄스는 이러한 문제를 매우 혁신적이고 비행동주의적인 접근 방식을 통해 해결했다.

이는 대부분의 교육이 기술 습득(해야 할 것을 배우는 것)에 기반을 두고 있는 반면, 학생들은 무엇을 할지에 대해 학습하기 전에 자기 자신이 되는 법을 먼저 배워야 한다. 그러나 자기 자신이 되는 법은 그들이 갖고 있는 복합적인 어려움과 같이 평생 과업이 될 수 있다.

전반적인 학습장애는 이퀄스 교육과정 모델에서 도입된 용어로, 장애의 가장 극단에 위치하는 고기능 학생을 의미한다. 영국에서 이 범주에 해당하는 학생들은 중도장애를 가진 것으로 간주되며, 자폐스펙트럼장애나 ADHD와 같은 부가적인 장애를 수반하기도 한다.

중도장애학생은 적절한 중재에도 불구하고 교육과정 대부분의 영역에서 예상 성취 수준보다 훨씬 낮은 성취도를 보인다. 그들은 기본적인 문해력과 수리 능력을 습득하고 개념을 이해하는 데 또래들보다 훨씬 더 큰 어려움을 겪는다. 또한 말과 언어 지연, 낮은 자존감, 낮은 수준의 집중력 및 사회적 기술을 갖는다. 특히 중도장애 학생들에게는 다음과 같은 지원이 필요하다.

- 지시사항과 과제의 요구사항에 대한 이해
- 순차적 기술 습득(예: 레시피나 과학 실험 시 과제 수행의 순서)
- 주변 환경에 미치는 영향과 주변과의 관계에 대한 이해
- 단기 · 중기 · 장기에 걸친 개인화된 조직화
- 정보, 과정, 지시사항에 대한 시각적 · 청각적 기억(IOE, 2021)

그러나 중도장애라는 용어는 앞에서 임레이와 콜리(2017)가 언급한 장애의 특성을 정의하며 사용한 학습의 장애물(barriers to learning)과 학습상의 어려움으로 인한 장애(learning difficulties)가 어떻게 다른지 불분명하기 때문에 의문의 여지가 있다.

중도장애학생의 경우, 말로 표현하는 의사소통에 분명히 더 유창한 경향이 있다. 하지만 학생이 유창하게 말하고 대화할 수 있다는 것이 종종 다른 영역에서 겪고 있는 어려움의 심각성과 정도를 보지 못하게 할 수 있다. 이것은 대다수의 중도장애학생에게 해당한다. 그러므로 중도장애라는 용어가 도움이 되기는커녕, 오히려 그들이 무엇을 어떻게 배워야 하는지에 대해 혼란을 야기할 뿐이다. 따라서 학생의 경우 비록 장애스펙트럼상에서 평균에 가까운 곳에 위치하더라도 장애로 간주해야 한다.

교육적 측면에서, 가장 근본적인 증거는 학습의 어려움이 학습 지연을 유발하는지 혹은 영구적으로 지속되는 어려움으로 인지되는지와 관련되며, '지연'은 학생이 충분히 차별화된 교육과정을 적용함과 동시에 소그룹 혹은 개별 지도와 같이 확실한 전략을 적용할 경우 기대하는 성취 수준을 따라잡을 수 있을 것이라는 것을 직접적으로 암시한다.

당연히 이러한 것을 스스로 결정할 수 있어야 하지만, 불행히도 학교, 특히 중도장애학생을 가르치는 학교의 경우 종종 판단을 내리는 것을 극도로 꺼리고, 중도장애학생이 다른 학생과 동일한 수준의 기본 문해력과 수리력을 기본 요소로 하는 학교 교육과정을 16세까지 동일한 방식으로 배우게 된다.

막다른 골목(cul-de-sac)에 대한 교육적인 정의가 있다면, 중도장애와 도전적인 행동이 함께 나타난다는 것은 놀라운 일도 아니다. 학생들이 지속적이고 반복적인 실패 경험을 할 때 이에 대한 반발은 충분히 예상 가능한 일이다.

이러한 전체적인 문제는 노리치(Norwich, 2013)가 지적한 딜레마적 접근 방식을 나타내며, 종종 전반적인 발달지체(Global Developmental Delay)라는 혼란을 주는 표현으로 요약된다. 많은 중도장애학생에게 존재하는 전반적인 발달지체는 일시적인 지연이 아니라 영속적인 상태라는 점을 기억해야 한다.

전반적인 학습장애(GLD) 아동이 직면한 어려움은 6세부터 1학년 전후로 점점 더 분명히 드러난다. 이는 학생이 경험하는 어려움들이 특정 학습장애(Specific Learning Difficulty: SpLD)라기보다 학습 전반에 영향을 미치기 때문이다.

적어도 영국에서는 전반적인 학습장애 아동의 학습 환경이 어느 정도 균등하게 분배되어 있으며, 대략 50%가 특수학교에 다니는 것으로 보고된다. 하지만 이러한 분포는 국가별로 상이할 수 있다.

그러나 학습장애는 지리적 경계로 구분되는 것이 아니며, 이퀄스에서 제시하고 있는 형식적 교육과정에서 다루고 있는 작업 도식(schemes of work: SoW)은 세계 어디에서나 공감을 얻을 수 있다.

P척도 저자는 영국에서 P척도를 비교 평가 도구로 사용하지 않기로 한 『Rochford Review』(2016)의 결정을 지지하지만, (P척도는) 비교 평가를 염두에 두고 설계된 것이 아니라는 점을 지적한다. 이전 장에서 언급했듯이 P척도는 전문가들 사이에서 매우 중요한 공용어 역할을 한다. 따라서 학교가 P척도를 계속 사용하여 학생 개개인과 함께 일하는 전문가들에게 학생들의 광범위한 발달 수준에 대한 공통된 이해를 제공할 것을 촉구한다. P척도의 활용에 대한 공식적인 평가 도식은 없지만, 이는 여전히 광범위하고 적절한 교육과정을 구성하고 실행하는 데 사용할 수 있는 최상의 프레임워크이다.

특수학교 교육과정 개발을 위한 다층적 접근법 사용 [그림 16-1]에서 설명하고 있는 모델은 교육과정이 각 학생에게 가장 적합하도록 엄격하게 구분할 것을 요구하지도 권장하지도 않는다. 최중도중복장애학생과 중도중복장애학생이라는 용어로 설명되는 중도장애학생의 경우, 그들의 수준에 맞는(인접한) 교육과정에 참여함으로써 충분히 혜택을 받을 수 있기 때문이다. 즉, P3 (i) 및 (ii)로 진단받은 학생의 경우 비공식 교육과정의 일부 요소를 활용함으로써 학습할 수 있다. 전공식적(pre-formal) 및 준공교육(semi-formal) 교육과정의 P4 또는 P5에 있는 학생들, 공식적 교육과정에서 P8 혹은 그 이상에 있는 학생들(특히 어린 학생)은 일부 국가수준 교육과정을 다룰 수 있다. 이 모델은 각 교육과정의 핵심 요소가 최중도중복장애 및 중도장애 범위에서 모든 학생의 요구에 광범위하게 적합하다는 것을 인식하면서도 개별화된 접근 방식을 허용하며 장려한다는 점에서 유동적이다. 이러한 접근 방식의 논리는 학생이 자신을 위해 특별히 고안된 교육과정 내에서는 진전을 보일 수 있지만, 그렇지 않은 교육과정 내에서는 고군분투할 것이 확실하다.

학습 과정에 포함된 광범위한 반복과 과잉 학습의 절대적인 필요성과 더불어 최중도중복장애와 중도장애가 있는 모든 학생이 경험하는 극적인 특성과 어려움은 교과 교육과정과 대안적인 교육과정 모델 모두에서 학생의 잠재력을 충족시키지 못하게 방해하는 요인으로 작용한다.

이퀄스 전-공식적 교육과정	이퀄스 비공식적 교육과정	이퀄스 준공식적 교육과정	이퀄스 공식적 교육과정	국가수준 교육과정
최중도 중복장애	중복장애 및 중도장애, 자폐스펙트럼장애	중도장애 및 자폐스펙트럼장애	전반적인 학습장애, 중도장애/ 자폐스펙트럼장애	
P1~P3 범위 내에서 지속적으로 반복학습	P4~P5 범위 내에서 지속적으로 반복학습	국가수준 교육과정에 도달하기 위해 P6 범위 내에서 지속적으로 반복학습	일관되게 그리고 시간이 지남에 따라 연령 기대치에 의미 있게 밑돎	연령과 관련하여 비장애 또는 비장애 범주 내에서 학습
➡	⬌	⬌	⬌	⬅

[그림 16-1] 다층적 교육과정 접근법에서의 각 교육과정 간 관계

이러한 '차이에서 오는 딜레마'(Norwich, 2008, 2013)는 논리적으로 아무리 늦어도, 영국에서 8세에서 11세 사이인 키 스테이지(key stage) 2단계 시기에 선택해야 한다는 것을 의미한다. 이 시기에 결정내리지 못하는 것은 학교생활에서 학생의 독립적인 잠재력을 극대화할 수 있는 시간이 충분하지 않기 때문이다. 선택하지 않는다고 해서 딜레마가 사라지는 것은 아니다.

이 주장은, 국가수준 교육과정 모델에서 장애 중 가장 기능이 좋은 학생이 달성할 수 있는 최대치(즉, 학문적 잠재력을 충족시키는 것)가 학업 모델(국가수준 교육과정)의 시작점이라는 것, 그리고 장애스펙트럼 선상에 있는 학생의 대부분과 최중도중복장애학생 모두의 성취 수준은 국가수준 교육과정의 시작점보다 훨씬 낮다는 사실을 뒷받침한다. 학생의 학습에 대한 열망이 교육과정의 시작점부터 제한되는 것은 교육과정의 실패를 드러낸다. 이것은 또한 비장애인을 대상으로 하는 프레임과 관련된 또 다른 논쟁의 여지가 있다. 교육과정 구성에 대한 타당성이라는 것은 다음 단계를 준비하는 학생의 능력으로 판단해야 한다는 몇 가지 논리가 있다.

영국 학제는 3~5세(유치원), 5~11세(초등), 11~16세(중등), 16~18세(6가지 유형의 고등기관), 18~21세(대학) 그리고 직장으로 원활하게 전환된다. 각 교육과정 모델은 직전 모델에 기반하여 이어지고 확장된다. 그러나 이러한 학제는 중도장애나 최중도중복장애 학생에게는 적용되지 않을 수 있다. 이러한 학생은 반복의 정도와 과

잉 학습의 필요 정도가 다르고, 의사소통과 인지의 어려움이 있으며, 자연적으로 독립성과 유창성, 일반화 및 유지(Sissons, 2018)의 과정에 도달하는 데도 오랜 시간을 필요하다. 이러한 학생의 연령은 교육 시스템에 들어가는 2세 또는 3세부터 학교를 떠나는 최대 19세까지이다.

중도장애학생과 최중도중복장애학생을 위한 대다수의 특수학교는 2~19세 사이 연령대를 모두 수용하고 있는 것이 정상적이고 현명한 배치라고 받아들이고 있다.

장애학생의 경우 8세 정도까지 이퀄스 공식적 교육과정과 같이 문해력 및 수리력 영역에서 보다 학업적인 프레임워크를 제공할 수 있다. 이는 ① 중도중복장애의 '진단'의 정확성을 평가하고, ② 학업 잠재력에 대한 합리적인 판단을 내리는 데 충분한 시간을 가능하게 하기 때문이다. 그런 다음, 합리적이고, 정보에 근거하며, 경험적이고, 전문적인 다학문적(multi-disciplinary) 판단을 내릴 수 있으며, 비학업적 경로가 더 적절하다고 평가(판단)되면 남은 10년 또는 11년을 전문적인 학습장애 교육과정 모델에 집중할 수 있다.

이퀄스 교육과정의 순차적 적용

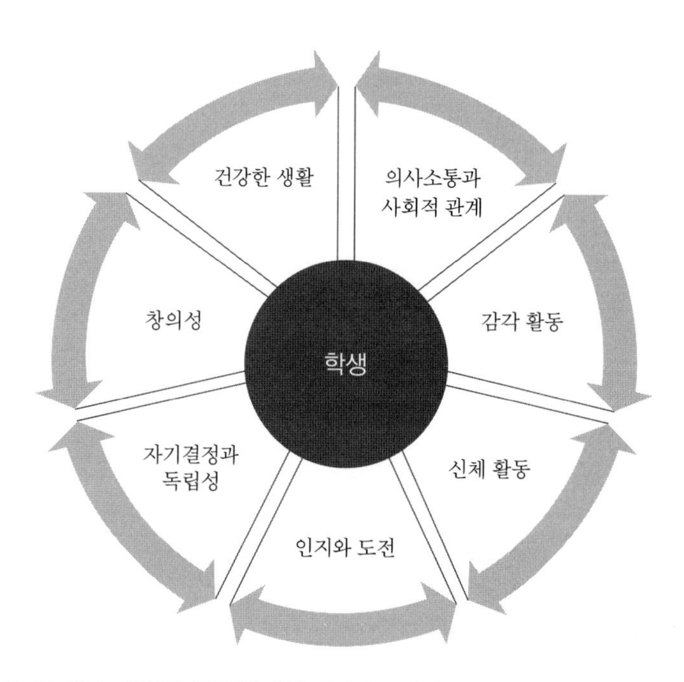

[그림 16-2] 최중도중복장애학생을 위해 특별히 고안된 국가수준 교육과정 이전 교육과정

이퀄스 전-공식적 교육과정의 필수적인 교육적 접근 방식

- 교육과정은 전체론이다. 즉, 모든 부분이 다른 부분과 함께 작용해야 하기에 교육을 영역으로 구획 나누는 것은 적합하지 않다. 우리가 의사소통을 먼저 가르치고, 그다음 감각에 대해 가르치고, 그다음 신체 활동을 가르치는 것은 아니다. 모든 것이 의사소통이며, 감각적이며, 신체 활동이 될 수 있다.
- 개별 학생이 중심이 되어야 한다. 개별 학생의 관심사, 선호도, 좋아하는 것과 싫어하는 것을 발견하고 함께 작업하고, 현재의 관심사와 싫어하는 것이 시간이 지남에 따라 변할 수 있음을 염두에 두는 것이 중요하다.
- 이 모델은 광범위하고 균형 잡힌 교육과정으로 구성되어 있지만 모든 학생이 동일하게 할당된 시간 내에서 학습하는 것은 아니다. 예를 들어, 일부 학생은 의사소통 및 사회적 관계에 대해 학습을 시작하거나 환경을 전환(setting transition)하는 데 상당한 시간을 필요로 할 수도 있다. 혹은 다른 학생들, 특히 사회적 상호작용과 관계가 상당히 안정적이라고 여겨지는 나이 든 학생들은 자기결정권과 독립성을 배우는 데 더 많은 시간이 필요할 수도 있다.
- 전-공식적 교육과정을 이수하는 학생은 숙련된 교사와 안정된 교실 환경에서 같은 교육과정 안의 다른 또래들과 함께 학습할 수 있도록 교실을 구성해야 한다. 교육과정은 2~92세를 대상으로 설계되었으므로 학생이 연령대가 다를 수 있다는 것은 큰 문제가 아니다. 물론 이러한 연령 차이가 너무 극단적이어서는 안 되지만 몇 년의 차이보다는 능력과 공통 관심사를 공유하는 것이 훨씬 더 중요하게 고려되어야 한다.
- 최중도중복장애가 없는 또래와의 통합은 중요한 문제이며, 최소한 매주 기회가 주어져야 하지만 그 자체로 좋은 것으로 간주되어야 한다. 최중도중복장애의 조건과 최중도중복장애학생 모두에 대한 상당한 전문적 지식을 갖는다는 것은 비전문가 교사의 비전문적인 교실에서의 학습을 상쇄할 수 있다.

중도중복장애학생을 위해 설계된 이퀄스 비공식 교육과정

중도중복장애학생(learners with Complex SLD)을 위해 특별히 설계된 이퀄스 비공식 교육과정은 주로 준공식 모델을 기반으로 하며 동일한 '학습 영역'을 많이 사용하고 있긴 하지만 상당히 차별화된 교육과정이다. 비공식 교육과정에는 의사소통(My Communication), 감각 놀이(My Sensory Play), 독립성(My Independence), 건강한 신체(My Physical Well-Being), 창의성(My Creativity) 및 학교 밖 활동(My Outdoor Schooling)의 여섯 가지 세부 활동(Schemes of Work: SoW)이 포함된다. 이 교육과정의 핵심은 ① 사물에 접근하는 것 배우기(Learning To Be Approach)의 수용과 ② 준공식 교육과정과 차별화되지 않은 세부 활동(SoW)을 사용하면 동일한 결과를 기대할 수 없다는 것이다.

이 교육과정은 행동의 타당성에 대해 생각하지 않고 변화하는 행동에 집착하는 행동주의적 접근을 절대적으로 그리고 단호하게 거부한다. 응용행동분석(Applied Behaviour Analysis: ABA) 및 언어적 행동(Verbal Behaviour) 지지자들이 사용하는 전략은 단호하게 거부되며 긍정적 행동 지원(Positive Behaviour Support: PBS) 및 TEACCH(Treatment and Education of Autistic and Communication Handicapped Children)와 같은 다른 '파생 분야(offshoots)'에 대해 고도의 주의를 요구한다. 이러한 행동주의적 접근 방식은 책임자들이 우리가 받아들일 수 있도록 규칙을 정하여 '학생'의 행동을 수정해야 한다는 철학에 중심을 두고 있다. 행동주의자는 행동이 수정되도록 상대방의 행동을 조작하는 것 이외에 본인 행동 변화에 대한 의지는 엿보이지 않는다.

이퀄스의 철학은 행동주의적 접근은 학습이 아니라 학생 자신의 목소리나 기관에 대한 생각이 주어지지 않기 때문에 파블로프(Pavlov)의 '개 훈련'과 동일하다고 주장한다. 개 훈련은 개에게 좋을 수 있지만 인간을 위해 그러한 전략을 채택하는 것이기 때문에 비록 상당히 복잡한 학습의 어려움을 겪고 있다고 할지라도, 이러한 접근은 본질적으로 비인간적이라고 주장한다. 모든 행동이 의사소통이며(Imray & Hewett, 2015), 학생이 말하고자 하는 것을 무시하면 학생을 도울 수 없다는 것은 영원한 진리이다. 그리고 당신이 지금 무시하고 있는 것이 아동이 아닌 아동의 행동을 무시하는 것이라 해도 결코 좋은 변명이 되지 않는다. 왜냐하면 아동은 행동으로 당신과 소통하고자 하기 때문이다. 결국 당신은 아동의 행동을 무시하는 것이 아니라 아동의 의사소통을 무시하는 것이 된다. 그리고 우리는 이러한 무시를 반복한다. 이것은 매우 위험한 일이다. 왜냐하면 끊임없이 그리고 지속적으로 무시당하는 누군가는 완전히 셧다운(shut down)되거나 그들 안으로 숨어 들어가거나, 당신이 반응하지 않고는 견딜 수 없는 과격한 행동을 하게 되기 때문이다. 제시한 옵션 어느 것도 교육적으로 허용될 수 있는 것이 아니다.

정상화의 수단으로서 행동주의

새롭고 수용 가능한 행동을 가르치고 수용할 수 없는 현재의 행동을 수정하는 행동주의적 집중은 학습장애 및/또는 자폐스펙트럼장애 아동, 청소년 및 성인이 보여 주는 모든 행동을 가능한 한 '정상'으로 만들려 한다는 견해를 부인하기 어렵다. 그것은 아동들에게 자신을 최대한 활용하는 방법을 가르치는 것이 아니라 가능한 문제를 일으키지 않도록 가르친다. 자폐스펙트럼장애가 있는 미셸 도슨(Michelle Dawson)은 행동주의가 '교육적' 프로그램을 만들어 냈다고 주장한다. 이는 교육을 목적으로 하는 것이 아니라 '그 아동을 다른 종류의 아동으로 변화시키기 위한 것'이다(Dawson, 2013). 그는 자폐스펙트럼장애인들이 원하는 방식이 아니라 '현실 세계에서 살기'를 원하는 대로 사회에 '적합화'해야 한다고 주장하며 자신들이 필요함을 지적한다. 많은 사람은 행동 수정을 통해 사람들이 사회의 구성원이 되도록 훈련시킬 수 있으므로 그렇게 해야 할 의무가 있다고 생각한다.

> 역사적으로 비슷한 신념들이 다른 집단에도 강요되었다. 내가 사는 지역에서 나는 1940년까지 투표를 할 수 없었고, 1980년까지 우편물을 배달할 수도 없었다. 내가 여성이라는 이유 때문이다. 퀘벡 여성들은 1940년과 1980년경에야 투표를 할 수 있을 만큼 똑똑해지거나 우편물을 배달할 만큼 강해지기 위해 행동 수정을 거치지 않았다. 그러나 갑자기 우리는 전에 없던 자질을 발견했다.
>
> (Dawson, 2004)

그리고 마지막으로 자폐스펙트럼장애아동의 부모에게 다음과 같이 전하고자 한다.

> 자폐스펙트럼장애가 아닌 우리는 권력을 쥔 위치에 있고, 우리는 다수이며, 규칙을 만드는 사람이다. 그렇다고 우리가 만드는 규칙이 정확하거나 옳다는 의미는 아니다. 우리는 ABA 사용에 있어 우리의 목표가 무엇인지 조사할 의지가 있어야 한다. 누군가가 환경 속에서 더 잘 어울려 지낼 수 있도록 만드는 것이 목표인가? 그렇다면 그 이유를 스스로에게 물어봐야 한다. ABA를 고려하기 전에 스스로에게 물어보라. 이것이 당신의 비장애아동에게도 사용할 수 있는 처치법인가? 우리는 자폐스펙트럼장애아동에게 어떤 메시지를 보내고 있는가? 이 메시지는 그들의 자아상에 어떤 영향을 미치는가? 어떤 메시지가 내면화된다고 가정하였을 때, 그들이 성인이 될 때까지 전달되어야 할 메시지인가? 이 메시지가 그들에게 쓸모가 있고, 그들 자신을 기분 좋게 만들고, 행복하고 만족스러운 삶을 영위하도록 도와줄 수 있는 것인가? 결국 이것이 모든 부모가 우리 자녀를 위해 원하는 것이 아닌가?
>
> (Zurcher, 2013)

생존법 익히기

이퀄스 비공식 교육과정은 행동주의를 가장 중요한 철학으로 삼는 것을 거부하는 대신 '생존하는 법 배우기' 접근법을 촉구한다. 이것은 최중도중복장애학생들이 어떻게 해야 하는지(how to do) 배우기 전에 어떻게 (자신이) 되는 법(how to be)을 배워야 한다는 기본 원칙을 취한다.

즉, 중도중복장애학생을 다음과 같이 대우해야 한다.

- 학습 활동과 존재하는 것들(states of being)에 대해 편안하게 느낄 수 있도록 허용(실제로 긍정적으로 권장)되어야 한다. 이는 교육과정의 일부로서 다른 활동과 존재 상태를 발견할 기회가 주어지는 과정의 전체 과정이 될 수 있기 때문이다.
- 학생이 원하는 것을 자유롭게 표현하고, 좋아하는 것이나 선호도를 누구와도 긍정적으로 표현할 수 있는 방법을 배울 수 있게 격려받아야 한다.
- 싫어하는 경험과 좋아하지 않는 사람들을 자유롭게 거부하고 그러한 선호도를

긍정적으로 표현하는 방법을 배울 수 있게 권장해야 한다.

- 자신의 행동을 스스로 완전히 통제하도록 적극적으로 장려하여 (타인에 의해 통제되기보다는) 자기 조절이 학습의 주요 부분이 되도록 해야 한다.
- 안전한 환경의 범위 내에서 긍정적으로 의사소통하고 자기주장과 주체성(즉, 항상 선호되고 말을 귀담아듣는)을 모두 가질 수 있는 기회가 지속적으로 주어져야 한다. 자기주장과 선택 의지가 거부되는 경우가 아주 가끔 있을 수 있지만 이는 학생 또는 학생 주변의 안전에 문제가 생길 수 있는 예외적인 상황에서만 발생해야 한다.
- 교육과정과 교육과정 이면의 교육학에는 각 개별 학생이 중심에 있어야 한다. 만약 문제가 발생할 경우, 학생이 아닌 교육과정을 변경해야 한다.

이퀄스 비공식 교육과정은 다른 교육과정과 동일한 교육과정이 아니며, 이퀄스 준공식적 교육과정과도 다르다. 이는 지금 무엇을 가르칠지, 다음에 무엇을 가르칠지 알려 주지 않는다. 이퀄스 비공식 교육과정에는 학생들이 알아야 할 필수적인 지식(body of knowledge)이라는 것이 없으며, 대신 교사, 지원인력, 치료사 또는 부모/

[그림 16-3] 이퀄스 준공식적 교육과정 구성 작동 도식

보호자 등 '교사' 역할을 하는 사람이 필수적으로 알아야 하는 지식 제공을 목표로 한다. 학습 속도와 학습 방향을 결정하는 것은 학생이다. 교사는 일상을 구축하고, 변화를 촉진하고, 대안을 제시하고, 관찰하고 안내할 수 있지만 지도하거나 직접 해줄 수는 없다. 이것은 아이디어에 대한 교육과정이다. 당신의 아이디어는 당신에게 달려 있지만 그 아이디어의 성공은 당신이 가르치는 학생들에게 달려 있다.

중도장애학생을 위해 설계된 이퀄스 준공식적 교육과정은 이퀄스 시리즈 중 첫 번째로 완성되었으며 우리가 아는 한, 비공식 교육과정처럼 해당 학생 그룹을 위해 특별히 작성된 세계 유일의 교육과정이다.

준공식적 교육과 관련된 주요 개념들은 다음과 같다.

- 세부 활동(Schemes of Work: SoW)은 특정 학습 영역에 특히 관심이 있고, 중도장애 학생, 청소년 및 성인을 지도하는 교사가 작성한 것이다. 모든 SoW는 첫 번째 저자가 이끄는 인정받은 전문가에 의해 편집된 것이다.
- SoW는 연령이나 주요 단계와 관련이 없으므로 학생이 6세, 9세, 15세, 25세 또는 55세까지 습득할 것으로 예상되는 지식 체계가 없다. 각 SoW는 본질적으로 발달적이다. 즉, 각 SoW는 처음에 시작하여 끝까지 수행한다. 개별 학생은 자신에게 적합한 단계에 들어와 자신이 주어진 학습 시간 내에서 최대한 성취해 낼 수 있게 한다. 이 교육과정은 2~92세 교육과정으로 작성된 것으로 평생학습의 기회를 제공한다.
- SoW는 어떤 식으로든 국가수준 교육과정과 관련이 없다. 별도로 차별화된 것은 아니지만 다르다.
- '교사'라는 용어는 전체적으로 사용되지만 모든 이퀄스 교육과정과 마찬가지로 이 교육과정은 조교뿐만 아니라 말 및 언어 치료사, 물리치료사, 작업치료사 같은 전문가 및 실제 부모나 보호자도 교육과정을 지도하는 교사가 될 수 있다.
- SoW는 목표(objectives)나 목적(targets)이 아닌 학습 의도를 나타낸다. 전체 교육과정의 기초가 되는 교육학(pedagogy)은 SMART 목표 또는 기타 미리 결정된 결과의 사용을 분명히 거부한다.
- 이것은 교육학과 실천(practice) 모두의 초석 역할을 하는 과정 기반 교육이며, 교사는 활동 결과의 정확성보다는 학습 과정의 질에 관심을 갖도록 요구

된다. 선형 교육과정(여느 국가수준 교육과정과 같이)에서 일련의 학습은 정해진 주 단위로 나뉜다. A주에 우리는 이것을 가르치고, B주에 그것을 가르치고, C주에는 목록에 있는 다음의 것을 가르치는 식이다. 이것은 아동이 진정으로 이 속도로 배울 수 있다는 것을 의미하며, 대다수의 아동들이 따라갈 수 있기 때문에 이러한 속도가 허용된다. 학습 결과(이번 주에 우리가 가르쳐야 하는 사실들)를 가르치는 이 방법론은 우리의 교육 실천에 깊이 배어 있어, 이것이 옳은 방식이라고 믿어 왔다. 그러나 지적장애인과 같이 학습에 어려움을 겪는 사람들의 경우, 우리는 학습에 흥미롭고 즐겁게 동기를 부여하면서 우리가 아닌 학생들의 속도에 맞춰 가르치는 법을 배워야 한다. 우리는 학생들에게 '숫자 색칠하기'를 가르칠 수 있지만, 이것이 스스로 창의력을 발휘하도록 가르치지는 않았다.

- 각 SoW는 특정 학습 영역 내에서 심각한 학습에서의 어려움의 본질에 대해 알아야 할 사항을 교사에게 조언하는 일련의 가이드 역할을 한다. 개별 수업은 앞에 있는 학생에 따라 달라지는 자체 형식을 취하기 때문에 고정적이고 엄격한 방식으로 가르치라는 지침이 아니다. 이것이 그들이 가고자 하는 곳으로 가는 과정이 미리 정해진 지점으로 가는 것보다 훨씬 더 중요한 이유이다. 우리는 창의력을 억제하는 것이 아니라 아동들과 우리 자신 모두의 창의성을 장려해야 한다.
- 교육은 교사가 교실 앞에 서서 사실을 전달하는 것만을 의미하지 않는다. 오히려 교사는 학생에게 거부할 수 없는 학습 기회를 제공하는 촉진자가 되어야 한다.
- 각 개별 학생의 동기는 학습 과정의 성공에 절대적으로 중요하다. 각 SoW의 내용은 학습 과정을 재미있게 할 수 있도록 특별히 설계되었으며 학생의 즐거움이 아주 중요하다. 학생이 이 과정을 즐기지 않는다면 다른 것을 시도해야 한다.
- 교육과정은 전체적으로 설계되었으므로 구획을 나누어 교육하는 일은 거의 없다. 이것은 학교가 주제 중심 프로그램(주류 초등학교 방식)으로 가르치지 않아야 함을 의미한다. 불필요한 주제의 도입은 활동 계획의 영향을 희석시킬 뿐만 아니라 무의미해질 수 있기 때문이다(교육과정은 이미 통합되어 제시되어 있다).
- 모든 활동 계획은 개인 중심성을 나타내기 위해 '나의(My)'로 시작한다. 대부분

의 수업은 집단 수업으로 진행 가능하고 진전 방향과 진전율은 개별 학생에 의해 결정된다.

- 교육과정은 모든 학생이 개인의 능력이나 장애에 관계없이 자기 역량의 최대치(best they can be)를 끌어내기 위해 최선을 다할 기회(역량 접근; Nussbaum, 2011)를 극대화하여 제공해야 한다.
- 따라서 학교는 학생이 정규 교육을 마칠 때 달성할 수 있는 것을 고려해야 한다. 이것이 희망(포부)이 된다. 이퀄스 준공식적 교육과정은 통합적이지만 상위 4개의 작업 체계(SoW), 즉, 나의 의사소통, 나의 사고와 문제해결, 나의 놀이와 여가 및 나의 독립성이 학습의 핵심 영역으로 교육과정의 중심을 구성할 수 있게 좀 더 자세히 살펴보고자 한다.

나의 의사소통

아동들이 글을 읽을 수 있게 가르치는 것으로 개념이 정의되면서 의사소통 교육과 관련하여 핵심적인 문제가 혼란스럽고 불필요하게 복잡해졌다고 주장한다. 우리가 교사로서 해야 할 일은 기본으로 돌아가서 모든 중도장애학생이 최고의 독자와 작가가 될지 특별히 걱정하지 않고 가능한 한 최고의 의사소통자가 될 수 있도록 아무리 오래 걸려도 의사소통을 지도하는 것이다.

이를 위해 우리는 성공적인 의사소통을 위해 학생들의 능력이 어느 정도인지 상관없이 세 가지 기본을 지켜야 한다는 것을 기억해야 한다. 즉, ① 의사소통 수단, ② 의사소통 동기 및 ③ 의사소통을 할 사람(또는 사람들)이 필요하다. 이 철학을 중심으로 SoW는 통합적으로, 즉 영역이 분절되지 않은 방식으로 잠재적으로 매일의 모든 순간에 가르칠 수 있는 광범위한 의사소통의 9개 영역을 안내한다.

- **명령형 의사소통**: 요구(needs)와 욕구(wants)는 요구와 욕구가 같지 않다는 것을 인식하다. 이는 긍정적인 동기와 부정적인 동기 모두에게 필수적이다. 즉, 중도장애인들이 원하지 않는 것과 좋아하는 것을 원하는 것과 좋아하는 것으로 효과적이고 적절하게 나타낼 수 있는 것이 똑같이(혹은 더) 중요하다. 여기서 핵심은 이러한 의사소통을 가르치는 것은 교사가 원하는 것을 학생이 하게 하

는 것이 아니라, 학생이 원한다는/좋아한다는 의견이 반영될 수 있다는 확신을 갖게 하는 것이다.

- 지시 따르기: 학생 통제를 강조하지 않기 때문에 목록에서 특이한 항목이다. 지침을 따르는 능력은 신중하게 처리되어야 하지만, 간단한 기술 기반 지침(예: 코트 거는 방법, 손 씻는 방법, 양치하는 방법, 토스트 만드는 방법)은 순차 기억 및 실행 기능의 개발을 돕고 마음 이론(Theory of Mind)의 발달을 돕는다.
- 선언적 의사소통: '멋진 하루(Have a good day)!'처럼 소통을 위한 소통이다. 사회적 의사소통에 어려움이 없는 사람들은 매우 잘하고 쉽게 할 수 있지만, 특히 자폐스펙트럼장애인들에게는 적극적으로 가르쳐야만 할 수 있는 바로 그 사회적 상호작용이다.
- 역동적인 의사소통: 캐치프레이즈, 엄지 척 또는 주먹 인사, 농담, 친근한 놀림 및 '태엽 감기' 등과 같은 사적이고 상황에 맞는 사회적 관계어(social short cuts)이다. 이것들 또한 선언적 의사소통이지만 훨씬 더 개인화되어 2명 이상의 사람 사이에 공유되고 긍정적이며 긴밀한 사회적 관계의 필수적인 부분이다.
- 내러티브: 사회적 상호작용의 본질로 사회적 인간으로서 우리를 하나로 묶는 촉진제이자 SoW에서 유일하게 주간 일과표 활동 중 개별적으로 가르쳐야 하는 요소이다. 의사소통 영역에서 중심적이고 지배적인 영역이 있다면 바로 이것이다. 이것은 나 자신에 대한 이야기를 하는 것(읽는 것이 아님)이며, 그 과정은 제10장 '중도장애학생을 위한 언어, 문해력 및 의사소통 교육과정'에서 간략하게 설명한 바 있다. 이퀄스 SoW는 필수 원칙을 상당히 확장할 수 있고 건전한 조직 구조를 제공해 준다.
- 친숙(익숙)하고 익숙하지 않은 사람들과의 공식적인 사회적 상호작용: 사회적이고 맥락에 따라 다르고 '지역사회'마다 다르다. 그들은 종종 우리가 인사를 할 때 인사하는 사람과 얼마나 가깝거나 멀리 있어야 하는지, 무엇을 말할지, 접촉하는 방법 등에 대한 처음 인사 나누기 프로토콜의 예와 같은 형식을 배울 필요가 있다. 또한 학생이 익숙해하지 않는다면 가르치고 지속적으로 연습해야 할 수 있는 대화 방식을 여러 가지 지도해 볼 수 있다.
- 개인화된 읽기 및 쓰기: 이것이 반드시 문법적 충실도와 관련이 있는 것은 아니다. 학문적으로 가장 유능한 사람이 아니더라도 모든 사람은 단일 단어 기반이

거나 아마도 단일 기호 및/또는 짧은 단어의 조합을 사용하고 있다. 따라서 이를 활용하여 선호하는 웹사이트 접근을 가능하게 하고, 인사말 카드를 작성하고, 간단한 문자 메시지를 보내고, 선호하는 개인 내러티브를 작성하고, 쇼핑 목록을 작성하고 읽고, 요리법을 읽고 따르도록 하는 등 실용적인 읽기 및 쓰기를 할 수 있다.

- **의사소통 행동**: 모든 행동이 의사소통이라는 안전하고 확실한 지식이다(Imray & Hewett, 2015). 여기에는 일부(또는 많은) 행동이 교사에게 부정적이고 도전적이라는 인식이 있지만, 학생들은 개인에게 매우 중요하지만 분명히 들리지 않는 것을 말하고 있기 때문에 아마도 가장 중요한 행동일 것이다. 그렇지 않으면 왜 학생이 도전적인 행동에 의존하겠는가? 이것은 학생이 세 가지 기본, 즉 ① 의사소통 수단, ② 의사소통 동기 및 ③ 의사소통할 사람(또는 사람)을 분명히 가지고 있다는 점에서 성공적인 의사소통으로 여겨질 수 있지만, 완전히 부정적인 방식으로 표현된다면 사회적 의미에서 실패한 의사소통 방식이 되기도 한다. 우리는 이러한 의사소통이 도전적인 행동으로 표현되기 때문에 학생이 하고자 하는 의도를 듣지 않으려 하는데, 이것은 확실히 우리의 잘못이지 학생의 잘못이 아니다. 우리는 학생이 싫어하는 것을 사회적으로 용인될 수 있는 방법으로 표현하도록 가르치는 좋은 방법을 찾지 못했다. 따라서 학생의 행동이 의사소통 방법으로 받아들여질 수 있는 행동을 배울 수 있도록 하는 것이 우리의 과제이다.
- **또래 간 상호작용**: 장애가 없는 사람들과 상호작용하는 중에도 문제가 생길 수 있고, 장애가 있는 다른 사람들과 상호작용하는 것은 훨씬 더 어렵기 때문에 아마도 가장 어려운 학습 영역이 될 것이다.

결국 나의 의사소통에 대한 개별화 교육에는 보완대체 의사소통(Augmentative and Alternative Communications: AAC)이 있다. 이는 주로 단순 기술이며 (특히) 수어에 국한되지만 기호나 사물 같은 것을 사용하는 것을 포함한다. 하이테크 AAC는 대부분 빅맥(BIGmack)과 같은 스위치가 활용되는데, 중도장애학생들에게 보다 정교하고 효과적인 작업 기억을 요구하는 복잡한 AAC 기기 사용 여부를 결정할 때는 신중해야 한다. 몸짓과 같은 수어의 중요성에 대한 논의도 필요하다. 우리가 이들이

AAC 기기 사용에 대해 충분히 받아들일 준비가 되었는지, 그것이 그림 상징의 기호 체계보다 더 중요한지 등을 충분하게 고려하는 것이 필요하다. 수어와 그림 상징 등의 기호 체계에 대한 주장은 그림 상징은 일반 대중이 더 쉽게 이해할 수 있다는 사실에 매달리는 경향이 있다. 이것이 사실이기는 하지만 그림 상징 사용 시 그림 자체의 형태를 인식할 수 있는지와 그림 상징이나 기호 체계를 가지고 다닐(휴대 가능한) 도구가 필요한지를 확인해야 한다.

그림 상징 키링(symbols key rings)은 매우 효과적인 휴대용 옵션이지만 제한된 수(최대 30개 정도)의 그림만 가지고 다닐 수 있다. 따라서 실제로 상징은 자원을 안전하게 보관할 수 있는 환경에서(즉, 학교/대학 및 가정에서)만 효과적이다. 항상 그림 상징을 가지고 다닐 수 없기 때문에 그림 상징 사용으로 가질 수 있는 장점(일반 대중이 더 쉽게 이해할 수 있음)이 도움이 되지 않을 수 있다. 그림 상징과 같은 기호 체계를 사용하는 것에 대한 대안적인 옵션은 (휴대폰 같은) 저장 장치를 쉽게 휴대할 수 있을 뿐만 아니라 VOCA(음성출력 의사소통 보조기기)로 사용할 수 있다는 추가 이점과 함께 기호 사용을 전자 기기에 구성하여 가르치는 것이다. 현재(2021년) 이 방법은 이론적으로는 좋지만 프롤로그투고(Proloquo2go)와 같은 앱의 옵션은 사용하기 복잡하고 정교한 작업 기억과 효과적인 단기 기억을 모두 필요로 한다. 우리가 이미 언급했듯이 두 가지 모두 중등도장애 학생 중 고기능장애학생 일부를 제외한 모두에게 매우 어렵기 때문에 문제가 있다. 구두 언어와 같이 자원을 필요로 하지 않고 작업 기억에 최소한의 압력을 가하는 수어(특히 단일 단어 또는 짧은 구문 모드에서 사용하는 경우)가 최상의 옵션이 될 수 있다.

수어가 종종 가족이나 일반 대중에게 이해되지 못한다는 단점은 다음을 통해 극복될 수 있다. ① 가족을 훈련시킨다(특히 장애아동이 학교 교직원의 도움을 받아 트레이너가 될 수 있을 경우). ② 정기적으로 다니는 학교와 집 주변의 지역사회에 목적지를 설정하여 학생들이 항상 같은 상점에서 쇼핑하고, 같은 지역 도서관을 방문하고, 같은 수영장과 레저 센터를 사용하고, 같은 공원, 같은 카페, 같은 놀이터 등에 갈 수 있도록 한다. 이런 식으로 그들은 시간이 지남에 따라 같은 장소에서 만나는 사람들과 관계를 구축하고 그들이 학교와 집 밖에서 정기적으로 만나는 사람들에게 '안녕하세요. 제 이름은……, 당신의 이름은 무엇입니까?' 같은 간단한 수어를 가르치는 것은 사회적 상호작용을 촉진하고 강화할 수 있는 좋은 방법이다.

(교사로서) 우리가 해야 할 만큼의 수어 사용에 대한 홍보를 꺼릴 가능성이 있는데, 이는 우리에게 수어를 유창하게 사용해야 한다는 압력이 가해질 수 있기 때문이거니와, 수어를 배우는 것은 상당한 도전이 되기 때문이다. 그러나 중도장애학생들의 수어(또는 다른 국가 수화)는 청각장애인들만큼 수어를 자유자재로 유창하게 사용한다는 것이 상대적으로 드문 일이다. 주로 우리는 언어를 대신하는 수어보다는 언어를 지원하는 수어에 관심이 있기 때문이다.

나의 사고와 문제해결

이퀄스 준공식적 교육과정에서 상세한 작업 계획(SoW)으로의 상향을 보여 준다. 왜냐하면 일반적으로 국가 수학 교육과정에 있는 사고와 문제해결은 추상적이고 비맥락적으로 제시되어 있다. 두 가지 모두 중도장애학생에게 해당 문제를 생각하거나 해결해야 할 이유를 제시해 주고 있지 않기 때문이다. 학생들이 어려워하는 모습을 보고 부주의한 교사는 학생을 위해 (대신해서) 문제를 풀어 주는 함정에 쉽게 빠질 수 있으며, 학습된 무기력(제13장 참조)의 악순환은 반복된다. 이 SoW는 다음과 같은 경우 학생이 문제를 해결하기를 기대할 수 없다고 하였다.

1. 문제가 계속되는지 아닌지 상관하지 않는다. 이것은 수학에서 제시되는 것과 같이, 추상적인 문제의 결과가 되는 경향이 있다. 여기서 문제는 학생의 수리력(추상성)에 달려 있으므로 해결책은 이론적이라는 것이다. 학습지(worksheet)에 사과 10개를 세 아이에게 나누면 사과 하나는 나누어지지 않는다. 따라서 학생들에게 추상적인 기호를 이용하여 풀어야 할 문제를 제공할 때 문제를 풀 동기를 잃는다는 점을 기억해야 한다. 이러한 우리의 태도는 장애학생에게 제시된 문제를 푸는 것을 엄청나게 어렵게 만드는 요인이다. 우리는 문제를 실제처럼 만들어야 하고 학생에게 문제를 해결할 진정한(현실적인) 이유를 제공해야 한다.
2. 우리가 학습을 너무 어렵게 만든다. 이것은 중등도장애학생이 문제를 분석하고 이전에 경험했던 유사한 문제를 일반화하는 것과 같이, 전통적인 방법으로 학습할 것으로 기대할 때 발생한다. 그러나 비장애학생에게 매우 자연스러운

두 가지 학습 전략인 장기 기억과 작업 기억은 장애학생이 사용하기에 무척이나 어려운 전략이라는 것을 기억해야 한다. 우리는 어떤 교수 전략을 적용하더라도 장애학생의 장기 기억이나 작업 기억을 크게 향상시킬 수 있다는 연구 증거가 전혀 없다는 것을 기억해야 한다(Davies, 2015; Imray & Colley, 2017).

3. 누군가가 (결국에!) 이 문제를 해결해 낼 것이다. 교사가 자신이 모든 것을 알지 못하며, 특히 특정 문제에 대한 답을 확실히 모른다는 점은 분명하다. 학생이 문제를 해결하기 위해 교사에게 의존하지 않도록 하고, 실패한 다음 반복해서 시도하는 것에 익숙해져야 한다. 실패해도 괜찮다. 실패는 우리 모두가 배우는 방식이다.
4. 그들은 해결책을 연습하지 않았다. 실제 상황에서의 문제는 정기적으로 일어날 가능성이 높기 때문에 평소에 꾸준히 실천할 수 있어야 한다. 우리는 루틴을 설정하여(예: 스낵 시간에 먹는 비스킷은 항상 찬장의 같은 자리에 있음) 이를 가르친 다음, 비스킷을 다른 찬장에 넣어 루틴을 방해한다. 그런 다음, 문제를 해결할 방법을 찾도록 여러 차례 연습시켜 또 다른 루틴이 되도록 하고, 그런 다음 해당 해결책을 다시 방해해 보는 방법도 있다. 이러한 과정을 되풀이해 가면서 실제 장면에서 문제를 해결하는 방안들을 찾고 일반화해 나가게 할 수 있다.

이 학습을 용이하게 하기 위해 이퀼스는 5단계의 사고 및 문제해결 접근 방식을 도입했다.

- 단계 1: 다음과 관련된 기억 체계 만들기
  - 과제 소개
  - 학생이 과제를 완료하는 데 필요한 것이 무엇인지 이해할 수 있도록 과제를 반복한다. 즉, 일상(루틴)으로 만든다.
- 단계 2: 다음과 관련된 문제 인식
  - 학생이 무언가가 다르거나 과제의 필수 요소가 손에서 벗어났다는 것을 인식하는 경우
  - 첫 번째 및 기본적인 반응으로 교사의 도움을 요청한다.
- 단계 3: 방해 행위로 다음을 포함한다.

–문제를 해결하도록 다른 사람에게 맡기지 않는 해결 방법이 있음을 인식한다.
–하나의 해결책을 평가한다.
–미래에 같은 문제가 발생할 때 문제해결 방법을 연습한다. 우리는 방해 행위를 반복하고 있기 때문에 정확히 동일한 문제가 미래에 발생할 것이라는 것을 안다.

- 단계 4: 일반화

–전에 익힌 전략을 사용하여 문제를 해결했음을 인식한다.
–유사한 문제에 대한 해결책이 적용될 수 있음을 인식한다.
–문제에 대한 몇 가지 가능한 해결책이 있을 수 있음을 인식한다.
–선택한 해결책이 최상의 해결책인지 평가한다.

- 단계 5: 자기신념(self-belief)과 자기확신(self-confidence)

–교사나 학생이 권한을 갖고 있다고 생각하는 사람의 도전을 받을 때에도 해결책 선택에 있어 안정적이다.
–해결책이 없을 수 있음을 인식하고 문제가 있을 때 이 선택을 확신한다.
–이는 고차원(higher order)의 문제해결 기술로 간주될 수 있으며 대다수가 달성하기 어려울 수 있지만, 장기적으로는 학생이 독립적으로 활동할 수 있도록 하는 데 필수적이며 고기능 학생은 가능한 한 도달할 수 있어야 한다.

나의 놀이와 여가

일반적으로 비장애아동의 경우, 자유 놀이가 우선적이고 자연스럽고 쉽게 발생한다. 그러나 자유 놀이는 가르치는 것이 아니라 놀이할 시간 및 공간과 함께 발달적으로 적절하고 흥미로운 것들을 제공함으로써 촉진된다. 집중적 상호작용(결국 놀이 기반)과는 달리 아주 어린 아동들은 처음에는 속도를 제어하고 점차적으로 더 많은 공유 놀이를 보는 과정을 거쳐서 차례대로 진행(turn taking)하고 관계 놀이(예: 특정 목적을 위해 장난감 자동차 또는 인형과 같은 물건 사용)로 이어진다. 비장애아동들이 자유 놀이에 능숙할 때(보통 5~6세), 그들은 규칙을 알고, 물건을 가지고 노는 훨씬 더 복잡한 구조화된 놀이—처음에는 로또, 파티 게임, 놀이터 게임 등과 같은 간단한 보드 게임—로 옮겨 가고 거기서부터 스포츠와 드래프트, 체스, 카드 게임과 같은 더 복잡한 게임, 그리고 물론 전자/컴퓨터 게임으로 이동한다. 이제 자유 놀이에 필요한 기술이 창의력으로 시작되는 것(opening into)이 중요해지는 것은 '게임하기'이다.

그러나 우리는 장애학생들이 이 과정에서 원활하게 움직일 것이라고 가정할 수 없으며 이퀄스 SoW는 놀이(Play)가 일일 시간표에서 (매우) 중요한 주제임을 나타내기 위해 대문자 P를 사용한다. 또한 놀이는 자유 놀이와 구조화된 놀이의 서로 다른(물론 관련이 있는) 두 가지 유형으로 간주될 수 있다. 학교는 우선 일부 학생을 위해 중등학생(11세 이상) 이상을 포함하여 훨씬 더 오랫동안 자유 놀이를 할 수 있게 사다리와 발판을 만들어야 한다. 이것은 '연령 적합성'에 대한 결정적인 고려와 적절한 사람이 적절한 연령보다 훨씬 더 중요하다는 모든 교직원, 특히 고위 지도자, 공통의 동의가 있어야 한다. 둘째, 자유 놀이와 구조화된 놀이가 병행되어 진행되도록 일반적인 발달을 보이는 아동들보다 훨씬 일찍 구조화된 놀이에 참여하게 해야 한다.

놀이를 가르치는 것은 다음을 포함한다.

- 교사가 아이가 되는 것을 의미한다.
- 개별 학생이 이 단계에 있고 학생 자신의 속도와 시간에 따라 움직일 수 있도록 하는 놀이 단계(stages of Play)를 이해한다. 이것은 일부 학생이 상당한 기간 동안, (몇 년이 될 수도 있고 일부의 경우 평생 지속될 수 있는) 놀이의 초기 단계에 머물 수 있음을 의미한다.
- 초기 교육과정의 범위를 넘어, 교실에서 개별적이고 규칙적인 시간을 제공한다.
- 학생들이 주도하는 놀이를 장려하는 것은 정상적인 시간표의 방해를 의미한다. 즉, 구조화된(제한된/구분된) 시간으로는 충분하지 않다.
- 학생이 즐기는 방법을 배우지 않으면 놀이에 자유롭게 참여할 수 없음을 인식하고 연습할 수 있게 한다.

영국이 학습장애인의 정신 건강에 대한 일(유급 또는 무급) 및/또는 평생학습의 중요성에 대한 인식 수준이 여전히 낮다는 것은 불행하지만 사실이다. 장애인에게는 상당한 여가 시간이 있다. 여가(Leasure, 대문자 L 사용)와 이 여가 시간으로 무엇을

하고 싶은지 알아내는 것이 가장 중요하다. 우리 중 누구도 우리가 모르는 것을 알지 못한다. 중도장애인들에게 가능한 한 많은 잠재적인 여가 활동에 대해 소개하고 시도할 시간이 주어져야 한다. 이것은 시간이 걸리지만 교육과정 내에서 포함해야 할 때이다.

나의 독립성

기본적으로 이퀄스 나의 독립성에 대한 작업 계획에는 아동들에게 초콜릿이라는 단어를 읽고, 초콜릿이라는 단어를 쓰고, 초콜릿이라는 단어의 철자를 말하고, 초콜릿이라는 단어를 문장 내에서 적절하게 사용하는 것을 가르치는 데 수년을 소비하면서도 아동이 혼자서 초콜릿 스낵을 사는 법을 배우지 못하는 다소 아이러니한 일이 벌어지고 있다. 즉, 독립성의 전체적인 개념은 비장애학생을 위해 설계된 교육과정에서 거의 완전히 무시된다. 왜냐하면 아동들은 대부분 실제 학교 시간 밖에서 이를 자연스럽게 (놀이처럼) 학습할 것이라고 가정하기 때문이다. 더욱이 중도장애인들이 직면하는 막대한 도전에 대해 크게 과소평가하는 경향이 있으며, 종종 이 수준의 학습 난이도가 이들이 독립을 허용하지 않으려 하는 것은 아닌가 하고 의심하게 된다. 이러한 믿음에 이의 제기를 해야 한다. 물론 독립성은 상대적인 용어이다. 예를 들어, 우리는 자기관리, 여행, 쇼핑, 요리, 은행 업무, 예산 책정, 가사 등의 기본사항을 습득했다는 점에서 자신이 매우 독립적이라고 생각할 수 있다. 그러나 우리는 남편, 아내, 부모, 가족, 친구, 전문가, 안내 지침(예: 조리법, 가이드 방법) 및 물론 지금 없어서는 안 될 Google! 등 여전히 다른 이에게 어느 정도는 의존한다. 그러므로 우리 나이에 관계없이 우리 모두를 위한 독립성은 정도의 문제일 뿐이며 중도장애인들도 최대 독립 수준을 목표로 하지 않아야 할 이유가 없다. 그러나 이것은 우리가 독립성(Independence, 대문자 'I')를 매우 진지하게 받아들여 중도장애 교육과정에서 학업 중심 영역이 되어야 한다는 것을 의미한다. 이를 위해서는 나의 독립성을 일련의 상호 연결 요소로 보는 것이 절대적으로 중요해 보인다. 예를 들어, 요리를 하지 않으면 건강하게 먹을 수 없고, 쇼핑을 하지 않으면 요리를 할 수 없고, 돈 없이 쇼핑을 할 수 없고, 알몸으로 가게에 갈 수 없고, 움직이지 않으면 가게에 갈 수 없다. 장애인들을 위한 학습은 구체적이고(추상적이지 않음) 통합적(영역을 구분하지 않음)이어야 하므로 이퀄스 나의 독립성에 대한 작업 계획은 모든 요소를 실시간 및 실제 상황/환경에서 가르칠 것을 강조한다.

모든 독립성 교육은 적절한 자원, 특히 활용을 할 수 있어야 하며, 따라서 다음과 같다.

- 비용이 많이 들 수 있지만 적절한 자금(펀딩)을 조달해야 한다.
- 집단적으로 가르치기보다는 개별적으로 가르쳐야 한다.
- 교사는 높은 기대치를 가져야 한다.
- 발달적일 가능성이 있다.
- 학생마다 다른 속도로 발달한다.
- 특히 높은 발달 수준에서 상대적으로 위험이 높을 수 있다. 그러나 위험은 그것을 가르치지 않아야 할 이유가 되어서는 안 된다.

전반적 발달지체학생을 위해 설계된 이퀄스 공식적 교육과정

이 교육과정은 영어, 수학, 독립, 놀이 및 여가, 신체적 웰빙, 우리에 관한 세계, 야외 수업 활동 등 7개 세부적인 SoW로 구성되어 의도적으로 제한되고 집중된 폭을 가지고 있다. 이퀄스 공식적 교육과정은 학업 및 비학업 교육과정이 혼합된 것으로 연령에 대한 기대치보다 훨씬 낮은 수준에서 지속적으로 오랫동안 학습하는 학생을 위한 기회를 극대화하도록 설계되었다. 따라서 주로 초등학생(6~11세, 1~6학년)을 위한 종착점(staging post) 또는 중간 지점(halfway house)으로 삼을 수 있다.

영국에서는 이퀄스 공식적 교육과정 내에서 학습하는 학생들은 아마도 일반학교에 다니게 될 것이며 중등도장애(MLD) 또는 중도장애(SLD)가 있는 것으로 간주될 것이다. 이 인구 중 일부 혹은 많은 사람이 자폐스펙트럼장애(ASC) 진단을 받을 수도 있지만 여기서 우려되는 것은 개인의 장애 수준이다. 즉, 이는 자폐스펙트럼장애는 학생이 학습하는 방식(어떻게 배우는지)에 영향을 미칠 수도 있지만, 이와 같은 학습의 어려움은 학생에게 가르칠 내용(무엇을 배우는지)에도 영향을 미치게 된다.

영국에서 P척도가 법률상 비교 평가 측정에서 폐기되었을 때(Rochford, 2016) 영

국 교육부는 키 스테이지(Key Stage) 이전 기준이라고 하는 초등 연령 아동을 위한 보다 학문적 척도를 고안했다. 영어 읽기, 영어 작문 및 수학에 대한 교사 평가는 키 스테이지(Key Stage) 1이 끝날 때(7세)와 키 스테이지(Key Stage) 2가 끝날 때(11세)에 다시 이루어진다. 이후 평가는 비장애학생들이 7세까지 기준 6(standard 6)을 달성할 수 있지만 일부 학생(예: 전반적 발달지체 포함)은 11세에도 이 기준에 도달하기 위해 계속 노력해야 한다고 가정한다.

수학의 KS2(Pre-Key) 단계 기준 6(비장애학생들을 위해 KS1 예상 기준에서 작업)을 달성하려면 학생들은 다음을 수행할 수 있어야 한다.

- 1, 2, 5 및 10으로 나눈 수직선 눈금을 읽는다. 척도는 수직선(숫자선) 또는 실제 측정 상황의 형태일 수 있다.
- 두 자리 숫자를 몇 십과 1의 조합으로 나누고, 그들의 생각을 말로, 그림으로 또는 장치를 사용하여 설명한다.
- 효율적인 전략을 사용하여 두 자리 숫자 2개를 더하거나 빼고, 그 방법을 말로, 그림 또는 장치를 사용하여 설명한다(예: 48+35, 72−17).
- 10 이내의 모든 숫자 짝을 기억하고, 이를 사용하여 20 이내의 숫자 짝을 추론하고 계산하여 다른 관련 추가 관계를 인식한다(예: 7+3=10이면 17+3=20, 7−3=4이면 17−3= 14, 14+3=17이면 3+14=17, 17−14=3 및 17−3=14).
- 2, 5 및 10에 대한 곱셈 및 나눗셈 사실을 기억하고 이를 사용하여 간단한 문제를 해결하고 필요에 따라 교환 개념을 이해한다.
- 숫자 또는 모양의 $\frac{1}{4}$, $\frac{1}{3}$, $\frac{1}{2}$, $\frac{2}{3}$, $\frac{3}{4}$을 식별하고 모든 부분이 전체의 동일한 부분이어야 함을 안다(Standards and Testing Agency, 2018, p. 15).

영어 독해 및 영어 작문을 위한 키 스테이지(Key Stage) 2단계 이전 기준 6은 똑같이 도전적이다. 그 이유는 파닉스(phonics) 구조가 정교한 작업 기억에 의존하기 때문에 음성을 기반으로 하는 모든 언어에서 그러할 것이다.

우리는 학생이 11세까지 독립적으로 이러한 기준을 달성할 수 없다면 높은 수준의 문해력과 수리력을 무조건(정의상) 기반으로 해야 하는 학문적 국가수준 교육과정을 계속 추구할 목적이 거의 없다고 제안하고 있다. 학생이 이러한 표준을 달성할 수 없다는 사실은 영구적이고 전반적인 학습에서의 어려움을 겪는다는 것을 나타낸다. 그러한 학생이 따라잡을 수 있다는 증거는 전혀 없다. 실제로 30년 동안 영국 국가수준 교육과정과 관련된 평가는 증거로 그 반대를 명백히 나타내며(Ndaji & Tymms, 2009; Imray, 2013) 다른 국가의 교육과정은 다를 것이라는 국제적인 증거는 없다(Imray & Colley, 2017). 왜 전반적 학습장애학생들이 기본 수리 및 문해력에 지속적인 어려움을 겪고 있는지에 대한 의문을 가져야 한다. 추상성(abstract)에 대한 정교한 이해와 효과적인 작업 기억을 위한 요구사항에서 답을 찾을 수 있다. 장애인들에게 두 가지 모두 큰 문제가 되지만(Imray & Colley, 2017) 수리력과 문해력을 충분한 수준으로 습득하는데, 특히 8세나 9세 이후 절대적으로 필요하다. 우리가 포기하지 않는 한 모든 아동이 (결국) 학문적으로 성공할 것이라는 제도적(institutional) 기대가 있다. 이러한 관점을 붙잡고(holding), 유지(maintaining)하는 것을 정당화할 수 있는 연구 증거가 전혀 없다는 사실에도 불구하고 교사들은 교과 교육과정 규칙이 세 가지뿐이라고 배운다.

- 규칙 1: 국가수준 교육과정은 모든 아동을 위해 설계되었으며 모든 아동에게 동일한 상향 선형 방식(upwardly linear manner)으로 가르쳐야 한다.
- 규칙 2: 문제가 발생할 때 차별화하라.
- 규칙 3: 이것이 해결되지 않으면 규칙 1을 다시 참조하라.

이것은 모든 아동이 성공할 수 있도록 교사들에게 피할 수 없는 높은 압력을 가하고 있고, 그대로 경험할 수밖에 없다. 그러나 문해력과 수리력 내에서 개별 아동의 능력을 발견하는 열쇠는 어떤 수준에 도달할 수 있게 개인의 능력을 극대화(maximising competency)함으로써 가능해진다.

피터의 원칙(Peter Principle)은 원래 서던 캘리포니아 대학교(University of Southern California)의 비즈니스 관리 이론에서 출발하였다. 모든 선형 계층 구조에서 사람들이 무능한 수준에서 올라가려는 경향이 있다는 제안이다. 피터(Peter)와 헐(Hull)의 이론은 새로운 직원이 사업에 들어오는 경우(또는 새로운 교사가 학교에 오거나, 새 직원이 공장에 들어 오는 경우)를 상상(생각)하고, 관리자는 이 사람이 승진을 할 수 있는 자질에 주목하게 된다.—예를 들면, 예리함, 추진력, 지능, 근면, 직장에서의 다른

사람과의 관계 등— 이러한 자질은 그 사람이 완전히 익숙하지 않은 상태에서 특정 기술을 연마하는 결과를 가져오지만, 새로운 직업과 이전 직업의 차이는 미미하고 상당히 빨리 배울 수 있다. 그러나 연이은 기술 연마로 기술 습득에 성공할 수 있지만 전체적으로 보았을 때 필요한 기술 중 일부는 배우지 못하는 부분도 많을 수 있다. 일부는 필요한 기술을 배우는 데 수년이 걸리고, 일부는 결코 배우지 못하여, 자신의 자리에서 다른 특정 기술 분야에 대해서 무능한 상태로 남아 있게 된다. 우리 모두 이러한 이들을 만나 본 적이 있을 것이다. 선형적 진보와 목표 설정에 대한 기대가 지배적인 교육환경, 특히 목표가 교육과정이 되는 곳에서 교사는 학생들에게 무능한 수준까지 가르치도록 유도될 것이다. 많은 아동, 어쩌면 대부분의 아동은 짧은 시간 동안 약간의 무능함에 대처할 수 있으며 연습과 반복, 시행착오를 통해 배울 것이다. 소수의 아동(특히 전반적 발달지체 아동)은 장애 정도로 인해 수업을 몇 번 반복해도 이해하지 못하기 때문에 자신의 능력을 넘어서는 내용을 학습하기 어려울 수 있다.

암기 학습의 위험성 때때로 아동의 계산 능력을 평가할 때 암기 학습은 근본적으로 과정에서 어려움을 겪거나 개념적 어려움을 겪을 수 있다. 언니의 이름이 피비라는 것을 아는 것과 마찬가지로 아동은 '3+2가 5'라는 것을 알 수 있다. 그러나 아동이 합하는 방법이나 '더하기'라는 단어의 의미를 이해한다고 가정해서는 안 된다. 따라서 평가는 절차와 원리에 대한 아동의 이해와 숫자를 기억하는 능력을 고려해야 한다(Gillum, 2014).

"반복, 과잉 학습, 맥락 및 동기부여가 기억의 열쇠이지만 동기부여는 아동이 자신의 성공을 볼 수 있을 때만 보장될 수 있다. 전반적 발달지체 아동은 (정의에 따라) 추상적인 개념(Ofsted가 '무의식적 능력'이라고 부르는 것)과 작업 기억에 상당한 문제가 있을 것이며, 숫자 보존의 첫 번째 블록조차 배우지 못할 것이다. 결과적으로 학생의 개별적인 안정적 학습 수준(Comfort zones) 내에서 반복이 필요한 경우에도 너무 빨리 앞으로 밀려나게 된다. 이 학생들에게 반복은 학습의 핵심이며, 특히 의미 있고 동기부여적인 맥락에서 과잉 학습이 일상이 되어야 한다. 우리는 단편적인 사실을 암기하는 것이 아니라 이해를 발전시켜야 한다. 학습은 장기 기억으로의 변화로 정의할 수 있다. 장기 기억에 변화가 없다면 배운 것도 없다는 것이다……. 이것은 단순히 사실을 암기하는 것으로 축소되거나 혼동되어서는 안 된다."(Ofsted 2019, p. 45) 결론적으로, 이퀄스 공식적 교육과정은 문해력과 수리력에 있어 개별 아동의 능력 수준 내에서 지도하고 외부적인 한계를 발견하고자 한다. 이러한 외부적인 한계가 효과적인 수준의 수리력 및 문해력에 대한 잠재력을 입증하는 경우(비장애학생의 7세까지의 발달 수준으로 측정) 학업적 (국가) 교육과정 모델을 추구할 타당성이 있다. 그러나 장기적으로는 학생이 학업 모델을 계속 유지하기 위해 11세 비장애학생이 기존에 달성한 수준에 도달할 수 있다고 믿을 만한 이유가 있어야 한다. 시간이 오래 걸리더라도 이러한 수준을 달성할 가능성이 없다면 학업 교육과정을 계속할 이유는 없어 보인다.

역량 접근 이 책이 처음 출판된 이후 저자들은 역량(capability)에 대한 자신의 의견을 가장 중요한 철학으로 수정했으며 앞의 장(chapter)에서 기술하고 있는 진술을 굳이 고려할 가치가 없다고 주장했다. 장애에 적용되는 역량 접근 방식(Capability Approach)은 경제학자 아마르샤 센(Amartya Sen, 1999, 2005)의 저작에서 파생되었으며 철학자 마사 누스바움(Martha Nussbaum, 2007, 2011)에 의해 발전된 개념이다. 너스밤의 경우 접근 방식은 전체 또는 평균적인 웰빙뿐만 아니라 각 개인이 이용할 수 있는 기회에 대해 질문하면서 각 사람의 웰빙을 목표로 한다. 그것은 선택 또는 자유에 초점을 맞추고 있으며, 중요한 선한 사회(crucial good societies)가 사람들을 위해 장려해야 하는 것은 일련의 기회 또는 실질적인 자유이다. 사람들은 이를 행동으로 하거나 하지 않을 수 있다. 선택은 개인의 몫이다. 따라서 그것은 사람들의 자기인식 능력을 존중하는 데 전념한다(Nussbaum, 2011, p. 18). 따라서 강조점은 ① 집단적 권리 또는 장애 인식에 초점을 맞추지 않고 자신의 권리를 가진 개인에게 있다. ② 선택과 자유를 추구하고 달성할 수 있도록 하는 데 초점을 맞추고, 가치가 없는 활동을 하지 않고 가치가 없는 것이 되지 않을 선택과 자유를 포함하여 개인이 진정으로 가치 있게 여기는 활동과 상태를 달성하는 데 초점을 맞춘다. ③ 개인의 능력이나 장애에 관계없이 모든 사람의 자기인식 능력을 존중함으로써 각 단계 안(centre of the stage)에서 목소리를 내고 권리를 행사할 수 있도록 촉진한다. 역량 접근법은 우리가 최중도중복장애아동 및 중도장애인들의 발전을 방해하는 장애물로 작용했던 것의 수용 및 특수교육요구에 대한 진부하고 순환적인 주장에서 벗어나도록 돕는다. 우리는 이러한 스펙트럼의 아동, 청소년 및 성인이 다른 방식으로 학습하므로 다르게 가르쳐야 하고 다른 것을 가르쳐야 한다는 우리의 요청이 통합을 강조하는 주장과 상반된다는 것을 알고 있다. 통합은 가치 있는 철학이지만, 통합교육이 모든 아동을 같은 학교, 같은 학급에 배치하고 동일한 교육과정을 가르치는 것을 의미한다면, 학업적으로 성취할 수 없는 학생들이 최고가 되고 최선을 다할 수 있는 기회를 거부하는 것이기 때문에 그 가치를 잃게 된다. 역량의 원칙(principles of capabilities)은 모든 이퀄스 교육과정에서, 예를 들어 각 개별 학생을 교육과정 개발의 중심에 배치할 때, 생존하는 법을 배우기에서, 과정 기반 교육학에서, 각 개별 학생의 개별 동기가 성공과 잠재력을 가능하게 하는 핵심이라는 주장에서 명확하게 확인할 수 있다.

전문가 교육

다시 말하지만, 최중도중복장애 및 중도장애 아동, 청소년 및 성인의 교육을 담당하는 일을 전문적인 직업으로 여기는 우리의 의견은 시간이 지남에 따라 강화되었다. 우리는 최중도중복장애에 대한 상당한 전문 지식 없이는 이러한 수준에서 효과적으로 가르칠 수 없다고 믿는다. 그러한 지식이 비장애아동을 가르치기 위한 예비교사 훈련인 일반(generalist) 초급 교사 훈련(ITT) 프로그램에서 얻을 수 있다고 보지 않는다. 최중도중복장애 및 중도장애 아동을 가르치는 것은 완전히 다른 문제이다.

우리는 (수학 또는 과학 또는 음악 또는 지리 또는 언어) 전문교사가 해당 과목을 가르치기 위해 훈련하기 전에 해당 과목을 학위 수준(degree level)에서 마스터하는 데 최소 3년이 걸린다는 점에 주목한다. 우리는 최중도중복장애 및 중도장애 아동에 대한 숙달이 똑같이 어렵다고 주장한다. 이러한 '과목'을 가르치는 일은 직접 일하는 중에 배울(습득할) 수 있지만 이것이 기본이 되어 버리면 가르침을 받는 아동, 청소년 및 성인들에게 무례를 범하는 것이다. 무엇보다 학생들의 학업 성과를 향상시키는 데 가장 중요한 요소는 매우 효과적인 교사를 배치하는 것이다. 따라서 매우 효과적인 리더는 교사가 자신의 상황 내에서 개선할 수 있도록 올바른 지원을 제공해야 한다(Kirkham-Knowles, 2021).

결론

적어도 영국에서는 『중도장애 및 최중도중복장애 학생 교육과정(Curricula for Teaching Children and Young People with Severe or Profound and Multiple Learning Difficulties)』 원서 초판과 이 한국어판 사이 몇 년의 기간 동안 예외적이고 긍정적인 변화가 있었다. 1988년 영국에서 국가수준 교육과정 모델이 시작된 이래 처음으로 영국의 특수학교는 차별화(differentiated)가 아닌 다른(different) 교육과정 정책을 채택하기 시작했다. 이퀄스는 최중도중복장애 및 중도장애 아동, 청소년 및 성인을 위한 4개의 개별적이지만 관련된 교육과정을 완성하기까지 데 약 5년이 걸렸다. 그들은 이것이 세계 최초라고 믿는다. 개별 교육과정에서 매우 상세한 각각의 작업 계획은 이 책에 제시된 주장을 광범위하게 따르며 더욱 발전했다. 각각 분리되어 있는 교육과정은 최중도중복장애 및 중도장애 학생들이 규준(norm)에 맞춰 작성된 교육과정에 참여하도록 제한하는 동안 학생들의 잠재력은 완전히 실현될 수 없다. 우리는 최중도중복장애 및 중도장애 학생들을 가르치는 교사들이 전문가로 인정받지 못하는 상태에서 뛰어난 역량을 발휘할 수 없다. 따라서 전문가에게 지속적이고 집중적으로 훈련을 제공하는 일이 예외적인 일이 아닌 일반적인 일이 되어야 한다. 우리 학생들은 뛰어나다. 그들은 훌륭한 선생님을 만날 자격이 있다.

참고문헌

Abbott C. and Lucey H. (2005) 'Symbol communication in special schools in England: The current position and some key issues', *British Journal of Special Education, 32*(4): 196–201.

Abbott D. and Marriot A. (2012) 'Money, finance and the personalisation agenda for people with learning disabilities in the UK: Some emerging issues', *British Journal of Learning Disabilities.* Early View (Online Version of Record published before inclusion in an issue).

Adams S., Medland P. and Moyles J. (2000) 'Supporting play-based teaching through collaborative practice-based research', *Support for Learning, 15*(4): 159–164.

Ainscow M. (2006) *Responding to the challenge of learner diversity: A briefing paper for the teaching and learning in 2020 review.* Manchester: University of Manchester Faculty of Education.

Ainsworth M., Blehar M., Waters E. and Wall S. (1978) *Patterns of attachment: A psychological study of the strange situation.* New Jersey: Lawrence Erlbaum.

Aird R. (2001) *The Education and Care of Children with Profound and Multiple Learning Difficulties.* London: David Fulton.

Aird R. (2009) 'A commentary on the National Strategies DCSF Special Educational Needs/Learning Difficulties and Disabilities (SEN/LDD) progression Guidance Project 2008–09', *The SLD Experience*, 53: 10–14.

Aitken S., Buultjens M., Clark C., Eyre J. T. and Pease L. (2000) *Teaching children who are deafblind.* London: David Fulton.

Allen D., Lowe K., Jones E., James W., Doyle T., Andrew J., Davies D., Moore K. and Brophy S. (2006) 'Changing the face of challenging behaviour services: The special projects team', *British Journal of Learning Disabilities, 34*(4): 237–242.

Arthur M. (1994) *Communicative instruction in the 1990's: An overview of future directions*, in K. Linfoot (ed) *Communication strategies for people with developmental disabilities: Issues from theory and practice*. Artarmon: MacLennan & Petty. pp. 177-197.

Arthur-Kelly M., Foreman P., Bennett D. and Pascoe S. (2008) 'Interaction, inclusion and students with profound and multiple disabilities: Towards an agenda for research and practice', *Journal of Research in Special Educational Needs, 8*(3): 161-166.

ASCET (1984) *Advice: Teacher training and special educational needs*. London: Advisory Committee on the Supply and Education of Teachers.

Ashcroft E. (2002) 'Communication passports: Towards person-centred planning', *Living Well, 2*(4): 11-13.

Axup T. and Gersch I. (2008) 'The impact of challenging student behaviour upon teachers' lives in a secondary school: Teachers' perceptions', *British Journal of Special Education, 35*(3): 144-151.

Ayers H. (2006) *An A to Z Practical Guide to Learning Difficulties*. London: David Fulton.

Balshaw M. (2004) 'Risking creativity: building the creative context', *Support for Learning, 19*(2): 71-76.

Bannerman-Haig S. (1997) 'Facilitating change', *Dance and the Child International (UK)*, Journal Four: 14-18.

Bannerman-Haig S. (2006) *Stretching, tensing and kicking: Aspects of infantile movement in dance movement therapy with children and adolescents in special education*, in H. Payne (ed) *Dance movement therapy: Theory, research and practice*. London: Routledge.

Barber M. (1994) *Contingency awareness: Putting research into the classroom*, in J. Coupe O'Kane B. and Smith (eds), *Taking control*. London: David Fulton.

Barber M. and Goldbart J. (1998) 'Accounting for learning and failure to learn in people with profound and multiple learning disabilities', in P. Lacey and C. Ouvry (eds) *People with profound and multiple learning disabilities*. London: David Fulton. pp. 102-116.

Barnes C. (2010) *Proposal to introduce and develop AfL using Routes for Learning and video evidence for students working at P Levels 1-3 in KS1 at Willow Dene School*. London: Willow Dene School.

Baron-Cohen S. (1997) *Mindblindness. An essay on autism and theory of mind*. Massachusetts: MIT Press.

Barr O. (2009) *Development of services for children*, in M. Jukes (ed) *Learning Disability Nursing Practice*. London: Quay Books. pp. 399-423.

Barratt P. (2013) *Headteacher's report to governors*. London: The Bridge School.

Barratt P., Border J., Joy H., Parkinson A., Potter M. and Thomas G. (2000) *Developing pupils' social communication skills*. London: David Fulton.

Barron P. (2008) *Classroom gems: Practical ideas, games and activities for the primary classroom*. Harlow: Pearson Education.

Barron P. (2009) *Classroom gems: Outdoor learning: Games, ideas and activities for learning outside the primary classroom*. Harlow: Pearson Education.

Bates E., Camaioni L. and Volterra V. (1975) 'The acquisition of performatives prior to speech', *Merrill-Palmer Quarterly*, 21: 205-216.

Beckerleg T. (2009) *Fun with messy play. Ideas and activities for children with special needs.* London: Jessica Kingsley.

Bennett N. (1999) *Research on teaching-learning processes. Theory into practice: practice into theory. Eighteenth Vernon-Wall Lecture*. British Psychological Society.

Biederman G. B., Davey V. A., Ryder C. and Franchi A. S. (1994) 'The negative effects of positive reinforcement in teaching children with developmental delay', *Exceptional Children*, 60: 458-465.

Blanchard J. (1999) 'Using targets for school improvement in a school for pupils with severe, profound, multiple or complex learning difficulties', *The SLD Experience*, 24: 18-19.

Bloom B. S., Engelhart M. D., Furst E. J., Hill W. H. and Krathwohl D. R. (1956) *Taxonomy of educational objectives: the classification of educational goals: Handbook 1: Cognitive domain*. New York: Longmans.

Bluestone J. (2002) *The Churkendoose anthology*. Seattle: Handle Institute.

Bogdashina O. (2003) *Sensory perceptual issues in autism and Asperger syndrome*. London: Jessica Kingsley.

Bond L., Van Wyck I. and Gasquez Navarro D. (2011) *PMLD planning, recording and assessment*. London: The Bridge School.

Bondy A. and Frost L. (2001) 'The Picture Exchange Communication System', *Behavior Modifcation*, 25: 725-744.

Booth T., Ainscow M. and Kingston D. (2006) *Index for inclusion: Developing play, learning and participation in early years and childcare*. Bristol. Centre for Studies on Inclusive Education (CSIE).

Bottos M., Feliciangeli A., Scutio L., Gericke C. and Vianello A. (2001) 'Functional status of adults with cerebral palsy and implications for treatment of children', *Developmental Medicine and Child Neurology*, 43: 516–528.

Bovair K., Carpenter B. and Upton G. (eds) (1992) *Special curricula needs*. London: David Fulton and NASEN.

Bower E., Mitchell D., Burnett M., Campbell M. J. and McLellan D. L. (2001) 'Randomised controlled trial of physiotherapy in 56 children with cerebral palsy followed for 18 months', *Developmental Medicine and Child Neurology*, 43: 4–15.

Bowlby J. (1988) *A secure base: Clinical applications of attachment theory*. London: Routledge.

Brennan K. A., Wu S. and Love J. (1998) 'Adult romantic attachment and individual differences in attitudes toward physical contact in the context of adult romantic relationships', in Rholes W. S. and Simpson J. A. (eds) *Attachment theory and close relationships*. New York: Guilford Press.

Browder D. M., Trela K., Gibbs S. L., Wakeman S. and Harris A. A. (2009) 'Academic skills', in Odom S. L., Horner R. H., Snell M. E. and Blacher J. (eds) *Handbook of developmental disabilities*. New York: Guildford Press.

Brown E. (1996) *Religious education for all*. London: David Fulton.

Brown H. (1994) 'An ordinary sexual life?: A review of the normalisation principle as it applies to the sexual options of people with learning disabilities', *Disability & Society*, *9*(2): 123–144.

Brown N., McLinden M. and Porter J. (1998) 'Sensory Needs', in P. Lacey and C. Ouvrey (eds) *People with profound and multiple learning disabilities*. London: David Fulton.

Bullowa M. (1979) 'Introduction: Prelinguistic communication: a field for scientific research', in M. Bullowa (ed) *Before speech*. Cambridge: Cambridge University Press.

Bunning K. (1996) 'Development of an "individualised sensory environment" for adults with learning disabilities and an evaluation of its effects on their interactive behaviours'. Unpublished thesis. London: City University.

Bunning K. (1998) 'To engage or not to engage? Affecting the interactions of learning disabled adults', *International Language and Communication Disorders*, 33: 386–391.

Bunning K. (2009) 'Making sense of communication', in J. Palwyn and S. Carrnaby (eds)

Profound intellectual multiple disabilities: Nursing complex needs. Oxford: Wiley-Blackwell.

Burden R. (1990) '"Process" in cross-curricular work', in Smith B. (ed) *Interactive approaches to teaching the core subjects.* Bristol: Lame Duck Publishing.

Byers R. (1994) 'Teaching as dialogue: Teaching approaches and learning styles in schools for pupils with learning difficulties', in J. Coupe-O'Kane and B. Smyth (eds) *Taking control.* London: David Fulton.

Byers R. and Rose R. (1994) 'Schools should decide . . .', in R. Rose, A. Fergusson, C. Coles, R. Byers and D. Banes (eds) *Implementing the whole curriculum for pupils with learning difficulties.* London: David Fulton.

Cahill M. (1992) 'The arts and special educational needs', *Arts Education,* December Issue: 12-15.

Caldwell P. (2005) *Finding you finding me. Using Intensive Interaction to get in touch with people whose severe learning disabilities are combined with autistic spectrum disorder.* London: Jessica Kingsley.

Caldwell P. (2007) *From isolation to intimacy: Making friends without words.* London: Jessica Kingsley.

Camaioni L. (1993) 'The development of intentional communication: A re-analysis', in J. Nadel and L. Camaioni, *New perspective in early communicative development.* London: Routledge.

Campbell F. K. (2001) 'Inciting legal fictions: Disability's date with ontology and the ableist body of the law', *Griffith Law Review,* 10: 42-62.

Carman S. N. and Chapparo C. J. (2012) 'Children who experience difficulties with learning: Mother and child perceptions of social competence', *Australian Occupational Therapy Journal, 59*(5): 339-346.

Carpenter B. (2010) *Curriculum reconciliation and children with complex learning difficulties and disabilities.* London: Specialist Schools and Academies Trust.

Carpenter B. (2011) 'Pedagogically bereft! Improving learning outcomes for children with foetal alcohol spectrum disorders', *British Journal of Special Education, 38*(1): 37-43.

Carpenter B., Cockbill B., Egerton J. and English J. (2010) 'Children with complex learning difficulties and disabilities: Developing meaningful pathways to personalised learning', *The SLD Experience,* 58: 3-10.

Carpenter B., Egerton J., Brooks T., Cockbill B., Fotheringham J. and Rawson H. (2011) *Complex learning difficulties and disabilities research project final report.* Wolverhampton: Specialist Schools and Academies Trust.

Carpenter B., Egerton J., Cockbil B., Bloom T., Fotheringham J., Rawson H. and Thistlethwaite J. (2015) *Engaging Learners With Complex Learning Difficulties and Disabilities.* Abingdon: Routledge.

Carpenter B. and Hills P. (2002) 'Rescuing the arts: The sunmoves project', *The SLD Experience*, 32: 22-24.

Carr D. and Felce J. (2007) 'The effects of PECS teaching to phase III on the communicative interactions between children with autism and their teachers', *Journal of Autism and Developmental Disorders*, 37: 724-737.

Carr E. G. and Durand V. M. (1985) 'Reducing behavior problems through functional communication and training', *Journal of Applied Behavior Analysis, 18*(2): 111-126.

Carter A. (ed) (1991) *The Virago book of fairy tales.* London: Virago Press.

CCEA (2006) *Quest for learning: Guidance and assessment materials: Profound and multiple learning difficulties.* Belfast: The Council for Curriculum, Examinations and Assessment (Northern Ireland).

Chad K. E., Bailey D., MacKay H., Zello G. and Snyder R. (1999) 'The effect of weight bearing physical activity on bone mineral content and estimated volumetric density in children with spastic cerebral palsy', *Journal of Paediatrics*, 135: 115-117.

Chadwick O., Walker N., Bernard S. and Taylor E. (2000) 'Factors affecting the risk of behaviour problems in children with severe intellectual disability', *Journal of Intellectual Disability Research, 44*(2): 108-123.

Chadwick O., Kusel Y. and Cuddy M. (2008) 'Factors associated with the risk of behaviour problems in adolescents with severe intellectual disabilities', *Journal of Intellectual Disability Research, 52*(10): 864-876.

Chaloner W. B. (2001) 'Counselors coaching teachers to use play therapy in classrooms: the Play and Language to Succeed (PALS) early, school-based intervention for behaviorally at-risk children', in A. A. Drewes, L. J. Carey and C. E. Schaefer (eds) *School-based play therapy*. New York: John Wiley & Sons.

Cole T. (1989) *Apart or a Part? Integration and the growth of British special education.* Milton

Keynes: Open University Press.

Colley A. (2013) *Personalised learning for young people with profound and multiple learning difficulties.* London: Jessica Kingsley.

Collis M. and Lacey P. (1996) *Interactive approaches to teaching.* London: David Fulton.

Corke M. (2002) *Approaches to communication through music.* London: David Fulton.

Corke M. (2011) *Using playful practice to communicate with special children.* London: David Fulton/Nasen.

Cornwall J. and Walter C. (2006) *Therapeutic education. Working alongside troubled and troublesome children.* London: Routledge.

Coupe O'Kane J. and Goldbart J. (1998) Communication before speech. London: David Fulton.

Cox M. (1991) *The child's point of view.* London: The Guilford Press.

Craft A. (ed) (1994) *Practice issues in sexuality and learning disabilities.* London: Routledge.

Crissey P. (2005) *Personal hygiene? What's it got to do with me?* London: Jessica Kingsley.

Crosby K. (2002) 'Communication through music for pupils with profound and multiple learning difficulties', *The SLD Experience,* 32: 19-21.

Cutler I. (2000) 'Down the numeracy strategy road', *The SLD Experience*, 26: 7-8.

Davies, G. (2015) *Developing Memory Skills in the Primary Classroom.* Abingdon: Routledge.

Davis P. and Florian L. (2004) *Teaching Strategies and Approaches for Pupils with Special Educational Needs: a scoping study.* Research Report 516. London: DfES.

Dawson M (2004) *The Misbehaviour of Behaviourists: Ethical Challenges to the Autism-ABA industry.* Available on http://www.sentex.net/~nexus23/naa_aba.html Accessed 11th January 2021

DCSF (2009) *Personalised learning-A practical guide.* Nottingham: Department for Children, Schools and Families Publications.

De Bildt A., Sytema S., Kraijer D., Sparrow S. and Minderaa R. (2005) 'Adaptive functioning and behaviour problems in relation to level of education in children and adolescents with intellectual disability', *Journal of Intellectual Disability Research, 49*(9): 672-681.

Dee L., Lawson H., Porter J. and Robertson C. (2008) 'Personalising the curriculum for 14-25s with learning difficulties', *The SLD Experience,* 51: 25-32.

DeFinizio A. (2011) 'Personalising learning in a 21st-century context' (pp. 214-219) in J.

Sebba, A. Peacock, A. DiFinizio and M. Johnson 'Personalisation and special educational needs', *Journal of Research in Special Educational Needs, 11*(3): 203–224.

Delmain C. and Spring J. (2003) *Speaking, listening and understanding: Games for young children.* Bicester: Speechmark.

Department of Health (2004) *The chief nursing officer's review of the nursing, midwifery and health visiting contribution to vulnerable children and young people.* London: Department of Health.

Derrington C (2009) *Behaviour in primary schools: Final report.* London: Channel 4.

DES (1978) *Special educational needs: Report of the committee of enquiry into the education of handicapped children and young people.* London: HMSO.

DES (1982) *Mathematics counts (The Cockfroft Report).* London: HMSO.

De Schipper J. C., Stolk J. and Schuengel C. (2006) 'Professional caretakers as attachment figures in day care centers for children with intellectual disability and behavior problems', *Research in Developmental Disabilities, 27*: 203–216.

De Schipper J. C. and Schuengel C. (2010) 'Attachment behaviour towards support staff in young people with intellectual disabilities: Associations with challenging behaviour', *Journal of Intellectual Disability Research*, 54: 584–596.

Dewart E. and Summers H. (1995) *The pragmatics profile of everyday communication skills in children.* Windsor: NFER-Nelson.

DfE (2009) *Progression guidance 2009/10. Improving data to raise attainment and maximise the progress of learners with special educational needs, learning difficulties and disabilities.* Nottingham: Department for Education Publications.

DfE (2010) *Progression 2010-11: Advice on improving data to raise attainment and maximise the progress of learners with special educational needs.* Nottingham: Department for Education Publications.

DfE (2012) *Statutory framework for Early Years Foundation Stage: Setting the standards for learning, development and care for children from birth to five.* Runcorn: Department for Education Publications.

DfEE (1998) *The National Literacy Strategy: Framework for teaching.* London: Department for Education and Employment Publications.

DfEE (1999) The National Numeracy Strategy: Framework for teaching mathematics. Sudbury:

Department for Education and Employment Publications.

DfEE (2000). *Sex and relationship education guidance.* Department for Education Publications. 0016/2000.

DfES (2003) *Data collection by type of special educational needs.* London: Department for Education Publications.

Dickens C. (1854) *Hard times.* London: Chapman Hall.

Dixon H. (1988) *Sexuality and mental handicap.* London: LDA.

Donaghy M. (1993) *Errata.* Oxford University Press.

Donaldson M. (1978) *Children's minds.* London: Fontana.

Donaldson M. (1989) *Sense and sensibility.* University of Reading: Reading and Language Information Centre.

Donaldson M. and Reid J. (1982) 'Language skills and reading: A developmental perspective', in A. Hendry (ed) *Teaching reading: The key issues.* United Kingdom Reading Association: Heinemann.

Downing J. and Siegel-Causey E. (1988) 'Enhancing the non-symbolic communication behaviour of children with multiple impairments', *Language, Speech and Hearing Services in Schools,* 19: 33-48.

Downs C. and Craft A. (1996) *Sex in context.* Pavilion.

Dunst C. (1980) *A clinical and educational manual for use with the Uzgiris and Hunt Scales of infant psychological development.* Austin, Texas: Pro-Ed.

Durkin K. and Conti-Ramsden G. (2007) 'Language, social behavior, and the quality of friendships in adolescents with and without a history of specific language impairment', *Child Development, 78*(5): 1441-1457.

Dyson A. (2001) 'Special needs in the twenty-first century: Where we've been and where we're going', *British Journal of Special Education, 28*(1): 24-29.

Ecclestone K. and Hayes D. (2009) *The dangerous rise of therapeutic education.* London: Routledge.

Emerson E. (1995) *Challenging behaviour: Analysis and intervention in people with learning disabilities.* Cambridge: Cambridge University Press.

Emerson E., Hatton C., Robertson J., Roberts H., Baines S. and Glover G. (2010) *People with learning disabilities in England 2010.* London: Department of Health.

Ephraim G. W. E. (1979) 'Developmental processes in mental handicap: A generative structure approach', Unpublished PhD thesis. Uxbridge: Brunel University Department of Psychology.

Evans P. (1997) 'Structuring the curriculum for pupils with learning difficulties', in S. J. Pijl, C. J. W. Meijer and S. Hegarty (eds), *Inclusive education: A global agenda.* London: Routledge.

Evans P. and Ware J. (1987) *Special care provision: The education of children with profound and multiple learning difficulties.* Windsor: NFER-Nelson.

Farrell M. (2005) *Inclusion at the crossroads: Special education concepts and values,* London: David Fulton.

Farrell M. (2006) *Celebrating the special school.* London: David Fulton.

Felce D. (1997) 'Defining and applying the concept of quality of life', *Journal of Intellectual Disability Research, 41*(2): 126-135.

Filer J. (2006) 'SDM and its role in family therapy', in C. Hill (ed) *Communicating through movement.* Clent: Sunfield Publications.

Florian L. (1998) 'Inclusive practice: What, why and how?' in C. Tilstone, L. Florian and R. Rose (eds) *Promoting inclusive practice.* London: Routledge.

Florian L. (2008) 'Special or inclusive education: Future trends', *British Journal of Special Education, 35*(4): 202-208.

Florian L. and Hegarty J. (2004) *ICT and special educational needs: A tool for inclusion.* Buckingham: Open University Press.

Foreman P., Arthur-Kelly M., Pasco S. and Smyth King B. (2004) 'Evaluating the educational experiences of students with profound and multiple disabilities in inclusive and segregated classroom settings: An Australian perspective', *Research and Practice for Persons with Severe Disabilities, 29*(3): 183-193.

Frost L. and Bondy A. (1994) *The picture exchange communication system training manual.* Newark: Pyramid Education.

Fujiura G. T. (2003) 'Continuum of intellectual disability: Demographic evidence for "forgotten generation"', *Mental Retardation,* 41: 420-429.

Gascoyne S. (2012) *Treasure baskets and beyond: Realizing the potential of sensory-rich play.* Maidenhead: Open University Press.

Gelman R. and Gallistel C. R. (1978) *The child's understanding of number.* Cambridge, MA: Harvard University Press.

George S. (1985) 'Art from six to sixteen', *British Journal of Special Education, 12*(4): 163-165.

Gibson L. (1989) *Literacy learning in the early years: Through children's eyes.* London: Cassell.

Gillespie and Roberts M. (1987) 'Developmental core curriculum: Motor-sensory level'. Unpublished Paper: Rectory Paddock School.

Gillum, J. (2014) *Assessment with children who experience difficulty in mathematics. Support for Learning, 29*(3): 275-291.

Goddard A. (1997) 'The role of individual educational plans/programmes in special education: A critique', *Support for Learning, 12*(4): 170-174.

Goldbart J. (1994) 'Opening the communication curriculum to students with PMLDs', in J. Ware (ed) *Educating children with profound and multiple learning difficulties.* London: David Fulton.

Goldbart J. and Caton S. (2010) *Communication and people with the most complex needs: What works and why this is essential.* London: Mencap.

Goldschmeid E. and Jackson S. (1994) *People under three: Young children in day care.* London: Routledge.

Goldsmith J. and Goldsmith L. (1998) 'Physical Management', in P. Lacey and C. Ouvry (eds) *People with profound and multiple learning disabilities.* London: David Fulton.

Gough P. B. and Tunmer W. (1986) 'Decoding, reading and reading disability', *Remedial and Special Education, 7*: 6-10.

Gough P. B., Hoover W. A. and Peterson C. L. (1996) 'Some observations on a simple view of reading', in C. Cornoldi and J. Oakhill (eds) *Reading comprehension difficulties: Processes and intervention.* Mahwah, NJ: Lawrence Erlbaum Associates.

Grandin T. (2006) *Thinking in pictures.* New York: Vintage Press.

Grandin T. and Scariano M. (1986) *Emergence labelled autistic.* New York: Warner.

Greenspan S. I. and Weider S. (2003) *Engaging autism: The Floortime approach to helping children relate, communicate and think.* Reading, MA: Perseus Books.

Grosse G., Behne T., Carpenter M. and Tomasello M. (2010) 'Infants communicate in order to be understood', *Developmental Psychology, 46*(6): 1710-1722.

Grossman H. J. (ed) (1973) *Manual on terminology in mental retardation.* Washington, DC:

AAMR.

Grove N. (2005) *Ways into literature: Stories, plays and poems.* London: David Fulton.

Grove N. (2010) *The big book of storysharing.* London: Senjit.

Grove N. (ed) (2012) *Using storytelling to support children and adults with special needs.* London: Routledge.

Grove N., Bunning K., Porter J. and Olsson C. (1999) 'See what I mean: Interpreting the meaning of communication by people with severe and profound intellectual disabilities', *Journal of Applied Research in Intellectual Disabilities, 12*(3): 190-203.

Grove N. and Park K. (1996) *Odyssey now.* London: Jessica Kingsley.

Grove N. and Park K. (1999) *Romeo and Juliet: A multi-sensory approach.* London: Bag Books.

Grove N. and Park K. (2001) *Developing social cognition through literature for people with learning disabilities: Macbeth in mind.* London: Jessica Kingsley.

Guess D., Seigal-Causey E., Roberts S., Rues J., Thompson B. and Seigal-Causey D. (1990) 'Assessment and analysis of behavior state and related variables among students with profoundly handicapping conditions', *Journal of the Association for Persons with Severe Handicaps,* 15: 211-230.

Guppy P. and Hughes M. (1999) *The development of independent reading.* Buckingham: Open University Press.

Hanko G. (2003) 'Towards an inclusive school culture-but what happened to Elton's affective curriculum?', *British Journal of Special Education, 30*(3): 125-131.

Harris J. (1995) 'Responding to pupils with SLD who present challenging behaviour', *British Journal of Special Education, 22*(3): 109-115.

Harris J. (2006) 'Time to make up your mind: why choosing is difficult', *British Journal of Learning Disabilities, 31*(1): 3-8.

Harris J., Cook M. and Upton G. (1996) *Pupils with severe learning disabilities who present challenging behaviour.* Kidderminster: BILD.

Harris J., Hewett D. and Hogg J. (2001) *Positive approaches to challenging behaviour.* Kidderminster: BILD.

Hastings R., Sonuga-Burke E. J. S. and Remington B. (1993) 'Connotations of labels for mental handicap and challenging behaviour: A review and research evaluation', *Mental*

Handicap Research, 6(3): 237-249.

Hen M. and Walter O. P. (2012) 'The Sherborne Developmental Movement (SDM) teaching model for pre-service teachers', *Support for Learning, 27*(1): 11-19.

Hewett D. (ed) (1998a) *Challenging behaviour: Principles and practices*. London: David Fulton.

Hewett D. (1998b) 'Challenging behaviour is normal', in P. Lacey and C. Ouvry (eds) *People with profound and multiple learning difficulties*. London: David Fulton.

Hewett D. (2006) *The most important and complicated learning: That's what play is for!* ICAN. *Talking Point,* March (www.talkingpoint.org.uk, accessed 6 February 2009).

Hewett D. (2007) 'Do touch: Physical contact and people who have severe, profound and multiple learning difficulties', *Support for Learning, 22*(3): 116-123.

Hewett D. (ed) (2011) *Intensive interaction: Theoretical perspectives*. London: Sage.

Hewett D. and Nind M. (eds) (1998) *Interaction in action: Reflections on the use of intensive interaction*. London: David Fulton.

Higginson W. (1999) 'Glimpses of the past, images of the future: Moving from 20th to 21st century mathematics education', in C. Hoyles, C. Morgan and G. Woodhouse (eds) *Rethinking the mathematics curriculum*. London: Falmer Press.

Hill C. (2006) *Communicating through movement*. Clent: Sunfield Publications.

Hinchcliffe V. (1991) 'Two stages in the process of learning to read: Implications for children with severe learning difficulties', in B. Smith (ed) *Teaching the core subjects through interactive approaches*. Bristol: Lame Duck Publishing.

Hinchcliffe V. (1994) 'A special special need: Self-advocacy, curriculum and the needs of children with severe learning difficulties', in S. Sandow (ed) *Whose special need?* London: Paul Chapman.

Hinchcliffe V. (1995) 'The social-cognitive development of children with severe learning difficulties'. Unpublished PhD thesis: Brunel University.

Hinchcliffe V. (1996a) 'English', in B. Carpenter, K. Bovair and R. Ashdown (eds), *Enabling access: Effective teaching and learning for pupils with learning difficulties*. London: David Fulton.

Hinchcliffe V. (1996b) 'Fairy stories and children's developing theories of mind', *International Journal of Early Years Education, 4*(1) 35-46.

Hinchcliffe V. (1997) 'A Bermuda Triangle for training: The case of severe learning difficulties', in J. Davies and P. Garner (eds) *At the crossroads: SEN and teacher education*. London: David Fulton.

Hinchcliffe V. (1999) 'It all comes out in the wash: Using TV 'soaps' with pupils with learning disabilities', in S. Fawkes, S. Hurrell and N. Peacey (eds) *Using television and video to support learning*. London: David Fulton.

Hinchcliffe V. (2001) 'Tailoring literacy to pupils with special needs: Bespoke or 'off the peg' strategies?', *The SLD Experience*, 31: 6–9.

Hinchcliffe V. (2012) 'Personalisation and learning: Spending time on the things that matter', Unpublished presentation to Bromley Special and Mainstream Headteachers, Bromley: Riverside School.

Hinchcliffe V. and Roberts M. (1987) 'Developing social cognition and metacognition', in B. Smith (ed) *Interactive approaches to the education of children with severe learning difficulties*. Birmingham: Westhill College.

Ho A. (2004) 'To be labelled or not to be labelled: That is the question', *British Journal of Learning Disabilities*, 32: 86–92.

Hobbs N. (1975) *The futures of children: Categories, labels, and their consequences (report of the project on classification of exceptional children)*. San Francisco, CA: Jossey-Bass.

Hodkinson A., (2012) 'Illusionary inclusino-what went wrong with New Labour's landmark educational policy', *British Journal of Specail Education*, *39*(1): 4–11.

Hogg J. (1991) 'Developments in further education for adults with profound intellectual and multiple disabilities', in J. Watson (ed) *Innovatory practice and severe learning difficulties*. Edinburgh: Moray House Publications.

Hogg J., Reeves D., Roberts J. and Mudford O. C. (2001) 'Consistency, context and confidence in judgements of affective communication in adults with profound intellectual and multiple disabilities', *Journal of Intellectual Disability Research*, *45*(1): 18–29.

Hoover W. A. and Gough P. B. (1990) 'The simple view of reading', *Reading and Writing*, 2: 127–160.

Hulme C. and Mackenzie S. (1992) *Working memory and severe learning difficulties*. Hove: Lawrence Erlbaum Associates.

Hussein H. (2010) 'Using the sensory garden as a tool to enhance the educational development and social interaction of children with special needs', *Support for Learning, 25*(1): 25-31.

Imray P. (1996) 'Heuristic play: Report on secondary PMLD group'. Unpublished paper, London: Rosemary School.

Imray P. (1997) 'Heuristic play: Report on secondary SLD group', unpublished paper, London: Rosemary School.

Imray P. (2005) 'Moving towards simple, understandable and workable definitions of SLD and PMLD', *The SLD Experience*, 42: 33-37.

Imray P. (2008) *Turning the tables on challenging behaviour*. London: Routledge.

Imray P. (2012) 'Saying NO to 'no'!', *The SLD Experience*, 64: 17-20.

Imray P. and Andrews T. (2012) 'Sex and relationships education (SRE) and learning difficulties', *Insight 37. Curriculum Bitesize*: 8-12.

Imray, P. (2013) *Can the P scales give a sufficient and accurate assessment of progress for pupils and students with severe or profound learning difficulties.* The SLD Experience 66: 17-25.

Imray P and Colley A (2017) *Inclusion is Dead: Long Live Inclusion*. London. Routledge.

Imray P., Gasquez Navarro D. and Bond L. (2010) 'A PMLD curriculum for the 21st century', *The SLD Experience*, 58: 11-17.

Imray P. and Hinchcliffe V. (2012) 'Not fit for purpose: A call for separate and distinct pedagogies as part of a national framework for those with severe and profound learning difficulties', *Support for Learning*, *27*(4): 150-157.

Imray P. and Hewett D. (2015) *Challenging Behaviour and the curriculum* in P. Lacey, R. Ashdown, P. Jones, H. Lawson and M. Pipe (eds) *The Routledge Companion to Severe, Profound and Multiple Learning Difficulties*. London. Routledge.

IOE (2021) *Moderate Learning Difficulties*. Accessed from the Digital Education Resource Archive (DERA) at the Institute of Education (IOE) at https://dera.ioe.ac.uk/13820/2/handouts3.pdf on 11th January 2021.

Janssen C. G. C., Schuengel C. and Stolk J. (2002) 'Understanding challenging behaviour in people with severe and profound intellectual disability: A stress-attachment model', *Journal of Intellectual Disability Research*, *46*(6): 445-453.

Jarrold C., Nadel L. and Vicari S. (2008) 'Down Syndrome research and practice', cited in P.

Lacey (2009) 'Teaching thinking in SLD schools', *The SLD Experience*, 54: 19-24.

Jennings S. (2012) 'Healing stories with children at risk: The StoryBuilding approach', in N. Grove (ed) *Using storytelling to support children and adults with special needs*. London: Routledge.

Johnson M. and Parkinson G. (2002). *Epilepsy: A practical guide*. London: David Fulton.

Jones F., Pring T. and Grove N. (2002) 'Developing communication in adults with profound and multiple learning difficulties using objects of reference', *International Journal of Language and Communication Disorders*, *37*(2): 173-184.

Jordan R. (2001) *Autism with severe learning difficulties*. London: Souvenir Press.

Jordan R. (2005) 'Autistic spectrum disorders', in A. Lewis and B. Norwich (eds) *Special teaching for special teaching? Pedagogies for inclusion*. Maidenhead: Open University Press.

Kahn J. V. (1976) 'Utility of the Uzgiris and Hunt Scales with severely and profoundly retarded children', *American Journal of Mental Deficiency*, 80: 663-665.

Karkou V. and Glasman J. (2004) 'Arts, education and society: the role of the arts in promoting the emotional wellbeing and social inclusion of young people', *Support for Learning*, *19*(2): 57-65.

Kaufman B. N. (1994) *Son rise: The miracle continues*. Tiburon, CA: H. J. Kramer.

Kaufman R. K. (2003) 'Building the bridges: Strategies for reaching our children', in G. Jones (ed) *Autism early intervention: A supplement for good autism practice journal*. Kidderminster: BILD.

Kauffman J M. (2002) *Education Deform: Bright People Sometimes Say Stupid Things About Education* . Laham, MD: Scarecrow Press.

Kellet M. (2000) 'Sam's story: Evaluating Intensive Interaction in terms of its effect on the social and communicative ability of a young child with severe learning difficulties', *Support for Learning*, *15*(4): 65-71.

Kellett M. and Nind M. (2003) *Implementing Intensive Interaction in schools: Guidance for practitioners, managers and coordinators*. London: David Fulton.

Kerr-Edwards L. and Scott L. (2005) *Talking together: Books one and two*. London: FPA.

Kiernan C. and Kiernan D. (1994) 'Challenging behaviour in schools for pupils with severe learning difficulties', *Mental Handicap Research*, 7(1): 17-20.

Kirkham-Knowles C. (2021) *School improvement doesn't come flat-packed.* Schools Week. Edition 235, p. 24.

Knill C. (1992) *Touch and communication.* Cambridge: LDA.

Kossyvaki L., Jones G. and Guldberg K. (2012) 'The effect of adult interactive style on the spontaneous communication of young children with autism at school', *British Journal of Special Education, 39*(4): 173-184.

Laban R. (1948) *Modern educational dance.* Plymouth: MacDonald and Evans.

Lacey P. (1996) 'Music', in B. Carpenter, R. Ashdown and K. Bovair (eds) *Enabling access: Effective teaching and learning for pupils with learning difficulties.* London: David Fulton.

Lacey P. (2006) 'What is inclusive literacy?' *The SLD Experience,* 46: 3-7.

Lacey P. (2009) 'Teaching thinking in SLD schools', *The SLD Experience,* 54: 19-24.

Lacey P. (2010) 'Smart and scruffy targets', *The SLD Experience,* 57: 16-21.

Lacey P. (2011) 'Developing a curriculum for pupils with PMLD', *The SLD Experience,* 61: 4-7.

Lacey P., Layton L., Miller C., Goldbart J. and Lawson H. (2007) 'What is literacy for students with severe learning difficulties? Exploring conventional and inclusive literacy', *Journal of Research in Special Educational Needs,* 7(3): 149-160.

Laevers F. (ed) (1994) *Defining and assessing quality in early childhood education. Studia Paedagogica.* Leuven: Leuven University Press.

Lamond I. (2010) 'Evaluating the impact of incorporating dance into the curriculum of children encountering profound and multiple learning difficulties', *Body, Movement and Dance in Psychotherapy,* 5(2): 141-149.

Lancaster K. (2006) 'Shakespeare-"In other words"', *The SLD Experience,* 44: 3-4.

Lancioni G., O'Reilly M., Singh N., Oliva D., Baccani S., Severini L. and Groeneweg, J. (2006) 'Micro-switch programmes for students with multiple disabilities and minimal motor behaviour: Assessing response acquisition and choice', *Developmental Neurorehabilitation,* 9(2): 137-143.

Lancioni G., O'Reilly M., Singh N., Sigafoos J., Didden R. and Doretta O. (2009) 'Persons with multiple disabilities accessing stimulation and requesting social contact via microswitch and VOCA devices: New research evaluation and social validation', *Research in Developmental Disabilities, 30*(5): 1084-1094.

Latham C. (2005) *Developing and using a communication book.* Oxford: ACE Centre Advisory

Trust.

Leach, B. J. (2000) *10-Minute Games.* Witney, Oxfordshire: Scholastic.

Leadbeater C. (2005) *The shape of things to come: Personalised learning through collaboration.* London: The Innovation Unit.

Leaning B. and Watson T. (2006) 'From the inside looking out-An Intensive Interaction group for people with profound and multiple learning difficulties', *British Journal of Learning Disabilities, 34*(2): 103-109.

Lecanuet J.-P. (1996) 'Prenatal auditory experience', in I. Deliege and J. A. Sloboda, *Musical beginnings.* Oxford: Oxford University Press. pp. 3-34.

Leinhardt G. and Pallay A. (1982) 'Restrictive educational settings: Exile or haven?', *Review of Educational Research,* 52: 557-578.

Lewis A. and Norwich B. (2000) 'Is there a distinctive special educational needs pedagogy?', in *Specialist teaching for special educational needs.* Tamworth: NASEN.

Lewis J. (2000) 'Let's remember the 'education' in inclusive education', *British Journal of Special Education, 27*(4): 202.

Lewis V., Boucher J., Lupton L. and Watson S. (2000) 'Relationships between symbolic play, functional play, verbal and non-verbal ability in young children', *International Journal of Language and Communication Disorders, 35*(1): 117-127.

Lima M., Silva K., Amaral I., Magalhaes A. and De Sousa L. (2011) 'Beyond behavioural observations: A deeper view through the sensory reactions of children with profound intellectual and multiple disabilities', *Child: Care, Health and Development.* doi: 10.1111/j.1365-2214.2011.01334.x

Lima M., Silva K., Magalhaes A., Amaral I., Pestana H. and De Sousa L. (2012) 'Can you know me better? An exploratory study combining behavioural and physiological measurements for an objective assessment of sensory responsiveness in a child with profound intellectual and multiple disabilities', *Journal of Applied Research in Intellectual Disabilities, 25*(6): 522-530.

Lindsay G. (2007) 'Educational psychology and the effectiveness of inclusive education/mainstreaming', *British Journal of Educational Psychology, 77*(1): 1-24.

Lloyd Bennet P. (2006) 'Helpful and unhelpful practices in meeting the needs of pupils with emotional and behavioural difficulties: A pilot survey of staff views in one local authority',

British Journal of Special Education, 33(4): 188-195.

Lloyd P. (2008) *Let's all listen. Songs for group work in settings that include students with learning difficulties and autism.* London: Jessica Kingsley.

Lock A. (1999) 'Why not to teach the literacy hour', *The SLD Experience*, 24: 2-4.

Locke J., Ishijima E. H., Kasari C. and London N. (2010) 'Loneliness, friendship quality and the social networks of adolescents with high-functioning autism in an inclusive school setting', *Journal of Research in Special Educational Needs, 10*(2): 74-81.

Longhorn F. (1988) *A sensory curriculum for very special people.* London: Souvenir.

Longhorn F. (1993) *Planning a multi-sensory massage programme for very special people.* London: Catalyst.

Longhorn F. (2000) *Numeracy for very special people*. Bedfordshire: Catalyst Education.

Low, S. (2004) 'Effects of Mobility Opportunities Via Education (MOVE) Curriculum on range of motion, motor skills, and functional mobility of children with severe multiple disabilities: A pilot programme', *Developmental Medicine and Child Neurology AACPDM,* abstract Vol. 46.

Lu L. and Shih J. B. (1997) 'Personality and happiness: Is mental health a mediator?', *Personality and Individual Differences, 22*(2): 249-256.

Ludwig A. and Swan A. (2007) *101 great classroom games.* New York: Mcgraw-Hill.

Lyons G. and Cassebohm M. (2010) 'Life satisfaction for children with profound intellectual and multiple disabilities', in R. Kober (ed) *Enhancing the quality of life of people with intellectual disabilities.* Social Indicators Research Series 41, DOI 10.1007/978-90-481-9650-0-12: 183-204.

Lyons, G. and Cassebohm, M. (2011) 'Curriculum development for students with profound intellectual and multiple disabilities: How about a quality of life focus?', *Special Education Perspectives, 12*(2): 24-39.

Lyons G. and Cassebohm M. (2012) 'The education of Australian school students with the most severe intellectual disabilities: Where have we been and where could we go? A discussion primer', *Australasian Journal of Special Education, 36*(1): 79-95.

Lyons G., Cassebohm M. and Mundy-Taylor J. (2011) '"Stretching": A simple strategy for improving the quality of life of children and young people with profound and multiple learning difficulties', *The SLD Experience*, 61: 8-12.

Ndaji F. and Tymms P. (2009) *The P Scales: Assessing the progress of children with special educational needs.* London: Wiley-Blackwell.

Maddison A. (2002) 'A study of curriculum development in a new special school', *British Journal of Special Education, 29*(1): 20-28.

Magiati and Howlin (2003) 'A pilot evaluation study of the Picture Exchange Communication System (PECS) for children with autistic spectrum disorders', *Autism, 7*(3): 297-320.

Male D. B. (1996) 'Who goes to SLD schools?', *Journal of Applied Research in Intellectual Disabilities, 9*(4): 307-323.

Male D. B. (2000) 'Target setting in schools for children with severe learning difficulties: Headteacher's perceptions', *British Journal of Special Education, 27*(1): 6-12.

Male D. B. (2001) 'Inclusion opportunities for pupils with severe and profound and multiple learning difficulties', *The SLD Experience,* 30: 6-10.

Male D. B. (2008) 'Recent research', *The SLD Experience,* 50: 39-40.

Male D. B. and Rayner M. (2009) 'Who goes to special schools?', *Educational and Child Psychology, 26*(4): 19-30.

Manolson A. (1992) *It takes two to talk: A parent's guide to helping children communicate.* Toronto: Hanen Centre.

Marlow N., Wolke D., Bracewell M. and Samara M. (2005) 'Neurologic and developmental disability at 6 years of age following extremely preterm birth', *New England Journal of Medicine, 352*(1): 9-19.

Maslow A. H. (1973) *The further reaches of human nature.* London: Penguin.

Mayston M. (2000) 'The Bobath concept today'. Talk given at the CSP Congress, (October 2000) (accessed at www.bobath.org.uk/concepttoday.php on 20 August 2011).

McAloney K. and Stagnitti K. (2009) 'Pretend play and social play: The concurrent validity of the child-initiated pretend play assessment', *International Journal of Play Therapy, 18*(2): 99-113.

McConkey R. (2006) 'Realising the potential of play for ALL children', *PMLD Link, 18*(3): 8-10.

McConkey R. and McEvoy J. (1986) 'Games for learning to count', *British Journal of Special Education, 13*(2): 59-62.

McCune L. (1995) 'A normative study of representational play at the transition to language', *Developmental Psychology, 31*(2): 198-206.

McGee J. J., Menolascino F., Hobbs D. and Menousek P. (1987) *Gentle teaching: A non-aversive approach to helping persons with mental retardation.* New York: Human Science Press.

McLeskey J. and Waldron A. L. (2011) 'Educational programs for elementary students with learning disabilities: Can they be both effective and inclusive?', *Learning Disabilities Research and Practice, 26*(1): 48-57.

McLinden M. and McCall S. (2002) *Learning through touch.* London: David Fulton.

McNicholas J. (2000) 'The assessment of pupils with profound and multiple learning difficulties', *British Journal of Special Education, 27*(3): 150-153.

Mednick M. (2002) *Supporting children with multiple disabilities.* Birmingham: Question Publishing.

Miliband D. (2004) 'Personalised learning: building a new relationship with schools'. Speech to the North of England Education Conference, Belfast 8 January 2004. www.standards.dfes.gov.uk/innovationunit/personalisatin/

Millar S. (2009) 'Meaningful technology for early level learners', *The SLD Experience,* 53: 15-22.

Millar S. and Aitken S. (2003) *Personal communication passports: Guidelines for good practice.* Edinburgh: Call Centre.

Miller J. (1998) 'Personal needs and independence', in P. Lacey and C. Ouvry, *People with profound and multiple learning disabilities.* London: David Fulton.

Minow M. (1990) *Making all the difference: Inclusion, exclusion and American Law.* Ithica, NY: Cornell University Press.

Mittler P. (1979) *People not patients: Problems and policies in mental handicap.* London: Routledge.

Mittler P. (2000) *Working towards inclusive education: Social contexts.* London: David Fulton.

Mittler P. (1996) 'Training for the 21st century', *The SLD Experience,* 15: 2-3.

Mix K. S., Huttenlocher J. and Cohen Levine S. (2002) *Quantitative development in infancy and early childhood.* Oxford: Oxford University Press.

Montagu A. (1986) *Touching: Human significance of the skin.* New York: Harper and Row.

Montgomery L. M. (1985) *Anne of Green Gables.* New York: Avenel Books.

Murray L. and Trevarthen C. (1986) 'The infant's role in mother-infant communication',

Journal of Child Language, 13: 15-29.

Musselwhite C. R. and Burkhart L. J. (2001) *Can we chat? Co-planned sequenced social scripts: A make it/take it book of ideas and adaptations.* www.lburkhart.com/product (accessed on 18 November 2010).

Ndaji F. and Tymms P. (2009) *The P scales. Assessing the progress of children with special educational needs.* London: Wiley-Blackwell.

Neelands J. (2002) '11/09: The space in our hearts', *Drama Magazine*, *9*(4): 4-10.

Nind M. and Hewett D. (1988) 'Interaction as curriculum', *British Journal of Special Education*, *15*(2): 55-57.

Nind M. and Hewett D. (1994) *Access to communication: Developing the basics of communication with people with severe learning difficulties through Intensive Interaction.* London: David Fulton.

Nind M. and Hewett D. (2001) *A practical guide to Intensive Interaction.* Kidderminster: British Institute of Learning Disabilities.

Nind M. and Hewett D. (2006) *Access to communication* (2nd edition). London: David Fulton.

Norwich B. (2008) *Dilemmas of difference, inclusion and disability: International perspectives and future directions.* London: Routledge.

Norwich B. (2010) 'A response to "Special educational needs: A new look"', in M. Warnock and B. Norwich, *Special educational needs: A new look.* London: Continuum.

Norwich B. (2013) *Addressing Tensions and Dilemmas in Inclusive Education.* London: Routledge.

Norwich B. and Gray P. (2007) 'Special schools in the new era: Conceptual and strategic perspectives in special schools in a new era: How do we go beyond generalities?' Special Educational Needs Policy Options Paper 2, series 6: 28-34 (www.nasen.org.uk) (accessed 4 January 2013).

Norwich B. and Lewis A. (2005) 'How specialized is teaching pupils with disabilities and difficulties?', in A. Lewis and B. Norwich (eds) *Special teaching for special children?* Maidenhead: Open University Press.

Norwich B. and Nash T. (2011) 'Preparing teachers to teach children with special educational needs and disabilities: The significance of a national PGCE development and evaluation project for inclusive teacher education', *Journal of Research in Special Educational Needs, 11*(1): 2-11.

Nussbaum M. C. (2007) *Frontiers of Justice-Disability, Nationality, Species-Membership*. Cambridge, MA: Harvard University Press.

Nussbaum M. C. (2011) *Creating Capabilities: The Human Development Approach*. Cambridge, MA: Belknap Press.

Nye J., Fluck M. and Buckley S. J. (2001) 'Counting and cardinal understanding in children with Down Syndrome and typically developing children', *Down Syndrome Research and Practice, 7*(2): 68-78.

Ockleford A. (1998) *Music moves: Music in the education of children and young people who are visually impaired and have learning disabilities*. London. RNIB.

Ockleford A. (2000) 'Music in the education of children with severe or profound learning difficulties: Issues in current UK provision, a new conceptual framework, and proposals for research', *Psychology of Music, 28*(2): 197-217.

Ockelford A. (2002) *Objects of reference: Promoting early symbolic communication*. London: RNIB.

Ockleford A. (2006) 'Using a musical-theoretical approach to interrogate musical development and social interaction', in N. Lerner and J. Strauss (eds) *Sounding off: Theorizing disability in music*. New York: Routledge. pp. 137-155.

Ockleford A. (2008) *Music for children and young people with complex needs*. Oxford: Oxford University Press.

Ockleford A., Welch G. F. and Zimmerman S. (2002) 'Music education for pupils with severe or profound learning difficulties', *British Journal of Special Education, 29*(4): 178-182.

OECD (2006) 'PISA 2003 sample questions', quoted in T. Clausen-May (2007) 'International mathematics tests and pupils with special educational needs', *British Journal of Special Education, 34*(3): 154-161.

Ofsted (2004) *Setting targets for pupils with special educational needs*. HMI 751. London: Ofsted.

Ofsted (2006). *Inclusion: Does it matter where pupils are taught?* HMI 2535.

Ofsted (2010) *The special educational needs and disabilities review*. London: HMSO.

Ofsted (2019) *Education Inspection Framework (No. 190015)*. Manchester. Ofsted.

Orr R. (2003) *My right to play. A child with complex needs.* Maidenhead: Open University Press.

Pagliano P. (1998) 'The multi sensory environment: An open-minded space', *British Journal of Visual Impairment, 16*(3): 105-109.

Pagliano P. (2001) *Using a multisensory environment: A practical guide for teachers.* London: David Fulton.

Papousek H. (1996) 'Musicality in infancy research: Biological and cultural origins of early musicality', in I. Deliege and J. A. Sloboda (eds) *Musical beginnings.* Oxford: Oxford University Press. pp. 37-55.

Papousek M. (1996) 'Intuitive parenting: A hidden source of musical stimulation in infancy', in I. Deliege and J. A. Sloboda (eds) *Musical beginnings.* Oxford: Oxford University Press. pp. 88-112.

Park K. (1998a) 'Form and function in early communication', *The SLD Experience,* 21: 2-5.

Park K. (1998b) 'Theory of mind and drama games', *The SLD Experience,* 22: 2-5.

Park K. (1998c) 'Dickens for all: Inclusive approaches to literature and communication with people with severe and profound learning disabilities', *British Journal of Special Education, 25*(3): 114-118.

Park K. (1999a) 'Storytelling with people with sensory impairments and additional difficulties', *The SLD Experience,* 23: 17-20.

Park K. (1999b) 'Riverrun and pricking thumbs: The use of poetry', *The SLD Experience,* 25: 11-13.

Park K. (2002) '"The Tempest" on stage at Shakespeare's Globe Theatre', *PMLD Link.* Spring Issue.

Park K. (2003) 'Shakespeare's "Twelfth Night" on stage at the Globe Theatre', *The SLD Experience,* 37: 3-7.

Park K. (2004) 'Interactive storytelling: From the Book of Genesis', *British Journal of Special Education, 31*(1): 16-23.

Park K. (2006) 'A funny thing happened on the way to the Globe', *The SLD Experience,* 46: 29-33.

Park K. (2009a) 'Mother Goose: developing language and communication skills through drama', *The SLD Experience,* 53: 7-9.

Park K. (2009b) *Bible stories in Cockney rhyming slang.* London: Jessica Kingsley.

Park K. (2010) *Interactive storytelling: Developing inclusive stories for children and adults.* Bicester: Speechmark.

Park K. (2011) 'Plant stories', *The SLD Experience,* 60: 23-27.

Park K. and Pilcher P. J. (2010) 'Bible stories in Cockney rhyming slang', *The SLD Experience,* 57: 12-15.

Paterson S. J., Girelli L., Butterworth B. and Karmiloff-Smith A. (2006) 'Are numerical impairments syndrome specific? Evidence from Williams syndrome and Down's syndrome', *Journal of Child Psychology and Psychiatry, 47*(2): 190-20

Peter L J and Hull R (1969) *The Peter Principle.* New York. William Morrow.

Peter M. (1996) 'Art', in B. Carpenter, R. Ashdown and K. Bovair (eds) *Enabling access: Effective teaching and learning for pupils with learning difficulties.* London: David Fulton.

Peter M. (1997) *Making dance special.* London: David Fulton.

Peter M. (1998a) '*"Good for them, or what?" The arts and pupils with SEN*', *British Journal of Special Education, 25*(4): 168-172.

Peter M. (1998b) 'Accessing the curriculum through the arts for pupils with special educational needs', *Support for Learning, 13*(4): 153-156.

Peter M. (2001) 'Art' in B. Carpenter, R. Ashdown and K. Bovair (eds) *Enabling access: Effective teaching and learning for pupils with learning difficulties.* (Revised Edition) London: David Fulton.

Peter M. (2002) 'Play-drama intervention: An approach for autism and hard-to-reach children', *The SLD Experience, 34*: 6-10.

Peter M. (2003) 'Drama, narrative and early learning', *British Journal of Special Education, 30*(1): 21-27.

Peter M. (2009) 'Drama: Narrative pedagogy and socially challenged children', *British Journal of Special Education, 36*(1): 9-17.

Piaget J. (1952) *The origins of intelligence in children.* New York: International Press.

Pilcher P. J. (2009) 'Pinochio by Carlo Collodi, adapted by P. J. Pilcher', *The SLD Experience,* 54: 13-18.

Pilcher P. J. (2012) '"Oliver Twist"-an illustrated script', *The SLD Experience,* 63: 28-37.

Pollitt C. and Grant S. (2008) 'PMLD: finding the answers?', *The SLD Experience,* 51: 19-24.

Porter J. (1993) 'What do pupils with severe learning difficulties understand about counting?', *British Journal of Special Education, 20*(2): 72-75.

Porter J. (2000) 'The importance of creating a mathematical environment', *The SLD Experience*, 26: 16-17.

Porter J. (2005a) 'Awareness of number in children with severe and profound learning difficulties: Three exploratory case studies', *British Journal of Learning Disabilities, 33*(3): 97-101.

Porter J. (2005b) 'Severe learning difficulties', in A. Lewis and B. Norwich (eds) *Special teaching for special teaching? Pedagogies for inclusion.* Maidenhead: Open University Press.

Porter J. (2010) 'Developing number awareness and children with severe and profound learning difficulties', *The SLD Experience*, 57: 3-7.

Porter J. and Lacey P. (1999) 'What provision for pupils with challenging behaviour? A report of a survey of provision and curriculum provided for pupils with learning difficulties and challenging behaviour', *British Journal of Special Education, 26*(1): 23-28.

Porter J., Ouvry C., Morgan M. and Downs C. (2001) 'Interpreting the communication of people with profound and multiple learning difficulties', *British Journal of Learning Disabilities, 29*(1): 12-16.

Prevezer W. (2000) 'Musical interaction and children with autism', in S. Powell (ed) *Helping children with autism to learn.* London: David Fulton.

Pring T. (2004) 'Ask a silly question: Two decades of troublesome trials', *International Journal of Language and Communication Disorders, 39*(3): 285-302.

Prizant B., Wetherby A., Rubin E., Laurent A. and Rydell P. (2006) *The SCERTS Model: A comprehensive educational approach for children with autism spectrum disorders. Volume I: Assessment.* Baltimore, MD: Paul H. Brookes Publishing.

QCA (2001a) *Planning, teaching and assessing the curriculum for pupils with learning difficulties.* London: Qualifications and Curriculum Authority.

QCA (2001b) Planning, teaching and assessing the curriculum for pupils with learning difficulties. Mathematics. QCA/01/739.

QCA (2004a) *Planning, teaching and assessing the curriculum for pupils with learning difficulties.* London: Qualifications and Curriculum Authority.

QCA (2004b) *Using the P scales*. London: Qualifications and Curriculum Authority.

QCA (2009) *The P scales: Level descriptors P1 to P8*. London: Qualifications and Curriculum Authority.

QCAA, Wales (2003) 'Personal, health and social education for pupils with PMLD', as reported in J. Ware (2005) 'Profound and multiple learning difficulties', in A. Lewis and B. Norwich (eds) *Special teaching for special teaching? Pedagogies for inclusion*. Maidenhead: Open University Press.

QCDA (2009) *Planning, teaching and assessing the curriculum for pupils with learning difficulties. General guidance*. London: Qualifications and Curriculum Authority.

Raaska H., Elovainio M., Sinkkonen J., Matomäki J., Mäkipää S. and Lapinleimu H. (2012) 'Internationally adopted children in Finland: Parental evaluations of symptoms of reactive attachment disorder and learning difficulties-FINADO study', *Child: Care, Health and Development, 38*(5): 697-705.

Rawlings M., Dowse L., and Shaddock A. (1995) 'Increasing the involvement of people with an intellectual disability in choice making situations: A practical approach', *International Journal of Disability and Developmental Education*, 42: 137-153.

Remington B. (1996) 'Assessing the occurrence of learning in children with profound intellectual disability: A conditioning approach', *International Journal of Disability, Development and Education*, 43: 101-118.

Rieber R. W. and Carlton A. S. (1993) *The collected works of L. S. Vygotsky, Volume 2: Fundamentals of defectology (abnormal psychology and learning disabilities)*. New York: Plenum Press.

Robbins B. (1991) 'Mathematics for all', in R. Ashdown, B. Carpenter and K. Bovair (eds) *The curriculum challenge*. London: Falmer Press.

Robbins B. (1996) 'Mathematics', in B. Carpenter, R. Ashdown and K. Bovair (eds) *Enabling access: Effective teaching and learning for pupils with learning difficulties*. London: David Fulton.

Robbins B. (2000) 'Does teaching numeracy lead to mathematical learning?', *The SLD Experience*, 26: 9-12.

Roch M. and Levorato M. C. (2009) 'Simple view of reading in Down's syndrome: The role of listening comprehension and reading skills', *International Journal of Communication*

Disorders, 2: 206–223.

Roch M., Florit E. and Levorato C. (2011) 'Follow-up study on reading comprehension in Down's syndrome: The role of reading skills and listening comprehension', *International Journal of Language and Communication Disorders, 46*(2): 231–242.

Rochford Review (2016) *Final Report.* www.gov.uk/government/publications/rochford-review-final-report

Roeyers H. (1995) 'Peer mediated proximity intervention to facilitate the social interactions of children with a pervasive developmental disorder', *British Journal of Special Education, 22*(4): 161–163.

Rose R. (1998) 'The curriculum. A vehicle for inclusion or a lever for exclusion?', in C. Tilstone, L. Florian and R. Rose (eds) *Promoting inclusive practice.* London: Routledge.

Rose R., Fergusson A., Coles C., Byers R. and Banes D. (eds) (1994) *Implementing the whole curriculum for pupils with learning difficulties.* London: David Fulton.

Rosenbaum P. L., Walter S. D., Hanna S. E., Palisano R. J., Russell D. J., Raina P., Wood E., Bartlett D. J. and Galuppi B. E. (2002) 'Prognosis for gross motor function in cerebral palsy', *Journal of the American Medical Association, 88*(11): 1357–1363.

Rotheram-Fuller E., Kasari C., Chamberlain B. and Locke J. (2010) 'Social involvement of children with autism spectrum disorders in elementary school classrooms', *Journal of Child Psychology and Psychiatry, 51*(11): 1227–1234.

Runswick-Cole K. (2011) 'Time to end the bias towards inclusive education?', *British Journal of Special Education, 38*(3): 112–119.

Russ S. (1998) 'Play, creativity and adaptive functioning: Implications for play interventions', *Journal of Clinical Child Psychology, 27*(4): 469–480.

Russell G. (2002) 'Communication passports', *Eye Contact,* 32: 15–17.

Sacks S. Z. (1998) 'Educating students who have visual impairments with other disabilities', in S. Z. Sacks and R. K. Silberman (eds) *Educating students who have visual impairments with other disabilities.* Baltimore: Brookes.

St Margaret's School (2009) *The profound education curriculum*. Tadworth: Profound Education.

Samuel J., Nind M., Volans A. and Scriven I. (2008) 'An evaluation of Intensive Interaction in community living settings for adults with profound intellectual disabilities', *Journal of*

Intellectual Disabilities, 12(2): 111-126.

Savage R. (2001) 'The "Simple view" of reading: Some evidence and possible implications', *Educational Psychology in Practice*, 17: 17-33.

SCAA (1996) *Planning the curriculum for pupils with profound and multiple learning difficulties.* London: SCAA.

Schalock R., Luckasson R. and Shogren K. (2007) 'The renaming of mental retardation: Understanding the change to the term intellectual disability', *Intellectual and Developmental Disabilities,* 45: 116-124.

Schuengel C., Clasien de Schipper J., Sterkenburg P. S. and Kef S. (2013) 'Attachment, intellectual disabilities and mental health: Research, assessment and intervention', *Journal of Applied Research in Intellectual Disabilities,* 26: 34-46.

Schweigert P. (1989) 'Use of microswitch technology to facilitate social contingency awareness as a basis for early communication skills', *Augmentative and Alternative Communication,* 5: 192-198.

Schweigert P. and Rowland C. (1992) 'Early communication and microtechnology: Instructional sequence and case studies of children with severe multiple disabilities', *Augmentative and Alternative Communication,* 8: 273-284.

Scrutton D. (1984) *Management of the motor disorders of children with cerebral palsy.* London: Spastics International Medical Publishers.

Seach D. (2007) *Interactive play for children with autism.* London: Routledge.

Sebba J. (2011) 'Personalisation, individualisation and inclusion', in J. Sebba, A. Peacock, A. DiFinizio and M. Johnson, 'Personalisation and special educational needs', *Journal of Research in Special Educational Needs, 11*(3): 203-224.

Sebba J., Byers R. and Rose R. (1993) *Redefining the whole curriculum for pupils with learning difficulties.* London: David Fulton.

Sebba J. and Sachdev D. (1997) *What works in inclusive education?* Ilford: Barnardos.

Seja A. L. and Russ S. W. (1999) 'Children's fantasy play and emotional understanding', *Journal of Clinical Child Psychology,* 28: 269-277.

Seligman M. (1975) *Helplessness: On depression, development and death.* San Francisco, CA: W. H. Freeman.

Sen A. (1999) *Commodities and Capabilities.* New Delhi, India: Oxford University Press.

Sen A. (2001) 'Social exclusion: Concepts, application and scrutiny', Social Development Papers No. 1. Manila. Office of Environment and Social Development. Asian Development Bank.

Sen A. (2005) Human rights and capabilities. *Journal of Human Development, 6*(2): 151-166.

Sex Education Forum (2005) *Sex and relationships education framework, Factsheet 30.* London: National Children's Bureau.

Sheehy K. and Howe M. (2001) 'Teaching non-readers with severe learning difficulties to recognise words: The effective use of symbols in a new technique', *Westminster Studies in Education, 24*(1): 61-71.

Sherborne V. (1990) *Developmental movement for children.* Cambridge: Cambridge University Press.

Sherrat D. and Peter M. (2002) *Developing play and drama in children with autistic spectrum disorders*. London: David Fulton.

Simmons B. and Bayliss P. (2007) 'The role of special schools for children with profound and multiple learning difficulties: Is segregation always best?', *British Journal of Special Education, 34*(1): 19-24.

Simons C. (1977) 'Learning to play together', *British Journal of Special Education, 4*(2) 17-19.

Sinason V. (1994) *Mental handicap and the human condition.* London: Free Association Books.

Sissons M. (2010) *MAPP: Mapping and Assessing Personal Progress.* North Allerton: The Dales School.

Sissons M (2018) *MAPP. Mapping and Assessing Personal Progress.* Newcastle, Equals.

Smith B. (1994) 'Handing over control to people with learning difficulties', in J. Coupe-O'Kane and B. Smith (eds) *Taking control: Enabling people with learning difficulties.* London: David Fulton.

Smith F. (1985) *Reading.* Cambridge: Cambridge University Press.

Smith F. (2011) *Understanding reading: A psycholinguistic analysis of reading and learning to read.* (6th Edition). London: Routledge.

Smith Myles B., Tapscott Cook K., Miller N., Rinner L., and Robbins L. (2000) *Asperger syndrome and sensory issues: Practical solutions for making sense of the world.* Kansas: Autism Asperger Publishing Company.

Smyth C. M. and Bell D. (2006) 'From biscuits to boyfriends: The ramifications of choice for

people with learning disabilities', *British Journal of Learning Disabilities, 34*(4): 227-236.

Spargo D. and Northway R. (2011) 'Meeting the health needs of children and young people with severe and profound learning disabilities: The contribution of the school nurse and community learning disability nurse', *The SLD Experience*, 61: 19-24.

Spiker D., Boyce G. C., and Boyce L. K. (2002) 'Parent-child interactions when young children have disabilities', in L. M. Glidden (ed) *International review of research in mental retardation*. San Diego, CA: Academic Press.

Staff of Rectory Paddock School (1983) *In search of a curriculum*. (2nd edition) Sidcup: Robin Wren Publications.

Stagnitti K. (2009) 'Play intervention-The learn to play program', in K. Stagnitti and R. Cooper, *Play as therapy. Assessment and therapeutic interventions*. London: Jessica Kingsley. pp. 176-186.

Stagnitti K. (2010) 'Play', in M. Curtin, M. Molineux and J. Supyk-Mellson (eds) *Occupational therapy and physical dysfunction enabling occupation*. (6th edition) London: Elsevier. pp. 371-387.

Stagnitti K., O'Connor C. and Sheppard L. (2012) 'Impact of the Learn to Play program on play, social competence and language for children aged 5-8 years who attend a specialist school', *Australian Occupational Therapy Journal, 59*(4): 302-311.

Standards and Testing Agency (2018) *Pre-Key Stage 2 Standards* accessed at https://www.gov.uk/government/publications/pre-key-stage-2-standards on 7th January 2021.

Staves L. (2001) *Mathematics for children with severe and profound learning difficulties*. London: David Fulton.

Sterkenberg P. S., Janssen C. G. C. and Schuengel C. (2008) 'The effect of an attachment-based behaviour therapy for children with visual and severe intellectual disabilities', *Journal of Applied Research in Intellectual Disabilities, 21*(2): 126-135.

Stewart D. S., Mallet A., Koltonowska G., Pembleton S., Baldwin C. and Evans P. (2000) 'Mathematics for life long learning', *The SLD Experience*, 26: 18-19.

Stoneman Z. (2009) 'Disability research methodology: Current issues and future challenges', in S. L. Odom, R. H. Horner, M. E. Snell and J. Blacher (eds) *Handbook of developmental disabilities*. New York: Guildford Press.

Tadema A. C., Vlaskamp C. and Ruijssenaars A. J. J. M. (2005) 'The development of a questionnaire of child characteristics for assessment purposes', *European Journal of Special Needs Education,* 20: 325–339.

Taggart G., Ridley K., Rudd P. and Benefield P. (2005) *Thinking skills in the Early Years: A literature review.* Slough: National Foundation for Educational Research.

Tartaglia N. R., Hansen R. L. and Hagerman R. J. (2009) 'Advances in genetics', in S. L. Odom, R. H. Horner, M. E. Snell and J. Blacher (eds) *Handbook of developmental disabilities.* New York: Guildford Press.

Taylor R. (1992) 'Art', in K. Bovair, B. Carpenter and G. Upton (eds) *Special curricula needs.* London: David Fulton and Nasen.

Taylor S. and Park K. (2001) 'Watergate goes Lycra', *The SLD Experience,* 30: 20–21.

Terzi L. (2010) 'Afterword: Difference, equality and the ideal of inclusion in education', in M. Warnock and B. Norwich, *Special educational needs: A new look.* London: Continuum.

Theodorou F. and Nind M. (2010) 'Inclusion in play: A case study of a child with autism in an inclusive nursery', *Journal of Research in Special Educational Needs, 10*(2): 99–106.

Thomas G. and O'Hanlon C. (2005) 'Series editors' preface', in A. Lewis and B. Norwich (eds) *Special teaching for special children.* Maidenhead: Open University Press.

Tilstone C. (1999) '"Networking": effective inset for the Literacy Hour', *The SLD Experience,* 23: 7–9.

Tissot C. (2009) 'Establishing a sexual identity. Case studies of learners with autism and learning difficulties', *Autism, 13*(6): 551–556.

Trehub S. E. (1990) 'The perception of musical patterns by human infants: The provision of similar patterns by their parents', in M. A. Berkley and W. C. Stebbins (eds) *Comparative perception, Vol. 1: Mechanisms.* New York: Wiley. pp. 429–459.

Trevarthen C. and Aitken K. (2001) 'Infant intersubjectivity: Research, theory and clinical application', *Journal Child Psychology and Psychiatry, 42*(1): 3–48.

Trevarthen C., Aitken K., Papoudi D. and Robarts J. (1998) *Children with autism: Diagnosis and intervention to meet their needs.* London: Jessica Kingsley.

Uzgiris I. and Hunt J. (1975) *Assessment in infancy: Ordinal scales of psychological development.* Urbana: University of Illinois Press.

van der Putten A., Vlaskamp C. and Schuivens E. (2011) 'The use of a multisensory environment for assessment of sensory abilities and preferences in children with profound intellectual and multiple disabilities: A pilot study', *Journal of Applied Research in Intellectual Disabilities, 24*(3): 280-284.

Van Walwyk L. (2011) 'Measuring progress in children with profound and multiple learning difficulties', *The SLD Experience*, 60: 9-16.

Vlaskamp C. and Cuppen-Fonteine H. (2007) 'Reliability of assessing the sensory perception of children with profound intellectual and multiple disabilities: A case study', *Child: Care, Health and Development, 33*(5): 547-551.

Vygotsky l. L. S. (1978) *Mind in society: The development of higher psychological processes.* Edited and translated by M. Cole et al. MA Harvard University Press.

Waddell M. (1998) *Inside lives: Psychoanalysis and the growth of personality.* London: Tavistock.

WAG (2006) *Routes for learning: Assessment materials for learners with profound learning difficulties and additional disabilities.* Cardiff: Welsh Assembly Government.

Ware J. (1987) 'Providing education for children with profound and multiple learning difficulties: A survey of resources and an analysis of staff-pupil interactions in special care units'. Unpublished PhD thesis. University of London Institute of Education.

Ware J. (2003) *Creating a responsive environment for people with profound and multiple learning difficulties.* London: David Fulton.

Ware J. (2005) 'Profound and multiple learning difficulties', in A. Lewis and B. Norwich (eds) *Special teaching for special teaching? Pedagogies for inclusion.* Maidenhead: Open University Press.

Ware J. (2011) 'Developing communication skills for all learners', *The SLD Experience,* 61: 25-31.

Warnock M. (2010) 'Response to Brahm Norwich', in M. Warnock and B. Norwich, *Special educational needs: A new look* (edited by L. Terzi). London: Continuum Books.

Wedell K. (1992) 'Assessment', in K. Bovair, B. Carpenter and G. Upton (eds) *Special curricula needs.* London: David Fulton.

Weeks Z. (2012) 'Counting and the use of resources', *The SLD Experience*, 62: 7-11.

Weinberg W. A. and Brumback R. A. (1992) 'The myth of ADHD: Symptoms resulting from multiple causes', *Journal of Child Neurology,* 7(4): 431-445.

Wendelborg C. and Kvello O. (2010) 'Perceived social acceptance and peer intimacy among children with disabilities in regular schools in Norway', *Journal of Applied Research in*

Intellectual Disabilities, 23: 143–153.

Wetherby A. and Prizant B. (2000) 'Introduction to autism spectrum disorders', in A. Wetherby and B. Prizant (eds) *Autism spectrum disorders: A transactional developmental perspective, Vol. 9.* London: Paul Brookes Publishing.

Wilcox M. J., Kouri T. A., and Caswell S. (1990) 'Partner sensitivity to communication behaviour of young children with developmental disabilities', *Journal of Speech and Hearing Disorders*, 55: 679–693.

Wilkinson C. (1994) 'Teaching pupils with profound and multiple learning difficulties to exert control', in J. Coupe O'Kane and B. Smith (eds) *Taking control: Enabling people with learning difficulties.* London: David Fulton.

Winstock A. (1994) *The Practical Management of Eating and Drinking Difficulties in Children.* Bicester: Winslow Press.

Wishart J. (1988) 'Cognitive development in young children with Down syndrome: Developmental strengths, developmental weaknesses', cited in P. Lacey (2009) 'Teaching thinking in SLD schools', *The SLD Experience*, 54: 19–24.

Wishart J. (2005) 'Children with Down's syndrome', in A. Lewis and B. Norwich (eds) *Special teaching for special teaching? Pedagogies for inclusion.* Maidenhead: Open University Press.

Wolff P. (1979) 'The adventure playground as a therapeutic environment', in D. Canter and C. Sandra (eds) *Designing for therapeutic environments: A review of research*. New York: John Wiley & Sons. pp. 87–117.

Woolf A. (2008) 'Better playtimes training: Theory and practice in an EBD primary school', *Emotional and Behavioural Difficulties, 13*(1): 49–62.

Woolf A. (2011) 'Everyone playing in class: A group play provision for enhancing the emotional well-being of children in school', *British Journal of Special Education, 38*(4): 178–190.

Yesseldyke J. E. (1987) 'Classification of handicapped students', in M. C. Wang, M. C. Reynolds and H. J. Walberg (eds) *Handbook of special education: Research and practice. Volume 1: Learner characteristics and adaptive education.* Oxford: Pergamon Press.

Zijlstra H. P. and Vlaskamp C. (2005) 'The impact of medical conditions on the support of children and profound intellectual disabilities and multiple disabilities', *Journal of Applied*

Research in Intellectual Disabilities, 18(2): 151–161

Zurcher A (2012) *Tackling That Troublesome Issue of ABA and Ethics.* Available at www.emmashopebook.com Accessed 3rd April, 2017.

찾아보기

ㄴ

ㄷ

ㅇ

저자 소개

피터 임레이(Peter Imray)

교육자이자 조언가로, 1986년부터는 주로 런던 북부의 이즐링턴에 있는 Bridge School에서 특수교육을 필요로 하는 아동, 청소년 및 성인을 가르쳐 왔다. 1996년에 『최중도중복장애와 국가수준 교육과정(Profound and the Multiple Learning Difficulties and the National Curriculum)』에 연구 결과를 발표한 SCAA 작업팀의 연구원으로 일을 하였으며, 그 이후로도 지속적으로 중도장애 교육과정을 개발해 왔다. 『도전적인 행동에 대한 판도 뒤집기(Turning the Tables on Challenging Behaviour)』는 그의 첫 번째 책이다.

비브 힌치클리프(Viv Hinchcliffe)

1983년에 Rectory Paddock School에서 출판한 『교육과정 탐색(In Search of a Curriculum)』에 참여한 이후로 중도장애 및 최중도중복장애 학생의 교육과정에 관심을 가지고 이에 대한 연구를 지속적으로 해 오고 있다. 언어 및 의사소통, 자기옹호, 드라마 및 리더십 등에 대한 출판물을 발간하였고, 다양한 콘퍼런스에서 주요 연사로 활동하였다. 또한 여러 DfE 및 DoH 위원회의 회원이다. 최근에는 런던 자치구인 루이셤의 ASD(Autism Spectrum Disorder) School인 Drumbeat School의 교장 및 ASD 서비스 책임자를 역임하였다.

역자 소개

박경옥(Park, Kyoungock)

단국대학교 특수교육과(학사)

단국대학교 대학원 특수교육학과(교육학석사)

단국대학교 대학원 특수교육학과(교육학박사)

현 대구대학교 초등특수교육과 교수

주요 저 · 역서

2015 개정 특수교육 기본 교육과정 평가 방안(공저, 2019/2020, 국립특수교육원)

중등도 및 중도장애 학생을 위한 체계적 교수(공역, 2019, 시그마프레스)

채수정(Chae, Soojung)

이화여자대학교 특수교육과(학사)

이화여자대학교 대학원 특수교육학과(문학석사)

미국 Purdue University(Ph.D.)

현 전주대학교 중등특수교육과 교수

주요 논문

Rasch Analysis of the Korean Parenting Stress Index Short Form (K–PSI–SF) in Mothers of Children with Cerebral Palsy(2020)

자폐성장애인을 위한 사회적 상황이야기 AAC앱 개발: 지역사회 이용기술 중심으로(2021)